普通高等教育"十一五"国家级规划教材

中国现代史

Zhongguo Xiandaishi

(第四版)

上册

1919—1949

主　编　王桧林
副主编　郭大钧　耿向东

高等教育出版社·北京

内容简介

本书为普通高等教育"十一五"国家级规划教材，系统阐述了1919年五四运动至1949年中华人民共和国成立的历史。编者以北洋军阀、国民党政府统治的崩溃和中国人民争取独立、民主和解放的历程为主要内容，从经济、政治、军事、外交、思想文化等方面的发展构建更趋合理的课程体系，有别于中共党史和中国革命史，成为中国通史的现代部分；本次修订注意吸收近年的最新学术研究成果，对重大问题作了更深入、全面的分析和介绍。

图书在版编目（CIP）数据

中国现代史. 上册,1919—1949 / 王桧林主编
——4版. ——北京:高等教育出版社,2015.12(2024.5重印)
ISBN 978-7-04-043964-9

Ⅰ.①中… Ⅱ.①王… Ⅲ.①中国历史-现代史-1919—1949-高等学校-教材　Ⅳ.①K26

中国版本图书馆 CIP 数据核字(2015)第 230293 号

策划编辑	张　林	责任编辑	张　林	封面设计	王　雎	版式设计	王艳红
插图绘制	于　博	责任校对	陈旭颖	责任印制	刘思涵		

出版发行	高等教育出版社	网　　址	http://www.hep.edu.cn
社　　址	北京市西城区德外大街 4 号		http://www.hep.com.cn
邮政编码	100120	网上订购	http://www.landraco.com
印　　刷	高教社(天津)印务有限公司		http://www.landraco.com.cn
开　　本	880mm×1230mm　1/32	版　　次	1988 年 7 月第 1 版
印　　张	16.25		2015 年 12 月第 4 版
字　　数	420 千字	印　　次	2024 年 5 月第 17 次印刷
购书热线	010-58581118		
咨询电话	400-810-0598	定　　价	32.70 元

本书如有缺页、倒页、脱页等质量问题,请到所购图书销售部门联系调换
版权所有　侵权必究
物　料　号　43964-00
审　图　号　GS(2015)1931

前　言

中国现代史,通常是指1919年五四运动以后的中国历史,它是中国通史的一部分。

关于中国现代史始于何时,国内外史学界意见很不一致,大体上有三种意见:(1)应始于1919年五四运动;(2)应始于1911年辛亥革命或1912年中华民国建立;(3)应始于1949年中华人民共和国成立,而把1919—1949年的中国历史归入中国近代史。关于中国现代史应截止于何时,更是众说不一。主要有两种说法:(1)有的认为对中华人民共和国成立以来的历史,作为历史来研究,现在仅仅是开始,需要一定的客观条件和积累过程,因此中国现代史写到1949年中华人民共和国成立为宜,中华人民共和国成立后的历史可独立称为"中华人民共和国史"。(2)有的则强调中华人民共和国成立已60多年了,它比新民主主义革命的历史过程还长,客观上又非常需要对这段历史加强认知和了解,因此中国现代史应写到当今。所谓写到当今,有的说写到1956年社会主义改造基本完成,有的说写到1966年"文化大革命"前,有的说写到1976年"文化大革命"结束,有的说写到1978年中共十一届三中全会,有的说可以写到新中国成立60周年,等等。由于从20世纪50年代中期起,各高等院校历史系都把1919年五四运动之后的历史称作中国现代史,我们沿袭了近几十年习惯用的名称。我们编写的这部中国现代史,分上下两册,上册是1919年五四运动至1949年中华人民共和国成立,下册是中华人民共和国成立后的历史。

从20世纪50年代中期起,各高等院校历史系先后开设了中国现代史课程。不过，由于它是一门新的课程，史学界对这段历史的研究还很不够，因此大多数院校历史系虽然开设了中国现代史课程，但实际上讲的还是中共党史或中国新民主主义革命史。由于中国现代史还没有形成完善的体系，加上其他原因，不少人时常把它同中共党史、中国革命史等同起来。从学科概念来说，中国现代史和中共党史、中国革命史的研究对象和范围是不完全相同的，既有区别又有联系，应该形成各自的学科体系。

顾名思义，中共党史是指中国共产党自身发生和发展的历史，应当以党的理论方针政策和实践作为直接研究对象。中国革命史是指中国人民反抗外来侵略者和本国反动势力的历史，应当以这一斗争的理论、实践和过程作为直接研究对象。而中国现代史，应以1919年以后的中国社会各个领域、各个方面作为研究对象，应该包括社会的经济、政治、军事、文化思想各个领域，包括社会各阶级、阶层、集团、政党和各个民族的活动。总之，中国现代史的体系应该能够反映出中国现代社会的全貌，体现出中国现代社会发展的内在规律。如果用"结构"这个词，那么中国现代史的体系应是现代中国社会经济结构、政治结构、文化结构的综合体，即中国社会结构整体的历史反映。

从宏观角度来看，中国现代史学界对中国现代史的研究对象和范围以及它同中共党史、中国革命史的区别与联系，在原则上大家的意见是比较一致的。但是，具体说来，什么是中国现代史的主要线索、主要内容，中共党史和中国革命史在中国现代史中所占地位及其比重等问题，仍然有较大的分歧。归纳起来主要是三种意见：(1) 中国现代史"是中国通史的1919年至1949年部分"，它所叙述的是中国人民在中国共产党领导下，在马克思列宁主义、毛泽东思想指导下，进行反对帝国主义、封建主义、官僚资本主义的革命斗争历史；要力求反映这一历史时期的全国经济、政治、军事和文化思想的概貌。(2) 中国现代史(1919—1949)是半殖民地半封建社会后期，即新民主主义革命时期的历史。它应该反映这一历史时期全国经济、政治和文化思想的全貌,而中国共产党领导的中国人民反帝、反封建、反官僚资本主义的革命斗争则是它的主要内容。(3)不赞成"核心论"或"主线论"的提法,认为以中共党史、中国革命史作为中国现代史的"核心"或"主线",其他的内容只好作为叙述党史、革命史的背景和陪衬,这就不能全面地反映中国现代历史的过程和规律。在中国现代史上,除了共产党的活动和共产党领导的人民革命斗争这条线外,还有各帝国主义侵略这条线,军阀、地主、官僚、买办以及他们的政治代表北洋政府、国民党政府统治这条线,民族资产阶级及其政党的活动这条线,等等。这几条线都不是孤立存在的,而是交叉和交织在一起的。它们之间的关系和矛盾,时而激化,时而缓和,不断地演变,突出某一条线,不能全面反映错综复杂的历史关系。在中国现代史上,人民群众的革命斗争比较突出地表现于政治领域,除此之外,历史上还有经济、军事、外交、文化、思想等多种多样的内容,以某一方面为"核心"或"主线",反映历史的宏大领域和丰富的内容也是很难办到的。以上几种意见各有其道理。上述三种意见是针对中国现代史1919年至1949年部分来说的。至于中华人民共和国成立后的历史,现在研究正在不断深化中。由此看来,中国现代史学科体系的建立乃是一项创新的工作,它需要在科研和教学的实践中逐步建立和完善起来。

  关于中国现代史1919—1949年部分的分期,学术界意见基本相同,一般把它划分为五个时期。我们考虑把它划分为六个时期,即本书的六章。划分为五个时期或六个时期,其中的不同就是把1927年8月到1937年7月这十年的历史划分为一个时期,还是以1931年九一八事变为分界划分为两个时期。我们认为从中共党史、中国革命史角度来看,可以划为一个时期。但从中国现代史角度来看,由于1931年九一八事变,开始了日本帝国主义变中国为它独占的殖民地的阶段,中国社会的主要矛盾逐渐由国内的阶级矛盾转化为中日民族矛盾,是由国内战争向全民族抗日战争过渡的阶段,因此可以把它独立划为一个时期。这个意见是否妥当,可以讨论。下面按六个时期作简要的概述。

第一个时期:北洋军阀统治的继续,新民主主义革命时期的开始。时间从1919年5月到1923年12月。第一次世界大战结束后,形成了帝国主义重新瓜分世界的所谓"凡尔赛—华盛顿体系",中国又恢复到几个帝国主义国家共同支配的局面。中国仍旧处在北洋军阀统治之下。皖系、直系和奉系三派主要军阀相互间进行着持续不断的争斗和战争,先后控制北京中央政权,造成中国政治舞台风云变幻、战乱不已的局面。中国人民处在水深火热之中。孙中山继续在摸索中前进,护法运动的失败和陈炯明的反叛,说明资产阶级领导的旧民主主义革命在中国已走不通了。这时俄国十月社会主义革命和战后世界革命运动高潮,对中国产生了极大的影响,形形色色的新思潮涌进中国,马克思列宁主义在中国广泛传播,大战期间中国民族资本主义经济有了较大发展,无产阶级力量进一步成长。所有这些,为中国革命准备了新的阶级基础和思想基础。五四新文化运动是这一时期的突出事件,对中国历史产生了深远影响,它倡导的科学、民主仍有重大的现实意义。五四运动和中国共产党的成立,标志着无产阶级领导的中国革命的新时期——新民主主义革命时期到来了。随后,中国共产党提出了彻底反帝反封建的民主革命纲领,批判了资产阶级改良主义思潮,发动工农,掀起了中国历史上第一次工人运动高潮,并与孙中山领导的中国国民党酝酿合作。中国革命的面目焕然一新。

第二个时期:国民革命,北洋军阀的末路。时间从1924年1月到1927年7月。1924年1月,中国国民党第一次全国代表大会的召开和大会宣言的发表,标志着第一次国共合作的正式建立和国民革命高潮的开始。此时,北洋军阀各派势力继续发生分化和演变,1924年发生了第二次直奉战争和北京政变。直系冯玉祥倾向革命。奉系张作霖控制了北京中央政权。吴佩孚败后再起。孙传芳控制了东南五省。张、吴、孙三大军阀成为革命的主要对象。

1925年爆发了五卅运动,兴起了国民革命的高潮,国民政府在广州成立,广东革命根据地统一了。孙中山逝世后,国民党内部的分化加剧,统一战线内部资产阶级和无产阶级争夺领导权的斗争逐步激化。戴季陶主义的出现和蒋介石制造"中山舰事件"、提出"整理党务案"是这种斗争的主要表现。国民革命在胜利发展中潜伏着危机。1926年7月开始北伐战争。北伐的胜利进军和反帝运动与工农运动的大发展,产生了两方面的结果:一方面消灭了吴佩孚、孙传芳的主力,把革命势力推进到长江中下游,北洋军阀统治走向末路;另一方面工农运动的迅猛发展影响了资产阶级的利益。共产国际和陈独秀右倾错误给革命带来严重危害。1927年蒋介石发动四一二反革命政变,4月18日在南京建立"国民政府",武汉政府也转向反动,七一五汪精卫"分共",国民革命失败。

第三个时期:中国国民党在全国统治的确立,苏维埃革命的开展。时间从1927年8月1日南昌起义到1931年九一八事变。在这个时期国民党蒋、冯、阎、桂四集团联合"北伐"。1928年底东北"易帜",北洋军阀统治结束。蒋介石集团在国民党各派系的争斗和新军阀的混战中,特别是经过中原大战,取得了优势地位,确立了蒋介石国民党在全国的统治地位。国民党"训政"开始,并建立了五院制政权组织形式。在国民党统治地区出现了国民党政府的国家垄断资本主义。与国民党在全国统治的确立同时,中国革命转入低潮。中国共产党领导了各地武装起义,创建了红军和建立了农村革命根据地。在革命根据地,组织苏维埃政权,开展土地革命,进行反"围剿"战争。王明"左"倾教条主义错误的出现及其推行。在苏区出现了新民主主义经济的幼芽。中国出现了两种政权对立的局面。在两种政权尖锐对立的局面下,出现了第三党等中间政派和新的政治改良活动。

第四个时期:日本帝国主义的武装侵略,由国内战争向全民族抗日战争的过渡。时间从1931年9月到1937年7月。这个时期,由于日本帝国主义武装侵略东北,并把侵略魔爪逐渐深入华北,使中日民族矛盾逐步上升为主要矛盾。由此引起了国内阶级关系的新变化,使全国抗日民主浪潮不断起伏前进。中国局部的抗战从此开始,蒋介石国民党坚持"攘外必先安内"的反动政策,对内实行法西斯独裁统治,对日妥协屈服,使民族危机愈益严重,两个政权的对立更加尖锐。中共临时中央"左"倾冒险主义错误使革命遭受严重挫折,红军被迫长征。遵义会议确立了毛泽东在中共中央和红军的领导地位。日本帝国主义策动华北事变,民族危机进一步加深,一二·九运动开始了中国民族革命运动的新高涨。中国共产党提出了抗日民族统一战线的新的政治路线。国民党政府的对日政策也开始发生若干变化。中间政派的政治活动活跃了起来。国内主要矛盾的变化不断地推动中国政局由国内战争向全民族抗日战争过渡。西安事变及其和平解决,成为时局转变的枢纽,全国团结抗战的形势逐渐形成。

第五个时期:全民族抗日战争。时间从1937年7月到1945年8月。抗日战争是在以国共合作为基础的抗日民族统一战线的旗帜下进行的全民族的战争。在抗战中出现了两条不同的抗战指导路线,即国民党的片面抗战路线和共产党的全面抗战路线,出现了两个战场,即正面战场和敌后战场。日本帝国主义的侵华政策在相持阶段到来后,由打倒国民政府改为可以同国民政府进行谈判,从反蒋变为拉蒋,从逼降变为诱和,并加强了对敌后抗日民主根据地的进攻。敌后战场成为抗日的重要战场。国民党在抗战中具有双重性格。在全民族抗战初期,它抗战是积极的,但抗战进入相持阶段后,国民党的政治态度逆转,与共产党的军事摩擦日渐严重,发动了皖南事变。它始终把"抗战"和"建国"联系在一起,坚持大地主大资产阶级统治,坚持国民党一党专政、蒋介石个人独裁的政治体制。国民党统治日趋腐朽。在抗战中国内各派政治势力发生激剧变化,人民革命力量和抗日武装迅猛发展,中国共产党已是一个成熟的全国性的大党,中间阶级、中间势力也形成了新的政治联盟,并与共产党合作。这些为抗战胜利和中国革命的最后胜利奠定了坚实的基础。中国的抗日战争是中华民族一百多年来的反抗帝国主义战争中第一次取得完全胜利的民族解放战争,它是世界反法西斯战争的重要组成部分,为世界反法西斯战争的胜利作出了重要贡献。这一时期是中国融入世界的重要时期。

第六个时期:国民党统治的崩溃,中华人民共和国的成立。时间从1945年9月到1949年10月。第二次世界大战后形成了新的世界格局。中国抗日战争胜利后,国民党坚持独裁内战和中国人民要求和平民主的斗争是当时的政治重心。在建国问题上存在着国民党、共产党和民主党派三种不同的建国方针。经过重庆谈判和政协会议上的激烈斗争,达成了协议。但国民党破坏了协议,在美国支持下于1946年6月发动了全面内战。中国人民解放军经过一年的战略防御,粉碎了国民党军队的全面进攻和重点进攻。在战争第一年国民党反动派军事进攻失利,政治欺骗破产,经济危机加深,国统区人民运动高涨,形成了第二条反蒋战线,国民党政府陷入全民的包围中。某些民主人士大力宣传中间路线,主张"调和国共,兼亲美苏",但没有起什么作用。从1947年7月起,中国人民解放军转入战略进攻。中国共产党提出了夺取全国胜利的纲领和政策。国民党反动派进行垂死挣扎,但无济于事。中国人民解放军经过辽沈、淮海、平津三大战役,歼灭了国民党军队的主力。国民党政府财政经济崩溃。蒋介石的假和谈阴谋彻底破产。中国共产党召开七届二中全会。人民解放军解放南京,国民党反动统治崩溃。各民主党派响应共产党关于召开新政协的号召,参加新中国的筹建工作。1949年10月1日,中华人民共和国成立。中国新民主主义革命时期结束。中国历史新时期开始。

以上是30年历史的基本线索。

毛泽东在《论人民民主专政》中说:"总结我们的经验,集中到一点,就是工人阶级(经过共产党)领导的以工农联盟为基础的人民民主专政。这个专政必须和国际革命力量团结一致。这就是我们的公式,这就是我们的主要经验,这就是我们的主要纲领。"中国新民主主义革命时期的历史表明:(一)买办封建专制政权的统治,是不可能稳定的,是必然要被推翻的。北洋军阀也好,国民党新军阀也好,他们所建立的政权都严重脱离最广大的人民群众,破坏和阻碍社会生产力的发展,违抗历史的潮流和人民的愿望。这就决定了整个反动统治不但不能长期地稳定地统治下去,而且最后必然被人民革命所推翻。(二)资产阶级共和国方案在中国是一个不能实现的愿望。虽然民族资本主义在整个国民经济中占一定的比重,民族资产阶级的政治理论和主张在国家政治生活和文化思想中占着很重要的地位,这个阶级的代表人物为实现他们的理想进行过长期不懈的努力;但是由于民族资产阶级本身的软弱性,由于国内国际条件的不允许,他们鼓吹多年的中间路线最后只有破产,建立资产阶级共和国的愿望一天也没有实现过。(三)只有建立无产阶级领导的、以工农联盟为基础的人民共和国,才是适合中国国情的唯一正确的道路。中国新民主主义革命时期的历史,是上面三条道路、三种国家命运经过激烈斗争,而由人民共和国道路取得最后胜利的历史。中华人民共和国的成立,标志着新民主主义革命的胜利和半殖民地半封建时代的结束,国家和民族取得了独立,人民取得了民主和自由,旧中国阻碍社会生产力发展的桎梏被扫除,为中国的社会主义现代化开辟了道路,创造了前提。

中国革命的胜利,不仅开辟了中国历史的新时代,而且震动东亚和世界,严重地打击了帝国主义的殖民体系,大大削弱了帝国主义的力量,促进了世界民族解放运动的发展。中国成为保卫世界和平的一支强大力量。

中国人民为取得民族独立和人民民主而进行的胜利的斗争,是人类历史上极其光辉灿烂的一章。

学习中国现代史,要通过学好这部教材,掌握每个历史时期、每个历史阶段的基本线索和主要内容,弄清事情的来龙去脉,注意纵的发展和横的联系,特别要学会从纷繁的历史事实中,掌握历史发展的基本脉络,总结历史的经验教训。在掌握教材的基础上,特别要注意学习毛泽东、周恩来、刘少奇、朱德、张闻天等的著作,以提高自己的理论水平,更好地指导自己的学习。特别要学习毛泽东等怎样把马克思列宁主义的普遍原理和中国革命的具体实际结合起来,学习他们分析问题、解决问题的立场、观点和方法。在可能的情况下,有选择地阅读一些原始资料,提高自己分析问题和使用资料的能力。掌握原始资料也是研究历史的基本功,因为史料是研究问题的依据。学习中国现代史,适当读一些相关专著和论文是很必要的。它可以加深对某一方面或某一问题的理解。还可以看一些回忆录,用来扩大知识面,增加感性知识,使自己对历史事件和人物的了解更加生动具体,有真实感。在学习中翻阅与中国现代史有关的报纸杂志和新书,也是很有必要的,它能够为我们提供最新的学术动态和信息。最后,学习中国现代史,要注意使用工具书,它可以帮助我们提高学习效率,使我们对人物、事件、时间、地点等的了解比较准确。学习历史千万要避免根据"想当然"去理解。当然,学习的路子要依靠每个人自己去走,形成有自己特点的学习方法。但是,知道一些一般的学习方法,吸收别人行之有效的学习经验,也是有益的。

本书初版于1988年出版,已经有27年了。主编王桧林,副主编郭大钧,主审王维礼。上册撰写分工:前言,郭大钧;第一章,李慎兆;第二、三章,鲁振祥;第四章,郭大钧;第五章,李隆基;第六章第一、二、三节,李起民;第六章第四节,王桧林。选配地图,徐锡祺。1992年11月,本书获国家教委颁发的普通高等学校优秀教材二等奖。2003年4月出版第二版。第二版修订分工如下:第一、二、三章,鲁振祥;第四章,郭大钧;第五、六章,王桧林;统筹修改定稿,王桧林、郭大钧。2005年1月,本书获北京高等教育精品教材奖。2006年7月,本书获教育部推荐列入普通高等学校"十一五"国家级规划教材。2010年4月出版第三版。第三版修订分工如下:前言,郭大钧、耿向东;第一、二、三章,王桧林;第四章,郭大钧;第五、六章,王桧林。沈海涛、徐森、张为娜、武翠等参加资料收集整理的工作。本次第四版的修订增耿向东为副主编。上册由郭大钧修改定稿,方美玲选配地图,邢东洲、续中亮、李娟、赵万东协助修订工作。特别要感谢王维礼、于渊的指导和高等教育出版社的大力支持。我们编写这部中国现代史所遵循的原则是实事求是,并力求有所创新。但是由于水平的局限,缺点和错误是难免的,真诚希望专家和读者继续给予批评指正,以便不断提高本教材的质量。

目 录

第一章 北洋军阀统治的继续 新民主主义革命时期的开始(1919年5月—1923年12月) …… 1

第一节 北洋政府统治下的中国 …… 4
一、袁世凯统治的垮台 军阀割据纷争局面的出现 …… 4
二、民族资本主义经济的发展 新社会力量的成长 …… 8
三、新文化运动的兴起 …… 12
四、第一次世界大战和俄国十月革命对中国的影响 …… 19

第二节 五四运动和中国共产党成立 …… 23
一、五四运动的爆发和"六三"以后的发展 …… 23
二、新文化运动的扩展和深入 马克思列宁主义的传播 …… 32
三、各派新思潮的竞起 马克思主义传播过程中的论争 …… 36
四、马克思主义同中国工人运动的结合 中国共产党第一次全国代表大会 …… 46

第三节 军阀混战和政治争斗 中国革命的新局面 …… 52
一、华盛顿会议 帝国主义对中国的"协同侵略" …… 52
二、直皖战争和第一次直奉战争 北京政府权力的更迭 …… 55
三、民族资本主义发展的迟滞 一度兴起的资产阶级改良主义思潮 …… 59
四、中国共产党民主革命纲领的制定和宣传 …… 62
五、工人运动高潮的出现和各界群众运动的新发展 …… 68
六、孙中山继续奋斗和国共合作的酝酿 …… 74

第二章 国民革命 北洋军阀的末路(1924年1月—1927年7月) …… 79

第一节 军阀势力的演变 国民革命高潮的掀起 …… 82

一、中国国民党第一次全国代表大会　国共合作正式建立 …………… 82
　　二、第二次直奉战争和北京政变 ……………………………………… 85
　　三、国共合作成立后革命工作的开展　五卅运动 …………………… 88
　　四、共产党和国民党左派同国民党右派及国家主义派的斗争
　　　　国民党第二次全国代表大会 ……………………………………… 95
　　五、中国共产党新民主主义革命思想初步形成 …………………… 102
　　六、各派军阀势力的演变和中国政局 ……………………………… 106
　第二节　北伐战争和工农运动的大发展 ……………………………… 110
　　一、北伐的胜利进军 ………………………………………………… 110
　　二、反帝运动和工农运动的大发展 ………………………………… 115
　　三、国民政府迁都武汉　反对军事独裁的斗争 …………………… 118
　第三节　国民革命的失败 ……………………………………………… 120
　　一、奉系军阀在北方的统治 ………………………………………… 120
　　二、四一二反革命政变　南京国民政府的成立 …………………… 122
　　三、工农运动继续高涨和二期北伐　武汉政府的转向 …………… 125
　　四、革命的紧急形势和共产党的对策 ……………………………… 130
　　五、七一五"分共"　国民革命的失败 ……………………………… 133

第三章　中国国民党在全国统治的确立　苏维埃革命的
　　　　开展（1927年8月—1931年9月） ……………………………… 135
　第一节　国民党政府"统一"全国　中国革命的低潮 ………………… 137
　　一、国民党各派系的争斗与合流　国民党二届四中全会 ………… 137
　　二、"二次北伐"和东北"易帜" ……………………………………… 140
　　三、国民党"训政"的开始　国民党政府初期的内政和外交 ……… 142
　　四、中国革命的低潮 ………………………………………………… 147
　第二节　苏维埃革命的开始 …………………………………………… 148
　　一、南昌起义　八七会议 …………………………………………… 148
　　二、各地武装起义的发动和苏维埃口号的提出 …………………… 153
　　三、中国共产党第六次全国代表大会 ……………………………… 158
　第三节　国民党军阀的混战　中间政派的活动和主张 ……………… 160
　　一、各派国民党军阀的争斗　中原大战 …………………………… 160
　　二、"国民会议"和《中华民国训政时期约法》 ……………………… 164

三、中间政派的活动和主张　国民党对他们的破坏与镇压 …… 166
第四节　红军和农村革命根据地的扩大 …………………………… 171
一、各革命根据地的建立和发展　"工农武装割据"理论 …… 171
二、苏区土地革命的开展 ……………………………………… 178
三、李立三"左"倾错误及其被纠正　王明"左"倾错误的出现 …… 180
四、国民党军对红军"围剿"和红军反"围剿"作战 …………… 184

第四章　日本帝国主义的武装侵略　由国内战争向全民族抗日战争的过渡（1931年9月—1937年7月） ………… 188

第一节　九一八事变　全国抗日民主浪潮的兴起 ………………… 191
一、九一八事变　全国抗日民主浪潮的掀起　国内政治
形势的变化 …………………………………………………… 191
二、王明"左"倾错误的发展　中华苏维埃政府的成立及
其各项政策 …………………………………………………… 198
三、国民党统治的危机　一·二八事变和淞沪抗战　蒋介石的"攘外
必先安内"国策 ……………………………………………… 201
四、伪"满洲国"的成立　国联调查团的调查及其报告书 …… 206

第二节　国民党独裁统治的加强　抗日民主运动继续
发展 ………………………………………………………… 209
一、国民党独裁政权的强化和国家垄断资本的形成 ………… 209
二、国民党政府的土地法令　关于农村问题和农民土地问题的
各种主张 ……………………………………………………… 216
三、日本帝国主义向关内侵略扩张和长城抗战　国民党政府的
退让 …………………………………………………………… 220
四、中间政派的抗日民主要求和抗日民主运动的持续发展
察哈尔抗战 …………………………………………………… 224

第三节　苏区革命的深入和严重挫折　红军长征 ………………… 228
一、鄂豫皖和湘鄂西红军的转移　中央红军第四次反"围剿"
的胜利　川陕苏区的开辟 ………………………………… 228
二、苏区土地革命的深入和各项建设　新民主主义经济的产生 … 230
三、第五次反"围剿"的失败和红军开始长征 ………………… 233
四、遵义会议　反对张国焘反党分裂主义的斗争　红军长征

  到达陕北 ··· 237
 五、南方红军三年游击战争　东北抗日联军的斗争 ············· 242

第四节　华北事变　一二·九运动 ··· 244
 一、日本对华北的经济掠夺和华北事变 ································· 244
 二、"八一宣言"的发表　一二·九运动 ································· 249
 三、中共瓦窑堡会议和抗日民族统一战线方针的确立 ············· 253
 四、共产党在白区工作的恢复和发展 ···································· 256
 五、少数民族地区的革命斗争和维护国家权益的斗争 ············· 258

第五节　共产党政策的调整　国民党对日政策的变化
   西安事变　全国团结抗日局面的基本形成 ················· 263
 一、国民党第五次全国代表大会和对日政策的变化　国共两党
  开始接触　法币政策和国民党政府统治地区经济的增长 ····· 263
 二、共产党政策的调整　对东北军西北军的统战工作 ············· 271
 三、全国抗日救亡运动的发展　两广事变　绥远抗战
  和援绥运动 ·· 274
 四、西安事变及其和平解决 ··· 279
 五、国民党五届三中全会　中共苏区代表会议　全国团结抗日
  局面基本形成 ··· 283

第五章　全民族抗日战争(1937年7月—1945年8月) ············· 290

第一节　全国抗战的开始　正面战场的作战和敌后
   抗日根据地的开辟 ·· 293
 一、七七事变和八一三事变　抗日民族统一战线的正式建立
  全国抗日高潮的涌起 ·· 293
 二、淞沪会战　太原会战　国民政府迁都重庆　南京沦陷和
  日军的"南京大屠杀" ·· 299
 三、共产党的洛川会议和《抗日救国十大纲领》　敌后抗日
  根据地的开辟 ··· 306
 四、国民党临时全国代表大会和《抗战建国纲领》　国民参政
  会的设立　中间集团的抗战主张 ·· 316
 五、徐州会战　武汉会战　沦陷区伪政权的建立 ··················· 318
 六、全民族抗战初期的中国外交政策和对外关系 ···················· 324

第二节　战略相持阶段前期抗战形势的演变 ……………… 327
　一、日本侵华策略的变化　汪精卫集团叛国投敌 ……… 327
　二、相持阶段前期正面战场的作战　敌后战场成为重要战场 … 330
　三、国民党独裁统治的加强和国共摩擦的激化 ………… 337
　四、共产党对新民主主义革命理论的阐发　毛泽东思想
　　　的成熟 …………………………………………………… 344
　五、汪伪政权的成立　日本帝国主义在沦陷区的统治 … 348
　六、皖南事变　中国民主政团同盟成立 ………………… 351
第三节　太平洋战争的爆发　抗战中期的国民党统治区
　　　和解放区 ………………………………………………… 356
　一、太平洋战争爆发　世界反法西斯阵营正式形成 …… 356
　二、敌伪的"治安强化运动"和"清乡运动"　敌后军民的
　　　艰苦奋斗　根据地的政权建设、整风和大生产运动 … 358
　三、太平洋战争爆发后的正面战场　国民党统治日趋腐朽
　　　大后方经济由发展到衰落 …………………………… 364
　四、不平等条约的废除和中国国际地位的提高　《中国之命运》
　　　的发表和中共对它的批判 …………………………… 372
　五、少数民族地区的抗日、争取民主和维护国家统一的斗争 … 377
第四节　抗战后期的政治斗争　抗日战争的胜利 …………… 379
　一、日本太平洋战线的崩溃　缅北滇西作战的胜利　敌后
　　　战场转入局部反攻 …………………………………… 379
　二、国民党军队在豫湘桂的大溃败　民主运动的新发展 … 383
　三、美国对华政策的变化　国民党第六次全国代表大会
　　　共产党第七次全国代表大会 ………………………… 388
　四、雅尔塔会议　日本帝国主义的最后挣扎和投降
　　　中国抗日战争的胜利 ………………………………… 394

第六章　国民党在全国统治的崩溃　中华人民共和国的
　　　成立（1945年9月—1949年10月）………………… 402
第一节　国民党坚持独裁内战　中国人民力争和平民主 … 405
　一、战后国际国内形势　各党派的建国主张 …………… 405
　二、重庆谈判　国民党挑动内战和解放区的自卫反击　国统区

    人民的反内战运动 ………………………………………… 409
  三、停战协定和政治协商会议 ………………………………… 412
  四、国民党破坏政协协议和准备发动全面内战　解放区准备
    自卫战争 …………………………………………………… 417
 第二节　全面内战爆发　人民解放军的战略防御 …………… 421
  一、国民党的军事进攻　解放区军民的自卫战争 …………… 421
  二、"制宪国大"和"改组政府"　反蒋的第二条战线形成 …… 428
  三、中间路线的宣传及其破灭 ………………………………… 432
  四、少数民族的政治斗争 ……………………………………… 435
 第三节　国民党南京政权的覆灭　中华人民共和国的
    成立 ………………………………………………………… 439
  一、人民解放军转入战略进攻　国民党政府的"戡乱总动员" …… 439
  二、解放区的土地改革和中共十二月会议 …………………… 444
  三、国民党召开"行宪国大"　国统区民主运动的深刻演变 …… 449
  四、解放军的战略决战　中共七届二中全会 ………………… 454
  五、国民党南京政权的全面崩溃 ……………………………… 460
  六、中国人民政治协商会议召开和中华人民共和国成立 …… 464
 第四节　哲学　科学　文学 ……………………………………… 472
  一、哲学 ………………………………………………………… 472
  二、史学 ………………………………………………………… 478
  三、经济学 ……………………………………………………… 482
  四、社会学 ……………………………………………………… 485
  五、自然科学 …………………………………………………… 487
  六、文学 ………………………………………………………… 489
学习参考书目 ………………………………………………………… 497

第一章 北洋军阀统治的继续 新民主主义革命时期的开始

(1919年5月—1923年12月)

学习提示

1919年5月至1923年底,是中国新民主主义革命的开始时期。这一时期,中国社会情况发生了重大变化,一方面,各帝国主义国家在第一次世界大战结束后重新加紧了对中国的侵略,各派军阀的纷争、混战加剧,中国的政治更加混乱、黑暗;另一方面,中国工人阶级以独立姿态登上政治舞台,马克思列宁主义在中国广泛传播并与中国工人运动相结合,诞生了中国共产党,中国革命实现了由旧民主主义革命到新民主主义革命的转变。

这一时期的历史可分为两个阶段:

第一阶段:从1919年五四运动爆发到1921年7月中国共产党成立。袁世凯称帝失败后,皖系军阀段祺瑞掌握了北京政权,中国形成了军阀割据、南北分裂的局面。日本帝国主义乘第一次世界大战之机加紧对中国的侵略,北洋军阀政府实行反动统治,中国人民同帝国主义和封建主义的矛盾进一步激化。第一次世界大战期间中国民族资本主义的迅速发展,工人阶级的成长和新文化运动的兴起,俄国十月革命和世界革命潮流对中国的巨大影响,预示着中国新的革命时期的来临。五四运动和中国共产党宣告成立,开启了中国新民主主义革命的序幕和中国历史的新时期。从此,中国革命的面貌焕然一新。

第二阶段:从1921年7月中国共产党成立到1923年底。第一次世界大战结束后,随着帝国主义之间在华矛盾的加剧,各派军阀间的矛盾也日益尖锐,接连爆发了直皖战争和第一次直奉战争,北京政权落到了直系军阀手中。资产阶级和小资产阶级改良派想通过政治上的改良谋求中国的出路。中国共产党第二次全国代表大会提出了反帝反封建的民主革命纲领,给中国人民指明了寻求解放的正确方向。

中国共产党成立后,集中力量从事工人运动,中国出现了第一次工人运动高潮。同时,共产党也开始发动农民、青年和妇女运动,开展了对孙中山领导的国民党的联合战线工作。这一切为国民革命高潮的到来做了准备。

本章的学习重点是:五四运动和中国共产党的创立、中国共产党的民主革命纲领、北洋军阀的纷争和政府的更迭、共产党领导的革命运动的兴起。

第一节 北洋政府统治下的中国

一、袁世凯统治的垮台 军阀割据纷争局面的出现

辛亥革命推翻了清王朝的封建统治,结束了中国几千年的君主专制制度,建立了中华民国。但是它并没有能铲除帝国主义和封建势力在中国统治的根基,没有完成反帝反封建的民族民主革命任务,中外反动势力扶植的大独裁者袁世凯,窃取了革命的果实,建立了北洋军阀的黑暗统治。所谓中华民国,徒有虚名,中国人民仍旧处于帝国主义和封建势力剥削压迫之下。

袁世凯在1912年3月就任临时大总统。1913年3月袁密令派人刺杀了积极推进议会政治的国民党领袖人物宋教仁。随后爆发了国民党人举行的反袁"二次革命"。同年10月,袁强迫国会选举他为正式大总统,随即下令解散国民党和国会。1914年5月,他废除了孙中山颁布的《中华民国临时约法》,公布所谓《中华民国约法》,改责任内阁制为总统制,使形式上的民主共和制遭到破坏。1914年8月第一次世界大战爆发后,早有独占中国野心的日本帝国主义,乘欧洲各帝国主义互相厮杀无暇东顾之际,借口对德宣战,出兵侵入我国山东,强占了青岛和胶济铁路沿线。1915年1月,日本向袁世凯提出了灭亡中国的"二十一条"("二十一条"共分为五号二十一款)。5月7日,日本发出最后通牒,宣称除第5号各项允许以后再行协商外,限48小时完全应允,否则"将执认为必要之手段"。在日本逼迫下,袁世凯为了换取日方的支持,于5月9日接受了日本的要求。1915年12月,袁世凯公然实行帝制,改称"中华帝国皇帝",下令次年改为"中华帝国洪宪元年",准备在这一年的元旦举行登基大典。袁世凯的倒行逆施,激起了全国性的反袁风暴。1916年3月,袁世凯被迫撤销帝

制,同年6月6日,在全国人民的一片唾骂和声讨声中死去。

袁世凯倒台后,北洋军阀分裂成几个派系,争夺中央政权和地盘。其他地方军阀也拥兵自固,扩充地盘,争权夺势。中国出现了军阀割据纷争的混乱局面。在北洋军阀系统中,势力最大的是以段祺瑞为首的皖系和以冯国璋为首的直系。① 皖系军阀控制安徽、山东、浙江、陕西、福建等省,段祺瑞把持北京中央政权,排斥异己,扩张势力,俨然以袁世凯的当然继承者自居。直系军阀控制江苏、江西、湖北、直隶等省,经常联合反皖势力,同皖系争斗。另一个大的派系是以张作霖为首的奉系。② 奉系军阀占据东北三省,成为皖、直两系外一支举足轻重的势力。非北洋系的地方军阀,在北方,有割据山西的晋阀阎锡山;在南方,势力最大的是以唐继尧为首的滇系和以陆荣廷为首的桂系。滇系占有云贵,桂系占有两广。二者都接近直系。

袁世凯死后,副总统黎元洪"继任"大总统,而实权则操在国务总理段祺瑞手中。双方进行明争暗斗。1917年初,日本为了进一步控制中国,促使段祺瑞参加第一次世界大战、对德宣战。美国反对日本独占中国,支持黎元洪反对参战。黎、段也各有企图。段想借参战名义扩充实力,消灭异己,所以把持内阁提出对德宣战案。黎则因害怕段派势力过于扩张于己不利,便利用人民的反段要求进行抵制,并下令将段免职。这就是所谓"府院之争"。盘踞徐州的军阀张勋,伪装黎、段调停人,于6月14日率兵进京,7月1日拥戴溥仪复辟。段祺瑞暗中支持张勋复辟,而在张勋赶走黎元洪和解散国会后,又组织"讨逆军",于7月12日攻入北京,驱逐了张勋。溥仪再次宣布退位。副总统冯国璋代理大总统,段祺瑞重任国务总理,掌握中央政府大权。1917年8月14日,段祺瑞政

---

① 皖系,因段祺瑞是安徽(简称皖)合肥人,故名;直系,因冯国璋是直隶(今河北)河间人,故名。

② 奉系,因张作霖是奉天(今辽宁)海城人,故名。

府对德、奥宣战。

段祺瑞以"对外宣而不战,对内战而不宣"的手法,借口"参战"及其他名义,以出卖国家主权为交换条件,先后多次向日本借款,①用以扩充军事实力,实行武力统一。1918年5月,日、段以反对苏俄为名,订立了所谓《中日共同防敌军事协定》,使日本取得了在中国东北和蒙古地区驻兵及战时直接指挥有关的中国军队的权力。随后,大批日军开入我国东北。同年9月,日本提出了霸占山东各项权利的要求,段祺瑞政府复照表示"欣然同意"。

段祺瑞重掌北京政权后,打着共和招牌,实行军阀独裁统治。他拒绝恢复《临时约法》和国会,在政客支持下召集由各省军阀指派的临时参议院,重新制定国会组织法和参众两院议员选举法,另行选举参众两院议员。对南方各省派兵征讨,实行武力统一政策。南方各省军阀为了维护自己的地盘,先后宣布"自主"和"独立"。

孙中山于1917年7月发起护法运动,提出打倒假共和、建设真共和的主张,号召恢复《临时约法》和国会。8月,在广州召开非常国会。9月,成立护法军政府,孙中山任大元帅,唐继尧、陆荣廷任元帅,宣布段祺瑞为民国叛逆,出兵北伐。由此形成南北分立对峙的局面。

对南方护法军政府,段祺瑞主张讨伐,调直系军队打前锋。1917年10月,直系军队进入湖南,南方军队也开入湖南与之对抗。直系军阀为了排斥段祺瑞,与西南军阀勾结,主张停战息兵,和平解决。11月,段祺瑞被迫辞职。与此同时,南方护法军政府内部发生分裂。滇、桂军阀赞成孙中山护法,本意在利用孙中山"护法"的旗号对抗北洋军阀以求自保,直系主和之议一出,便起

---

① 自1917年8月至1918年9月,段祺瑞政府向日本借款总额达3亿多日元。其中由日本首相寺内正毅私人代表西原龟三经手的借款有1.45亿日元,称"西原借款"。

而排挤孙中山。1918年5月,孙中山被迫辞职,离广州去上海。他在辞职通电中愤懑地指出:"南与北如一丘之貉。"护法运动的失败,标志着以实现《临时约法》为奋斗目标的资产阶级民主运动的终结。从1918年至1919年,孙中山在上海对民国建设的重大问题"详加研究,述为专书",继《民权初步》(1917年)之后,写成《孙文学说》和《实业计划》,同时指示朱执信、廖仲恺等创办《星期评论》和《建设》杂志,从事革命和建设的宣传,为寻求救国救民的道路继续进行探索。

段祺瑞辞去国务总理职务后,又被任命为"参战督办"。他以此名义继续向日本借款扩充其"参战军",并组织了以徐树铮、王揖唐为首的"安福俱乐部",操纵新国会。1918年3月,段祺瑞勾结奉系军阀入关声援,皖系各省督军也要求段祺瑞复职,冯国璋被迫再次任命段为国务总理。此前,直系军阀曹锟、吴佩孚在湖南对南方军队作战中取得胜利,但段祺瑞复出后却任命皖系军阀张敬尧为湖南督军,夺了直系抢到的地盘。曹、吴对此极端不满,停止了军事进攻。8月,吴佩孚等通电主和,联合西南军阀,共同对抗皖系。9月,"安福国会"选举徐世昌为大总统,钱能训任国务总理,把以冯国璋为首的直系势力排挤出中央政府。冯国璋死后,曹锟、吴佩孚成为直系军阀的首领,与南方军阀建立了更密切的联系,并进一步取得英美的支持,直、皖两系的矛盾更加尖锐。1918年10月,第一次世界大战即将结束,全国人民和各界名流都要求消除战争,南北议和。英、美反对日本支持段祺瑞推行武力统一以便独霸中国的政策,赞成中国南北议和。10月至11月间,美国先后向北京政府和护法军政府提出"劝告"。日本在英、美压力下,被迫同意美国提出的南北停战议和的主张。1919年2月,南北双方在上海举行"和平会议"。由于英、美和日本争夺激烈,各派军阀矛盾重重,至5月,谈判宣告破裂。此后,更大规模的军阀混战连年不断。

北洋军阀的统治,实质上是地主阶级和买办阶级的统治。各派军阀本身也大都是大地主、大买办,有的也是大资本家,他们是反动势力的总代表。在帝国主义支持下,各派军阀大肆扩充自己的军队。为了支付庞大的军费,除了借外债、增发内债之外,就是无止境地增加捐税。军阀间的混战,更直接给人民带来深重灾难。广大人民,特别是农民,在战争、赋税、高利贷和土地掠夺种种袭扰和盘剥下,其苦难不堪言状。在军阀统治下,广大人民毫无民主权利。北洋政府通过各种反动法律,压制取缔人民的言论、出版、集会等自由。

帝国主义对中国的侵略和北洋军阀的反动统治,使帝国主义同中华民族的矛盾、封建主义同人民大众的矛盾进一步激化。全国人民为了挽救民族危亡和争取生存权利,不断进行反对帝国主义和封建军阀的斗争,新的革命风暴正在酝酿。

二、民族资本主义经济的发展 新社会力量的成长

辛亥革命失败后,国家的政治状况更加一天天败坏,但也就在这期间,半殖民地半封建的中国社会发生了重大的变化,这就是民族资本主义经济的进一步发展,新的政治力量的增长。同时新的思潮也在酝酿兴起。

1914年至1918年的第一次世界大战期间,由于欧洲几个主要帝国主义国家忙于战争,暂时放松了对中国的侵略,中国民族资本获得了前所未有的发展。战前,中国民族工业企业(包括官办的)计有698家,资本3.3亿元;到1920年,增至1 759家,资本5亿多元。6年间的增长数分别为152%和54.5%。其中纺织业和面粉业发展尤为迅速。1913年至1921年,全国华资纱厂的纱锭由48.4万余枚增至124.8万余枚,增长了157.9%;布机由2 016台增至5 825台,增长了188.9%。1913年至1920年,新设面粉厂47个。从1915年起,面粉从历年入超变为出超,1915年至1920年,出超量由5.79万余担增至344.97万余担,增加了58倍以上。其他轻工业如缫丝、火柴、造纸、卷烟、制革等也得到了较大发展。

这一时期,重工业的有些部门如采矿、运输业等也有相当的发展。民族资本新式煤矿的产量,1916年至1920年,由44.95万吨增至488.97万吨,增长了近10倍。中国的轮船吨数,1913年至1919年,由13.32万余吨增至28.75万余吨,增长了116%。

在民族工业的迅速发展中,涌现出了一批有作为的民族资本家。江苏无锡的荣宗敬、荣德生兄弟,早年经营钱庄,1901年投资面粉业,先后在无锡、上海创办了茂新面粉厂和福新面粉一、二、三厂。1905年又投资棉纺织业。第一次世界大战期间,荣氏进一步扩充营业,在上海建立了茂新二厂和福新四、六厂,在汉口建立了福新五厂。1916年在上海创办申新纱厂,1917年又建立了申新二厂。五四运动爆发后,荣氏乘全国掀起抵制日货运动的时机,继续扩展企业。经几年筹划,在上海建起茂新三厂,福新七、八厂;在济南建茂新四厂;在无锡、汉口分建申新三、四厂。到1922年,荣氏企业面粉厂达到12个,生产能力占全国民族资本面粉厂的1/3左右,被称为"面粉大王";纱厂4个,有纱锭13万余枚,成为中国最大的民族资本集团。广东佛山人侨商简照南、简玉阶兄弟,清末在香港创办南洋兄弟烟草公司,以"中国人请吸中国烟"的口号作宣传,产品畅销华南和南洋各地。1916年在上海设立分厂,1918年将企业改为股份有限公司,同时改上海厂为总厂,香港厂为分厂,两厂均进行扩建。为了应对英美势力的压迫,简照南于1919年8月登报招股,并以"振兴国货""杜塞漏卮,挽回权利"等口号进行宣传,随即将公司扩大改组。扩大改组后的南洋兄弟烟草公司,于上海、香港两地共设五厂,拥有职工万余人。简氏兄弟由华侨商人成了著名的民族卷烟业资本家。简照南以其在实业界的声望,曾任广东实业团副团长、上海总商会会董和上海华侨联合会董事等职。上海人穆藕初,第一次世界大战期间先后在上海、郑州创办了德大、厚生、豫丰等纱厂。他翻译出版了美国人泰勒的《科学管理法》一书,并在他经营的纱厂推行这种管理方法。他在经营纱厂的同时,还举办植棉试验场,著《植棉浅说》,致力改良棉种和推广植棉业。1920年，穆参加发起组织上海华商纱布交易所，被举为理事长。1921年又集股创办了中华劝工银行。北洋政府农商部于1920年聘他为名誉实业顾问。广东中山县人郭乐、郭顺兄弟，早年在澳大利亚经商，后把资金移回国内，1918年创办了上海永安百货公司，1920年发起招股筹办上海永安纱厂，得到许多侨胞的支持。1922年9月正式投产，拥有纱锭3万余枚。以后永安系统的纺织厂发展到4个，在民族棉纺织业中，仅次于申新。浙江定海人刘鸿生，1920年在苏州创办鸿生火柴厂，以后发展成为民族资本火柴业中最大的资本集团，在中国市场上压倒瑞典、日本火柴，被称为"中国火柴大王"。湖南湘阴人范旭东，1914年在大沽口开办久大盐业公司，第一次世界大战后在塘沽创办永利碱厂，出碱后打破了英国卜内门公司对中国纯碱市场的垄断。他还创设黄海化工研究社，从事化工科学研究。湖南长沙人聂云台，1919年在上海创办大中华纱厂，拥有纱锭4.5万枚，在同业中被称为"模范纱厂"，曾任上海总商会会长、全国纱厂联合会副会长。这些民族资本家都是实业家，注意采用当时先进的经营管理方法，在发展中国民族工业方面作出了重大贡献。

中国民族工业虽然在第一次世界大战期间得到了迅速发展，但是它在整个国民经济中所占的比重依旧很小。新开办的企业轻工业多，重工业少。小工厂多，大工厂少。即使在这期间，中国民族工业也没有摆脱帝国主义的控制和封建势力的束缚。

这一时期，卷入欧战的英、法、德、俄等国的对华经济侵略有所放松，而日、美两国却乘机扩大了对华经济侵略。1914年至1921年的7年中，日本在华开办的规模较大的工矿企业有222家。美国资本在中国也扩大了市场，到1919年，在对华贸易和航运方面，美国已仅次于日、英而跃居第三位。

中国民族资本主义经济的进一步发展，为新的政治力量的增长和革命运动的发展提供了社会基础。在这一时期，中国民族资产阶级的力量有了新的增长。据1918年统计，全国商会会员有

16.2万人,华侨商会会员有2.1万人。由于民族资本主义的发展受到帝国主义和封建主义的严重阻挠,民族资产阶级同帝国主义和封建主义的矛盾进一步加深,民族资产阶级的改良和革命要求进一步增长。但是,由于民族资产阶级的经济力量仍然很小,并且始终同帝国主义和封建主义有着或多或少的联系,这就决定了中国民族资产阶级仍然是一个软弱的阶级。由于民族资本主义的进一步发展,民族资产阶级同工人阶级的矛盾也有所加深。与此同时,城市小资产阶级即知识分子、小商人、手工业者、自由职业者的人数也大为增加了。据估计,到五四运动前,全国受过新式小学教育的有近千万人,受过中等教育的有十多万人,受过高等教育的也有数万人。小资产阶级因受帝国主义和封建主义的压迫,不但迫切要求革命,而且他们中间一些知识分子还常常在革命中扮演重要角色。在新的政治力量的增长中,最重要的是工人阶级的发展。中国最早的产业工人,19世纪四五十年代就在外国资本在华企业中产生了。19世纪60年代,清政府创办近代军事工业,又产生了一批产业工人。从19世纪70年代起,中国商人自办的近代工业开始兴起,中国产业工人又通过民族企业的发展而有了较大的增加。到1913年,中国产业工人已有60多万人。由于中国民族工业和日、美投资企业在第一次世界大战期间的迅速发展,中国工人阶级也就迅速地发展起来。到1919年,产业工人已达200万人。这样,随着民族资本主义发展而来的新的社会力量即民族资产阶级、小资产阶级和工人阶级的政治力量的增长,使中国反帝反封建的资产阶级民主革命出现了一个比以前强大了的阵营。

在半殖民地半封建社会里产生和发展起来的中国工人阶级,除了具有世界一般工人阶级的优点,即同最先进的经济形式相联系,富于组织性、纪律性,没有私人占有的生产资料以外,还有独特的优点:第一,中国工人阶级身受帝国主义、封建主义和资本主义三重压迫,这些压迫的严重性和残酷性,在世界各国工人中是少见的。因此,他们在革命斗争中最坚决。第二,中国工人阶级多数集中在少数沿海城市和一些大的企业中。工人阶级由于高度集中,便于团结战斗,易于形成强大的政治力量。第三,中国工人阶级绝大多数来源于破产的农民,和农民具有天然的联系,便于和农民结成亲密的联盟。上述这些特点,决定了中国工人阶级是中国社会各阶级中最革命最先进的阶级,如果它得到马克思主义的指导,就必然成为中国革命的领导阶级。在中国半殖民地半封建的历史条件下,中国工人阶级也有它的弱点,例如,它的人数较少(和农民比较)、年龄较轻(和资本主义国家的工人阶级比较)、文化水平较低(和资产阶级比较),而且容易受到农民意识和封建思想的影响。这些弱点也不可避免地给中国工人阶级的斗争带来不利的影响。

中国工人阶级从它诞生那天起,就不断地进行着反抗剥削和压迫的斗争。早在1858年,香港工人就曾为反对英、法帝国主义侵占广州而举行罢工。工人曾多次参加孙中山领导的革命斗争。随着第一次世界大战期间工人队伍的扩大,工人的斗争也有了进一步的发展。首先,工人罢工的次数逐年增多,规模日渐扩大。据统计,1916年罢工17次,1917年罢工23次,1918年罢工30次,1919年头5个月就达19次。另外,工人的觉悟程度和组织程度也有了提高。工人的斗争开始由分散的经济斗争转向有组织的反帝反封建的政治斗争。1915年上海、长沙等地工人反对袁世凯政府与日本签订"二十一条"的斗争,1916年天津法租界工人为反对法国侵占老西开而举行的罢工,就是突出的例子。这一时期,工人在罢工中已开始互相支援,举行同盟罢工,并开始成立近代工会组织。工人阶级的这种发展,为马克思列宁主义在中国的传播,为在中国建立无产阶级的革命政党奠定了阶级基础。

三、新文化运动的兴起

辛亥革命后中国社会出现的另一个新的重大变化,是发生了前所未有的猛烈的反封建主义的新文化运动。

袁世凯建立起北洋军阀的反动统治后,为了复辟帝制,极力推崇封建纲常名教,搞祭天祀孔。帝国主义分子宣扬中国实行君主制"较共和制为宜",为袁世凯称帝鼓噪。保皇分子、封建余孽则叫嚷"发扬国粹,维护国俗,定孔教为国教",公开攻击辛亥革命,诋毁民主共和,鼓吹君主复辟。一时间,社会上"孔教会""经学会"等尊孔社团纷纷出现,形成了一股尊孔复辟逆流。与此同时,鬼神迷信极为流行。一部分资产阶级和小资产阶级激进民主主义知识分子,痛心于军阀统治下的混乱与黑暗,努力探求改变现状的出路。他们从辛亥革命流产的教训中认识到,要防止君主复辟,实现名副其实的民主共和国,必须发动一场反封建的思想启蒙运动,来唤起大多数人民的民主主义觉悟,扫除人们头脑中的封建愚昧思想。

1915年9月,陈独秀在上海创办《青年杂志》(从二卷一号改名为《新青年》),标志着新文化运动的开始。1917年1月,著名教育家蔡元培就任北京大学校长,实行"学术思想自由"和"兼容并包"的方针,聘请陈独秀为文科学长。在北京的新文化界人士李大钊、刘半农和刚留美回国的胡适,也先后被聘请到北大任职、任教。先已在北大的新文化界人士钱玄同等则继续留任。从1917年起,北京大学成了新文化运动的中心。陈独秀就任北大文科学长后,《新青年》编辑部从上海迁到北京,李大钊、胡适、钱玄同、刘半农、鲁迅等参加了《新青年》的编辑或撰稿,形成了一个以《新青年》为核心的新文化阵营。

新文化运动的主要内容是提倡民主和科学,即德先生(Democracy)和赛先生(Science)。民主指的是民主思想和民主政治。科学指自然科学、社会科学和科学态度、科学方法。新文化运动的倡导者们认为,民主和科学是推动中国社会前进的两个车轮,中国要从专制和愚昧下求得解放,摆脱落后状态,赶上资本主义强国,"当以科学与人权并重"。民主与科学的提倡,反映了中国政治经济发展的要求和人民的迫切需要,因而成为"五四"时期文化思想战线上的两面光辉旗帜。

在民主的大旗下,新文化运动的倡导者们大力宣传民主思想,反对封建专制。陈独秀抨击君主专制"以君主之爱憎为善恶,以君主之教训为良知,生死予夺,惟一人之意志是从",造成"人格丧亡,异议杜绝",使"民德、民志、民气"扫地以尽。① 指出由专制政治趋于民主政治,是不可抗拒的历史潮流,中国欲求生存,必须抛弃数千年相传的"官僚的专制的个人政治",易以"自由的自治的国民政治"。民主政治的实现,只能靠全国多数人民的政治觉悟,而不能寄希望于"善良政府,贤人政治"或"伟人大老"。李大钊指出:"民与君不两立,自由与专制不并存,是故君主生则国民死,专制活则自由亡。"号召人民同那些"敢播专制之余烬,起君主之篝火"的复辟之辈作坚决的斗争。②

在科学的大旗下,新文化运动倡导者们大力宣传科学思想,反对封建迷信和愚昧、盲从。陈独秀指出:"我们物质生活上需要科学,自不待言;就是精神生活离开科学也很危险。"③号召人们用科学态度来对待传统观念和一切社会问题,破除迷信,坚持真理,打破"宗教上、政治上、道德上自古相传的虚荣、欺人、不合理的信仰",树立"真实的合理的"信仰。④ 他还运用自然科学常识,驳斥了鬼神迷信,揭露了复古派以鬼神之畏愚弄人民的阴谋,提出了"以科学代宗教"的口号。鲁迅也积极宣传了科学思想,指出:"科学能教道理明白,能教人思路清楚。"主张用"科学"这味药来"医治思想上"迷信、愚昧、不改现状、不思变革的病。⑤

---

① 《吾人最后之觉悟》,《新青年》1卷6号,1916年2月15日。
② 《民彝与政治》,《李大钊文集》第1卷,人民出版社1999年版,第165页。
③ 《新文化运动是什么?》,《新青年》7卷5号,1920年4月1日。
④ 《偶像破坏论》,《新青年》5卷2号,1918年8月15日。
⑤ 《随感录》三十三、三十八,《新青年》5卷4、5号,1918年10月15日、11月15日。

新文化运动的倡导者们在提倡民主、科学,反对专制、迷信的战斗中,对以儒家学说为代表的维护封建专制制度的旧礼教、旧道德,发动了猛烈的攻击。他们批驳了保皇分子、封建余孽要求"以孔教为大教,编入宪法"、鼓吹以封建纲常礼教为"立国精神"的谬论,揭露了纲常礼教的反动本质。陈独秀指出:"孔教与帝制,有不可离散之因缘",主张尊孔是为了复辟。孔子所提倡的"封建时代之道德、礼教、生活、政治",不适于现代生活。它同政治上的民主、经济上的财产独立、法律上的平等、伦理上的独立自主人格是不相容的。"对于与此新社会、新国家、新信仰不可相容之孔教,不可不有彻底之觉悟,猛勇之决心,否则不塞不流,不止不行!"①李大钊以"自然的伦理观"分析孔子和"孔道",指出:"孔子为数千年前之残骸枯骨""历代帝王专制之护符"。"古今之社会不同,古今之道德自异"。"孔子之道,施于今日之社会为不适于生存","迟早必归于消灭"。为了谋求"新生活之便利,新道德之进展",对于不合时宜的旧道德,不仅要企于自然之进化,还要加以人为之力,"冀其迅速蜕演,虽冒毁圣非法之名,亦所不恤"②。吴虞指出:"儒家以孝、悌二字为二千年来专制政治与家族制度联结之根干",其流毒"不减于洪水猛兽。"③儒家教忠教孝,是要"把中国弄成一个制造顺民的大工厂"④。鲁迅在他的第一篇白话小说《狂人日记》中,借"狂人"之口尖锐地揭露了封建礼教"吃人"的本质。

新文化运动的另一重要内容是文学革命,提倡白话文,反对文言文;提倡新文学,反对旧文学。1917 年 1 月,胡适发表《文学改良刍议》,对文学改革从形式到内容提出了许多意见,主张以白话文为"中国文学之正宗"。同年 2 月,陈独秀发表《文学革命论》,

---

① 《宪法与孔教》,《新青年》2 卷 3 号,1916 年 11 月 1 日。
② 《自然的伦理观与孔子》,《李大钊文集》第 1 卷,第 249~250 页。
③ 《家族制度为专制主义之根据论》,《新青年》2 卷 6 号,1917 年 2 月 1 日。
④ 《说孝》,《吴虞文录》卷上,上海东亚图书馆 1921 年 10 月初版,第 15 页。

把反对文言文和封建文学同政治革命联系起来,竖起了文学革命的大旗。他提出了推倒贵族文学,建设国民文学;推倒古典文学,建设写实文学;推倒山林文学,建设社会文学"三大主义",成为文学革命的纲领。陈独秀主张彻底改革文体和文学内容,打倒"文以载道""代圣贤立言"的封建文学和"无病呻吟""满纸之乎者也矣焉哉"的老八股,使文学写人生、写社会,反映现实生活,表现时代精神。鲁迅除在《新青年》上发表白话小说《狂人日记》外,还写了许多篇犀利的杂文,对旧社会、旧礼教进行无情的揭露和深刻的批判。他通过自己的创作实践,把反封建礼教的革命内容和白话文的形式结合起来,树立了新文学的典范,对文学革命作出了重要的贡献。

新文化运动从兴起到1918年11月第一次世界大战结束前,三年多时间内,存在着同现实政治斗争相脱离的倾向。《新青年》的多数编者,抱着不评时政的态度,强调思想文化运动而轻视现实政治斗争。第一次世界大战结束后,由于俄国十月革命和世界革命的影响,中国人民反帝反军阀的斗争开始高涨起来,《新青年》的编辑者们深感不评时政已不能适应形势发展的需要,从5卷5号起,《新青年》大为改观。为了更及时地反映和评论当前的政治问题,1918年12月,陈独秀、李大钊又创办了报纸型的《每周评论》。它旗帜鲜明地反对帝国主义和封建军阀,积极宣传俄国十月革命,具有强烈的政治性,并在一定程度上带有社会主义色彩,是五四运动在思想舆论准备方面一个指导性刊物。

随着新文化运动的深入和反军阀斗争的开展,各地出现了一些进步社团,宣传新文化、新思潮的刊物也日渐增多。1917年10月,恽代英在武昌发起组织了互助社,以"群策群力,自助助人"为宗旨,注重个人品格的修养,提倡服务社会。1918年4月,毛泽东、蔡和森、何叔衡、萧子升等在长沙发起成立了新民学会。它是"五四"时期影响较大的进步社团之一。最初"以革新学术,砥砺品行,改良人心风俗为宗旨"。学会成立后,为了向外寻求新思想新文化,参与留法勤工俭学运动。以后学会活动分成了两支,一支在国外,主要是法国;一支在国内,主要是湖南。1918年7月,李大钊、王光祈、曾琦等在北京发起成立少年中国学会,以"本科学的精神,为社会的活动,以创造'少年中国'"为宗旨。它是"五四"时期人数最多、分布最广、存在时间最长的一个社团,其成分很复杂,会员有着极不相同的思想倾向。1918年10月,学生救国会在北京成立国民社,次年1月出版《国民》杂志。北大学生易克嶷、邓中夏、黄日葵、许德珩等,都是该社骨干成员。李大钊、蔡元培和《京报》创办人邵飘萍曾给以热心的指导与帮助。1918年11月,北大学生傅斯年、罗家伦等发起成立了新潮社,1919年1月创办《新潮》杂志。它大力提倡白话文,反对旧礼教,并提出了"伦理革命"的口号,有力地推动了新文化运动的发展。1919年2月,北京高等师范学生匡互生、周予同、刘薰宇等发起成立工学会,主张学生学会做工,并帮助劳动者求学,打破"劳心"与"劳力"的界限。它不仅是一个学术团体,也是一个爱国政治团体,其宗旨之一是"平日则互相研究各种学术,或建设教育事业;国有困难外交,则竭力以谋补救"。同年3月,北大学生邓中夏、廖书仓等发起组织北京大学平民教育讲演团。它"以教育普及与平等为目的,以露天讲演为方法",开始在街头、寺庙作不定期讲演,以后则利用官立的讲演所并在北大校旁设点定期讲演,讲演内容有反日爱国、民主自治、反对封建家族制度、破除迷信等。

在反封建斗争高涨的形势下,属于资产阶级改良派研究系的北京《晨报》《国民公报》和上海《时事新报》,也作了一些改革,进行了新文化的宣传。

新文化运动的蓬勃发展,引起了封建势力的仇视与恐惧。反动军阀诬蔑新文化运动是"异端邪说""洪水猛兽",企图用强力办法来抑制它。以刘师培、辜鸿铭、林琴南等为代表的守旧派和封建文人,也对新文化运动进行抨击。他们称颂封建文化思想,诬蔑新文化运动"功利倡而廉耻丧,科学尊而礼义亡,以放荡为自由,以攘夺为责任"。咒骂提倡新思想"直与猩红热、梅毒等之输入无异",声言要"极力卫道"。1919年3月,林琴南在北京《公言报》上发表给蔡元培的信,攻击新文化运动的倡导者"覆孔孟,铲伦常","尽废古书,行用土语为文字",是"叛亲蔑伦","人头畜鸣"。与此同时,反动势力对北京大学施加压力,散布北大"驱逐"陈独秀、胡适、钱玄同、刘半农等人的谣言,并利用御用议员在国会提出"弹劾"教育部的议案,胁迫北大校长蔡元培去职。新文化运动的倡导者们,没有在反动势力的压力下退缩,陈独秀、李大钊、鲁迅等人,对封建势力的进攻给予了坚决的回击,有力地批驳了其谬论。从1918年下半年到1919年五四运动爆发前,展开了"新旧思潮之激战"。

新文化运动倡导者们在回答封建势力的非难时指出,只有民主和科学才能救治中国的黑暗,新思潮的传播是阻止不了的。《新青年》6卷1号发表陈独秀执笔的《本志罪案之答辩书》,指出:"要拥护那德先生,便不得不反对孔教,礼法,贞节,旧伦理,旧政治。要拥护那赛先生,便不得不反对旧艺术,旧宗教。要拥护德先生,又要拥护赛先生,便不得不反对国粹和旧文学。""我们现在认定只有这两位先生,可以救治中国政治上道德上学术上思想上一切的黑暗。若因为拥护这两位先生,一切政府的迫压,社会的攻击笑骂,就是断头流血,都不推辞"。李大钊在《过激派的引线》《新旧思潮之激战》等文章中,公开为"过激派"辩护,指出社会上的不平不公,是产生"过激主义"的根源。"世界政府中的顽固党,都怕过激主义,但都在那里培植过激主义"。蔡元培在《复林琴南书》中,本其"思想自由,兼容并包"的原则,有力地维护了新文化运动。

新文化运动有着重大的历史意义。它打击了统治中国达两千年之久、享有绝对权威的封建思想文化,冲击了传统的封建教条对人们思想的束缚,是我国历史上一次空前的思想解放运动。它启发了人们的民主主义觉悟,推动了现代科学思想在中国的传播,在思想界特别是青年知识分子中,激起了要求进步、寻求科学真理、追求解放的热情,为中国迅速接受俄国十月革命的影响,为马克思列宁主义在中国的传播准备了条件,为五四爱国运动做了思想准备。

四、第一次世界大战和俄国十月革命对中国的影响

正当中国社会内部发生重大变化,工人阶级成长壮大,新文化运动蓬勃开展的时候,世界政局发生了两件大事:

第一次世界大战和俄国十月社会主义革命。这两件重大的历史事件,不仅改变了世界历史的进程,同时对中国产生了深远的影响。

第一次世界大战是两个帝国主义集团,即以英、法、俄为首的协约国集团(日、美随后加入)与德、奥、意为首的同盟国集团之间,为争夺和重新瓜分殖民地所进行的一场非正义的战争。全世界共有31个国家参战,波及六大洲约15亿人口,双方死亡共1300万人,受伤、失踪者达2000多万人,双方战费开支共达1800多亿美元,加上生产和财产损失等,全部经济损失达2700多亿美元。这是人类历史上一场大浩劫、大灾难。

第一次世界大战使得西方资本主义制度固有的矛盾和弊端暴露无遗。战争的空前残酷,欧洲参战国在战后的种种衰败和混乱景象,普通群众生活的穷苦,人们精神的空虚和颓废,使西方资本主义文明完美优越的神话破灭,西方资本主义文明遭到前所未有的信任危机。在战争刚刚结束的1918年,德国人斯宾格勒即推出《西方的没落》一书,断言西方文化正在走向没落。

第一次世界大战也改变了各帝国主义国家在中国的利益格局。日本利用欧洲列强忙于战场厮杀,暂时放松对中国侵略的时机,派兵夺取了德国从清政府手中攫取的在山东的各种权益,并进一步加紧对中国的侵略和掠夺。这就打破了第一次世界大战前帝国主义列强共同控制中国的局面,加深了日本同其他列强之间的矛盾,从而也加剧了国内军阀之间的矛盾。这次大战对中国社会的影响,还突出地反映在思想层面上。一部分人开始对西方资本主义文明产生怀疑,要求重新审视和评价资本主义制度和西方文化。《东方杂志》主编杜亚泉,在大战初期,即发表了《大战争与中国》《大战争之所感》等文,认为西方文化在战争中已尽露弊端,因而要求国人重新评价西方文化和东方文化,绝不能全盘照搬西方。一向对西方文化抱有好感的梁启超,通过对欧洲参战各国的考察,写成了《欧游心影录》,也无奈地感叹西方文化已经破产。于是在中国思想界逐渐形成了关于中西文化之争。

1917年11月7日(俄历10月25日),俄国无产阶级和劳动人民,在列宁和布尔什维克党的领导下,用革命暴力推翻了地主资本家的政权,建立了世界上第一个无产阶级专政的社会主义国家。十月革命改变了世界历史的方向,开辟了无产阶级社会主义世界革命的新时代,给一切被压迫人民和被压迫民族指出了彻底解放的道路。在俄国十月革命的影响下,世界上出现了革命高潮。1919年3月,在列宁领导下建立了无产阶级政党的新的国际组织——共产国际,即第三国际。这标志着国际共产主义运动进入了一个新的历史阶段。

俄国十月革命和由它引起的世界革命高潮,对中国产生了前所未有的巨大影响。十月革命爆发后的第三天,1917年11月10日,中国的一些报纸就做了报道。中国人民从报刊报道中初步了解了俄国革命的情况。从十月革命爆发到1918年5月,约有4万在第一次世界大战期间去俄国做工的华工回国。通过他们的宣传和介绍,中国人民进一步了解到十月革命的真实情况。1918年2月,中国报纸登载了在十月革命第二天俄国苏维埃政府宣布废除一切不平等条约,放弃沙俄在国外攫取的全部特权的消息,使中国人民更加了解十月革命的意义。这样,就形成了当时所说的"俄国式革命"这一概念。灾难深重的中国人民,从十月革命这一人类历史上破天荒的无产阶级社会主义革命中,产生了对劳动人民当家作主的社会主义国家的向往,看到了中华民族获得解放的新希望。开滦煤矿工人了解到俄国工人革命后的状况,希望"工人之国"早日到来。革命民主主义者孙中山,对十月革命表示了真挚的同情和欢迎,他指导下的《民国日报》,在1918年元旦的社论中说:"吾人对于此近邻的大改革,不胜其希望也。"1918年夏,孙中山在上海致电苏俄政府和列宁,表示"极大的敬意",并"希望中俄两国革命党团结一致,共同奋斗"。

十月革命对中国最大最深刻的影响是使中国的先进分子开始用无产阶级世界观作为观察国家命运的工具,重新考虑中国的问题。十月革命以前,中国人学习的榜样是西方国家,效法的是西方资产阶级革命,结果都失败了。那时也有人知道马克思和他的一些主张,但是没有把马克思主义作为解决中国问题的思想武器。中国的真正出路在哪里?始终是一个没有解决的问题。十月革命促进了中国人民的觉醒,那些同封建主义彻底决裂了的、对资产阶级共和国感到失望的、忠实的爱国者,从十月革命的胜利看到了中国的新出路,由效法西方资产阶级革命,转而效法俄国十月社会主义革命。从向西方资产阶级"文明"寻找出路,转向研究和宣传十月革命和马克思列宁主义,开始用无产阶级的世界观来观察中国的问题,从而在中国产生了一批赞成俄国革命、主张走俄国人道路的具有初步共产主义思想的知识分子。中国共产主义的先驱者李大钊,在1918年下半年,先后发表了《法俄革命之比较观》《庶民的胜利》《布尔什维主义的胜利》等论文,[①]热情欢呼十月革命的胜利,阐述俄国革命同法国资产阶级革命的区别和这个革命的伟大历史意义。他指出,俄国革命的胜利是"布尔什维主义的胜

---

① 《法俄革命之比较观》,发表于1918年7月1日出版的《言治》季刊第3册。《庶民的胜利》,为第一次世界大战结束后在中央公园的演说,时间为1918年11月15日,刊载于1919年1月出版的《新青年》第5卷第5号。《布尔什维主义的胜利》,写于1918年12月初,刊载于《新青年》第5卷第5号。后两篇成文时间,见人民出版社1999年10月出版的《李大钊文集》第2卷第240、247页编者说明。

利"，布尔什维主义"就是革命的社会主义"，布尔什维克党"是奉德国社会主义经济学家马客士（Marx）为宗主的"。"俄罗斯之革命是二十世纪初期之革命，是立于社会主义上之革命"。他认为十月革命后世界历史进入了社会主义革命的新时代，十月革命是"二十世纪中世界革命的先声"，"世界人类全体的新曙光"。"由今以后，到处所见的，都是布尔什维主义战胜的旗。到处所闻的，都是布尔什维主义的凯歌的声……试看将来的环球，必是赤旗的世界！"①李大钊的上述文章，标志着他从激进民主主义者向共产主义者的转变，表明了中国先进分子在十月革命影响下的新觉醒。从1918年到五四运动前，马克思列宁主义在中国得到初步传播，李大钊组织了"马客士主义研究会"，②团结一些进步青年学习和研究马克思列宁主义和俄国革命。1919年4月6日出版的《每周评论》第16号，摘译了《共产党宣言》中的一段。文前的按语说："这个宣言是马克思和恩格斯最先最重大的意见……其要旨在主张阶级战争，要求各地的劳工联合。是表示新时代的文书。"1919年5月，在李大钊主持下，《晨报副刊》开辟了马克思研究专栏，陆续刊载马克思的《雇佣劳动与资本》和一些关于马克思主义的译文。一些报刊先后发表过马克思、恩格斯、列宁等传记材料。

　　十月革命和第一次世界大战后出现的世界革命运动的高潮，使中国的先进分子看到了工农劳动群众的伟大力量，逐渐认识到必须发动工农群众进行革命斗争。这种认识在李大钊"五四"前发表的论文中已经表现出来了。他提出，要改造中国社会"非把知识阶级与劳工阶级打成一气不可"。一部分小资产阶级和资产阶级知识分子，在对劳动人民的看法上也有所改变。1918年3月，在中国第一次出现了以《劳动》命名的杂志。同年11月，蔡元培在一次集会上的演说中喊出了"劳工神圣"的

---

① 《李大钊文集》第2卷，第242、243、217、240、246页。
② "马客士"即马克思。

口号。

十月革命和世界革命高潮中不断爆发的大规模游行示威、同盟罢工和武装起义等群众斗争方式,强烈地吸引和感染了中国人民,人们深切感到要摆脱被压迫的屈辱生活和拯救国家的危亡,必须由人民自己起来"直接解决"。陈独秀以前是看不起人民群众的,这时也看到了发动群众直接斗争的必要性。他在1919年初发表的《除三害》一文中,号召国民起来同危国害民的军阀、官僚、政客进行斗争,认为"对于这三害要有相当的示威运动"。《每周评论》的某些文章强调人民自己起来采取直接行动,主张"叫民众亲自解决政治问题。"

总之,"十月革命帮助了全世界的也帮助了中国的先进分子,用无产阶级的宇宙观作为观察国家命运的工具,重新考虑自己的问题。走俄国人的路——这就是结论。"①在十月革命影响下,在中国社会内部经济、政治发展的基础上,爆发了划时代的五四爱国运动。

第二节 五四运动和中国共产党成立

一、五四运动的爆发和"六三"以后的发展

五四运动爆发的基本原因是帝国主义对中国加紧侵略和北京政府(也称北洋政府)的对外卖国、对内镇压政策。导火线是巴黎和会上中国外交的失败。

1918年11月,第一次世界大战以德、奥等同盟国的失败告终。1919年1月,27个战胜国在巴黎召开的"和平会议",是一次主要战胜国分配战争胜利果实和由他们主导建立世界新秩序的会

---

① 《毛泽东选集》第4卷,人民出版社1991年版,第1471页。

议。美国总统威尔逊、英国首相劳合·乔治、法国总理克里孟梭是三个决策人物。中国在大战中参加了协约国方面,也以战胜国的资格派出由陆征祥(北京政府外交总长)、顾维钧(驻美公使)、施肇基(驻英公使)、魏宸组(驻比公使)、王正廷(南方军政府代表)五人组成的代表团出席会议。中国代表向和会提出了七项希望条件:废弃势力范围;撤退外国军队、巡警;裁撤外国邮局和有线无线电报机关;撤销领事裁判权;归还租借地;归还租界;关税自主等。接着,在中国留欧学生要求下,又提出了取消"二十一条"的要求。但两项提案一提出就被和会最高会议所拒绝,理由是不在和会权限以内。这样就只有希望解决山东问题了。山东问题是在讨论处置德国在远东太平洋和非洲殖民地问题时列入议程的。中国代表在1月27日的会上陈述了胶州湾租界地、胶济铁路及其他权利均应直接归还中国的理由,并于3月7日提交了关于山东问题的详细说帖。日本以武装占领的既成事实和中国方面曾有"欣然同意"的换文为借口,蛮横坚持德国在山东的权益应无条件让予日本,并对北京政府加以种种恫吓。英、法、意与日本订有密约,支持日本。美国反对日本独霸山东,提出山东交由美、英、法、日、意五国共管。在日本表示强烈反对并以退出和会相威胁时,美国便向日本妥协。4月30日,美、英、法三国会议在邀请日本参加、拒绝中国代表出席的情况下,决定将德国在山东的权益全部交给日本,并在《协约和参战各国对德和约》中作了明文规定。战胜国之一的中国,国家权益仍然受到损害。

在巴黎和会召开前,广大知识分子认识了日本帝国主义是中国的大敌,而对美、英帝国主义抱有幻想。第一次世界大战结束后,美、英帝国主义和北京政府宣扬大战的结果是"公理战胜强权",尤其是美国总统威尔逊提出的"和平条款十四条",高唱反对秘密外交,主张民族自决等,吸引了很多人,"公理战胜强权"成了人们的口头禅。陈独秀在《每周评论》发刊词中称颂威尔逊是"现在世界上第一个好人"。人们以为可以从巴黎和会上争得中国在国际上的独立平等地位了。但是巴黎和会的严酷事实,无情地粉碎了这种幻想。俄国十月革命的影响和帝国主义反面教员的教育,使先进的中国人认识到不能向帝国主义乞求独立、自由,只有依靠自己才能决定国家的命运。陈独秀在《每周评论》第20号上发表的时评文章《两个和会都无用》,反映了人们这种新的觉醒。他说:"巴黎和会,各国都重在本国的权利,什么公理,什么永久和平,什么威尔逊总统十四条宣言,都成了一文不值的空话。"巴黎和会"与世界永久和平,人类真正幸福,隔得不止十万八千里,非全世界的人民都站起来直接解决不可"。李大钊在《每周评论》第22号上发表的《秘密外交与强盗世界》一文,对帝国主义本质作了更深刻的分析,认为不论东方还是西方的帝国主义都是一样不讲公理的强盗。"现在的世界仍然是强盗的世界","不止夺取山东的是我们的仇敌,这强盗世界中的一切强盗团体、秘密外交这一类的一切强盗行为,都是我们的仇敌啊!"

从2月初巴黎和会开始讨论山东问题,全国各地就纷纷发出通电,举行集会,抗议日本帝国主义的强盗行径,揭露段祺瑞、曹汝霖、章宗祥、陆宗舆等人的卖国行为,要求中国代表据理力争,"保持国权"。巴黎和会上中国的失败,进一步激化了帝国主义同中华民族、封建军阀同人民大众的矛盾。当凡尔赛和约关于山东问题的条款在5月1日、2日传出后,一场反帝爱国革命运动便在北京爆发了。5月3日晚,北京大学学生和北京中等以上学校的学生代表在北大集会,决定4日齐集天安门举行学界大示威。北大法科学生谢绍敏当场咬破手指,血书"还我青岛"四字。当晚,北京高师的工学会也召开会议,决定次日举行示威时对卖国贼曹汝霖、章宗祥、陆宗舆等采取激烈行动。

5月4日下午,北京大学、北京高师、汇文大学、中国大学、高等工业学校等13所学校的学生3 000多人,来到天安门前集会。学生们手执写有"还我青岛""取消二十一条""拒绝在巴黎和会上签字"等口号的旗帜,一致要求惩办曹汝霖(交通总长、订"二十一条"时任外交次长)、章宗祥(驻日公使)、陆宗舆(币制局总裁、订"二十一条"时任驻日公使)三个卖国贼。集会讲演后,即列队游行,向东交民巷使馆区进发。游行队伍一路散发传单,痛切指出:"山东大势一去,就是破坏中国领土!中国领土破坏,中国就亡了!"号召"全国工商各界一律起来设法开国民大会,外争主权,内除国贼"。至东交民巷西口,被使馆巡捕和政府军警拦阻。学生们义愤填膺,决定去找卖国贼曹汝霖问罪,游行队伍奔向赵家楼胡同曹汝霖住宅。北京高师学生匡互生从曹宅临街的窗口第一个跳入院内。跳入曹宅的学生打开了大门,学生一拥而入。曹汝霖慌忙躲避起来,未被学生发现。正在曹宅的章宗祥被学生捉住痛打了一顿。学生们捣毁了曹宅器具,并放火焚烧曹宅。起火后,学生们陆续散去,大批军警赶到,将尚未离去的32人捕去。5月5日,北京专科以上学校学生实行总罢课,要求释放被捕同学,惩办卖国贼曹、章、陆,拒签巴黎和约,并呼吁社会各界与学生一致联合,"外争国权,内除国贼"。6日,正式成立了北京中等以上学校学生联合会。

5月4日晚,国务总理钱能训召开内阁紧急会议,密谋对策。5日,教育部下令各校严禁学生游行集会,不守约束者"立予开除"。6日,大总统徐世昌发布镇压北京学生爱国运动令,称学生"纠众集会,放火伤人",责令警察总监"督率所属,切实防弭",不服弹压者即"逮捕惩办"。但由于北京学生的罢课和全国各界人士的声援,北京政府不得不于7日释放了被捕学生。

被捕学生获释后,北京学生为实现爱国运动的斗争目标,抗议政府对学生运动的镇压,继续坚持斗争。5月8日,徐世昌下令严禁学生干政并将被捕学生送交法庭,随后北京检察厅传学生预审。而对被迫提出辞呈的卖国贼曹汝霖却指令慰留。与此同时,北京政府还对北大校长蔡元培施加压力。9日,蔡被迫辞职出走。这一事件,震动了教育界。学生们在要求惩办卖国贼和拒签和约之外,又掀起了挽留蔡元培的斗争。11日,北京各大专学校教职员联合会正式成立,和学生们一起进行爱国斗争。从5月19日起,北京学生再次实行总罢课。学生们组织了"救国十人团",开展讲演活动和抵制日货运动,还组织了护鲁义勇队,进行军事训练。

学生爱国运动的发展,也引起了帝国主义的恐慌,日、美、英、法等国驻华公使,联合向北京政府施加压力。日本公使更直接向外交部发出警告,催促加紧镇压学生爱国运动。北京政府于6月1日连下两道命令。第一道公然为三个卖国贼辩解,说这三个人在外交、财政任内,"各能尽维持补救之力,案牍俱在,无难复按"。第二道再次诬蔑学生爱国行动是"纵火伤人""举动越规",宣布查禁学生联合会、义勇队,并令学生即日上课。6月3日,北京20余校数百名学生上街讲演,北京政府派出大批军警驱散听众,逮捕学生178人。4日,学生更大规模出动讲演,又被捕去700多人。大逮捕没有使学生们屈服,6月5日,有5 000多名学生上街讲演。

五四运动在北京爆发后,立即得到各地的积极响应,爱国热潮迅速席卷全国。山东人民5月4日以前就已掀起反日斗争,其后规模更加扩大。在济南,从5日起各校学生纷纷组织学生团体,上街进行爱国宣传。7日,山东各界召开国耻纪念大会,要求力争青岛,法办国贼,开释学生。23日,济南中等以上学校学生罢课。天津各学校学生于5月7日举行集会和示威游行。14日,天津学生联合会正式成立,接着天津女界爱国同志会宣告成立。23日,天津15所大中学校学生举行罢课。罢课宣言提出了拒签和约、取消"二十一条"、诛卖国贼等六项要求。在上海,5月7日,60多个团体2万余人举行国民大会,并游行示威,要求拒签和约,惩办卖国贼,释放被捕学生。10日,参加国民大会的各团体组成了"国民大会事务所",以"随时讨论执行各种事宜"。11日,上海学生联合会成立。26日,上海学生总罢课。参加罢课的60多所中等以上学校学生2万多人举行了罢课宣誓大会,会后游行示威。武汉、长沙、广州、南京、苏州、杭州、安庆、南昌、开封和其他各地的学生都纷纷起来举行罢课游行,组织讲演团,抵制日货。法国、日本等地的中国留学生也开展了各种爱国活动。

从5月4日至6月3日,是五四运动的第一阶段。这一阶段的运动以北京为中心,青年学生为主力。广大学生群众的英勇斗争,打击了帝国主义的侵略气焰和北京政府对内专制、对外卖国的反动统治,显示了青年知识分子的革命先锋作用。但这一阶段的运动基本上限于知识分子的范围,没有工人及市民群众的广泛参加,运动缺乏深厚的社会基础。

"六三"以后,运动进入新的阶段。运动的规模进一步扩大,并突破知识分子的范围,而有广大工人举行罢工,商人举行罢市,使运动发展成为一个包括工人阶级、城市小资产阶级、民族资产阶级和众多爱国人士在内的广泛的群众爱国运动。运动的中心也由北京移到了上海。

北京"六三"大逮捕的消息于6月4日传到上海。6月5日,上海日资的内外棉第三、四、五纱厂的工人首先举行罢工。日华纱厂、上海纱厂、商务印书馆和中华书局的工人也在同日罢工。6日至9日,工人罢工规模不断扩大。求新机器厂罢工工人集体捐款建造了"国耻纪念"牌楼,上书"毋忘国耻"四个醒目大字,以激励国人。华商电车公司工人手执"罢工救国"的旗帜示威游行。铜铁机器业万余罢工工人表示:"非达到惩办曹、章、陆目的,誓不开工。"5 000海员的大罢工,使上海水上交通陷入瘫痪。2 000多汽车司机的大罢工,使汽车行停止营业。10日,上海工人罢工达到高潮。继海员罢工后,沪宁、沪杭和淞沪铁路工人全体罢工,上海与外地水陆交通完全断绝。自6月5日至11日,上海罢工的企业有50多个,工人达六七万人,在政治上、经济上给帝国主义和北京政府以沉重打击。

上海商人从6月5日起举行罢市。罢市店铺门首悬挂着"为国家、今罢市、救学生、除国贼""万众一心""抵制日货"等旗帜,或贴着"罢市救国""不办卖国贼不开门""为良心救国牺牲私利"等标语。这样就实现了工人、学生、商人同时罢工、罢课、罢市。

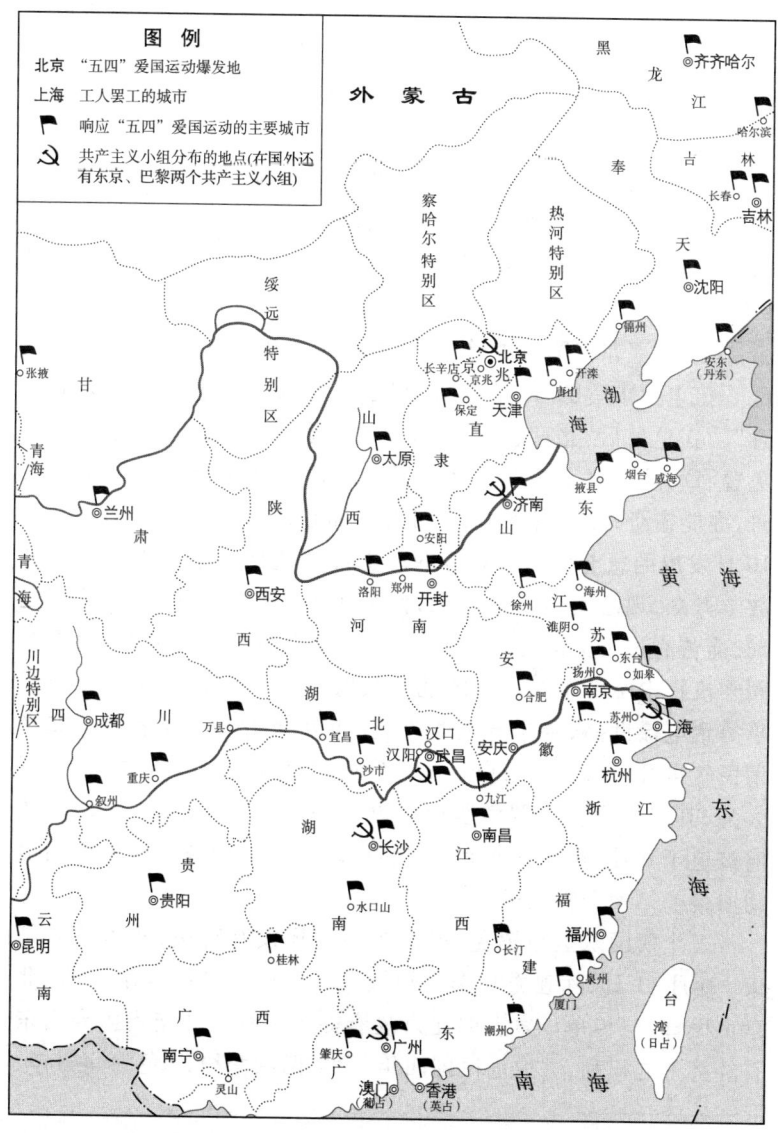

五四运动及其响应地,中国共产党的早期组织示意图

在"三罢"的当天,商、学、工、报各团体召开联席会议,宣布成立"上海商学工报联合会"。工、学、商联合起来同国内外敌人斗争,这在中国革命史上是第一次,它表明中国人民的觉悟和组织程度有了迅速的提高。

从上海开始的"三罢"运动,迅速扩展到全国22个省的150多个城市,给帝国主义和封建军阀的统治造成了巨大的威胁。上海"三罢"实现后,淞沪护军使卢永祥会同沪海道尹沈宝昌于6月8日给北京政府的急电中说:"现在罢市业经三日,并闻内地如南京、宁波等地亦有罢市之说,星星之火可以燎原,失此不图,将成大乱。"该电要求罢免曹、章、陆,"以表示政府委曲求全力顾大局之意"。在这前后,北京总商会、天津总商会都强烈要求北京政府罢免曹、章、陆。北京总商会在6月7日的呈文中警告说:"水能载舟,亦能覆舟,民气奋兴,诚未可遏塞而致溃决。"天津总商会6月10日发出的急电更指出局势的严重性:"查栖息于津埠之劳动者数十万众,现已发生不稳之象,倘牵延不决,演成事实,其危厄之局,痛苦有过于罢市者,市面欲收拾而不能矣。"与此同时,直系军阀乘机抨击皖系军阀控制的北京政府。6月9日,直系将领吴佩孚等致电徐世昌,要求释放学生,公布外交始末。电报说:"如必谓民气可抑,众口可缄,窃恐众怒难犯,专欲难成。大狱之兴,定招大乱,其祸当不止于罢学罢市已也。"在这种严峻形势下,北京政府被迫于6月10日下令免去曹、章、陆三人的职务。这是五四运动取得的第一个胜利成果。

三个卖国贼虽被罢免,但山东问题还没有解决,斗争并未结束。6月11日,陈独秀和李大钊散发了他们亲自参与制订的《北京市民宣言》传单。宣言向北京政府提出了对日外交不抛弃山东省经济上之权利,并取消民国四年、七年两次密约;①免除徐树铮、

---

① 指1915年袁世凯与日本订立的"二十一条"和段祺瑞政府1918年与日本订立的高徐、顺济路密约。

曹汝霖、陆宗舆、章宗祥等人官职,并驱逐出京;取消步军统领和警备司令两机关;北京保安队由市民组织;市民须有绝对集会、言论自由权等项要求。宣言说:"倘政府不顾和平,不完全听从市民之希望,我等学生商人劳工人等,惟有直接行动以图根本之改造。"① 这个宣言为运动指出了进一步的斗争目标。

从6月10日罢免曹、章、陆后,要求拒绝在巴黎和约上签字,便成了五四爱国运动的中心内容。6月17日,北京政府曾电令出席巴黎和会的中国专使在和约上签字。此举激起全国人民更大的愤慨,各地掀起了拒签和约运动的高潮。由于和约直接涉及山东问题,山东的拒签和约运动最为普遍而激烈。五四运动兴起后,山东各群众团体就纷纷致电北京政府,坚决反对在和约上签字,随着和约签字日期的临近,山东人民拒签和约的斗争更加高涨。山东省议会、教育会、学生会、农会、商会、律师公会、报业公会等团体,派出80名代表进京请愿。天津各界联合会派出10名代表赴京与山东代表共同行动。6月27日,山东、天津、北京、陕西等地代表联合到总统府请愿。与此同时,上海人民也举行集会、游行,反对在和约上签字。7月1日,上海十余万群众参加的集会(当时尚未得到拒签和约的消息)中,工界代表提出:"救国必须从根本解决",推翻卖国政府,"组织新政府"。全国各地发给中国代表团要求拒签和约的电报,总计达7 000多封。旅居法国的华工和中国留学生,积极参加了拒签和约的斗争。6月28日,巴黎和约签字之日,旅法的中国工人、留学生包围了中国代表住所,不准他们前往签字。出席和会的中国代表顾维钧等,也不同意无条件地在列强拟订的和约上签字。中国代表没有出席签字会议,拒绝了在对德和约上签字。这是五四爱国运动取得的又一个胜利成果。

至此,历时50余天的爱国运动,实现了直接斗争目标而告一段落。此后,全国反帝反军阀的革命运动仍在继续。8月,发生要

---

① 上海《民国日报》,1919年6月14日。

求取消山东戒严令、惩办镇压学生爱国运动并杀害回族爱国人士的济南镇守使马良的请愿运动。11月,发生因"福州惨案"引起的抗议日本帝国主义暴行、抵制日货的斗争浪潮。这两次革命浪潮,都和五四爱国运动有直接的关系,是五四爱国运动的延续。

五四运动具有伟大的历史意义。

第一,五四运动是一场伟大的爱国主义运动。它为实现外争国权、内除国贼的运动目标,进行了不屈不挠的斗争,表现了彻底的不妥协的反帝国主义和反封建主义的精神。这种斗争姿态是辛亥革命还不曾具有的。

第二,五四运动既是一场爱国政治运动,又是一次文化运动,一次空前的思想解放运动。它极大地提高了中国人民的觉悟,促进了新式知识分子群体的成长,造就了一代杰出的人才,这不但包括我国第一代无产阶级革命家,也包括后来作出过重大贡献的政治活动家、文学家、自然科学家和社会科学家。

第三,在五四运动中,中国工人阶级作为独立的政治力量登上了政治舞台,一批具有初步共产主义思想的知识分子认识到工人阶级力量的伟大,积极投身工人中间进行马克思列宁主义的宣传工作和组织工作。五四运动促进了马克思列宁主义在中国的传播及其与中国工人运动的结合,为中国共产党的成立,做了思想上干部上的准备。

第四,五四运动揭开了中国新民主主义革命的序幕。从此以后,中国革命已不再是旧民主主义革命而是新民主主义革命了。

二、新文化运动的扩展和深入　马克思列宁主义的传播

五四爱国运动,推动了新文化运动的深入发展。"五四"前,新文化运动是一场反封建的思想运动,主要是宣传资产阶级民主主义和科学思想。"五四"后,新文化运动发展成为以马克思列宁主义为主流的思想运动。在五四运动中,工人阶级的觉悟有很大提高,他们迫切需要马克思主义的启蒙教育。一部分先进的知识

分子抛弃了对帝国主义的幻想,走上了彻底反帝的道路,很自然地把中国的命运同社会主义联系起来,探寻新的救国道路。1919年7月25日,苏俄以副外交人民委员加拉罕的名义,发表了《俄罗斯苏维埃联邦社会主义共和国对中国人民和南北政府的宣言》,宣布无条件地将沙皇政府在中国掠夺的一切权利,一律放弃,支持中国人民争取自由的斗争。次年3、4月间,该宣言在中国报刊上发表,引起了强烈反响。这对马克思列宁主义在中国的传播起了直接的推动作用。由于以上原因,马克思列宁主义在中国得到了迅速传播。

第一,各地出现了一大批宣传马克思列宁主义的进步刊物。首先是许多早期宣传新文化的报刊,这时纷纷转向介绍马克思主义和俄国十月社会主义革命。其次是宣传社会主义思想的刊物如雨后春笋般地涌现出来。在五四运动后半年时间内,全国各地新出版的、在不同程度上具有社会主义倾向的报刊有200余种。其中影响大、起了较大作用的有《新青年》、《每周评论》、北京《晨报》副刊、上海《民国日报》副刊《觉悟》、《湘江评论》、《新社会》、《少年世界》等。

第二,宣传和研究马克思主义的团体在全国各地陆续出现。在北京,1920年3月,在李大钊的倡导下成立了北京大学马克思学说研究会。该会由邓中夏、黄日葵、高君宇、刘仁静、罗章龙等十几人发起,后来发展到包括唐山、郑州等地工人在内的二三百人。在上海,1920年5月,陈独秀发起组织了马克思主义研究会。成员有李汉俊、李达、陈望道、俞秀松、沈雁冰等人。在湖南,五四运动后,新民学会的大多数会员接受了马克思主义,学会的性质发生转变。1920年秋,毛泽东以新民学会会员为骨干,联合教育、新闻、工商各界人士,共同发起创办了文化书社,该社销售大量马克思主义书报。在武汉,1920年2月,恽代英、林育南、李求实等组织了利群书社,该社发行了当时出版的大量进步书刊,对湖北地区马克思主义的传播起了重要作用。在天津,以周恩来为代表的一批先进分子在1919年9月成立了觉悟社,研究世界新思潮。觉悟社曾邀请李大钊到天津讲演,介绍马克思主义。在济南,1919年冬,一些进步知识分子创办了齐鲁书社,推销进步书刊和马克思主义读物,对山东青年影响很大。1920年初,王尽美、邓恩铭、王翔千等成立了马克思主义学说研究会。

第三,翻译出版了大量马克思主义著作。到1920年前后,翻译出版的马克思主义原著有《共产党宣言》(陈望道译)、《社会主义从空想到科学的发展》《雇佣劳动与资本》《〈政治经济学批判〉序言》《资本论自叙》(即初版序言)、《科学的社会主义与唯物史观》(《反杜林论》第三编中的一部分)等。列宁的著作译成中文发表的有《民族自决》(即《在俄共(布)第八次代表大会上关于党纲的报告》)、《过渡时代的经济和政治》(即《无产阶级专政时代的经济和政治》)以及《从破坏历史的旧制度到创造新制度》《苏维埃政权当前的任务》《俄国的政党和无产阶级的任务》《国家与革命》等全文或部分。此外,还翻译出版了一些介绍性的论著,如考茨基的《马氏资本论释义》《阶级斗争》,马尔西的《马克思资本论入门》《马克思经济学说》,刻卡朴的《社会主义史》,河上肇的《马克思唯物史观》等。这些著作的翻译出版,为当时进步的知识分子学习、研究马克思列宁主义创造了条件。

第四,涌现出一批积极传播马克思列宁主义的先进分子。五四运动后,一批革命知识分子实现了由民主主义向社会主义的转变,成为共产主义知识分子。他们广泛地开展了马克思主义的宣传工作。李大钊比较系统地介绍了马克思主义的基本思想。他把他主编的《新青年》第6卷第5号编成马克思研究专号,并发表长文《我的马克思主义观》(第6号续载)。① 这是我国系统地介绍马克思主义学说的开始。该文介绍了马克思主义的唯物史观、政

---

① 《新青年》第6卷第5号刊面标明的出版时间为1919年5月,而实际出版的时间当为9—10月间。第6号出版时间为11月。

治经济学和科学社会主义的基本原理,并指出这三个部分"都有不可分的关系,而阶级竞争说恰如一条金线,把这三大原理从根本上联络起来"。之后,他又发表了一系列文章介绍马克思主义的基本原理特别是唯物史观。同时,他还在北京大学和北京女子高等师范开设"唯物史观""社会主义与社会运动""社会主义的将来""现代政治""女权运动史"等课程,使马克思主义在高等学校讲台上占了一席之地。陈独秀在"五四"后也成为马克思主义的积极宣传者。他发表的《马尔萨斯人口论与中国人口问题》《劳动者的觉悟》《上海厚生纱厂的湖南女工问题》《谈政治》等文章,阐述了马克思主义关于劳动人民创造世界、剩余价值理论、阶级斗争和无产阶级专政学说。

在早期马克思主义思想运动中,毛泽东、周恩来、蔡和森、李达、杨匏安、陈望道、恽代英、瞿秋白、邓中夏、赵世炎、张太雷等,也都作出了贡献。毛泽东为组织留法勤工俭学于1918年8月到北京,开始接触马克思主义学说。五四运动爆发后,他领导湖南各阶层人民开展反帝反封建的爱国运动,主编以湖南学生联合会名义出版的《湘江评论》。他在该刊发表的《民众的大联合》一文指出,改造中国的根本方法,就是"民众的大联合",号召工人、农民、小资产阶级各阶层人民,起而仿效俄国,组成一个大联合。他认为中华民族原有伟大的能力,"压迫愈深,反抗愈大,蓄之既久,其发必速","他日中华民族的改革,将较任何民族为彻底,中华民族的社会,将较任何民族为光明"。1919年冬,毛泽东率领驱张("张"指皖系军阀湖南督军张敬尧)代表团第二次来到北京,进一步阅读了一些关于俄国十月革命和马克思主义的书籍,1920年夏开始成为马克思主义者。周恩来于1919年初留学日本时已接触到有关十月革命和马克思主义的书籍。1919年6月他回到天津,积极参加了五四运动,主编《天津学生联合会报》。1920年1月,他被反动政府逮捕入狱,在狱中给难友讲解马克思传和唯物史观、剩余价值学说,宣传马克思主义。蔡和森于1920年初赴法勤工俭学,他

"猛看猛译"了多种马克思主义书籍和有关社会主义的小册子。他还积极帮助留法青年树立对马克思主义的信仰。五四运动爆发时,李达正在日本留学,他积极声援五四运动,并在上海《民国日报》副刊《觉悟》上发表文章,宣传科学社会主义。他还翻译了《唯物史观解说》《马克思经济学说》等著作,寄回国内发表。杨匏安是华南地区最早的马克思主义传播者,1919年10月至12月间,发表《社会主义》《马克思主义》等多篇文章,介绍马克思主义产生的历史和基本原理。陈望道是《共产党宣言》第一个中文全译本的译者,翻译出版时间为1920年8月。

三、各派新思潮的竞起　马克思主义传播过程中的论争

五四运动后,中国思想界各派学说竞起,百家争鸣。在马克思主义广泛传播的同时,西方各种社会思潮也蜂拥而至,广为流传,各种思潮、各派学说,都有人研究、宣传和信仰。当时这些不同于中国封建传统文化的西方思潮,都被称为新思潮,它既包括社会主义思想,也包括各种小资产阶级思想和资本主义上升时期的民主主义思想以及帝国主义时代的资产阶级学说。社会主义思潮是这一时期新文化运动的主流,但起初也是鱼龙混杂,有科学社会主义即马克思主义,也有资产阶级和小资产阶级各式各样的社会主义。在上述新思潮中,流传较广、影响较大的除马克思主义之外,主要有实用主义、基尔特社会主义、无政府主义、工读主义、新村主义、合作主义、平民教育等。

实用主义是19世纪末20世纪初在美国发展起来的一种资产阶级唯心主义哲学流派。胡适在美国留学时接受了美国资产阶级哲学家、教育家杜威的实用主义。1919年初,他连续发表《不朽》《实验主义》等文章,对实用主义作了介绍。他把实用主义称作实验主义。实用主义否认真理的客观标准,认为真理是"人造的""造出来供人用的"。一种观念能否冠以"真理的美名",全看它是否"大有用处"。胡适在宣传实验主义时,提倡"存疑主义",认为

"天下没有永久不变的真理",主张"重新估定一切价值",这是具有反封建的积极意义的。胡适宣称实验主义的哲学"只是一种研究问题的方法",他把这种思想方法概括为"大胆的假设,小心的求证",宣扬这是普遍适用的科学方法。"五四"时期,实验主义是反封建的思想武器。但是,作为资产阶级唯心主义哲学,它与马克思主义是根本对立的。在政治上,它主张一点一滴的改良,反对马克思主义的社会革命论。五四运动爆发前夕,杜威来华讲学,在中国停留了两年零两个月,曾到11个省讲演。他的讲演集再版过十几次,《新青年》出了杜威专号,实验主义在中国风行一时。

基尔特社会主义也叫行会社会主义,是20世纪初产生于英国的一种资产阶级改良主义思潮。它主张在保存现有国家政权的条件下,组织基尔特①管理生产,实行生产自治,产业民主,而由国家负责产品的分配和保证全民的消费,从而消灭剥削,实现劳动者的解放。"五四"时期,基尔特社会主义作为社会主义流派之一传入中国,以梁启超、张东荪为首的研究系,是这种主义的积极宣传者。1919年9月,张东荪创办《解放与改造》杂志,发表了《第三种文明》《罗赛尔的"政治理想"》②等文章,全面介绍基尔特社会主义。1920年3月,梁启超等人游欧回国,更加壮大了中国基尔特社会主义者的声势。梁接任《解放与改造》主编,改刊名为《改造》,发表了《改造发刊词》,提出了16点主张,实际上是基尔特社会主义精神在"实际的方面"的贯彻。1920年9月,英国著名唯心主义哲学家、基尔特社会主义者罗素来华讲学,在中国停留了10个月,先后到过江苏、北京、湖南等地。罗素在他的讲演和文章中,攻击十月革命和苏俄政府,"劝告"中国"暂不主张社会主义"。他虽然宣扬基尔特社会主义,但不主张在中国立即实行,说它"只适用于实

---

① 英文 guild 的音译,即行会、同业组合、协会的意思。它是中世纪欧洲商人和手工业者的同业团体。

② 罗塞尔即罗素。

业已发达的国家,而不适用于实业未发达的国家",认为中国的当务之急是发展实业,兴办教育。研究系分子宣扬罗素的理论,1921年9月,在《时事新报》上开辟"社会主义研究专栏",宣传基尔特社会主义。

无政府主义是一种小资产阶级社会思潮。20世纪初被当做一种社会主义学说介绍到中国。最初介绍无政府主义的是一些旅法、留日的知识分子和同盟会会员。1907年在法国的巴黎和日本的东京最早出现由中国人创办的鼓吹无政府主义的刊物和团体。辛亥革命后,无政府主义开始在国内流传,并有较大的发展。著名的无政府主义传播者刘师复发起组织了无政府主义团体晦鸣学社、心社、无政府共产主义同志社,出版《晦鸣录》《民声》等刊物,积极开展无政府主义的宣传。在他的推动下,各地出现了许多无政府主义的组织。刘师复死后,以黄凌霜、区声白为代表的无政府主义者继承了刘师复的衣钵。他们于1919年初,将几个无政府主义的小团体合并组成进化社,并出版《进化》月刊。五四运动后,无政府主义继续发展,从1919年至1920年,无政府主义的团体有近50个,刊物近70种。无政府主义派主张个人绝对自由,反对强权和国家,幻想通过宣传和暗杀等手段建立一个生活平等、工作自由、各尽所能、各取所需、互助互爱的无政府共产主义社会。"五四"前,无政府主义在反对封建专制、封建礼教方面起了积极作用。"五四"前后,很多人分不清马克思主义与无政府主义的区别,无政府主义极容易被那些不满于中国社会的黑暗,向往没有阶级、没有人剥削人社会的小资产阶级知识分子所接受。所以"在起初各派社会主义的思想中,无政府主义是占着优势的"[①],不少早期共产主义者都曾受过它的影响。随着马克思主义的进一步传播,无政府主义的影响就越来越小了。

工读主义或"工读互助主义",是综合当时流行的俄国无政府

---

① 刘少奇:《五四运动的二十年》,《中国青年》1卷2期,1939年5月。

主义者克鲁泡特金的"互助论"、俄国作家托尔斯泰的泛劳动主义,以及新村主义等"新思潮"而形成的。1919年12月,少年中国学会执行部主任王光祈发表《城市中的新生活》一文。他把这种城市"新生活"的小组织定名为"工读互助团",提出在北京先行着手组织,然后在其他城市推行。这一倡议得到蔡元培、陈独秀、李大钊、胡适等许多有影响的人物的支持。从1919年底到1920年初,北京组织了工读互助团四个组,其中第三组为女子工读互助团。北京工读互助团成立后,引起了很大反响,南京、上海、天津、武汉、广州等地也先后成立了工读互助团。工读主义主张劳心与劳力、工与读相结合,教育与职业合一,学问与生计合一,把工读互助团办成"人人工作,人人读书,各尽所能,各取所需"的新组织,将来各地的这类小组织联络起来,实行"小团体大联合",创造一个新社会。工读主义的提倡与实践,表现了青年知识分子改造中国的热切愿望,但它的空想性决定其必然失败。北京和其他地方的工读互助团存了很短的时间就烟消云散了。

新村主义也是"五四"时期流行的"新思潮"。"五四"以前,中国有些知识分子,主要是无政府主义者,曾对法国和美国空想社会主义者组织的新村作过访问和介绍,但当时在社会上的影响较小。"五四"时期由于《新青年》主要撰稿人之一周作人对日本作家武者小路实笃的新村主义的介绍和鼓吹,使新村主义思潮的影响有所扩大。1919年3月,周作人发表了《日本的新村》一文,详细介绍了武者小路实笃新村主义的理论与实践。同年7月,他又到日本九州东南部宫崎县的日向参观了武者小路实笃创办的新村,归来后撰文介绍,并在北京、天津讲演,宣传新村主义。1920年2月,周作人在北京设立"新村支部"。当时一些青年知识分子展开了新村主义的热烈宣传和实践活动。新村主义主张脱离旧社会的恶势力圈,另辟一块小天地,建立没有压迫、没有剥削、没有脑力和体力劳动对立、人人平等、互助友爱的新村。新村普遍了,旧社会的组织"自然就成为落伍的东西,没有存在的价值了"。然而这种世外桃源的梦想是不可能实现的。新村主义的倡导没有任何成果。

合作主义为空想社会主义者特别是英国的欧文所提倡。"五四"时期,一部分小资产阶级知识分子曾把合作主义看成最适于改造中国的办法,各地先后出现了一批研究和宣传合作主义的小团体,其中成立最早、影响较大的是上海复旦大学教员和学生们组织的平民周刊社(后改为平民学社)。该社1920年5月开始发行的《平民》周刊,是中国宣传合作主义的主要阵地。此外,当时在上海、长沙、成都、无锡、湖北仙桃镇、武昌等地出现过各种类型的合作社。合作主义的提倡者,主张通过组织合作社,来消灭剥削,实现社会主义。他们说工人之所以受资本家剥削,是因为工人没有资本;用合作的方法,把大家集合起来,就有了资本,就可摆脱资本家的羁束,自营事业。"假定全国的劳工都实行合作方法,则许多的资本家自然的消灭了"①。他们宣称合作主义最适于中国的社会状况,就中国的情形看来,用不着什么布尔什维主义。"要使中国由资本主义而进入社会主义,最适宜的过渡,就是合作事业"②。然而推行的结果,却"仿佛秋冬间的衰草枯枝,生气是全无的"③。这些具有改良色彩的小团体也很快分化瓦解了。

"平民教育"或"平民主义教育"即民主教育,主张通过普及教育来改造社会和救国。它是在杜威的教育思想影响下出现的一种社会思潮。"五四"时期曾风靡一时。杜威在中国讲学活动中,宣称教育"是人类社会进化最有效的一种工具"。世界社会问题的解决,"实在普及平民教育"。在杜威的影响下,1919年下半年,北京高等师范的教职员和学生成立了研究宣传及实施平民教育的平民教育社,创办了《平民教育》杂志,后来还成立了讲演部。平民

---

① 侯培厚:《罢工与合作》,《平民》第69期,1921年9月17日。
② 陆宝璜:《合作主义的宣传与实施》,《平民》第71期,1921年10月1日。
③ 《宣言——平民新生命的创造》,《平民周报》第1期,1924年3月15日。

教育的倡导者认为不是政治决定教育,而是教育决定政治,通过教育的改革,把教育普及一般平民身上,使每个人受到相等程度的教育,就可以求得社会中各分子的真正平等自由,造成一个真正的共和国。用平民教育这种办法改造中国政治,是根本行不通的。

五四运动后,马克思主义和各种资产阶级、小资产阶级思潮在社会改造的声浪中竞相传播,互相批评和斗争是不可避免的。从1919年到1922年,马克思主义者同资产阶级改良主义者、无政府主义者之间的论争,在中国思想领域产生了重大而深远的影响。

1919年下半年,马克思主义与实验主义的改良主义进行了关于"问题与主义"的争论。"五四"以后,中国早期马克思主义者运用马克思列宁主义关于阶级斗争和无产阶级专政的学说,主张对中国社会进行根本改造,这使笃信实验主义、主张改良反对社会革命的胡适感到不满。他借杜威来华讲学的声势,在1919年7月发表了《多研究些问题,少谈些"主义"》一文,鼓吹资产阶级改良主义,反对马克思列宁主义,挑起了"问题与主义"之争。

胡适声称舆论界的大危险,就是"高谈主义,不研究问题"。空谈好听的主义,是极容易的事,是阿猫阿狗都能做的事,是鹦鹉和留声机都能做的事;空谈外来进口的主义是没有什么用处的。他"奉劝"人们"多多研究这个问题如何解决,那个问题如何解决",不要高谈主义。他说,不去研究具体问题,却去高谈社会主义,还要得意洋洋夸口"根本解决",这是"自欺欺人的梦话",这是"中国思想界破产的铁证"。

李大钊看到胡适的文章后,写了《再论问题与主义》一文,批驳了胡适的观点。指出,我们的社会运动,一方面固然要研究实际的问题,一方面也要宣传理想的主义,这是"交相为用的"。大凡一个主义,都有理想与实用两面。理想不论在哪一国,大致都很相同,而"把这个理想适用到实际的政治上去,那就因时、因所、因事的性质情形,有些不同。社会主义,亦复如是"。在资本主义盛行的国家,他们可以用社会主义作工具去打倒资本阶级。在我们这不事生产的官僚强盗横行的国家,"我们也可以用他作工具,去驱逐这一班不劳而生的官僚强盗"。李大钊公开申明,"我是喜欢谈谈布尔扎维主义的"①。他说:"布尔扎维主义的流行,实在是世界文化上的一大变动。"李大钊还指出,社会问题"必须有一个根本解决,才有把一个一个的具体问题都解决了的希望"。依马克思的唯物史观,"经济问题的解决,是根本解决"。经济问题一旦解决,一切具体问题都可以解决。而经济制度的改造,不能消极等待其自然实现。必须用马克思的"阶级竞争说"这个学理作工具,为工人联合的实际运动,那经济的革命,才能实现。

接着,胡适又写了《三论问题与主义》《四论问题与主义》《新思潮的意义》,继续鼓吹实验主义和改良主义,攻击马克思主义。1920年1月,李大钊发表了《由经济上解释中国近代思想变动的原因》,用唯物史观分析了五四新文化运动产生的根源,指出:"新思想是应经济的新状态、社会的新要求发生的,不是几个青年凭空造作出的。"从根本上批判了胡适的观点。

问题与主义的争论,是社会革命论与社会改良主义的争论。争论的意义在于它揭示了中国社会改造的一个重要规律,即必须以马克思主义为指导,进行"根本解决"。

继胡适等资产阶级改良主义者之后,张东荪、梁启超等借罗素来华讲学之机,对马克思主义进行批评,挑起了关于社会主义的争论。当时,随着马克思主义的广泛传播,各地共产主义者开始到工人群众中进行宣传和组织工作,中国工人阶级的政党正在酝酿成立之中。

1920年10月,张东荪等陪同罗素到湖南讲演。张回到上海后,于11月在《时事新报》上发表了《由内地旅行而得之又一教训》的时评,将罗素的论调加以发挥,向马克思主义挑起争论。12月,他又在《改造》第3卷第4号上发表了《现在与将来》一文,论

---

① 布尔扎维主义即布尔什维主义。

述了他反对社会主义的观点。次年2月,梁启超在《改造》第3期第6号上发表了《复张东荪书论社会主义运动》,对张东荪的观点加以支持和发挥。

张东荪、梁启超等人,表面上研究社会主义,实际上宣传资产阶级改良主义。他们的基本观点是:中国的唯一病症就是贫乏。救中国只有一条路,就是增加富力,而增加富力就是开发实业,开发实业只能用资本主义的方法。虽然"资本主义必倒,社会主义必兴",但世界上并没有不经过资本主义而能达到社会主义的。中国若想社会主义实现,不得不提倡资本主义。中国还没有真正的劳动阶级,"真的劳农主义决不会发生,而伪的劳农革命恐怕难免"。"党是代表那阶级的,若他背后没有阶级,必不成立,中国现在离劳动阶级的完成与自觉尚早"。他们觉察到在"军阀当道"和"外国经济力压服之下",国内产业不易发展。但认为应该采取"平和的或渐进的"办法来解决"军阀当道"问题,随着资本主义的发展,一部分或大部分军阀会自然地蜕变为新兴阶级的"财阀"。至于对外国资本主义的压迫,他们认为中国无丝毫抵抗之力,"唯有在外国资本势力下乘其空隙以开发实业"。他们预感到资本主义的发展将会出现"欧美产业社会"的劳资对立,为了预防社会革命,主张"劳资协调主义"。

张、梁的言论,立即遭到马克思主义者和社会主义拥护者的反驳。他们在《民国日报》副刊《觉悟》和《新青年》等报刊上发表了大量批驳张、梁的文章,其中比较重要的有李达的《讨论社会主义并质梁任公》《社会革命的商榷》,陈独秀的《社会主义批评》,李大钊的《中国的社会主义与世界的资本主义》,蔡和森的《马克思学说与中国无产阶级》,何孟雄的《发展中国的实业究竟要采取什么方法》等。

马克思主义者和社会主义拥护者指出,增加富力,开发实业,在谈论社会主义的人,不但从来没有反对过,并且也认为必要。社会主义者和资本主义者不同的地方,在于"用什么方法去增加富力开发实业"。他们从理论上和事实上论述了资本主义制度的不合理性、腐朽性和社会主义制度的优越性,指出:中国"在今日而言开发实业,最好莫如采用社会主义"①。中国只有走上社会主义道路才能真正开发实业,彻底解决"穷"的问题。马克思主义者和社会主义拥护者驳斥了张、梁所宣扬的中国"不能发生社会主义运动"的观点,指出,中国虽然同欧美产业发达的程度不同,但"社会主义运动的根本原则却无有不同","中国无产阶级所受的悲惨,比欧美、日本的无产阶级所受的更甚"②。因此,"中国不但有讲社会主义的可能,而且有急于讲社会主义的必要"③。他们还指出,要解决中国社会问题,必须"采用劳农主义的直接行动,达到社会革命的目的"④。通过暴力革命"夺取国家权力",建立无产阶级专政。

关于社会主义的争论,是关系到中国要不要走社会主义道路,要不要组织无产阶级政党,要不要用革命手段来改造中国社会的大争论。张、梁的理论虽然也包含合理成分,如肯定资本主义发展在当时中国的社会意义,不同意"现在中国就实行社会主义"等,但他们理论的基本出发点是反对工人运动,反对科学社会主义,反对成立共产党。马克思主义者对张、梁的批判,肯定了中国社会发展的方向是社会主义,宣传了马克思主义的社会革命论,对中国共产党的建立起了促进作用。在这场争论中,当时的马克思主义者也存在着明显的缺点,他们否定了资本主义在当时中国存在和发展的必然性与进步意义。他们还不能把社会主义同中国的具体实际结合起来,主张直接进行社会主义革命。

马克思主义的广泛传播和同中国工人运动的日渐结合,中国

---

① 李达:《讨论社会主义并质梁任公》,《新青年》9卷1号,1921年5月。
② 李达:《讨论社会主义并质梁任公》,《新青年》9卷1号,1921年5月。
③ 陈独秀:《社会主义批评》,《新青年》9卷3号,1921年5月。
④ 李达:《讨论社会主义并质梁任公》,《新青年》9卷1号,1921年5月。

共产党早期组织的建立,使马克思主义同无政府主义的对立日益尖锐起来。从1919年到1921年,以黄凌霜、区声白为代表的无政府主义者,发表了《马克思学说的批评》《我们反对"布尔扎维克"》等许多文章,攻击俄国十月革命和马克思主义。1920年9月,陈独秀发表了《谈政治》一文,阐述了马克思主义关于国家的学说,对无政府主义的基本观点进行了批判。1920年底,陈独秀到广州后,继续对无政府主义进行批判。区声白写信给陈独秀表示异议,双方来往辩论的信件有6次之多。这样,马克思主义者同无政府主义者便展开了针锋相对的思想争论。马克思主义者方面发表了大量批判无政府主义的文章。陈独秀将他同区声白往来辩论的6封信编辑一起,以《讨论无政府主义》为题,在《新青年》上发表。蔡和森写了《马克思学说与中国无产阶级》。《共产党》月刊发表了李达的《社会革命的商榷》《无政府主义解剖》,施存统的《我们要怎么样干社会革命》。《少年中国》发表了李大钊的《自由与秩序》等。

无政府主义者反对一切强权、一切国家,尤其集中地攻击无产阶级专政。他们宣称:"我们不承认资本家的强权,我们不承认政治家的强权,我们一样不承认劳动者的强权。"①他们从极端个人主义出发,主张个人绝对自由,反对一切组织纪律和集中统一领导。说什么"无政府主义的社会,是自由组织的,人人都可自由加入,自由退出,所以每逢办一件事,都要得人人同意,如果在一个团体之内,有两派的意见,赞成的就可以执行,反对的就可以退出。"②他们主张在未来的社会主义社会,"将一切生产机关,委诸自由人的自由联合管理"。以绝对平均主义观点反对社会主义各尽所能、按劳分配的原则,主张立即实行"各取所需"。

马克思主义者批判了无政府主义者反对一切强权、一切国家

---

① A·D:《我们反对"布尔扎维克"》,《奋斗》第2号,1920年2月。
② 陈独秀辑:《讨论无政府主义》,《新青年》9卷4号,1921年8月。

的谬论,强调了用革命手段夺取政权和建立无产阶级专政的必要性。指出:我们的最终目的,也是没有国家的,不过"在阶级没有消灭以前,却极力主张要国家,而且是主张要强有力的无产阶级专政的国家的"①。他们批判了"个人绝对自由"的观点,阐明了组织纪律和集中统一领导的重要性。指出,在人类社会中,自由是相对的,而不是绝对的,个人绝对自由是根本不存在的。按照无政府主义者所提倡的"任何事人人同意",社会必将出现极大的混乱,生产也无法进行。他们还指出,在阶级社会中,只有剥削者的自由,没有劳动人民的自由,只有推翻剥削阶级的统治,才能使劳动人民得到自由。他们批判了无政府主义者关于生产和分配的观点,指出,社会主义不是把生产资料全部分散给个体小生产者,而是实行集中的有计划有领导的现代化大生产,这样才能高速度地发展社会生产力。分配原则是由生产力发展水平决定的,在生产力未发达的时期,若用"各取所需"的分配原则,"社会的经济的秩序就要弄糟了",势必破坏生产力的发展。

马克思主义同无政府主义的争论,持续了一年多的时间。通过这次争论,使大批激进的青年划清了马克思主义与无政府主义的界限,不少信仰无政府主义的人转向马克思主义。一些加入中国共产党早期组织并坚持无政府主义立场的分子被清除。这对促进马克思主义的深入传播和把中国无产阶级政党建成马克思列宁主义政党,起了重要作用。

四、马克思主义同中国工人运动的结合　中国共产党第一次全国代表大会

中国共产党的成立,是中国近代社会经济、政治发展和思想演变的必然结果,是马克思列宁主义同中国工人运动相结合的产物。中国工人阶级的成长,是中国共产党诞生的阶级基础。马克思列

---

① CT:《我们要怎么样干社会革命?》,《共产党》月刊第5号,1921年6月7日。

宁主义在中国的传播,是中国共产党诞生的思想基础。在五四运动的推动下,共产主义知识分子投身工人群众中去做宣传组织工作,以他们为桥梁,使马克思列宁主义与中国工人运动逐步结合起来,从而产生了中国共产党,而共产国际的帮助,促进加快了这一进程。

五四运动以后,共产主义知识分子开始到工人群众中传播马克思主义。在北京,邓中夏主持的北京大学平民教育讲演团开始到农村、工厂去讲演,尤其是在长辛店铁路工人中进行的宣传工作,取得了较好的成效。1920年"五一"节,李大钊主持了在北京大学理科召开的纪念活动。何孟雄等8名同学乘汽车游行,沿街散发了《劳动宣言》。平民教育讲演团则走向街头讲解五一劳动节的历史和意义。邓中夏等专程赶到长辛店铁路工厂,出席了有1 000多工人参加的纪念大会,并在大会上演说。在上海,1920年4月18日,陈独秀参加了上海工界7个团体发起召开的"世界劳动节纪念大会"筹备会,被推为顾问,在筹备会上演讲了劳工问题。5月1日召开的庆祝大会虽然受到上海反动当局和帝国主义势力的阻挠,仍有1 000多人到会,大会发表了《上海工人宣言》和《答俄国劳农政府的通告》。1920年纪念五一国际劳动节的活动,是马克思主义同中国工人运动相结合的最初尝试。

随着马克思主义的广泛传播及其同中国工人运动的日渐结合,建立工人阶级政党的问题提上了历史的日程。1920年初,李大钊、陈独秀就曾商讨过成立中国共产党的问题。1920年3月,列宁领导的共产国际派代表维经斯基(中文名吴廷康)等来到中国帮助建党。他首先在北京会见了李大钊,4月,经李大钊介绍到上海会见了陈独秀。在维经斯基的帮助下,陈独秀开始进行建党活动。经过一段时间的酝酿,于8月成立了中国共产党上海发起组,成员有陈独秀、李达、李汉俊、陈望道、俞秀松、施存统、陈公培等,陈独秀被推为书记。上海发起组把1920年5月移沪出版的《新青年》改组为它的机关刊物,由李汉俊、陈望道主编。同年11月,又创办了秘密党刊《共产党》月刊,由李达主编。与此同时,李大钊在北京也积极酝酿创建共产党,他与陈独秀经常保持着密切的联系。1920年10月,李大钊发起成立了北京共产党小组,后命名为中国共产党北京支部,成员有张申府、张国焘、邓中夏、高君宇、罗章龙、刘仁静、张太雷、缪伯英、何孟雄等,李大钊被推为书记。上海发起组担负着发起、筹备和组织中国共产党的任务,其他地区党组织的建立都与上海党组织有直接的联系,北京党组织在建党活动中也占有重要地位。南方的建党活动主要是由陈独秀负责指导,北方的建党活动主要是由李大钊指导进行,因而有"南陈北李"之称。

1920年秋,董必武、陈潭秋、刘伯垂、包惠僧等,成立了武汉共产党支部。

1920年秋冬之交,毛泽东在长沙发起成立了共产党组织,成员有何叔衡、彭璜等。

1920年秋,广州也酝酿建立共产党组织,但成员多是无政府主义者。1920年底陈独秀到广州担任广东省教育委员会委员长后,于1921年3月间重新组建了广州共产党支部,成员有谭平山、谭植棠、陈公博等。

1920年冬,王尽美、邓恩铭建立了济南共产党组织,成员还有王翔千、王复元等。

在欧洲,1920年夏,留法勤工俭学的蔡和森、李维汉等也积极进行了建党的酝酿和讨论。张申府、赵世炎、陈公培在国内加入党组织后先后到法国,张申府介绍刘清扬、周恩来参加党组织,以上五位党员于1921年春正式组成了旅欧共产党巴黎小组。此后,旅欧勤工俭学学生中的党员人数续有增加。1922年秋,成立了中共旅欧总支部,负责人为张申府、赵世炎、周恩来、陈延年等,下设旅法、旅德、旅比三个支部。这个组织建立较晚,但为党培养了不少干部,如朱德、陈毅、邓小平、聂荣臻、李立三、陈延年、陈乔年、徐特立、刘伯坚、王若飞、李富春、向警予、蔡畅、傅钟、何长工等。

在日本,施存统、周佛海在上海加入党组织后去日本留学,施与周取得联系,组成日本小组。

各地共产党早期组织建立后,一方面大力进行马克思主义的宣传,开展对各种反马克思主义思潮的斗争,另一方面加强了在工人中的宣传和组织工作。这后一方面的活动有:(一)出版通俗刊物,向工人进行阶级教育。如上海的《劳动界》、北京的《劳动音》、广州的《劳动者》、济南的《济南劳动》等。(二)举办工人补习学校,向工人讲述马克思主义。北京党组织在工人比较集中的长辛店举办了劳动补习学校;上海党组织在纱厂比较集中的沪西小沙渡开办了劳动补习学校;武汉党组织在武昌第一纱厂和汉阳兵工厂开办了识字班。(三)帮助工人建立工会,开展活动。如在上海组织了机器工会、印刷工会、纺织工会;在北京组织了长辛店工人俱乐部等。1921年"五一"节时,各地党组织领导工人举行了庆祝活动,有的还领导了工人的罢工斗争。为了团结、教育青年参加革命,学习马克思主义,各地党组织都进行了建立社会主义青年团的工作。1920年8月,上海社会主义青年团首先成立,由俞秀松任书记,团员有刘少奇、罗亦农、任弼时、彭述之、萧劲光、柯庆施等。接着,北京、长沙、武汉、广州、济南、天津、唐山等地先后建立了社会主义青年团。

各地党的早期组织在传播马克思列宁主义和从事工人运动的同时,还就建党问题进行了热烈讨论。1920年11月,上海发起组制定了《中国共产党宣言》,当时虽未向外发表,但内部则"以此为收纳党员之标准",起着临时党纲的作用。《宣言》指出,共产主义者的奋斗目标是社会主义、共产主义。为此,就要"组织一个革命的无产阶级的政党——共产党",引导革命的无产阶级去向资本家斗争,从资本家手中夺得政权,实行无产阶级专政。中国共产党第一个党刊《共产党》月刊,阐明了中国共产党的基本主张,并以大量篇幅宣传马克思列宁主义的建党思想,介绍国际共产主义运动的情况和俄国共产党的经验。它的最高发行量达5 000份,对党的发起工作起了重要作用。1920年下半年到1921年初,毛泽东与赴法勤工俭学的蔡和森讨论了在中国建党的问题。蔡和森在给毛泽东的几次来信中,认为无产阶级要革命,就必须建立自己的政党,"因为他是革命运动的发动者,宣传者,先锋队,作战部",有了自己的政党,"革命运动,劳动运动,才有神经中枢"。主张在中国建立一个"主义明确、方法得当、和俄一致的党"①。"党的组织为极集权的组织,党的纪律为铁的纪律"②。毛泽东在复信中完全赞同蔡和森的建党意见,同时强调指出:"唯物史观是吾党的哲学根据。"③1921年3月,李大钊在《曙光》2卷2号上发表《团体的训练与革新的事业》一文,明确提出:"中国C派(即共产主义者们)的朋友"急需组织一个团体,"这个团体不是政客组织的政党,也不是中产阶级的民主党,乃是平民的劳动家的政党,即社会主义团体"。并说:"C派的朋友若能成立一个强固的精密的组织,并注意促进其分子之团体的训练,那么中国彻底的大改革,或者有所附托!"④

各地共产党组织的建立及其活动表明,正式成立全国性的集中统一的中国共产党的条件日臻成熟。

1921年6月初,共产国际代表马林、尼克尔斯基来中国,他们到上海后,与主持上海党组织工作的李达、李汉俊建立了工作联系,建议及早召开党的全国代表大会,宣告党的成立。经过上海党组织的发起,并做了大量筹备工作,1921年7月23日,中国共产党第一次全国代表大会在上海召开。出席大会的代表共13人,他们是:上海代表李达、李汉俊;北京代表张国焘、刘仁静;长沙代表毛泽东、何叔衡;武汉代表董必武、陈潭秋;济南代表王尽美、邓恩铭;广东代表陈公博、包惠僧(陈独秀指定的代表);东京代表周佛

---

① 《蔡林彬给毛泽东》(1920年8月13日),《新民学会会员通信集》第3集。
② 《蔡林彬给毛泽东》(1920年9月16日),《新民学会会员通信集》第3集。
③ 《毛泽东复蔡和森》(1921年1月21日),《新民学会会员通讯集》第3集。
④ 《李大钊文集》第4卷,人民出版社1999年版,第79页。

海。马林、尼克尔斯基出席了大会。党的主要创始人南陈(独秀)北李(大钊),都因事务繁忙未能参加大会。大会在上海法租界贝勒路树德里3号(新中国成立前曾改为望志路106号,现为兴业路76号)秘密举行。30日晚受到租界巡捕的搜查后,大会转移到浙江嘉兴南湖的一只游船上举行。

会议先由各地代表汇报本地区的政治形势和建立党团组织的情况,以及本地区党组织的工作情况。25—26日起草会议文件。27—29日三天,集中讨论了起草小组提出的会议文件草案。最后大会通过了党的纲领和实际工作计划的决议,选举产生了党的中央机构,中国共产党由此宣告正式成立。

大会通过的中国共产党的第一个纲领,原件已找不到,仅有俄英两种译本。纲领规定:党的名称为"中国共产党"。党的奋斗目标是:以无产阶级革命军队推翻资产阶级,采用无产阶级专政,废除资本私有制,直到消灭阶级差别。纲领还规定了党的组织原则和纪律:党组织"采取苏维埃的形式"。凡接受党的纲领和政策,愿意忠于党,不分性别、国籍,由一名党员介绍,并经当地党组织审查,经过半数以上党员同意,再经该地区执行委员会批准,方可接受其入党。党员应根据不同职业,在工人、农民、士兵和学生组织中进行活动。"这些组织必须受党的地方执行委员会的指导"。"地方委员会的财政、出版和政策都应受中央执行委员会的监督和指导"。"在公开时机未成熟前,党的主张以至党员身份都应保守秘密"。"除为现行法律所迫或征得党的同意外,不得担任政府官员或国会议员"。

大会通过的关于当前实际工作的决议,规定党成立后的中心任务是组织工人阶级,从事工人运动,并作出了建立工会、开办工人补习学校、出版工会报刊和小册子、成立研究工人运动的机构等具体规定。决议强调在工人运动中必须加强党的领导,"以阶级斗争的精神灌输予各工会"。决议规定对其他党派采取"独立、攻击、排他的态度"。在政治斗争中,在反对军阀和官僚的斗争中,在争取言论、出版和集会的自由中,党应"坚守无产阶级的立场",不与其他党派建立任何关系。决议还规定党应保持与共产国际的经常联系。

大会选举陈独秀、张国焘、李达组成中央局。陈独秀为中央局书记,张国焘负责组织工作,李达负责宣传工作。

中国共产党第一次全国代表大会,完成了具有划时代意义的伟大使命。从此,在中国出现了完全新式的、以共产主义为目的、以马克思列宁主义为行动指南的、统一的工人阶级的政党。"自从有了中国共产党,中国革命的面目就焕然一新了"①。

第三节　军阀混战和政治争斗 中国革命的新局面

一、华盛顿会议　帝国主义对中国的"协同侵略"

第一次世界大战期间,日本帝国主义乘其他列强在欧洲忙于战争的机会,大力向中国和太平洋地区扩张势力,造成了日本在中国的独占形势。巴黎和会承认日本在中国的特殊权利,巩固了它在中国的地位。日本的这种独霸优势,加剧了列强间、尤其是日美之间的利益冲突。大战期间,美国就已成为日本争夺中国的主要对手。战后,由于它在战争中发了横财,增强了在世界上的实力地位,更加不能容忍日本独霸中国。英国原来是侵略中国的主角,在中国拥有最大的利益,战后卷土重来,英日之间也发生了尖锐矛盾。美国企图依恃自己的经济优势,打破日本独霸中国的局面,提议组织美、日、英、法新四国银行团,共同承揽中国的一切政治和经济借款。1920年10月,新四国银行团的协定在纽约正式签字。

---

① 《毛泽东选集》第4卷,人民出版社1991年版,第1357页。

美国在新银行团中占着优势,美国公使在致北京政府的备忘录中提出,新银行团"应得预问"中国财政收支和官吏任用,并有"查账之权"。但由于中国人民的反对,同时由于四国之间,尤其是美、日之间存在尖锐矛盾,使新银行团无法进行工作,美国没有达到预期的目的。

美国为了削弱和限制日本,建立自己在东方的霸权,提议召开华盛顿会议。1921年11月12日至1922年2月6日,美、英、日、法、意、中、荷、葡、比九国会议在华盛顿举行。这次会议实质上是巴黎和会的继续,是帝国主义各国根据战后力量对比对远东和太平洋地区殖民地与势力范围的一次再分割。会上帝国主义各国展开了激烈争夺,经过讨价还价,美、英、日、法签订了《关于太平洋区域岛屿属地和领地的条约》,即四国条约。美、英、日、法、意签订了《限制海军军备》条约,即五国海军协定。四国条约规定,互相尊重在太平洋上岛屿属地的权益,废除1902年缔结的英日同盟。五国海军协定规定,美、英、日、法、意主力舰的吨位比例为 $5:5:3:1.75:1.75$。通过这两个条约的签订,英日同盟废除,迫使日本承认其海军居于二流地位。

在华盛顿会议上中国问题是帝国主义在远东争夺的焦点。美、英、日等国都想从中国取得更多的利益。中国代表团在会上提出了处理中外关系的"十项原则",一方面要求各国尊重中国"领土之完整及政治与行政之独立";一方面又声称完全赞同美国提出的"门户开放""机会均等"的原则。在讨论中,美、英为了不让日本独霸中国,支持中国收回山东主权的要求,美国坚持"各国在华机会均等""门户开放"。日本则极力维护其既得利益,反对会议讨论山东问题,坚持在会外由中日直接交涉解决。美、英又迫使日本同意他们的代表以观察员资格参加中日谈判。在美、英的压力下,日本被迫于1922年2月4日与中国签订了《解决山东悬案条约及附约》,规定日本将胶州德国旧租借地交还中国,由中国全部开为商埠,准许外人在该区域内自由居住、经营工商业及其他合法职业;日军撤出山东;胶济铁路由中国以5 340.6141万金马克赎回,在路价未偿清前,中国须任用一日本人为车务长,一日本人为会计长。这个条约并未使中国完全收回山东主权,只是把胶州由日本独占改变为帝国主义共同利用的商埠,而胶济铁路仍为日本控制。会议还讨论了废除"二十一条"的问题,由于中国人民多年来的斗争和美英的压力,日本不得不同意放弃"二十一条"中的某些条款。

1922年2月6日,参加华盛顿会议的各国签订了《九国关于中国事件应适用各原则及政策之条约》,即九国公约。公约宣称"尊重中国之主权与独立,及领土与行政之完整"。但中国代表团提出的取消治外法权、撤退外国军警、恢复关税自主权、取消势力范围等项要求,一概未列入公约。实际上,公约的出发点是中国应为各帝国主义共同的殖民地。它规定要"维持各国在中国全境之商务实业机会均等之原则",任何一国"不得因中国状况,乘机营谋特别权利"。这是美国图谋扩张在华侵略势力的一个胜利。九国公约的签订,打破了日本在中国的独占状态,又使中国回到几个帝国主义国家共同支配的局面,这是第一次世界大战后中国形势的重大变化。此后一段时间内,中国人民的革命斗争和对外关系同这种形势是分不开的。

对于帝国主义在华盛顿会议上损害中国权益的行径,中国人民表示了强烈反对,留美学生曾在华盛顿举行游行示威,反对中日直接交涉。北京、上海、天津、汉口、杭州等地的学生和各界群众,都曾举行集会游行和罢课,反对中日会外交涉,要求取消"二十一条",维护中国的领土主权。中国共产党向全国人民揭露了华盛顿会议的侵略性质,指出,华盛顿会议使中国由历来受各帝国主义的"互竞侵略",变为"协同的侵略"[①]。

[①] 《中国共产党第二次全国大会宣言》(1922年7月),中央档案馆编:《中共中央文件选集》第1册,中共中央党校出版社1989年版,第106页。

二、直皖战争和第一次直奉战争　北京政府权力的更迭

五四运动爆发后,皖系军阀段祺瑞掌握的北京政府成为众矢之的,直系军阀乘机利用人民的爱国热潮发表通电,攻击安福系,并与奉系军阀、西南军阀结成反皖军事同盟,积极进行倒段活动。段祺瑞为了继续把持北京政权,挟制异己,极力从政治、军事各方面增强自己的实力。在军事上,他的"参战军"已因大战结束而失去了"参战"的借口,于是改名为"国防军",继而改称"边防军",以他的心腹徐树铮主管。1919年6月,派徐树铮为西北筹边使兼西北边防军总司令。徐树铮手握边防军三个师四个混成旅强大兵力和西北各省军、民、财政大权,进一步扩大了北洋派系的矛盾,促使直奉两系接近,对抗皖系。在政治上,段祺瑞利用安福系控制北京政府。他虽辞去国务总理,专任边防督办,但居于总理之上颐指气使。1919年11月,靳云鹏出组内阁,段迫其同意以安福系中坚人物为"三长一秘"(财政、司法、交通三总长和秘书长),并指使安福系进行倒阁活动,致使靳四次提出辞职。这样又形成了段祺瑞与徐世昌、靳云鹏的对立。

1919年冬,段祺瑞准备对直系长江三省的督军①采取行动。1920年4月,曹锟在保定召集直、苏、鄂、赣、豫、奉、吉、黑八省联盟会议,形成直奉联合。5月,吴佩孚由湖南领兵北撤,通电指斥安福系"祸国殃民,卖国媚外,把持政柄,破坏统一",要求驱逐徐树铮,解散安福俱乐部。与此同时,段祺瑞、徐树铮也举行秘密会议,积极进行作战准备。7月4日,总统徐世昌在直奉两系压力下,下令免去徐树铮西北筹边使和西北边防军总司令职务,边防军由陆军部接收办理。于是皖系决定发动对直系的战争。7月8日,段祺瑞在北京召开阁员及军政首脑联席特别会议,发出声讨曹、吴等通电,并胁迫徐世昌免去曹、吴之职。7月9日,段在团河

---

①　苏督李纯、赣督陈光远、鄂督王占元。

成立"定国军"总司令部,自任总司令,下令动员。曹、吴则以直系全体将士名义发布了《驱除安福系宣言书》《为讨伐徐树铮告全国各界书》,同时曹锟由保定到天津举行誓师大会,所部定名为"讨贼军",以吴佩孚为前敌总司令。这时奉系军阀张作霖也率军入关,通电讨伐段祺瑞,指责段"排除异己,把持政权"。

1920年7月14日,直皖双方正式交火,在京奉铁路沿线的杨村一带和京汉铁路的涿州、高碑店、琉璃河一带作战,双方各投入近10万人的兵力。开始皖军在日军支持下曾获小胜,直军退出了高碑店、杨村。17日,战场形势突变,吴佩孚率一部直军突袭皖军前敌司令部所在地松林店,皖军前敌司令曲同丰和司令部全体高级将领被俘。皖军在西线战败。同时奉军在东线助直军作战,东线皖军全线崩溃。19日,段祺瑞辞职。接着直、奉军队开到北京,直皖战争以皖败直胜而结束。北京政权落入直奉两系军阀手中。在直奉军阀支配下的北京政府,下令准免段祺瑞督办边防事务兼管理将军府事务各职。

直系对皖系的胜利,反映了美英势力在中国的加强。日本在失去皖系军阀这个工具后,便转而扶植奉系军阀与直系对抗。

直皖战争后,吴佩孚当上了两湖巡阅使,直系势力伸张到长江流域。奉系在战争中虽夺得大批皖军的辎重财物,却没抢到多少地盘,直奉矛盾加剧起来。于是奉系便与浙江的皖系军阀卢永祥和广州的孙中山结成反直的三角同盟。

直奉争夺的中心是北京政权。1920年8月,靳云鹏第二次组阁。靳内阁开始亲奉,以后被改组成以接近直系的政客为核心的亲直内阁。1921年12月,张作霖进京推倒靳内阁,推荐交通系的亲日派官僚梁士诒组阁。梁上台后赦免被通缉的安福系祸首;同意日本要求,借日款赎回胶济铁路,并将该路改为中日合办;抑制吴佩孚的军饷。梁内阁的行为遭到全国人民的反对,吴佩孚和直系各省督军乘机接连发出通电,指斥梁士诒"牺牲国脉,断送路权",逼迫梁内阁下台。1922年1月梁下台,由颜惠庆暂时组阁。

梁内阁的去留问题成为直奉战争的导火线。

1922年4月29日,第一次直奉战争正式爆发。张作霖到军粮城自任"镇威军"总司令,动用兵力12万余人。直系也动员了约12万人。双方在长辛店、固安、马厂一带展开激战。开始奉军猛攻,直军坚守。4月30日,吴佩孚下令转守为攻。5月5日,长辛店直军获得大捷,西线奉军溃败,东线奉军也开始溃退。随后张作霖逃回滦州,梁士诒逃亡日本。北京政府在吴佩孚指使下,下令奉军退回关外;免去张作霖东三省巡阅使、奉天督军和省长各职,听候查办。张作霖在日本支持下,于6月4日自称"东三省自治保安总司令",宣布"闭关自治",并派兵在秦皇岛附近与直军继续作战。之后双方接受了英美的停战建议,6月18日,直奉两军代表在秦皇岛海面英国军舰上签订了停战协定,以榆关(山海关)为两军分界线,奉军撤回关外。第一次直奉战争结束。

直奉战争后,直系军阀独霸了北京政权。为了欺骗人民和排斥其他派系,直系军阀恢复了民国初年的国会,让黎元洪复任总统,标榜所谓"法统重光"。吴佩孚甚至还提出了"保护劳工"的口号。而当他们认为自己的统治已经稳定时,便策划踢开傀儡黎元洪,拥曹锟直接上台。1923年6月,在曹锟示意下,直系内阁成员制造内阁危机,迫使张绍曾内阁总辞职。事后直系军人反而指责黎元洪干涉内阁职权,破坏内阁制,以所谓"国民大会""市民请愿"、军警索饷,乃至围困黎宅等手段逼黎下台。黎不得不出走天津,但在天津车站被扣留。黎被迫交出印信并发表辞职通电后,始获放行。

曹锟为了把自己"选"为总统,以40万元收买了国会议长,以每张选票5 000元到1万元贿买了500多个议员。1923年10月,这批被人们斥为"猪仔"的受贿议员把曹锟"选"为总统。这就是臭名昭著的曹锟贿选。10月10日,曹锟就职,向众议院提名孙宝琦组阁。接着由这些"猪仔"议员赶制和公布了《中华民国宪法》,被人们称为"曹锟宪法"或"贿选宪法"。曹锟贿选,遭到全国人民的强烈反对,很多省都对该省议员接受贿选投票予以声讨,否认其代表身份,有的还宣布开除其省籍。上海20余团体组织了"双十节国民讨曹游行大会"。上海大学学生举行游行示威,沿途高呼"国贼曹锟僭窃大位,国人当群起攻之"等口号。杭州、芜湖的学生除集会游行外,并结队捣毁了当地参与贿选议员的住宅。杭州的学生还组织了国民讨贼军。孙中山在广东大元帅府下令讨伐曹锟,通缉贿选议员,同时通告列强不得承认曹锟政府。

直系战胜奉系后,吴佩孚成为北洋军阀中最有实力的人物,他的直鲁豫巡阅使署所在地洛阳,实际上成了北方的军事政治中心。他在美、英支持下,提出了"武力统一中国"的主张,一面准备对东北的张作霖作战,一面把势力伸向南方,勾结广东军阀陈炯明反对孙中山,指使孙传芳、沈鸿英、杨森等军阀攻掠福建、广东、四川和湖南。许多省的军阀为了对抗直系军阀的"武力统一"和外省军阀侵占自己的地盘,高唱"省自治"和"联省自治"。湖南省的军阀最先提出了"省自治"和"联省自治",1922年1月公布了省宪法,规定"湖南为中华民国之自治省"。之后,四川、贵州、云南、广西、浙江等省的军阀纷纷公布省宪,宣布"自治"或"联省自治"。

在1920年7月直皖战争后的四年多时间中,直系军阀把持北京政权,统治着中国大部分地区。直系军阀势力最强时,拥有兵力25万人。吴佩孚推行"武力统一"政策,在川、湘、闽、粤等省燃起战火。由于战争的频繁和兵员的增加,人民的负担日益加重。如1922年,曹锟为筹划战地饷需,对各县定出科派数字:大县派款5万元,小米高粱4 000石;中县派款4万元,小米高粱3 000石;小县派款3万元,小米高粱2 000石。曹锟贿选的款项达1 350余万元,都是勒取于民。全国人民以反对曹锟贿选为起点,掀起了大规模反对直系军阀的运动。

三、民族资本主义发展的迟滞　一度兴起的资产阶级改良主义思潮

第一次世界大战以来中国民族资本主义的发展,到1920年后仍有余势,尤其是纺织业,发展的势头一直持续到1922年。据统计,全国华厂的纱锭,1920年为84.2万枚,1921年为124.8万枚,1922年为150.6万枚;布机,1920年为4 310台,1921年为5 800台,1922年为6 760台。上海华资纱厂,1920年为21家,纱锭30.3万枚;1921年为23家,纱锭50.8万枚;1922年为24家,纱锭62.9万枚。上海申新系统各厂棉纱产量,1921年为3.6万件,1922年增至8万件。除纺织业外,卷烟、面粉业等也继续有所发展。如茂新、福新各厂面粉产量,1920年为1.999万袋,1921年为2.235万袋,1922年为2.49万袋。这是因为许多民族工业在第一次世界大战期间筹建和进口的设备,到战后才形成生产力。

但是,由于战后帝国主义重新加紧了对中国的经济侵略,大力向中国进行商品输出和资本输出;由于军阀政府在政治上保护帝国主义特权,在经济上打击民族工业,以及各派军阀的不断混战纷争,从1922年以后,中国民族资本主义经济陷入了萧条停滞状态。建厂数字和增长速度急剧下降,产品积压,价格跌落,利润减少以至亏本。不少民族资本企业破产或被外资兼并。如棉纱业,到1922年每生产16支纱一包就要亏银12两以上。这样,一些准备扩充的纱厂,改变了原来的计划。新建的纱厂往往开工不久即告停业。还有一些新厂维持不下去,只好出租或出售。一些历史悠久的老厂也是时开时停。1922年8月,华资纱厂联合会曾召集上海各纱厂开会,公定最低限价,以维持生产,但纱价仍然跌落。12月,又作出停工1/4的决议,也没有使市场情况好转。到1923年,有的厂就只好全部停工或仅作日工,或乘年关提早停工。华资纱厂停工减产,外资纱厂就乘机扩张势力和占领市场。再如面粉业,战后各国生产逐渐恢复,排斥中国面粉入口,使中国面粉的国外市

场大大缩小。与此同时,美、日、澳大利亚、加拿大的面粉大量输入中国,中国面粉业重新出现入超。1922年面粉入超合银1 100多万两,1923年增至3 000多万两。因此,上海面粉厂倒闭停工的很多。其他各行业的情况也是如此。中国民族资本主义经济的萧条状况,直到1925年下半年才由于革命和抵制洋货运动的开展而开始改变。

帝国主义对中国侵略的加紧和严重的封建剥削,连年的军阀混战,也阻碍了中国农业的发展,造成了农村经济的凋敝。战后帝国主义向中国农村大量倾销日用消费品,掠取其生产所需要的原料,对中国农村经济起了分解作用。农村手工业进一步受到打击,许多农民增加了对市场的依赖。农业中经济作物耕地上升,粮食作物耕地下降,粮食大量入超。从而加深了农村经济殖民地化程度,使农村进一步成为帝国主义推销商品、吸收原料的市场。国内政治混乱,各派军阀混战不已,对广大人民横征暴敛,更直接破坏了工农业生产。人祸之外,天灾不断,农村经济呈现出一片凋敝景象。

上述情况,使中国人民的处境更加恶化,大量工人失业,广大农民破产,其他各阶层人民的生活也愈来愈艰难。中国人民同帝国主义和封建势力的矛盾日益尖锐。

面对严重的民族危机与国内政治经济危机,一些不满现状而又不赞成以暴力革命手段改造现实社会的民族资产阶级和上层小资产阶级的改良派,企图通过政治上的改良来谋求中国的出路,弭兵消患,造成发展民族资本主义的条件。于是,改良主义思潮一时广为传播,改良派的言论充满各种报刊。《东方杂志》《太平洋》《解放与改造》(后改名《改造》)、《努力周报》等,是发表改良主义言论的主要刊物。提出的主要政治主张有"好人政府""省自治"和"联省自治"、制宪救国、废督裁兵等。

好人政府。1922年5月,蔡元培、胡适、梁漱溟、王宠惠等人在《努力周报》上发表《我们的政治主张》一文,主张组织一个"好政府"作为改革中国政治的最低限度的要求。他们提出了政治改革的三条基本原则:要求一个"宪政的政府",一个"公开的政府",一种"有计划的政治"。他们认为中国所以败坏到这步田地,"好人自命清高"是一个重要原因。因此,社会上的"优秀分子"出来和恶势力奋斗,组织"好人政府","这是政治改革的唯一下手工夫"。1922年9月,在吴佩孚支持下,曾在《我们的政治主张》上签名的王宠惠、罗文干、汤尔和等入阁,王宠惠为国务总理。他们都属英美派,当时被认为是无党无派的"好人",因而这个政府有"好人政府"之称。实际上它是听命于吴佩孚的"洛派"政府。这个政府为曹锟的"保派"直系军阀所不容,结果仅存在了3个多月就垮台了。"好人政府"昙花一现,成了历史的陈迹。

省自治和联省自治。鼓吹这种主张的有两种人:一是军阀政客,二是资产阶级和上层小资产阶级改良派。前者是利用省自治和联省自治的名义,巩固自己的地盘;后者则是企图通过省自治和联省自治来改良政治,实现资产阶级的民主制度。早在清朝末年,就有人提出在中国建立联邦制的国家,以后陆续有人提出类似主张。1920年下半年至1923年,形成了一个规模颇大的要求省自治和联省自治的浪潮,各地成立了许多自治运动的团体。主张省自治和联省自治的人认为,中国致乱的原因是军阀权力太大,中央政府无力制裁军阀,民众无权,地方无权。因此,救国治国的办法在于实行"省民自决主义",各省制定宪法,实行自治,然后在省自治的基础上,建立一个"联省自治的共和国"。代表性的言论有章太炎的《联省自治虚置政府议》、胡适的《联省自治与军阀割据》等。

制宪救国。通过制定一部民主宪法,达到救国治国的目的,这是20世纪20年代初期不少人抱有的看法和主张。当时的报刊就这一问题进行了广泛的讨论,《东方杂志》出版了两期《宪法研究号》。主张制宪救国的人认为,军阀掌权,人民无权,政治混乱,其原因在于中国没有一部根本大法——宪法。因此,"吾国今后唯一要途,无过于急速制宪以立国本"。有了宪法,就能"绝乱源,定国基",国家即可强盛起来。

废督裁兵。辛亥革命后,军阀拥有重兵,连年混战,成为国家极大祸患。因此,在20世纪20年代初期,废督裁兵之说,高唱入云。报刊上连篇累牍发表了许多主张废督裁兵的文章,提出了种种裁兵办法。上海、北京、湖南等地的一些团体发表宣言、通电,召开裁兵大会,举行示威请愿,组织裁兵促进会,要求裁兵,形成了有一定声势的裁兵运动。在一段时间里,孙中山也是"化兵为工"的积极主张者。主张废督裁兵的人认为,"兵祸"是国家最大的祸患,因此,全国应一致要求废督裁兵。办法是由人民和政府,还可以请外国人帮助,组织裁兵机关,实行和监督军阀裁兵,裁撤下来的兵,去从事农、工矿业生产。这样不但除了永远的祸根,国与民还可从中得到莫大好处。

上述资产阶级改良主义主张,都否认或忽视帝国主义的侵略和封建军阀的反动统治是中国的根本乱源,反对或不赞成反帝反封建的暴力革命,表现了资产阶级的软弱性。这些主张没有一个取得实际效果。事实证明,资产阶级改良主义道路在中国是行不通的。

四、中国共产党民主革命纲领的制定和宣传

中国共产党成立以后,立即投身于实际革命运动,以主要力量开展工人运动。同时,也开展了一些组织发展、宣传、青年、农民等方面的工作。各方面实际工作的进行和国内外时局的发展,推动了共产党人对中国国情的研究。1922年1月15日出版的团刊《先驱》发刊词中说:单有反抗的创造的精神,"若不知道中国客观的实际情形,还是无用的"。所以"本刊的第一任务是努力研究中国的客观的实际情形,而求得一最合宜的实际的解决中国问题的方案"。同"一大"时相比较,这时中国共产党人对待中国革命问题的认识有了明显的变化,已不再主张在中国立即进行社会主义革命,而开始认为应该依据中国的实际情况来运用马克思主义,解决中国的革命问题。

对于中国共产党正确认识中国社会状况和中国革命的性质与任务,列宁和共产国际的指导具有重要的意义。共产国际于1919年3月在莫斯科成立。1920年7—8月间,共产国际召开了第二次代表大会,民族和殖民地问题是大会的重要议题之一。大会专门成立了一个民族和殖民地问题委员会,列宁任主席。大会通过了列宁起草的《民族和殖民地问题提纲初稿》和罗易起草的《关于民族和殖民地问题补充提纲》,列宁还向大会作了《民族和殖民地问题委员会的报告》。这几个文件阐明了马克思列宁主义民族和殖民地问题的理论。其基本思想是:第一,必须把少数压迫民族和人数众多的被压迫民族区别开来。各民族和各国的无产阶级和劳动群众为共同进行打倒地主和资产阶级的革命斗争,彼此应接近起来。第二,殖民地半殖民地的最重要的特点就是资本主义前的关系还占统治地位。革命的性质是资产阶级民主革命。革命斗争的首要任务是推翻帝国主义的压迫,同时要反对封建统治。在这些国家的民族民主运动中,应该由无产阶级起领导作用。第三,殖民地半殖民地国家的无产阶级,必须同农民和一切被剥削者结成尽可能紧密的联盟。应当同本国资产阶级民主派结成联盟,但不要同他们融合,必须保持无产阶级的独立性。第四,落后国家在先进国家无产阶级的帮助下,可以不经过资本主义发展阶段而过渡到苏维埃制度,然后再经过一定的发展阶段过渡到共产主义。列宁关于民族和殖民地革命的理论,对中国革命有重要的指导意义,但是当时没有及时地传到中国来。

1922年1月,共产国际为了揭露华盛顿会议,促进远东各国人民的觉醒,在莫斯科召开了远东各国共产党和民族革命团体第一次代表大会。出席这次大会的中国代表有44人,是由相当广泛的社会成员组成的,包括中国共产党、中国社会主义青年团、国民党以及工人、中小资产阶级、学生、妇女、文化团体的代表,大城市和省区的代表等。中国共产党的代表有张国焘、瞿秋白、王尽美、邓恩铭等。共产国际代表在大会上作了报告,中国和各国代表也在大会上发言,介绍了本国的状况和斗争形势。共产国际的报告和大会宣言,明确指出东方各被压迫国家当前革命的首要任务是反对帝国主义,谋求自己的解放,对中国劳动群众和中国共产党来说,是要向当前的主要敌人——帝国主义和军阀宣战,"争取自由平等和独立"。在关于无产阶级政党和各民族革命政党关系上,强调无产阶级必须保持自己的独立性,充当民族解放运动的领袖。列宁因病未出席这次大会,在会议期间,接见了中国代表张国焘、张秋白(国民党代表)、邓培(唐山铁路工会代表),询问了中国国民党和中国共产党能否合作等问题,勉励中国工人在未来的革命中起更大的作用。1922年上半年,中国共产党和社会主义青年团的代表陆续回国,通过他们,列宁关于民族和殖民地的革命理论开始系统地介绍到中国。

1922年5月初在广州召开的第一次全国劳动大会和中国社会主义青年团第一次全国代表大会,都认真讨论了当前中国革命的问题。劳动大会宣言说:"我们面前的敌人是很多的,国际帝国主义和本国的军阀也是我们的敌人。"团的"一大"通过的《中国社会主义青年团纲领》提出了现阶段中国革命的三条政治方针,而把"铲除武人政治和国际资本帝国主义的压迫"列为第一条。这两个文件表明,中国共产党对中国社会状况和阶级关系有了比较切合实际的了解。1922年6月15日发表的《中国共产党对于时局的主张》,是党第一次公开发表的重要政治声明,它比较详细地分析了近代中国的政治经济状况,明确指出:"依中国政治经济的现状,依历史进化的过程,无产阶级目前最切要的工作,还应该联络民主派共同对封建式的军阀革命,以达到军阀覆灭能够建设民主政治为止。"并提出了以反帝反封建为内容的11项斗争目标。[①]

---

① 《中共中央文件选集》第1册,第45页。

至此,共产党的民主革命纲领的基本原则已经提出来了。

1922年7月16日至23日,中国共产党第二次全国代表大会在上海召开。出席大会的代表有陈独秀、李达、张国焘、蔡和森、高君宇等12人,代表党员195人。会议通过了《中国共产党第二次全国大会宣言》和关于民主联合战线,关于工会运动、青年运动、妇女运动,关于党的组织章程,关于加入第三国际等决议案。

大会宣言反映了"二大"的基本思想和主要成果。宣言根据马克思主义原理和列宁关于民族和殖民地革命的理论,分析了国际形势的特点和中国社会的实际状况,提出了反帝反封建的民主革命纲领。

宣言首先分析了第一次世界大战和俄国十月革命后的国际形势以及华盛顿会议后各帝国主义"协同"侵略中国的局面。指出鸦片战争以来帝国主义对中国的侵略,事实上已把中国变成他们的殖民地。国际帝国主义的新争夺,是形成中国的特殊政治状况——军阀混战的根本原因。中国人民的反帝斗争,必须与全世界的无产阶级和被压迫民族的革命运动联合起来,才能打倒共同的压迫者——国际帝国主义。

宣言分析了国内的经济政治状况以及社会各阶级的经济地位和政治态度,阐明了中国的社会性质、革命性质和革命动力。指出,国际帝国主义宰割下的中国社会,是半殖民地半封建的社会,当前阶段中国革命的性质是反帝反封建的民主主义革命,革命的对象是国际帝国主义和封建军阀,革命的动力包括工人阶级、农民阶级、小资产阶级和民族资产阶级。工人阶级是"劳苦群众中最进步和最能战斗的部分",具有"伟大的势力",随着革命运动的发展,将会成为"革命领袖军"。三万万农民是"革命运动中的最大要素"。"大量的贫苦农民能和工人握手革命,那时可以保证中国革命的成功"。小资产阶级由于日趋困苦甚至破产失业,势必要"加入到革命的队伍里面来"。幼稚的资产阶级为要免除经济上的压迫,也"一定要起来与世界资本帝国主义奋斗"。

宣言还指出,无产阶级去帮助民主主义革命,这是结束封建制度和养成无产阶级真实力量的必要步骤。民主革命成功后,资产阶级便会迅速发展,与无产阶级处于对抗地位,这时无产阶级便要"实行'与贫苦农民联合的无产阶级专政'的第二步奋斗。如果无产阶级的组织力和战斗力强固,这第二步奋斗是能跟着民主主义革命胜利以后即刻成功的"。

宣言在正确分析国际形势和国内状况的基础上,提出了党的最高纲领和最低纲领。指出:"中国共产党是中国无产阶级政党。他的目的是要组织无产阶级,用阶级斗争的手段,建立劳农专政的政治,铲除私有财产制度,渐次达到一个共产主义的社会。"这是党的最高纲领,也就是党的最终奋斗目标。宣言同时指出,在当前的历史条件下,党的奋斗目标是:"消除内乱,打倒军阀,建设国内和平";"推翻国际帝国主义的压迫,达到中华民族完全独立";统一中国为"真正民主共和国"。这是党的最低纲领,也就是党在民主革命阶段的纲领。

宣言还提出了为实现党的纲领而必须采取的联合战线的策略。指出:"中国共产党为工人和贫农的目前利益计,引导工人们帮助民主主义的革命运动,使工人和贫农与小资产阶级建立民主主义的联合战线。"会议作出了《关于"民主的联合战线"的决议案》。

大会通过了《中国共产党加入第三国际决议案》,指出中国革命"要和世界无产阶级联合起来,才足以增加革命的效力"。中国共产党"是代表中国无产阶级利益的政党,"所以决定"正式加入第三国际","完全承认第三国际所决议的加入条件二十一条","为国际共产党之中国支部"[①]。

大会决定出版党的中央机关刊物《向导》周报,以宣传党的反帝反封建的民主革命纲领和党的政策。1922年9月13日,《向导》周报在上海创刊,由蔡和森主编,在各大城市设分销处,公开

---

① 《中国共产党加入第三国际决议案》,《中共中央文件选集》第1册,第67页。

发行。

大会选举了中央领导机关。陈独秀、李大钊、张国焘、蔡和森、高君宇五人当选为中央执行委员[①];另选出三名候补执行委员。陈独秀任委员长,蔡和森、张国焘分别负责党的宣传、组织工作。

中共二大有着伟大的历史功绩。党的最高纲领和最低纲领的提出,初步解决了中国革命必须分两步走的问题,特别是反帝反封建民主革命纲领的制定,在中国近代革命史上第一次明确了革命的对象,并初步解决了革命的动力问题。这对于当时的革命斗争有极大的现实指导意义。党的民主革命纲领反映了马克思列宁主义普遍原理和中国实际情况的初步结合,为以后探索中国革命的基本规律奠定了基础。

"二大"后,中国共产党大力向全国人民宣传民主革命纲领,批判资产阶级的错误政治主张和军阀的反动谬论,使打倒帝国主义、打倒军阀的口号迅速深入人心。

1922年9月出版的《向导》第2期,发表了陈独秀的《造国论》一文,对党的民主革命纲领作了进一步的阐述,提出用"组织真正的国民军"的方法来"创造真正独立的中华民国"。造国的程序是:"第一步组织国民军;第二步以国民革命解除国内外的一切压迫;第三步建设民主的全国统一的政府;第四步采用国家社会主义开发实业。"关于为什么用"国民革命"这个口号,陈独秀后来解释说:"我们以为真正的民主政治固然是我们所需要,然而民主革命这个口号,未免偏于纯资产阶级的,在殖民地半殖民地的经济地位,决没有欧洲十八世纪资产阶级的革命之可能",所以"使用'国民革命'来代替'民主革命'"[②]。之后,"国民革命"这一口号成了各革命阶级共同的口号。

---

① 另一回忆是陈独秀、张国焘、蔡和森、高君宇、邓中夏五人当选为中央执行委员。

② 《本报三年来革命政策之概观》,《向导》第128期,1925年9月7日。

1922年10月,胡适在《努力周报》上发表《国际的中国》一文,反对共产党反帝反封建的民主革命纲领,为帝国主义的侵略辩护。他攻击"二大"宣言关于国际帝国主义各支持一派中国军阀进行混战的论述是"很幼稚的、很奇怪的议论","很像乡下人谈海外奇闻,几乎全无事实上的根据"。还说"中国已没有很大的国际侵略的危险了"。中国共产党通过《向导》周报驳斥了胡适的谬论,大力宣传了打倒帝国主义的口号。

中国共产党通过《向导》周报揭露了封建军阀叫嚷的"武力统一"和"联省自治"的实质,批判了资产阶级提出的"省自治"和"联省自治""制宪救国""好人政府""废督裁兵"等改良主义的政治主张,大力宣传了打倒军阀的口号。指出,封建军阀的专政与割据是中国政治的乱源,一切政治问题非用革命手段"完全打倒军阀,解除封建阶级的武装"不能解决。"武人政治下,任何改良主义都无实现之可能"①。中国共产党还通过《向导》大力宣传了建立民主联合战线的主张。

通过这一时期的宣传和斗争,共产党的民主革命纲领很快为广大群众所接受,有力地推动了革命运动的发展。

五、工人运动高潮的出现和各界群众运动的新发展

中国共产党成立后,首先集中力量从事工人运动。1921年8月,成立了中国劳动组合书记部,作为党领导工人运动的公开机关,并创办了机关刊物《劳动周刊》。中国劳动组合书记部除在上海设总部外,在北京建立了北方分部,在汉口建立了武汉分部,在长沙建立了湖南分部,在广州建立了广东分部,在济南建立了山东分部(后并入北方分部)。中国劳动组合书记部一方面在工人中进行宣传教育工作;一方面组织工会,领导工人开展罢工斗争。党的"二大"后,进一步加强了对工人运动的领导,工人运动很快在

---

① 和森:《近日政潮的内幕》,《向导》第12期,1922年12月6日。

全国范围内开展起来。从1922年1月到1923年2月,全国罢工达100多次,参加罢工的人数有30多万,形成了中国工人运动的第一次高潮。

这次工人运动的高潮,以香港海员罢工为起点。1922年1月,香港海员由于资本家拒绝他们提出的增加工资等要求,在中华海员工会领导下举行大罢工,先后参加罢工的海员达两万多人。港英当局下令封闭海员工会。3月初,海员罢工发展成为有十多万人参加的香港全市工人的总同盟罢工。罢工工人纷纷离开香港回广州。3月4日,当步行回省城广州的工人队伍行至沙田时,英国军警开枪扫射,制造了死6人、伤数百人的"沙田惨案"。此后,总同盟罢工继续扩大,使香港变成"臭港""死港"。香港海员罢工,在中国劳动组合书记部、广东政府和全国工人的支援下,从1月12日至3月8日,共坚持了56天,终于迫使港英当局取消了封闭工会的命令,答应增加工资15%至30%。这次斗争的胜利,推动了全国第一次工人运动高潮的出现。

为适应工人运动高涨形势的需要,中国共产党通过劳动组合书记部发起,于1922年五一节,在广州召开了第一次全国劳动大会。到会代表173人,来自12个城市,代表着110多个工会,34万有组织的工人。大会接受了中国共产党提出的"打倒帝国主义""打倒军阀"的口号,通过了《罢工援助案》《全国总工会组织原则案》等决议案,并发表了宣言。大会决定在全国总工会成立以前,以中国劳动组合书记部为全国总通讯机关,在实际上承认了中国共产党对工人运动的领导,中国劳动组合书记部为全国工人运动最高领导机构,拥有指挥全国工人运动的权力。这次大会促进了中国工人阶级的团结,推动了全国工人运动的发展。

1922年8月,中国共产党利用直系军阀控制下的北京政府宣称要恢复国会、制定宪法的时机,通过劳动组合书记部提出了劳动法大纲十九条,主要内容为:承认工人有集会、结社、罢工、缔结团体契约、进行国际联合等权利;实行八小时工作制;保障工人最低工资;工人参加管理等。发表正式通告,号召全国工会进行劳动立法运动。各地劳动组合书记部分部和工团组织积极响应,组织劳动立法大同盟,举行游行示威,通电全国各团体和国会,要求通过劳动法大纲。劳动立法运动促进了工人觉悟的提高,劳动立法大纲十九条,成了罢工高潮中的斗争纲领。

全国劳动大会的召开和劳动立法运动的开展,推动罢工高潮在全国各地普遍展开。湖南是当时工人运动发展较快的省份之一。中共"一大"后,毛泽东任中共湘区委员会书记兼中国劳动组合书记部湖南分部主任。到1922年秋,湖南地区建立了20多个工会,有组织的工人达4万多人,先后举行了安源路矿工人、长沙泥木工人、常宁水口山铅锌矿工人等十几次罢工斗争。其中影响最大的是安源路矿大罢工。

安源路矿(安源煤矿和株萍铁路的合称)是日本控制下的官僚买办资本企业,共有工人1.7万余人。1921年秋,毛泽东到安源调查工人状况,11月,派李立三等以推行平民教育的名义到安源开展工作,开办工人夜校,建立党、团组织。1922年五一节,正式成立了安源路矿工人俱乐部,李立三任主任。1922年秋,路矿两局拖欠工人工资,并阴谋解散工人俱乐部,引起工人的强烈不满。9月14日,1万多工人冲出矿井、厂房举行大罢工。路矿当局勾结军阀调来大批军队企图镇压,工人作了英勇机智的斗争,迫使路矿当局于9月18日接受了工人提出的条件,达成了增加工人工资、改善工人福利、承认俱乐部有代表工人的权力等13项协议,罢工取得胜利。

开滦五矿(唐山、林西、赵各庄、唐家庄、马家沟)的大罢工,也是影响较大的罢工。开滦煤矿最初由官僚资本创办,后被英帝国主义强夺。当时年产煤400万吨,占全国煤产量的1/5,有工人5万多人。中国共产党从成立时起,对开滦煤矿工人运动就给予极大关注,中国劳动组合书记部曾先后派邓中夏等到唐山工人中进行宣传组织工作,唐山地区的工人运动有了迅速发展。1922年10

月16日,开滦矿工向矿方提出改善生活待遇的六项要求。19日,在唐山召开工人大会,正式成立了五矿工人俱乐部。23日,五矿工人举行总同盟罢工。工人们成立了纠察队,并发表宣言,控诉英国资本家虐待工人的罪行,呼吁各地工人声援和支持。全国各界人士特别是各地工会团体,纷纷发表通电,进行募捐,对开滦工人的罢工斗争给予精神上的声援和经济上的支持。矿局资本家、直隶省警务当局及直鲁豫巡阅使曹锟,调动大批中外反动武装镇压开滦罢工,制造流血惨案,封闭五矿工人俱乐部。罢工工人仍坚持斗争。11月15日,开滦矿务局和直隶省警务处贴出布告,答应了工人的部分要求,罢工宣告结束。这次罢工虽未取得大的成果,但它打击了英帝国主义,具有重要的历史意义。

这次罢工高潮的最后一幕,是京汉铁路工人大罢工。在劳动组合书记部的帮助下,到1922年底,京汉铁路全路已有16个工会组织,有组织的工人达3万多人。工人迫切要求成立全路总工会。经半年多筹备,1923年1月,总工会筹备委员会决定于2月1日在郑州举行京汉铁路总工会成立大会。吴佩孚下令禁止开会。2月1日,代表们冲破军警的阻拦如期在郑州普乐园剧场召开大会,宣布了京汉铁路总工会的成立。当日,反动军警占据并捣毁了总工会会所。总工会决定发动全路总罢工,以抵抗军阀的武力压迫,将总工会移至汉口江岸办公。2月4日,在总工会统一领导下,京汉路3万多工人在3小时内实现了全路总同盟罢工。总工会发表的罢工宣言,号召工人们为反抗万恶的军阀、争回人权和自由而战。

京汉铁路大罢工爆发后,各帝国主义国家驻北京公使团召开紧急会议,议决向北京政府提出严重警告,怂恿北京政府立即采取武力手段镇压罢工。2月6日,英国驻汉口总领事召集湖北督军肖耀南的代表和外国资本家举行秘密会议,策划镇压罢工运动。2月7日,吴佩孚在帝国主义支持下,在汉口、郑州、长辛店等地对罢工工人进行血腥屠杀,结果有52人惨死,300多人受伤,40多人被捕,1 000多人被开除。京汉铁路江岸分工会委员长共产党员林祥谦和武汉工团联合会法律顾问共产党员施洋惨遭杀害。

二七惨案发生后,在中国共产党和劳动组合书记部的号召与推动下,全国各地工人和各阶层人民纷纷发表通电、捐款、开追悼会、举行示威游行和同情罢工,声援京汉铁路工人的英勇斗争,抗议军阀吴佩孚的血腥罪行。在帝国主义和封建军阀加紧镇压罢工工人的情况下,京汉铁路总工会和武汉工团联合会于2月9日下令忍痛复工。此后,全国工人运动转入低潮。

工人运动的第一次高潮,显示了工人阶级的强大力量,提高了中国工人阶级和中国共产党在全国人民中的威望。这次斗争的事实也表明,中国工人阶级孤军奋战是不能战胜强大敌人的。必须团结广大农民、城市小资产阶级和资产阶级民主派,建立广泛的反帝反封建的统一战线,组织人民武装力量,进行武装斗争,才能取得中国革命的胜利。

中国共产党在集中力量领导工人运动的同时,也开始从事农民运动。中国共产党人领导的农民运动,最早发生于浙江萧山县的衙前村。在共产党员和社会主义青年团员的组织发动下,1921年9月,召开了衙前农民大会,成立了衙前农民协会,通过了《衙前农民协会宣言》《衙前农民协会章程》。农会成立后,领导农民开展了减租、反对奸商垄断米价、取消地主苛例等斗争。萧山、绍兴等地农民纷纷起而效法,有80余村成立了农会组织。年底,在反动派武力镇压下,衙前农民运动低落下去。

接着兴起农民运动的是广东。1922年6月,彭湃在其家乡海丰县开始从事农民运动,1923年元旦,成立了海丰县总农会。随后,陆丰、惠阳两县也建立了农会。至5月1日,三县农会会员发展到20多万人,海丰总农会改组为惠州农民联合会。至7月,潮安、普宁、惠来等县的农会组织有了发展,惠州农民联合会又改组为广东省农会,彭湃任执行委员长。

湖南也是农民运动兴起较早的地区。1923年春,毛泽东派人到衡山县岳北白果一带开展农民运动。1923年9月,在白果召开了岳北农工会成立大会。不久,会员发展到万余人。农工会领导农民开展了平粜和阻禁地主外运谷米、棉花的斗争,并开始酝酿减租减息。湖南军阀赵恒惕两次派兵镇压,农民运动暂时受挫。不久以后,湖南农民运动又有了迅速发展。

中国共产党成立后,也很重视青年、妇女工作,积极开展了青年、妇女运动。

在青年运动方面,首先是青年团工作。早在1920年,各地共产党的早期组织就相继建立了社会主义青年团。但由于没有正式的统一的领导机构,加上团员成分复杂,到1921年5月只得宣告解散。1921年11月,共产党员张太雷受中国共产党和少共国际的委托,重新组建社会主义青年团。明确规定"中国社会主义青年团为信奉马克思主义的团体"。1922年1月,创办了《先驱》半月刊,作为团的机关刊物。各地相继恢复了团组织,团员发展到5 000余人。1922年5月,在广州召开了中国社会主义青年团第一次全国代表大会,到会代表有俞秀松、施存统、高君宇、张太雷、恽代英、蔡和森、刘少奇等25人。中共中央局书记陈独秀、少共国际代表达林出席指导。大会通过了团的纲领和章程,选举了团的中央执行委员会,正式宣告了中国社会主义青年团的成立。在此期间,广大青年和学生积极开展了声援京汉铁路罢工工人、反对曹锟贿选等斗争,学生组织有了进一步发展。

在妇女运动方面,1921年12月,中国共产党支持具有进步倾向的中华女界联合会创办了《妇女声》,宣传妇女解放。1922年2月,党开办了平民女校,培养了一批妇女干部。1922年7月召开的党的"二大",专门作出了《关于妇女运动的决议》,并决定在党中央设立妇女工作部,向警予担任第一任部长。中国妇女运动的主体是劳动妇女运动。

随着中国民族工业的发展和帝国主义在华企业的增多,一批妇女走进工厂,成为中国产业工人的重要组成部分。女工通常比男工工资低得多,但必须忍受和男工一样长的工时和苛刻待遇。在第一次工人运动高潮中,全国女工罢工的工厂有60多家,罢工人数共3万多人。除劳动妇女运动外,当时还有资产阶级和小资产阶级知识妇女开展的女权和女子参政运动,要求在宪法上明文规定女子和男子完全平等和女子有参政权。1922年8月,北京几个高等学校学生发起成立了女子参政协会和女权运动同盟,这两个组织扩展到全国许多城市。

六、孙中山继续奋斗和国共合作的酝酿

第一次护法运动的失败,没有动摇孙中山救国救民的决心,继续奋斗不已。1919年10月,孙中山将中华革命党改组为中国国民党,以"巩固共和,实行三民主义"为政纲,改变了中华革命党"实行民权、民生两主义"的政纲,在反对帝国主义侵略的意义上恢复了民族主义。

1920年8月,爆发了粤桂战争,孙中山扶植的驻闽南的粤军陈炯明部,回粤讨伐进驻广东的桂系。10月,粤军占领广东,桂系残部逃回广西。11月,孙中山离上海抵广州,重组军政府,发起第二次护法运动。1921年4月,在广州召开的国会非常会议通过了《中华民国政府组织大纲》,并选举孙中山为中华民国非常大总统。5月,孙中山宣誓就任非常大总统职,军政府撤销,成立了正式政府。6月,下令讨伐桂系陆荣廷。9月,统一了两广。孙中山准备取道湖南北伐直系,统一中国,在桂林设立北伐大本营。但是孙中山的北伐主张遭到了陈炯明的反对。蜕变为军阀的陈炯明身兼陆军部长、粤军总司令、广东省长三要职,握有广东实权。他以"保境息民"为名阻挠孙中山北伐,并与吴佩孚暗中勾结,图谋夹击北伐军。1922年6月,陈炯明乘北伐军平定江西之机,在广州发动武装叛乱,派兵围攻总统府。孙中山脱险后登上永丰舰。8月,被迫离粤赴沪。第二次护法运动失败。

陈炯明的叛变,使孙中山遭受了一次最痛心的失败。通过这

次事件,孙中山深切认识到不能"单独倚靠兵力",而要依靠党的力量。但当时的国民党,党员构成"非常复杂","大多数党员"都是以加入国民党为做官的捷径。国民党的指导思想、政治纲领、组织纪律,都存在着严重缺陷。孙中山痛感这个党有彻底改造的必要。

在孙中山的奋斗历史中,曾多次向帝国主义国家呼吁援助,而其结果总是帝国主义国家支持军阀反对他。俄国十月革命后,孙中山与列宁和苏俄政府开始函电来往。从1919年起,开始同共产国际和苏俄方面的有关人士接触,共产国际远东局负责人维经斯基、共产国际代表马林、少共国际代表达林,先后与孙中山会晤,建议他加强同苏俄的联系,并同中国共产党结成民主联合战线。孙中山从对十月革命和苏俄的进一步了解中,从过去一再遭到帝国主义国家的冷遇与破坏的痛苦教训中,深切感到列宁和他领导的苏维埃俄国是真正帮助中国革命的。

1922年6月孙中山在广州遭到陈炯明袭击时,中国共产党发表了第一次对时局的主张,赞扬国民党在中国现存政党中,"比较是革命的民主派",提出邀请国民党等革命的民主派,"开一个联席会议","共同建立一个民主主义的联合战线"。7月,中国共产党二大通过的《关于"民主的联合战线"的决议案》,主张"联合全国革新党派,组织民主的联合战线,以扫清封建军阀推翻帝国主义的压迫,建设真正民主政治的独立国家。1922年8月,中共中央在杭州西湖召开特别会议,专门讨论了与国民党合作的具体形式问题。会议作出了中国共产党党员以个人身份加入国民党以实行党内合作的决定。会后,马林、陈独秀、李大钊分别会见孙中山,向他说明中国共产党关于国共合作的主张。李大钊最先以个人身份加入国民党。稍后,中国共产党其他领导人先后加入国民党,着手帮助孙中山改组国民党。

1923年1月,苏俄代表越飞抵上海与孙中山会谈。1月26日,发表了《孙文越飞联合宣言》。宣言表明了苏俄对中国革命的支持和建立平等的中苏关系。这个宣言的发表,标志着孙中山联俄政策正式确立。

从1922年9月起,孙中山开始进行国民党的改组工作。9月初,他在上海召开改进国民党的会议,指定了包括共产党人在内的九名党章起草委员,成立了有共产党人参加的党务改进计划起草委员会。1923年元旦,发表《中国国民党宣言》,重申国民党的政纲三民主义,并首次提出了修改不平等条约的问题。与此同时,公布了党纲和党章。1月下旬,孙中山重新指定党本部各部部长、副部长及参议等人选,其中包括共产党人陈独秀等。这时陈炯明被滇军杨希闵、桂军刘震寰逐出广州,2月,孙中山由上海回到广州。3月,组成大元帅府,就任大元帅职,继续进行国民党改组工作。

与此同时,中国共产党也积极推进同国民党的合作关系。1923年1月,共产国际执委会作出《关于中国共产党与国民党的关系问题的决议》。决议肯定国共合作的必要性,认为"中国共产党党员留在国民党内是适宜的";同时指出,中国共产党绝对不能与国民党合并,绝对不能"卷起自己原来的旗帜"。这个决议对推动国共合作具有积极意义;但它过分肯定国民党的作用,过低估计中国工人阶级的力量与作用,认为"中国唯一重大的民族革命集团是国民党",中国工人阶级"尚未完全形成为独立的社会力量"。这种不恰当估计对中共中央领导人产生了重要影响。

为了统一全党对国共合作的认识,正式确定国共合作的方针,1923年6月,中国共产党在广州召开了第三次全国代表大会。到会代表有陈独秀、李大钊、毛泽东、蔡和森、张国焘、瞿秋白、张太雷、向警予等30多人,代表党员420人。共产国际代表马林参加大会。

大会的主要议程是讨论共产党员加入国民党的问题。会上,在共产党员是否全体加入国民党和产业工人要不要加入国民党问题上发生了争论。张国焘、蔡和森等强调保持共产党的独立性和加强党对工人运动的领导,反对共产党员全体加入国民党,反对在工人群众中发展国民党的组织。马林、陈独秀等则强调目前中国革命只是国民革命,并非社会主义革命,而国民党又是代表国民革命的党,因此全体共产党员都要加入国民党,并吸引大量工人参加国民党。马林提出"一切工作到国民党去"的口号。陈独秀认为"中国无产阶级在数量上质量上都非常少","只能作经济斗争,而不能作政治斗争"。双方意见,各有正确的一面,又各有不正确的一面。大会着重批评了张国焘等反对全体共产党员和产业工人加入国民党的观点,也不同意马林、陈独秀的"一切工作归国民党"的观点,决定在保持党在政治上、组织上独立性的前提下,全体共产党员以个人身份加入国民党。大会通过的《关于国民运动及国民党问题的决议案》指出,中国革命的任务是反帝反封建,"应该以国民革命运动为中心工作"。中国现有的政党,只有国民党比较是一个国民革命的党,共产党员应加入国民党,并须努力扩大国民党组织于全中国。决议同时指出,在实现国共合作和党员加入国民党以后,共产党必须保持政治上组织上的独立性,并须努力从各工人团体和国民党左派中,吸收有阶级觉悟的革命分子,扩大党的组织。在政治宣传上,保存我们不和任何帝国主义者任何军阀妥协的真面目。

大会发表了宣言,修订了党章,通过了关于劳动运动、农民问题、青年运动、妇女运动等决议案。大会选出陈独秀、李大钊、毛泽东、蔡和森、王荷波、罗章龙、项英、谭平山、朱少连9人为中央执行委员,由陈独秀、毛泽东、罗章龙、蔡和森、谭平山5人组成中央局,陈独秀任中央执行委员会委员长,毛泽东为秘书。

中国共产党三大制定了建立革命统一战线实行国共合作的方针政策,对于第一次国共合作的建立,推动中国革命的发展,具有重大意义。但是,对无产阶级的领导权、农民的土地问题和革命军队问题,没有提出或没有作出明确决定。

孙中山重回广州和中共三大的召开,加快了国民党改组工作的步伐。1923年8月,孙中山派出以蒋介石为首、包括共产党人张太雷参加的"孙逸仙博士代表团"赴苏联考察党务和军事。10月,应孙中山邀请苏联政府派到中国充任孙中山顾问的鲍罗廷抵达广州,孙中山委任他为国民党组织教练员。10月19日,孙中山任命廖仲恺、汪精卫、戴季陶、张继、李大钊为国民党改组委员,协助自己进行改组工作。10月25日,改组国民党的特别会议在广州举行。会议委任廖仲恺、谭平山、胡汉民等9人组成新的国民党临时中央执行委员会,鲍罗廷为顾问,负责进行国民党的改组工作,决定次年1月在广州召开国民党第一次全国代表大会。11月12日,发表了《中国国民党改组宣言》。

孙中山的联俄容共政策和改组国民党的工作,遇到了国民党内一部分右翼势力的反对。1923年11月29日,邓泽如、林直勉等11人联名上书孙中山,对苏联帮助中国革命的动机表示怀疑,并污蔑中国共产党帮助国民党改组怀有阴谋。孙中山作了批复,重申向俄国学习和改组国民党的必要性。由于孙中山态度坚决,并在国民党内部做了说服动员工作,从而保证了改组国民党和国共合作的实现。

复习思考题

1. 试述五四爱国运动的简要过程和伟大历史意义。
2. 试述马克思主义在中国的传播情况。
3. 评述马克思主义传播过程中的论争。
4. 为什么说中国共产党的成立是近代中国经济、政治和思想演变的必然结果,是马克思列宁主义同中国工人运动相结合的产物?
5. 中共一大、二大、三大的主要历史功绩是什么?
6. 试述第一次工人运动高潮的历史意义和经验教训。
7. 论述孙中山联俄容共政策形成的历史过程。
8. 简述这一时期北京政府权力的更迭。

第二章　国民革命 北洋军阀的末路

（1924年1月—1927年7月）

学习提示

1924年至1927年的历史是北洋军阀势力走向末路和国民革命兴起、发展到失败的历史。五卅运动和北伐战争是这一时期的两个革命高潮。这段历史可以分为三个阶段。

1924年1月国民党"一大"至1926年6月北伐出师前为第一阶段。中国国民党第一次全国代表大会的召开,标志着第一次国共合作和各革命阶级统一战线的正式成立。"一大"解释的三民主义成为国共合作的政治基础。"一大"后,工农运动、爱国反帝运动、反军阀争民主运动很快兴起。五卅运动表明全国革命高潮的爆发。广东革命根据地得到巩固和统一。这就为广东革命政府出师北伐打下了基础。统一战线内的分歧和斗争、资产阶级同无产阶级争夺领导权的斗争,也在发展,埋伏下了革命的危机。同革命斗争实践相适应,共产党人对中国革命的理论探索取得成果,提出了中国新民主主义革命的初步思想。此时各派军阀势力争权夺利,混战不已,最后形成张作霖、吴佩孚、孙传芳三大势力统治中国、分据各主要省区的局面。这中间北京政变对北方政局的演变产生了巨大影响。

1926年7月北伐出师至1927年四一二政变为第二阶段。北伐战争迅速从广东进展到长江流域和黄河以南,基本上消灭了吴佩孚、孙传芳两大军阀势力,并在河南打败了张作霖。反帝运动、工农运动迅猛发展,全国处在革命高潮之中。帝国主义加紧了对中国革命的干涉。四一二反革命政变,使国民革命在部分地区遭到失败,出现了宁汉对立的局面。

1927年四一二政变至七一五"分共"为第三阶段。在国内外反革命势力的压迫下,武汉国民政府由革命逐渐转向反动。共产国际的错误指导和共产党内以陈独秀为代表的右倾错误,给革命事业造成严重危害。由于共产党没有注意对军队的掌握,过分依赖同国民党上层人物的合作,同时又产生了

"左"倾错误,结果使国民革命最后失败。

学习本章应掌握的重点是第一次国共合作的形成及意义、孙中山的新三民主义的内容、中国新民主主义革命的初步思想、北伐战争的胜利进军和蒋介石、汪精卫的反革命政变。

第一节　军阀势力的演变　国民革命高潮的掀起

一、中国国民党第一次全国代表大会　国共合作正式建立

经过一系列的准备工作之后,中国国民党第一次全国代表大会于1924年1月20日至30日在广州召开。孙中山以总理身份担任大会主席,并指定胡汉民、汪精卫、林森、谢持、李大钊五人组成主席团。大会代表共165人,一部分由孙中山指派,一部分由各地党员推举产生。其中有加入国民党的共产党员李大钊、毛泽东、林伯渠、谭平山、瞿秋白、罗迈、于树德等。陈独秀也是大会代表,但没有出席。共产党员占大会代表总数的14%。

大会最重要的议程是通过《中国国民党第一次全国代表大会宣言》。这个宣言是孙中山委托苏联顾问鲍罗廷起草、经反复讨论、由孙中山审定而成,1月23日由全体代表通过。宣言第一部分分析了"中国之现状",指出"中国唯一生路"是进行国民革命,实行三民主义。第二部分重新解释了三民主义。这是宣言的主要部分。重新解释的民族主义,对外主张"中国民族自求解放","免除帝国主义之侵略";对内主张"各民族一律平等"。民权主义主张直接的、普遍的、革命的民权,规定"为国民者不但有选举权,且兼有创制、复决、罢官诸权";民权"为一般平民所共有,非少数者所得而私";"效忠于帝国主义及军阀者",不得享受自由权利。民生主义规定了平均地权和节制资本的原则。平均地权是由国家通过征税和收买的办法,使土地之增值收归国家,防止"土地权之为少数人所操纵"。对缺乏田地的农民,则由国家给以土地,资其耕作(后不久,孙中山又明确提出"耕者有其田"的口号)。节制资本

是防止私人资本操纵国民之生计,对具有独占性质或规模过大之企业,要由国家经营管理。国家还要制定劳工法,以改良工人之生活。宣言第三部分规定了"国民党之政纲",即国民党的对内对外政策。其中有:取消一切不平等条约,废除军阀政府所借外债;实行中央与地方的均权主义,各省自定宪法,自举省长,县为自治单位,实行不以资产为标准的普通选举制,人民有集会、结社、言论、出版、居住、信仰之完全自由;严定田赋地税之法定额,制定劳工法,帮助女权的发展等。宣言通过后,孙中山对宣言的宗旨作了说明。他指出:此次通过宣言,就是"从新担负革命的责任","计划彻底的革命",对内"终要把军阀来推倒,把受压迫的人民完全来解放";对外联合世界被压迫人民,"反抗帝国主义侵略"。重新解释的三民主义的政治原则,与共产党民主革命阶段的政纲基本相同,它成了国共两党和各革命阶级合作的政治基础。

大会制定了新的国民党章程。这个章程第一次规定了国民党从中央到基层的完整的组织系统。全国、各省、各县均设相应的代表大会和执行委员会。各区设区党员大会(或代表大会)和区执行委员会。基层组织为区分部,设区分部党员大会和执行委员会。章程专设"总理"一章,对孙中山个人享有的权力作了规定:孙中山为总理,总理为全国代表大会和中央执行委员会主席,不要经过选举。总理对全国代表大会的决议"有交复议之权",对中央执行委员会的决议"有最后决定之权"。这些规定在以后产生了很大的负面影响。大会在讨论国民党章程时,有人提出应增加"本党党员不得加入他党"的条文,意在反对共产党员"跨党"。李大钊代表加入国民党的共产党员发言辩驳,指出:共产党员可以加入国民党去从事国民革命的运动,但不能因为加入国民党而脱离共产党。共产党员加入国民党,"是一个一个的加入的",不是以团体加入的。共产党员的"跨党",是得到孙中山同意的"光明正大的行为,不是阴谋鬼祟的举动"。讨论中,包括胡汉民、汪精卫、廖仲恺、叶楚伧等在内的大多数代表均不赞成在国民党章程里增加禁止"跨党"的条文。廖仲恺指出:共产党员之加入,"是本党一个新生命","是与我们同做国民革命工作的"。这样,大会就正式确认了共产党员可以个人资格加入国民党,同时保留共产党党籍。

经孙中山提名,大会选出中央执行委员24人,其中有胡汉民、汪精卫、廖仲恺、戴季陶、林森、邹鲁、谭延闿、于右任等和加入国民党的共产党员李大钊、谭平山、于树德等。选出候补中央执行委员17人,其中有加入国民党的共产党员林伯渠、毛泽东、张国焘、瞿秋白等。41名中央和候补中央执行委员中,有共产党员10人。会后,孙中山主持召开一中全会,组成中央常务委员会,委员有廖仲恺、谭平山、戴季陶。确定各部部长,其中组织部长谭平山,农民部长林伯渠,宣传部长戴季陶,工人部长廖仲恺。

国民党一大重新解释了三民主义,使国民党有了明确的反帝反军阀的政治方向;大会确立了联俄、联共、扶助农工三大政策,确认共产党员可以个人资格加入国民党,标志着国民党的正式改组和国共合作的正式建立。大会有力地推动了革命形势的发展。改组后国民党组织很快在全国大部分省区建立起来。

国民党一大后,孙中山在苏联的帮助和中国共产党人的参与下,创办了"中国国民党陆军军官学校",因校址在黄埔,通称黄埔军校。1924年5月5日开学。孙中山自兼军校总理,任命蒋介石为校长。军校学习苏联红军建军经验,设立党代表,建立政治工作制度。国民党左派廖仲恺担任党代表。共产党人积极参加了办学工作。中共广东区委委员长周恩来于1924年11月出任军校政治部主任。军校学习期限原定三年,后压缩为半年。黄埔军校是国共合作创办的革命军事学校,它为中国革命培养了一批政治和军事骨干力量,为以后国民革命军的建立和北伐战争的进行奠定了一定的基础。蒋介石则在军校中培植了他的一批亲信骨干。从1924年到1927年夏,共有毕业生五期7 390多人。其中前四期4 980余人毕业于广州,第五期3个大队900余人毕业于武汉,另3个大队1 480人于1927年8月毕业于南京。

二、第二次直奉战争和北京政变

1922年第一次直奉战争后,各派军阀为争夺地盘和中央统治权,继续争斗不已。到1924年9月相继爆发江浙战争和第二次直奉战争。

江浙战争是第二次直奉战争的前奏,在直系江苏军阀齐燮元和皖系浙江军阀卢永祥之间进行。战争的起因,是为了争夺上海地盘。当时卢永祥不但据有浙江,而且控制着上海。齐燮元身任苏皖赣巡阅使兼江苏督军,夺取上海是他久存的愿望,因此双方矛盾十分尖锐。直系另一军阀孙传芳,原任福建军务督理,后被北京政府调为闽粤边防督办以窥粤,另由周荫人继任闽督。孙传芳因无法向广东发展,乃与齐燮元联合,图谋攻浙。1924年9月上旬江浙战争爆发。江苏方面投入兵力8万余人,浙江方面投入兵力9万余人。另有海军参战。9月中旬,孙传芳部越过仙霞岭进入浙江,卢永祥腹背受敌,转赴上海。下旬,孙军占杭州。10月中旬,卢永祥宣布"下野",江浙战争结束。北京政府任命孙传芳为闽浙巡阅使兼浙江军务督理,夏超(原卢永祥部属,战争中投孙)为浙江省长。齐燮元的势力扩张到上海。

江浙战争爆发后,北京政府站在齐燮元方面,下令讨卢。孙中山、张作霖因同卢永祥订有反直同盟,都站在卢永祥方面。孙中山发出讨伐曹吴令。随后移师韶关,分两路向湘、赣进军。张作霖以反对攻浙为由,于9月15日起兵讨直,自率六路大军向山海关和热河方面出动。第二次直奉战争爆发。18日,吴佩孚就任"讨逆军"总司令,迎击奉军。此次交战,直方投入兵力20余万人,奉方投入17万人。9月下旬至10月中旬,山海关一带的战斗十分激烈。奉军精锐张学良、郭松龄部奋力作战,吴佩孚也赶往滦州亲自督战。正当两军在前方相持、北京城空虚的时候,直系将领冯玉祥从前线倒戈回师,发动了北京政变。结果使战局发生急剧变化,直军很快被奉军打败。11月初吴佩孚率残军2 000余人由塘沽乘舰南逃,第二次直奉战争结束。

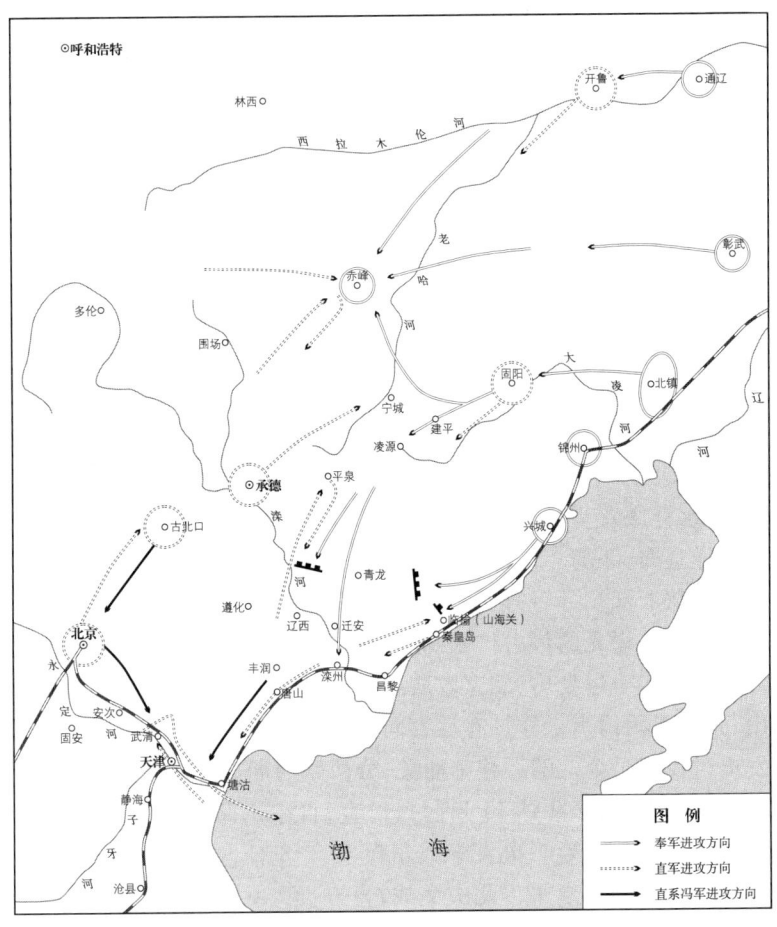

第二次直奉战争示意图(1924年9—10月)

冯玉祥在第一次直奉战争后任河南督军,仅过半年即被吴佩孚排挤出河南,改任徒有虚名的陆军检阅使,驻北京南苑。从1920年秋,冯玉祥开始同孙中山发生联系,国民党人对冯玉祥也主动进行争取工作。先后被吴佩孚打败的段祺瑞、张作霖也极力拉拢冯玉祥共同反直。第二次直奉战争爆发后,冯玉祥被任命为"讨逆军"第三军总司令,出古北口,赴热河与奉军作战。已同冯结成反吴同盟的胡景翼(陕军暂编第一师师长)、孙岳(十五混成旅旅长)分别被任命为援军第二路司令和北京警备副司令。10月22日夜,冯军乘直奉两军在山海关一带拼死厮杀之时,秘密回师北京,一夜之间控制了北京城,监禁了总统曹锟。政变后,冯玉祥等宣布脱离直系军阀系统,成立中华民国国民军,冯任总司令兼第一军军长,胡、孙任副司令兼第二、三军军长。11月5日,国民军驱逐清废帝溥仪出皇宫。

北京政变使中国政局发生重大变化。直系在北方的势力被消灭,国民军控制了北京;奉军大批入关,占领天津,并沿津浦线南下;冯玉祥与奉张的矛盾趋向激化;段祺瑞欲东山再起,重掌中央大权;孙中山致电冯玉祥,表示"拟即日北上",晤商"建设大计"。面对政变所引起的复杂的政治军事形势,冯玉祥等一面邀请段祺瑞出任大元帅"表率一切",一面电邀孙中山"早日莅都,指示一切"。11月中旬,冯玉祥、张作霖、段祺瑞在天津举行会议,决定组织中华民国临时政府,以段祺瑞为临时执政。这样,在北京政变推倒直系统治之后,北京政权仍在军阀官僚手中。北京政变是一次具有进步意义的举动,它为北方革命形势的发展提供了有利条件。

1924年11月24日,段祺瑞宣布就任临时执政。段祺瑞为使其政权合法化,延续北洋军阀统治,对抗全国兴起的国民会议运动,决定召开善后会议,由这个会议产生国民代表会议,制定宪法,组织正式政府。在段祺瑞政府公布的《善后会议条例》中,规定这个会议由四种人组成:一为"有大勋劳于国家者",二为"此次讨伐贿选制止内乱各军最高首领",三为"各省区及蒙藏青海军民长官",四为"有特殊之资望学术经验由临时执政聘请或派充者"。根据这样的规定和段政府所发出的邀请名单,能够参加会议的,绝大多数都是军阀官僚及附属于他们的知识分子。它理所当然地受到全国人民的反对。孙中山等国民党人拒绝参加这个会议。会议于1925年2月1日开场,4月21日闭幕。

三、国共合作成立后革命工作的开展　五卅运动

国共合作成立后,一个包括全国各族绝大多数人民在内的国民革命运动,迅速兴起。工农运动、爱国反帝运动、反军阀争民主运动和统一广东革命根据地的斗争,几股革命潮流,相互推进,向前发展。

二七惨案后转入低潮的工人运动,在1924年开始恢复和发展。安源工会由于工作基础好,善于斗争,二七惨案后没有受到摧残,工人工资有所提高,包工制被打破,工人补习学校和工会组织有发展。在广东,由于国共两党的支持和领导,工人运动较快地发展起来。1924年7月,广州沙面租界工人为反对英法帝国主义制定新警律、妨碍中国人自由出入租界举行罢工。罢工坚持一个多月,取得胜利。这是工人运动重新走向高涨的起点。在军阀统治区,共产党首先大力恢复各铁路工会的工作。在1924年二七惨案一周年纪念日,秘密成立了全国铁路总工会,不久又受摧残。北京政变的发生,为工人运动的复兴提供了机会。共产党救出了二七惨案后被捕入狱的工会领袖,各铁路的工作很快恢复,1925年2月上旬召开了有12路代表参加的全国铁路总工会第二次代表大会。此后各地罢工斗争相继发生。

与工人运动恢复和发展的同时,农民运动也开展起来。在国民党中央的赞同下,1924年7月共产党人彭湃等开始在广州举办农民运动讲习所,此后两年共办6届,培养农运人才770余名。其中规模最大的第六届,由毛泽东主办,学员来自全国19个省区,共300余人。在1925年,广东省37个县有了农民协会组织,会员达62万人。五一国际劳动节时,广东举行第一次全省农民代表大会,成立了省农民协会。此外,湖南、江西、广西、河南等省的农民运动都有发展。1925年冬至1927年,韦拔群(壮族)在广西东兰

举办农民运动讲习所,前后3期,培养农运干部数百人。

1924年5月31日,中苏两国签订《中俄解决悬案大纲协定》和《中俄暂行管理中东铁路协定》。其中规定:废除帝俄与中国或第三国所订立的一切有损中国主权及利益的条约、协定,苏联政府放弃帝俄时代在中国划定的租界、取得的庚子赔款及领事裁判权。中东铁路除商业性质以外的一切事务概由中国政府管理,铁路业务由两国共同经营。中苏协定的签订,在中国人民中引起强烈反响,以此为契机,全国兴起大规模的废除不平等条约运动。从7月开始,北京、上海、武汉、长沙、济南、天津、广州、太原等地的群众团体和各界人士,纷纷组织反帝同盟,召开群众会议,发表通电和宣言,展开反帝废约宣传。9月3日至6日,北京反帝国主义大同盟发起全国范围的反帝国主义运动周。中国共产党积极推动废约运动的开展,并努力把运动引导到彻底的民主革命的轨道上来。共产党人指出:"民族独立运动不是向列强和平请愿可以成功的"[①],"被压迫的民众——工人、农民、兵士、商人、学生,快快起来作举国一致反帝国主义的大运动,始终要到达驱逐任何帝国主义于中国领土之外"[②]。废除不平等条约运动是一场包括有上层人士参加的广泛的群众性的反帝国主义运动,它起到了动员中国人民进行反帝国主义斗争的作用。1924年11月孙中山北上后,废除不平等条约运动同召开国民会议运动结合起来,形成更为巨大的群众运动的洪流。

召开国民会议以解决中国时局问题的主张,是中共中央于1923年7月发表《第二次对于时局的主张》时提出的。孙中山接受了中国共产党的主张。他应冯玉祥等人的邀请于1924年11月离粤北上,这次北上的两大口号就是废除不平等条约和召开国民会议。11月10日孙中山发表的《北上宣言》中提出:国民党"对于

---

① 《向导》第76期,1924年7月30日。
② 《向导》第80期,1924年8月27日。

时局,主张召集国民会议,以谋中国之统一与建设。而在国民会议召集以前,主张先召集一预备会议,决定国民会议之基础条件及召集日期、选举方法等事"。预备会议由现代实业团体、商会、教育会、大学、各省学生联合会、工会、农会、共同反对曹吴各军、政党等9个方面代表组成。11月19日,中国共产党在《对于时局之主张》中进一步提出:国民会议预备会应急速在北京召开,其任务不但是筹备国民会议,而且它应成为正式政府成立之前的"号令全国的唯一政府"。在国共两党的大力推动下,全国很快掀起促成国民会议的运动高潮。各重要城市的人民团体纷纷发表宣言和通电,要求在最短期间召开国民会议,并分别成立了各地区的国民会议促成会或筹备处。上海国民会议促成会规模最大,由143个团体组成。在段祺瑞政府召集的善后会议开场后,国民会议促成会全国代表大会于1925年3月1日在北京召开。出席会议的代表有200余人,其中有工人、农民、青年、学生、教师、新闻记者、律师、民族资本家等,共代表20多个省区的120多个地方的国民会议促成会。会期一个多月,讨论了有关反帝反军阀斗争的一系列重大问题,并作出相应的决议。会议决议当然不会被军阀政府所接受,但大会在宣传和组织群众方面起了巨大作用。召开国民会议运动是一次大规模的反军阀争民主运动。

1925年3月12日,伟大的中国革命先行者孙中山在北京逝世。孙中山为创建中华民国、确立第一次国共合作,立下了不朽的功绩。他的三民主义学说,是中国人民的一份宝贵的精神财富。他在遗嘱中总结40年革命之经验,指出欲求中国之自由平等,"必须唤起民众及联合世界上以平等待我之民族,共同奋斗"。要求国民党人继续他未竟的事业,最近尤须要促成召开国民会议和废除不平等条约的实现。孙中山逝世后,全国广泛展开追悼孙中山、宣传三民主义的活动。

在国民革命运动从南到北迅速兴起的形势下,为了迎接更大的革命高潮的到来,中国共产党于1925年1月在上海召开了第四次全国代表大会。出席大会的代表有陈独秀、蔡和森、瞿秋白等20人,代表党员994人。大会讨论的主要问题是党如何加强对日益高涨的革命运动的领导和为迎接革命高潮需要做的准备工作。大会分析了中国社会各阶级在民族革命运动中的作用和趋向,阐明了无产阶级在革命中的领导地位和工农联盟的重要意义。会议通过的《关于民族革命运动之议决案》指出:"中国的民族革命运动,必须最革命的无产阶级有力的参加,并且取得领导的地位,才能够得到胜利。"《对于农民运动的议决案》指出:农民"约占全国人口百分之八十。所以农民问题在中国尤其在民族革命时代的中国,是特别的重要"。共产党必须尽可能地发动农民从事经济和政治斗争,否则,"希望中国革命成功以及在民族运动中取得领导地位,都是不可能的"。大会批评了党内在参加民族运动和对待国民党问题上存在的"左"右倾错误,认为共产党在国民党内的正确政策应该是:扩大左派,指责右派的反革命事实,批评中派的游移态度。大会制定了开展群众运动的计划,决定扩大党的组织和加强宣传工作,以适应革命大发展的需要。大会通过了党的第二次修正章程和大会宣言,选举了新的中央委员会。新选出的中央执行委员9人:陈独秀、李大钊、蔡和森、张国焘、项英、瞿秋白、彭述之、谭平山、李维汉,候补委员5人。四届一中全会推定陈独秀、张国焘、彭述之、蔡和森、瞿秋白5人组成中央局,陈独秀任总书记。这次大会推动了党的工作的迅速开展和全国革命高潮的到来。

　　1925年爆发的五卅运动,标志着全国革命高潮的到来。这年2月,上海日资纱厂4万名工人,为维护劳动权利和政治权利,举行罢工。4月,青岛日资纱厂2万多名工人,为要求增加工资和维护工会组织,举行罢工。到5月初,共产党领导和影响下的各地工会组织已有166个,会员54万人。经过第二次全国劳动大会,成立了中华全国总工会,工人斗争有了全国统一的领导机关。5月,上海、青岛日资纱厂工人,为反对资本家压迫工会,又连续罢工。5

月15日,上海日本资本家枪杀工人顾正红,并伤十余人。顾正红案成为五卅运动的导火线。

事件发生后,上海日资纱厂工人罢工抗议,学生展开募捐和追悼活动。租界当局又逮捕学生,并准备以"扰乱治安"的罪名对学生进行审讯。同时,上海公共租界工部局提出增订印刷附律、增加码头捐、交易所注册、取缔童工等四提案,准备召开纳税西人会议通过,这更激起上海各界人民的义愤。中共中央于5月28日召开紧急会议,陈独秀、瞿秋白、蔡和森、李立三参加,决定5月30日在租界组织反帝示威活动。5月30日,2 000名学生在公共租界各马路进行演讲,揭露帝国主义枪杀工人、抓捕学生的罪行,又有100多人遭逮捕。聚集在南京路老闸捕房外的万余群众,高呼"打倒帝国主义!"要求立即释放学生。租界当局命令巡捕向群众开枪射击,当场打死4人,伤后不久身亡者9人,重伤数十人,造成震惊中外的五卅惨案。惨案发生当天夜里,共产党中央决定将反帝运动扩大到各阶层人民中去,展开工人罢工、学生罢课、商人罢市的三罢斗争。6月1日,上海总工会成立,李立三、刘华分任正副委员长,刘少奇任总务科主任。同日,三罢实现。在三罢斗争中,学生们表现出极大的爱国热情,有5万学生参加罢课。代表中小商人的各马路商界联合会,也表现了很大热情,率先表示赞成罢市。主要代表大资本家利益的上海总商会,受到反帝怒潮的影响,也赞成罢市。公共租界内各行各业商人几乎都投入了罢市斗争,仅30多条主要马路就有近2万家店铺罢市。除举行罢市外,上海资产阶级还开展了抵制英日货和募捐援助罢工等活动。据统计,从1925年6月6日至次年6月,上海总商会经收的五卅捐款,总计洋240万元、银43万余两。收支相抵后不足的11万余元,大部分又由总商会等单位垫付。对帝国主义打击最大的是工人的罢工。自6月1日至13日,参加罢工的工厂和单位共113个,人数约15万,其中外资工厂和单位共102个,人数12.3万多人。公共租界的半数华捕也实行罢岗。6月4日,上海总工会、各马路商界总联合会、全国学生联合会、上海学生联合会等四团体共同组成上海工商学联合委员会,作为统一指导斗争的机关。联合会提出向帝国主义交涉的17项条件,其中包括撤退驻华之英日军队、取消领事裁判权、惩凶、赔偿等。总商会拒绝参加工商学联合委员会,另组"五卅事件委员会",并把17项交涉条件修改为13条,删掉取消领事裁判权、撤退英日驻军、承认工人有组织工会及罢工之自由等项内容。

帝国主义对上海人民的斗争继续采取镇压政策,从5月30日至6月10日,英日帝国主义杀害中国民众60余人,重伤70余人。同时他们又采取分化反帝统一战线的策略,对资产阶级一面以"司法调查""关税会议"进行诱惑,一面以停止借款、通汇、运输和电力供应相威胁。总商会在与工商学联合会等团体磋商之后,决定复市。6月26日,罢市各商店恢复营业。不久,学生因暑期到来,纷纷离校。鉴于此种情况,中国共产党决定改变工人斗争策略,由总罢工改为经济斗争和局部解决。在日本和英国资本家先后答应"承认中国政府颁布工会条例所组织之工会"、对罢工工人在生活上"予以相当之帮助""酌加工资"、不得无故开除工人等条件后,日本纱厂工人、海员、工部局电气工人、英厂工人于8、9月相继复工。

"五卅"后,革命风暴扩展到全国。广州、北京、南京、武汉、天津、长沙、济南、徐州、青岛等数十个城市的人民群众纷纷集会、游行示威或罢工、罢课、罢市,反对帝国主义的暴行。一些地方的农民也加入斗争行列。全国投入这场反帝斗争的群众约达1700万人。这是"五四"后出现的又一次全国规模的反帝斗争高潮。这次运动显示了工人阶级的领导力量和革命统一战线的作用,提高了中国人民的觉悟,对帝国主义侵略势力是一个沉重打击。

在为支援上海人民反帝运动而爆发的各地罢工斗争中,1925年6月19日开始的省港罢工,是规模和影响最大的一次。共产党领导的中华全国总工会得知五卅惨案的消息后,立即派苏兆征、邓中夏去发动罢工。罢工首先从香港各业工人开始,继之广州沙面租界工人罢工。6月23日,英帝国主义枪杀经过沙面租界对岸沙基的游行群众,当场死亡50余人,伤170余人。沙基惨案发生后,香港罢工人数激增至25万,并有13万人陆续回广州。省港罢工使香港变成"臭港""死港",严重地打击了英帝国主义。这次罢工坚持了16个月之久,再一次显示了中国工人阶级的伟大力量。

在全国革命运动高潮中,广东革命根据地得到巩固和统一。1924年10月,广东革命政府依靠黄埔学生军、一部分革命军和工农力量,平定了反革命武装广东商团的叛乱,使广东革命根据地得到初步巩固。1925年2—3月,广东革命政府以黄埔学生军和粤军许崇智部为主力举行第一次东征,讨伐企图进攻广州推倒革命政府的军阀陈炯明。革命军在东江农民的支援下,勇猛前进,打垮了陈部主力3万多人,占领了潮州、梅县等地。6月,革命军回师广州,镇压了滇、桂军阀杨希闵、刘震寰的叛乱。7月1日,广东革命政府由大元帅府改组为国民政府,实行委员制,以汪精卫、廖仲恺、胡汉民等16人为委员,汪精卫任主席。国民政府成立后,着手进行军政、民政、财政的统一。在军政方面,成立了军事委员会,8月编组国民革命军,取消地方军番号。当时共编成6个军,军长分别为蒋介石、谭延闿、朱培德、李济深、李福林、程潜。10月,革命政府举行第二次东征,以蒋介石为总指挥,周恩来为总政治部主任。在省港罢工工人和东江农民配合下,很快收复东江地区,全歼陈炯明军。第二次东征的同时,革命政府又进行南征,讨伐粤南军阀邓本殷。至1926年2月,在海南岛歼灭邓军残部。至此,广东革命根据地获得统一。3月,李宗仁等领导的广西军编为国民革命军第七军,两广实现统一。广东革命根据地的巩固和两广的统一,为出师北伐准备了条件。

四、共产党和国民党左派同国民党右派及国家主义派的斗争　国民党第二次全国代表大会

在革命形势发展的同时,革命统一战线内部,共产党和国民党左派同国民党右派的斗争也在发展。

国民党改组和国共合作成立后,国民党分化为左、中、右三派。左派包括加入国民党的共产党员和以廖仲恺为代表的国民党中的真正革命派,他们代表工人、农民和城市小资产阶级;中派代表民族资产阶级和上层小资产阶级;右派代表地主买办阶级和民族资产阶级右翼。但三派的成员并非固定不变。一些曾被认为左派的人物,后来事实表明他们是假左派;当初中派里的一些人,后来成为新右派;老右派中的许多人,不久从国民党中分化出去,成为反动派。左、右派的分歧,主要表现在赞成还是反对反帝反军阀的政治主张、赞成还是反对孙中山三大政策两个问题上。在共产党和国民党右派之间,除一般左右派分歧之外,还突出地存在着由谁掌握革命领导权的斗争。

左右派之争,从国共合作成立之时就开始了,以后随着革命形势的发展和反帝反封建斗争的深入,特别是在孙中山逝世以后,斗争逐渐激化。孙中山在世时,1924年夏曾发生所谓"党团"问题的争论。这年6月,国民党中央监察委员邓泽如、张继、谢持向孙中山和国民党中央提出《弹劾共产党案》。他们以中国社会主义青年团印发的两份材料为根据,断言:加入国民党的共产党员和社会主义青年团员,"实以共产党党团在本党中活动。其言论行动皆不忠实于本党。违反党义,破坏党德"。要求从速"严重处理"。邓泽如等人借"党团"问题进行的"弹劾",实际是分裂刚刚形成的国共合作。共产党人陈独秀、恽代英等著文回击了邓泽如等人的进攻,指出这场争论"实在是国民党左派与右派之争,也就是国民党内革命派与不革命派之争"。国民党中央于7月发表《关于党务宣言》,郑重声明:"本党既负有中国革命之使命,即有集中全国

革命分子之必要。故对于规范党员,不问其平日属何派别,惟以其言论行动能否一依本党之主义政纲及党章为断。"8月,国民党召开一届二中全会,作出关于国共合作问题的决议,指出:"中国国民党对于加入本党之共产主义者,只能问其行为是否合于国民党主义政纲,而不问其他。"全会希望全体党员对于前此争议"付之澹忘","惟相与努力于将来,以完成国民革命的工作"。张继、谢持等一些人不服从国民党中央的决议,不久走上公开分裂国民党的道路。

1925年8月发生廖仲恺被刺杀事件。廖仲恺是国民党左派的主要代表,国民党改组后身任中央常务委员、工人部长、黄埔军校党代表、国民政府常务委员、财政部长、军事委员会常务委员等许多重要职务,还曾担任广东省长、中央农民部长。他为实现国共合作、建立黄埔军校、发展工农运动、统一广东根据地,作出了重大贡献。国民党右派把他视作眼中钉,多次密谋"倒廖"。1925年8月20日,廖仲恺在国民党中央党部门前被刺杀。这是国民党右派策划的打击左派、破坏国共合作的阴谋事件。国民党中央在共产党人的参加下,开展了打击右派的斗争。重要案犯,有的逃跑,有的被抓捕。在打击右派过程中,蒋介石乘机控制了广东的军政实权。他被任命为广州卫戍司令和国民革命军第一军军长。原代理大元帅、时任国民政府外交部长、广东省长的胡汉民和国民政府军事部长许崇智,都因涉嫌廖案而离开广州。

五卅运动的风暴,显示了中国工人阶级的伟大力量及其领导中国革命的能力。此后,资产阶级同无产阶级争夺革命领导权的斗争日益尖锐起来。戴季陶主义的出现是这一政治倾向的突出表现。1925年6—7月,戴季陶相继写成《孙文主义之哲学的基础》和《国民革命与中国国民党》两本小册子,形成一套反对马克思主义、反对阶级斗争、反对国共合作的反动理论,即挂着孙文主义招牌的戴季陶主义。其特点是尽量利用和发挥孙中山思想中某些消极成分,极力抹杀和反对孙中山学说的基本的革命内容。戴季陶以儒家的"道统"论解释"孙文主义",以"仁爱"说和阶级调和论反对马克思主义阶级斗争学说,用民族斗争排斥阶级斗争,以所谓团体"排拒性"的观点反对国共两党的党内合作。他说:孙中山的思想"完全是中国的正统思想,就是继承尧舜以至孔孟而中绝的仁义道德的思想"。三民主义的"思想基础"是"民生哲学","仁爱"又是"民生哲学之基础"。革命"是从仁爱的道德律产生出来,并不是从阶级的道德律产生出来的"。"拥护工农群众的利益,不需要取阶级斗争的形式……可以仁爱之心感动资本家,使之尊重工农群众的利益"。"我的心目中,只有一个中国国家和民族的需要",而共产党是"争得一个唯物史观,打破了一个国民革命"。戴季陶提出:"共信不立,互信不生;互信不生,团结不固;团结不固,不能生存",号召所谓"真实的三民主义信徒"发挥国民党的"独占性、排他性、统一性、支配性",以谋国民党的生存。要求共产党员或者"脱离一切党派,作单纯的国民党员",或者退出国民党。戴季陶的思想在国民党内有一定的代表性。它成为以后以蒋介石为代表的新右派反共篡权的理论基础。

共产党人陈独秀、瞿秋白、恽代英、毛泽东、萧楚女等著文批驳了戴季陶主义,捍卫了马克思主义的阶级斗争学说和孙中山思想的革命内容。他们指出:三民主义并不是什么孔孟道统的继承,而是中国一般民众共同的政治要求,因为"中国的资产阶级、小资产阶级、农民、工人等一致要求民族独立、民权政治及所谓民生问题的解决",所以才有三民主义"这一联合战线的共同纲领"。戴季陶的"仁爱性能说","是要想暗示农工民众停止自己的斗争,听凭上等阶级的恩命和指使,简单些说,便是上等阶级要利用农工群众的力量来达到他们的目的,却不准农工群众自己有阶级的觉悟"。阶级斗争和民族斗争是一致的。"殖民地半殖民地的国民革命之成功,当以工农群众的力量之发展与集中为正比例;而工农群众的力量,又只有由其切身利害而从事阶级的组织与争斗,才能够发展与集中。因此,在殖民地半殖民地主张停止阶级斗争,便是破坏民族争斗之主要的力量"。国共合作后的国民党是有"共信"的,这个共信就是"对外谋民族解放,对内谋政治自由,换句话说,就是打倒帝国主义打倒军阀"。于"共信"之外,还"应该有别信(即各别阶级利害所产生的政治理想各别点)存在",因为国民党并不是一个阶级的政党,而是各阶级联合的党。戴季陶所说的团体"排拒性","事实上是资产阶级排拒无产阶级","根本上要消灭共产党"。共产党人反对戴季陶主义的斗争,在当时取得很大胜利,维护了国共合作和国民革命。

1925年11月出现西山会议派。邹鲁、张继、谢持等十几名国民党中央执、监委员于11月23日聚集北京西山碧云寺,非法召开所谓国民党"一届四中全会",公开反对孙中山联俄容共政策。会议通过一系列议案,包括:《取消共产派在本党党籍案》《鲍罗廷顾问解雇案》《开除汪精卫党籍案》《开除中央执行委员之共产派谭平山李大钊等案》《取消政治委员会案》《关于反对共产派被开除者应分别恢复党籍案》《决定此后本党对于俄国之态度案》等,中心就是反苏反共、反对国共合作。12月,西山会议派组成伪国民党中央执行委员会,翌年3月在上海召开伪国民党第二次全国代表大会,成立伪第二届中央执、监委员会。共产党人和国民党中央回击了西山会议派的进攻。毛泽东主编的国民党中央机关刊《政治周报》,大张旗鼓地进行了反击右派的宣传。1926年1月召开的国民党二大,对西山会议派做了组织处理。

中国国民党第二次全国代表大会于1926年1月1日至19日在广州召开,到会代表256人。这是一次继承和发扬"一大"革命精神、反击右派进攻的大会。大会听取了政治、军事、党务、宣传、工运、农运、商运、妇运等多项报告,并通过相应决议。大会决定接受孙中山遗嘱和"一大"所定政纲,对外打倒帝国主义,对内打倒一切帝国主义之工具军阀、官僚、买办阶级和土豪。为了完成革命任务,必须继续执行孙中山手订的革命政策:以诚意与苏俄合作,承认共产党员加入本党共同努力,扶助农工运动。

这次大会通过的文件阐述了中国革命中的若干重要思想理论问题,例如:(1)"打倒帝国主义,实为国民革命之第一工作"。"欧战之后","帝国主义之基础已被动摇,其崩溃之期必不在远"。(2)"中国之国民革命,实为世界革命之一大部分"(《第二次全国代表大会宣言》)。"中国的问题,要放在世界问题中,才能解决"(《对外政策进行案》)。"凡民族革命运动,必须排除狭隘的国家主义"(《第二次全国代表大会宣言》)。(3)对于商民,"应就经济关系分析商民为两种:其一为与帝国主义立于共同利害之地位者,其一为与帝国主义立于利害相反之地位者"。对于前一种商人,"当揭举其勾[结]帝国主义之事实,以引起其他革命商人之监视"。对于后一种商人,"则当以特殊利害向之宣传,更扶助其组织,使之参加国民革命"。"对于商民运动与工农运动之关系须令两方明白各阶级在国民革命工作中有联合战线之必要……以防止两方冲突之发生"(《商民运动决议案》)。(4)"学术思想、学术研究,除非是为民众要求社会经济的解放及为民众要求生存,都是毫无价值的糟粕"(《关于党报决议案》)。以上这些思想不管是正确的还是错误的,积极的还是消极的,都曾出现在以后的革命过程中。

大会驳斥了国民党右派对共产党的攻击诬蔑,作出"弹劾西山会议"和"处分违犯本党纪律党员"的决议。对西山会议分子,有的开除党籍,有的予以除名,有的给以警告。大会选出中央执行委员36人,候补执行委员24人,其中各有共产党员7人。会后,共产党员谭平山、林伯渠继续担任中央组织部长和农民部长,毛泽东为宣传部代理部长。各部做实际工作的秘书大多为共产党员。各地方党部大都由共产党员主持。国民党二大对中国革命事业的发展,起了推动作用。

共产党在革命阵营中力量的增长,引起国民党内反共势力的嫉恨。为了打击共产党、争夺革命领导权,蒋介石先后制造了中山舰事件和整理党务案。

经过黄埔建军、两次东征和镇压杨、刘,蒋介石在国民党中的地位提高了。国民党"二大"上,他被选为中央执行委员,会后又任国民革命军总监。随着权势的增长,蒋介石的野心就更大了,因而同共产党及国民党内汪精卫一派人的矛盾越来越尖锐。他深知军权的重要,便首先在这个方面打击共产党和排除异己势力,加强自己的地位。1925年他支持黄埔军校内一部分右翼分子组成孙文主义学会,与共产党领导的革命团体青年军人联合会相对抗,排斥共产党在军校内的势力。1926年春,他利用右派军官和孙文主义学会分子制造了中山舰事件。其经过是:3月18日,黄埔军校驻省(省会广州)办事处通知海军局,谓奉蒋介石命令,需调派兵舰到黄埔候用。海军局即派出中山舰前往。但19日晨舰到黄埔后,却得知并无调舰命令,经请示蒋后,中山舰又开回广州。蒋即借中山舰的往返开动,对共产党造谣攻击,说共产党要用中山舰将他劫往苏联,然后推倒国民政府,改建工农政府。20日凌晨,蒋介石不经国民党中央同意,擅自宣布广州戒严,调动大批军警断绝内外交通,逮捕海军局负责人李之龙(当时为共产党员),占领中山舰和海军局,扣捕黄埔军校与第一军中做党代表和政治工作的共产党员,并包围苏联顾问团住宅和省港罢工委员会,收缴两处卫队的枪支。蒋介石要求辞退部分苏联顾问、共产党员退出国民革命军第一军。面对蒋介石的进攻,中共中央和苏联顾问采取了妥协退让的方针,不但没有追究蒋的罪责,反而完全满足了他的要求。国民政府主席汪精卫对蒋的专擅举动表示不满,而苏联顾问又倾向蒋方,遂离粤出国。中山舰事件是蒋介石篡夺革命领导权、特别是篡夺军权的关键一步。

　　接着,蒋介石在1926年5月召开的国民党二届二中全会上,又以改善国共两党关系为幌子,提出所谓"整理党务案"。其中对共产党员在国民党内的任职和活动作出种种限制规定,如:加入国民党的共产党员担任国民党高级党部(中央党部、省党部、特别市党部)执行委员的数额,不得超过各该党部执行委员总数的1/3,

共产党员不得担任国民党中央机关的部长;共产党须将加入国民党的共产党员名册交给国民党中央主席保存;共产党发给参加国民党的共产党员的指示须交国共两党联席会议通过,等等。这是蒋介石发起的新的进攻。中共中央领导人和苏联顾问继续采取妥协退让的方针,这个提案被全会通过。会后,原任国民党中央部长职务的共产党员全部离职,蒋介石担任了国民党中央常务委员会主席(由张静江代理)、中央组织部长(由陈果夫代理)、军人部长、国民政府军事委员会主席、国民革命军总司令等要职。蒋介石的权势更大了,由此打下他后来实行独裁统治的基础。

随着国民革命高潮的掀起,共产党人和国民党左派同国家主义派也展开激烈的思想斗争。国家主义派的主要人物曾琦、李璜、左舜生等都曾是"五四"时期著名团体少年中国学会的成员,"五四"后走上信奉国家主义、反对马克思主义的道路。1923年12月,曾琦等人在法国巴黎成立中国青年党(1929年党名公开前,对外活动一直以"中国国家主义青年团"的名义出现),1924年秋把活动中心移到国内。因为他们标榜国家主义,所以人们称他们为国家主义派。又因为他们以《醒狮》周报作为喉舌,人们又称他们为"醒狮派"。国民革命时期是国家主义派最活跃的时期,各地国家主义团体达30多个,出版报刊几十种。1925年12月成立"全国国家主义团体联合会"。国家主义派以国家高于一切作号召,宣扬"全民革命""全民政治""全民福利",反对阶级斗争和人民革命,反对共产主义。他们以"内除国贼、外抗强权"作为宗旨,但却把攻击的矛头主要指向共产党和苏联。

共产党人和国民党左派对国家主义派的反动思想和活动进行了批判。《中国青年》上发表了恽代英等批判国家主义派的大量文章,萧楚女写了小册子《显微镜下的醒狮派》,国民党方面编辑出版了《对国家主义派的反攻》等专辑。这些文章和著作尖锐地指出:国家主义派"是一个借了反对共产党而干反革命事业的大集合",是"最反动势力的结晶!"他们"假爱国之名,以掩饰其不革命、反革命之行为"。他们高喊"内除国贼,外抗强权",但"他们从来不反对帝国主义及其走狗军阀","却认定一切革命勇敢作战的本党左派分子与共产党员,为国贼,且加攻击;认定能在精神物质上给中国革命运动最大帮助的苏俄,为强权,尽力妨害中俄民族间亲善之感情"。他们"完全成了帝国主义的走狗,中国国民运动的仇敌"。由于国家主义派的反动实质被揭穿,许多受国家主义影响的青年醒悟过来,纷纷离开这个反动的派别。人数最多的国家主义小团体"中国少年自强会"自行解散,并发表宣言:"愿放弃国家主义,与进步的革命青年合作"。国家主义派的影响日益缩小。

五、中国共产党新民主主义革命思想初步形成

五四运动后,中国革命进入了新民主主义革命的阶段。经过几年的革命实践和理论上的探索,中国共产党逐步提出了关于新民主主义革命的初步思想。

新民主主义革命思想的提出,是同对中国社会状况、特别是社会各阶级状况的分析,密切联系在一起的。1922年7月召开的中共"二大",对中国社会性质和阶级状况作了最早的、最初步的分析,在此基础上确定了革命的性质,划分了敌友,制定了民主革命纲领,提出了中国革命分民主主义革命和社会主义革命两步走的思想。1923年,党的主要领导人陈独秀连续发表《资产阶级的革命与革命的资产阶级》《中国农民问题》《中国国民革命与社会各阶级》等文章,系统地阐述了他对中国革命和社会各阶级的观点。陈独秀对资产阶级、小资产阶级、农民、工人阶级和知识分子都作了分析。他把中国的资产阶级区分为官僚资产阶级和一般工商资产阶级两部分,肯定了小资产阶级和知识阶层的革命性,指出农民是国民革命的伟大势力。他还特别指出,中国国民革命"是世界的革命之一部分,而且是重大的一部分"。这些都是正确的。陈独秀的文章也存在错误观点,他夸大资产阶级的力量,低估工人阶级的力量,不懂得工人阶级在民主革命中应处于领导地位;他既认为农民"是国民革命之伟大的势力",又认为他们"难以加入革命运动"。这些是当时共产党没有解决的问题。

比较早地提出无产阶级领导民主革命思想的是瞿秋白和邓中夏。1923年6月由瞿秋白主编的《新青年》季刊发表《新青年之新宣言》,指出:"即使资产阶级的革命亦非劳动阶级为之指导,不能成就","资产阶级其势必半途而辍失节自卖"。12月,《新青年》季刊第2期又发表瞿秋白9月写成的《自民治主义至社会主义》一文,该文强调中国资产阶级性的民族民主革命"非借重国际的及国内的无产阶级不可。独有无产阶级能为直接行动,能彻底革命,扫除中国资本主义的两大障碍;就是以劳工阶级的办法行国民革命"。因此,劳工阶级在国民革命中便"日益取得重要的地位,以至于指导权"。1923年12月到1924年1月,邓中夏在《中国青年》上连续发表论述工人运动、农民运动、兵士运动的文章,提出:工人、农民、兵士是"革命主力的三个群众",而工人群众,无论在民主革命中还是在社会主义革命中,都是"最勇敢的先锋队""最重要的主力军"。1924年11月,邓中夏在《中国工人》上又发表《我们的力量》一文,进一步论证了工人阶级的强大力量,明确提出只有无产阶级才能充当国民革命的领袖。他说:"只有无产阶级有伟大集中的群众,有革命到底的精神,只有它配做国民革命的领袖。只有无产阶级一方面更增进强大他们自己的力量,一方面又督促团结各阶级微弱的散漫的力量——联合成一个革命的力量,方能成就目前国民革命以及将来社会革命的两种伟大事业。"邓中夏的缺点是对中国资产阶级未能做出恰当的估计,他没有区分官僚资产阶级与民族资产阶级两个部分,忽视民族资产阶级革命性的一面,而笼统地断言:"资产阶级不能革命,即革命亦是少数中的极少数,而且革命亦不得贯彻到底"。同年12月,彭述之在《新青年》季刊第4期发表《谁是中国国民革命之领导者?》一文,具体分析了中国资产阶级和无产阶级的状况及其他阶级的

"利益之趋向",得出结论说:"中国的国民革命,只有中国的工人阶级配作领导者,也只有他能作领导者"。

1925年1月召开的中共四大,反映了共产党对中国革命认识上的进步。大会第一次在党的决议中把无产阶级领导地位的问题突出地提了出来,认为中国的民族革命运动,必须有无产阶级的"有力参加,并且取得领导的地位",才能胜利。大会还把无产阶级对革命的领导与农民同盟军问题紧密地联系起来,认为农民"天然是工人阶级之同盟者",如果不发动农民,"我们希望中国革命成功以及在民族运动中取得领导地位,都是不可能的"。

1925年的五卅运动,既显示了工人阶级的伟大力量和对中国革命的领导作用,也表明了民族资产阶级既有革命性的一面,又有动摇性和妥协性的一面。同时,随着革命运动的高涨,资产阶级同无产阶级争夺领导权的斗争开始激化起来。在革命形势发展的基础上,中国共产党对社会各阶级和中国革命各项问题的认识,进一步深化。瞿秋白在《"五卅"运动中之国民革命与阶级斗争》《国民会议与五卅运动》《国民革命运动中之阶级分化》等文章中,总结了五卅运动的经验教训,提出了他对中国革命若干根本问题的观点。瞿秋白指出:"中国的无产阶级、小资产阶级和农民以至于资产阶级,都处于帝国主义军阀双重的压迫之下,因此,中国无产阶级应当努力实行国民革命,引导一切平民参加民族解放斗争。""国民革命的进行可以有两种方式:一是由资产阶级来指导……一是由无产阶级来领导",只有后一种方式,才能整个推翻帝国主义,并"发展国民革命中之阶级斗争成分,集中最大多数民众的革命力,以求肃清国内一切买办军阀土豪等帝国主义的工具和劳动平民的压迫者"。五卅运动不但使"国民革命的联合战线第一次实现于实际行动上",而且证明"无产阶级领导之下的国民革命联合战线,足以使帝国主义不敢一致进攻,军阀统治根本动摇"。五卅运动还"实际的具体的提出革命平民的政权问题和中国民族解放运动与各国被压迫民族之革命运动互相结合的问题","只有工农小商等革命势力巩固的团结,和世界无产阶级及被压迫民族联合战线,在各地直接的组织武装势力,推翻军阀政府,才能使民族解放运动胜利"。瞿秋白的这些论述,是十分宝贵的。

1925年冬至1926年夏,毛泽东先后发表《答少年中国学会改组委员会问》《国民党右派分离的原因及其对于革命前途的影响》《中国社会各阶级的分析》《国民革命与农民运动》等文,对中国社会各阶级的经济地位和政治态度作了进一步的分析,在此基础上提出中国革命的路线和民众联合政权的思想。毛泽东指出:地主阶级和买办阶级(大资产阶级)"完全是国际资产阶级的附庸",代表中国最落后和最反动的生产关系,是"极端的反革命派"。中产阶级即民族资产阶级,对革命抱"矛盾的态度",既需要革命,又怀疑革命,他们的企图是建立民族资产阶级一阶级统治的国家,但这种企图"是完全行不通的"。在阶级斗争激烈的形势下,他们必定很快发生左右分化,"没有他们'独立'的余地"。小资产阶级是一个"值得大大注意"的阶级,可以分作有余钱剩米的、经济上大体自给的、生活下降的三部分,即右翼、中间、左翼三派,当革命高潮到来时,他们都可参加或附和革命。半无产阶级包括半自耕农、贫农、手工业工人、店员、小贩等。他们对于革命宣传极易接受,"需要一个变更现状的革命"。其中半自耕农和贫农是农村中一个数量极大的群众,所谓农民问题,主要就是他们的问题。工业无产阶级虽然人数不多,但他们人员集中,经济地位低下,"特别能战斗",是民族革命运动的主力。毛泽东认为,中国目前的国民革命既不同于欧美国家的资产阶级民主革命,也不同于中国辛亥年的革命。中国的国民革命,"乃小资产阶级、半无产阶级、无产阶级这三个阶级合作的革命,大资产阶级是附属于帝国主义成了反革命势力,中产阶级是介于革命与反革命之间动摇不定"[1],对象是国际帝国主义,目的是建设一个革命民众合作统治的国家,最终是

---

[1] 《毛泽东文集》第1卷,人民出版社1993年版,第25页。

要消灭全世界的帝国主义,建设一个真正平等自由的世界联盟。毛泽东主张:"用无产阶级、小资产阶级及中产阶级左翼合作的国民革命,实行中国国民党之三民主义,以打倒帝国主义,打倒军阀,打倒买办、地主阶级(即与帝国主义、军阀有密切关系之中国大资产阶级及中产阶级的右翼),实现无产阶级、小资产阶级及中产阶级的左翼的联合统治,即革命民众的统治。"①

以上共产党人提出的这些中国革命分两步走的观点、无产阶级领导民主革命的观点、国民革命联合战线和农民同盟军的观点、建立民众联合政权的观点、中国革命是世界革命的一部分的观点等,构成了新民主主义革命的初步思想。

六、各派军阀势力的演变和中国政局

第二次直奉战争后,奉系势力伸张到山东、江苏、上海、安徽。这种状况引起南方各直系将领的恐惧与反对。浙江军务督理孙传芳借助五卅运动后全国反奉的声势,于1925年10月15日以浙、闽、苏、皖、赣五省联军总司令的名义通电讨奉,很快占领上海、南京、蚌埠、徐州等地,迫使奉军退至山东境内。通过孙奉(浙奉)战争,孙传芳控制了东南五省,11月底在南京正式成立"五省联军",自任联军总司令。第二次直奉战争中兵败南下的吴佩孚,以武汉为基地,1925年内重新恢复了势力,再次成为最大的军阀之一。10月吴佩孚在汉口宣布成立"十四省讨贼联军总司令部",自封为总司令。

1925年11月奉系内部发生郭松龄倒戈事件。郭松龄是奉军中有实力的将领,因不赞成张作霖的某些举措,并在奉系内部派别斗争中受到压抑,乃与冯玉祥等订立密约,决定举行兵变,推倒张作霖。11月23日,郭松龄率所部7万余人由滦州回奉,一路攻占秦皇岛,冲过山海关,进占锦州,直抵距沈阳100余里的新民。此

---

① 《毛泽东文集》第1卷,人民出版社1993年版,第18~19页。

时,张作霖在东北的统治岌岌可危,张本人已准备下野出逃。但最后由于日本的武力干涉,郭军遭到失败。12月下旬经巨流河一战,郭军大败,郭本人被奉军抓捕杀害。这次倒戈,是当时全国反奉斗争的一个组成部分。

郭松龄倒戈失败后,冯玉祥、张作霖、吴佩孚之间的关系发生新的变化。1925年12月下旬冯玉祥军进占天津,驻天津的奉军李景林部退往山东,与山东奉军张宗昌部结成直鲁联军。冯希望联合吴佩孚共同反对张作霖,但吴佩孚不忘旧仇,拒绝与冯联合,并把他所要讨的"贼",由张作霖改为冯玉祥,表示愿与张合作讨冯。1926年1月吴张取得"谅解",共同决定:直军由京汉线北上,直鲁联军由津浦线北上,奉军负责西北。接着,奉、直、直鲁三军联合向国民军发动进攻。直军进占河南,奉军进占滦州、唐山和热河,直鲁军进占天津。

在军阀势力变幻离合的过程中,人民群众的反奉倒段斗争发展起来。段祺瑞出任临时执政后,与张作霖结合,对内破坏国民会议运动,镇压人民革命斗争,对外向帝国主义屈辱妥协,同全国人民的矛盾极其尖锐。1925年4月,段祺瑞政府与法国订立《中法协定》,承认了争执几年的"金法郎案"。当时法国政府因纸币法郎贬值,要求中国对法庚子赔款以金法郎计算,如此中国要多付关银6 200余万两。段政府承认了这一无理要求。金法郎案遭到全国各界一致反对。

1925年10月浙奉战争爆发后,中国国民党和中国共产党决定乘军阀战争之机,掀起全国范围的反奉倒段斗争。共产党中央和共青团中央联合发表《对反奉战争宣言》,号召全国民众"站在反奉运动之主体的地位",经过斗争,直至争取"召集真正代表人民的国民会议,建立革命统一的民主政府,宣布关税自主,宣布废除一切不平等条约"。国民党中央发表《对时局宣言》,号召民众参加反奉战争。郭松龄举兵反奉后,国民党中央政治委员会和中共北方区委都决定开展大规模的群众斗争,推倒段祺瑞政府,建立国民政府。11月28日,北京工人、学生和各界群众数万人齐集神武门前,举行示威大会。会上,大会主席国民党人朱家骅宣布:"我们今日的运动,就是要将卖国的段政府推翻,实在的建设一个国民政府。"会后群众奔向铁狮子胡同执政府和吉兆胡同段祺瑞住宅,但未能入内。29日,更多的群众在天安门前举行国民大会。大会通过"即日解除段祺瑞一切职权,由国民裁判";"解散关税会议,宣布关税自主";"组织国民政府临时委员会,召集国民会议";"惩办卖国贼";"查办金佛(法)郎案"等七项决议。会后游行。连续两天的大规模的群众示威运动,形成"五四"以后北京革命斗争的又一次高潮。由于缺乏经验和条件的不成熟,国共两党领导的这次打倒段政府的斗争没有成功。除北京外,上海、开封、汉口、广州等许多地方,也发动了类似的反对段祺瑞政府的斗争。

1926年3月发生段祺瑞政府残酷屠杀爱国群众的三一八惨案。3月12日,日本军舰掩护奉舰驶入大沽口,攻击驻守那里的国民军。国民军被迫反击,逐走日舰。16日,日本纠集英美等八国公使,以维护辛丑条约为由,向段祺瑞政府发出最后通牒,提出即刻停止大沽口至天津间的军事行动,撤出大沽口附近一切防务等项要求,限令48小时内(至18日中午止)答复,否则,"关系各国海军当局决采所认为必要之手段"。同时各帝国主义军舰20余艘群集大沽口,进行武力威胁。帝国主义的蛮横行径,极大地激怒了中国人民。在国民党北京执行部和中共北方区委的领导下,3月18日,北京学生、工人、市民万余人在天安门前召开反对八国通牒国民示威大会。大会在徐谦等主持下,通过废除辛丑条约、立刻撤退外兵外舰、惩办大沽口战争祸首等决议。会后,两千多人赴铁狮子胡同向段祺瑞政府请愿。请愿队伍到后不久,即遭卫队的枪击,死47人,伤近200人。事后,段祺瑞政府反诬群众的爱国举动是共产党"聚众扰乱,危害国家",下令通缉徐谦、李大钊等5人。3月20日,中国共产党发表《为段祺瑞屠杀人民告全国民众》书,号召民众"立即起来团结、武装和革命",推翻帝国主义在中国的势力,打倒段、张、吴。全国不少城市的群众和海外华侨、留学生纷纷声讨段祺瑞政府,声援北京人民。

三一八惨案后,直鲁联军进占天津。段祺瑞企图联合奉军反对国民军,驻北京的国民军鹿钟麟部于4月10日推倒了段政府,恢复了曹锟的自由。鹿的意图是联吴抗奉,但为吴所不许。4月中,国民军退往南口,8月退往西北。奉军占领南口、张家口,晋军夺回晋北。在奉、直军阀的镇压下,北方革命运动转入低潮。

1924年至1926年间,西南各省各派军阀也在不停地争战。四川是地方军阀林立的省份,又有北洋军阀和滇桂军阀的插足,因此混战格外频繁和激烈。在经过长期争战之后,到1924年,杨森、刘湘、邓锡侯与黔军袁祖铭等联合的一方取得胜利,熊克武、但懋辛、刘成勋、赖心辉等一方遭到失败。北京政府任命杨森为四川军务督理,邓锡侯为四川省长,田颂尧帮办四川军务,刘存厚为川陕边防督办,刘湘为川滇边防督办。由于杨森企图推行武力统一四川的政策,遭到其他派别的反对,1925年四川内战再度爆发。杨先胜后败,于10月下台离开四川。1926年3月,在吴佩孚的支持下,杨森回到万县,重新恢复了实力。5月,吴佩孚由汉口北上,任命邓锡侯为四川军务督理,田颂尧为军务督办,杨森为省长,袁祖铭为川黔边防督办,以调和川军内部和川黔两军之间的冲突。但除杨森外,其他人均未就职。随着北伐战争的进展,四川各军投向国民政府一边。

云南军阀唐继尧长期怀有"西南王"的野心,除统治云南外,又极力插足四川和贵州。1920年,四川各军"保川反唐",将滇军赶出四川。1925年爆发滇桂战争,唐继尧于2月派军入桂,占领南宁,6月被桂军打败,又退回云南。此后,滇系军阀由向外扩张转为向内收缩,内部矛盾日益加剧。1927年2月,滇军实力派胡若愚、龙云、张汝骥等通过政变,结束了唐继尧在云南的军事独裁统治。

广西长期为军阀陆荣廷所盘踞。1924年1月,北京政府任命陆为广西军务督办。其后,内部发生分化,李宗仁、黄绍竑等形成新桂系势力。李、黄与沈鸿英联合,打败了陆荣廷。1925年上半年,李、黄又相继打败沈鸿英和入桂的唐继尧部滇军,控制了广西。1926年3月,两广统一,桂军被编为国民革命军第七军。

先后统治贵州的军阀有刘显世、卢焘、袁祖铭、周西成等,袁部黔军并曾占据川南,参加川军的混战。1926年5月,袁军被刘湘、杨森等部逐出四川。此时,贵州已在周西成的控制之下,袁、周协商后,周任贵州省长,袁的嫡系王天培、彭汉章两部调往湘西。后袁、王、彭均接受国民政府的任命,参加北伐。但不久,因他们在湘西的扩张与唐生智发生矛盾,袁、彭二人被捕杀。

第二节 北伐战争和工农运动的大发展

一、北伐的胜利进军

为适应国民革命的进一步发展,1926年6月4日国民党中央通过国民革命军出师北伐案。6月5日任命蒋介石为国民革命军总司令。此前,中国共产党中央于2月召开的北京特别会议上曾做出准备迎接北伐的决议:"本党现时最主要的职任,实在是各方面的准备广州国民革命势力的往北发展,亦就是加紧的在农民之中工作,尤其是在北伐的过程上,以建筑工农革命联合的基础,而达到国民革命的全国范围内的胜利。"4、5月召开的广州第一次工人代表大会、广东省第二次农民代表大会和第三次全国劳动大会都提出发动北伐战争的要求,催促国民政府"从速出师北伐"。直奉两大军阀首领吴佩孚、张作霖于6月28日在北京会晤,当天联名发布"讨赤"总攻击令。7月1日,国民政府军事委员会下达北伐部队动员令。7月6日,国民党中央通过《为国民革命军出师宣言》。宣言指出:"中国人民一切困苦之总原因,在帝国主义者之侵略及其工具卖国军阀之暴虐。中国人民唯一的需要,在建设一人民的统一政府。""帝国主义者及卖国军阀之势力不被推翻,则不但统一政府之建设,永无希望,而中华民国唯一希望所系之革命根据地,且有被帝国主义者及卖国军阀联合进攻之虞。"所以,国民政府"不能不出师以剿除卖国军阀之势力"。这个宣言揭示了北伐的目的,表明了北伐战争的正义性质。7月9日,国民革命军在广州誓师,北伐战争正式开始。

北伐战争面临的敌人有三个:一是控制河南、湖北、湖南和直隶南部的吴佩孚,有20万军队;二是盘踞江苏、浙江、安徽、福建、江西的孙传芳,有20万军队;三是占有东北和山东、直隶、热河、察哈尔等地并控制北京政权的张作霖,有35万军队。当时奉直两军正合力进攻冯玉祥国民军,在南口一带展开激战。他们计划在对国民军的战事告一段落后,即以直军全力图粤,消灭广东革命政权。孙传芳则暂时保持观望态度,宣布"五省保境安民",实际是在等待坐收渔人之利。

在国民革命军方面,有8个军,10万人。蒋介石为总司令,李济深为总参谋长,邓演达为总政治部主任。除由李济深统领第四军一部和第五军大部留守广州、第七军一部留守广西外,其他各部均出师北伐。根据双方力量对比和敌人内部矛盾的状况,北伐军决定采取集中优势兵力、各个击破敌人的作战方针。首先以第四、七、八军约5万人,指向湖南、湖北;同时派出第二、三、六军约3万人进入湘南、湘东,警戒江西;以第一军驻守潮州、梅县,警戒福建。待消灭吴佩孚后,再集中兵力转向东南各省,消灭孙传芳。最后进入长江以北地区,消灭张作霖。

北伐战争的前奏是援湘作战。湖南军阀赵恒惕名义上挂着"省自治"的招牌,实际是吴佩孚的附庸。1926年3月,赵恒惕在湖南人民的反对和湖南反赵势力的逼迫下,离开长沙,而由湖南省防第四师师长唐生智代理省长职务。唐在此之前已与广东国民政府取得联系,因此由唐主持湘政,为吴佩孚所不许。吴佩孚一面委任湖南省防第三师师长叶开鑫为"讨贼联军湘军总司令",攻打唐生智;一面调军入湘,援助叶开鑫。唐军从长沙退往湘南,并向两广求援。国民政府即任命唐生智为国民革命军第八军军长兼北伐前敌总指挥,同时派第四军、第七军各一部先行入湘援唐。5月底,四军叶挺独立团和七军一部分别从广东、广西挺进湘南。6月2日,唐生智宣布就任国民政府所委之职。国民革命军的援湘作战,很快稳定了湖南战局,揭开了北伐战争的序幕。

北伐战争的进展异常迅速。先遣入湘的叶挺独立团连克汝城、永兴、安仁、攸县、茶陵等地,第七军一部在衡阳附近击退叶开鑫军,唐生智第八军展开反攻。7月上旬,北伐军攻克湘乡、株洲、湘潭、醴陵,11日进占长沙。经过一个月的休整,再次发起攻击。8月19日克平江,22日占岳阳。随后进入湖北作战。这时,吴佩孚从北方星夜南下,命令主力部队2万余人死守粤汉路上军事要隘汀泗桥。北伐军第四军于8月26日向守桥敌军发起攻击,经20多个小时苦战,获得汀泗桥战役的胜利。叶挺独立团在追击作战中,乘敌军逃至咸宁而立足未稳之时,又迅即发起攻击,占领咸宁城。接着,第四、七两军进击鄂南另一战略要地贺胜桥,经过激战,30日占领贺胜桥。汀泗桥和贺胜桥战役,是北伐战争中同吴军作战的两次关键性战役。吴佩孚投入精锐主力,并亲往督战,但终未能阻挡住北伐军的勇猛进攻。占领两桥,便打开了通往武汉的大门。9月初,北伐军总攻武汉,很快占领汉阳、汉口。经过一个月的攻城作战,10月10日占领武昌。至此,吴佩孚的主力基本被消灭,北伐军取得了两湖战场的胜利。第四军由于作战勇敢,屡克强敌,被人们称誉为"铁军"。尤其以共产党员为骨干的第四军叶挺独立团,战绩更为卓著。

吴佩孚的主力即将被打垮之时,主战场转向江西。1926年8月下旬,孙传芳召开军事会议,决定从苏浙皖三省抽调主力部队10万人入赣,准备与北伐军作战。9月上旬,国民革命军第二、三、六各军和第一、五军各一部及新收编的一部分军队,乘孙军尚未集中完毕,向江西发起攻击,很快占领20余县和赣南重镇赣州。9月19日第六军攻占南昌,21日又退出。9月底10月初,第七军从鄂南进入赣北,打败孙军一部主力,截断南浔路。10月下旬第四军奉调入赣。北伐军兵分三路会攻南昌。11月5日克九江,8日进入南昌。孙传芳主力大部被消灭。

接着福建战场也取得胜利。10月上旬,驻守潮、梅的第一军向闽边发起攻击。10月10日攻克永定。后因福建军阀势力急剧分化,纷纷倒戈,北伐军未经大的战斗,即占领闽南各地,12月9日进占福州。

国民革命军开始北伐后,冯玉祥国民军正式加入革命。1926年5月冯玉祥赴苏联访问,3个月后归国。9月17日,冯在绥远五原就任国民军联军总司令职,誓师参加北伐,宣布全军加入国民党。随后国民军经甘肃向陕西进军,年底占领陕西全省。

1927年1月,国民革命军分三路继续进军:东路以第一军为主,由何应钦任总指挥,白崇禧任前敌总指挥,从赣东、闽北入浙,直逼杭州、上海;中路以第三、六、七军为主,蒋介石自兼总指挥,下分李宗仁的江左军和程潜的江右军,由鄂东、赣东北沿长江两岸向皖苏挺进,与东路军会攻南京,并进入皖北,阻止奉军南下;西路以第四、八军为主,由唐生智任总指挥,从湖北沿京汉线向豫南进攻,与在陕西的国民军联系,相机进入豫中。这期作战的中心目标是夺取南京、上海。2月中旬,北伐军进占杭州。3月中旬,抵达上海郊区。驻上海的北京政府海军总司令杨树庄向北伐军投诚,宣布就任国民革命军海军总司令职。3月22日,上海工人经过第三次武装起义占领上海。24日,中路军之江右军进占南京。

从1926年7月到1927年3月,北伐出师不到10个月,就消灭了吴孙两大军阀的主力部队,从广东打到武汉、南京、上海,使革命区域由珠江流域扩展到长江流域。在北伐胜利进军的形势下,西南川、滇、黔各省地方军阀也都转向拥护国民政府。

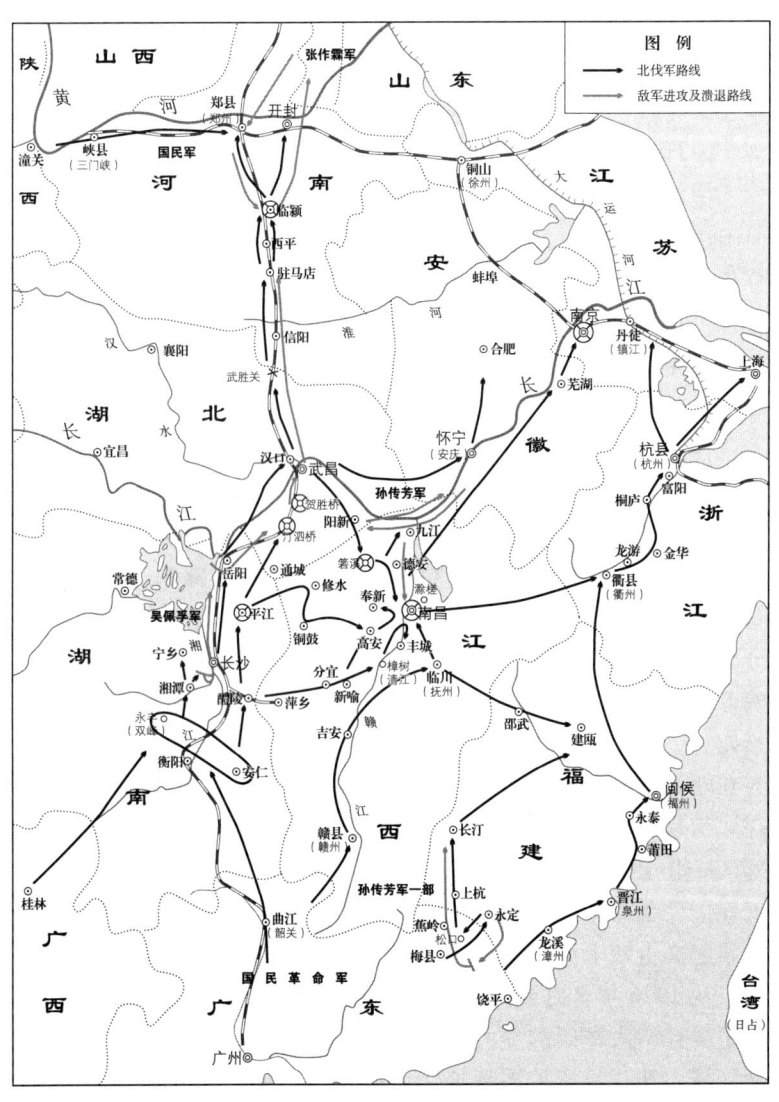

国民革命军北伐进军路线示意图（1926年1月—1927年6月）

二、反帝运动和工农运动的大发展

北伐战争进展迅速的一个重要原因,是此次战争得到了全国各界群众特别是工农群众的大力支援。北伐出师时,省港罢工工人组织了3 000人的运输队、宣传队和卫生队随军服务,曲江等地农民数万人赶来帮助北伐军运输。北伐军所到之处,工农群众组织运输,侦察敌情,担任向导,直至参加战斗,配合北伐军作战。人民群众的支援,使北伐战争有了战胜敌人的深厚基础。反过来,北伐的胜利进军,又极大地推动了群众革命运动的发展。

从1926年底开始,湖南、湖北、江西等省以工人阶级为中坚,展开了声势浩大的反帝运动。革命群众要求废除一切不平等条约,撤退外国驻华军队,收回租界,宣布对英日等帝国主义经济绝交。12月26日,武昌、汉口召开共有15万人参加的市民反英运动大会,抗议英帝国主义支持军阀,干涉中国革命。1927年1月3日,武汉各界为北伐胜利和国民政府迁鄂举行庆祝大会。当日下午,一支宣传队在汉口英租界前广场讲演,英帝国主义故意寻衅,派出水兵用刺刀驱赶群众,伤数人。各界群众对此怒不可遏,要求政府严重交涉。当晚国民政府外交部向英领事提出抗议,限令24小时内撤退英水兵,由中国政府派军警进驻英租界。4日晨,群众拥入租界,撤除沙袋电网,占领工部局,封闭英人商店。下午,武汉工农商学各团体举行联席会议,要求政府在英领事不做圆满回答时,立即收回租界。晚上,武汉卫戍司令部派兵进驻英租界。5日,武汉政府组织英租界临时管理委员会,接管租界。6日,九江也发生英国侵略者杀伤中国人的暴行,九江工人、市民奋起进占九江英租界。10日,九江英租界临时管理委员会成立。2月,收回汉口、九江两地英租界协定签字。这是中国人民反帝斗争史上的一次巨大胜利。

北伐战争推动了工人运动的发展。北伐军占领长沙、武汉后,湘鄂两省工团联合会都改组为省总工会。到1927年2—3月间,全国工会会员由北伐前的120万人发展到200万人。许多城市的工会组织都建立了工人武装纠察队,成为镇压反革命和维护工人阶级利益的重要力量。上海工人阶级为配合北伐战争,从1926年10月到1927年3月,先后举行三次武装起义。1926年10月和1927年2月两次起义,都因缺乏经验和准备不足而失败。第三次起义于1927年3月21日发动。第二次起义刚刚失败,中共中央和上海区委即联合组成特别委员会,着手准备第三次起义。特委会成员为陈独秀、周恩来、罗亦农、赵世炎,周恩来担任起义总指挥。同时组织了拥有5 000人的工人武装纠察队,作为起义的骨干力量。3月20日,北伐东路军开始进攻淞沪。21日,80万工人举行总同盟罢工,随即转为武装起义。经过30小时的浴血奋战,歼灭直鲁联军3 000人和反动警察2 000人,于22日下午6时取得胜利,解放了上海。29日,上海临时市政府宣告成立。上海工人第三次武装起义的胜利,是中国工人运动史和中国革命史上极为光辉的一页。

北伐军所占领的省份,出现了农村大革命的形势。农民普遍组织起来。1927年3月,全国农会会员已达到500万人。湖南、湖北、江西等省都成立了省农民协会。广大农民在乡间推倒地主政权,解除地主武装,建立自己的政权和武装;开展减租减息减押斗争,从经济上打击地主;打破族权、神权、夫权,猛烈冲击各种封建宗法制度和思想。全国农运中,以湖南农运的发展最为猛烈。

毛泽东对农民运动的发展作出了重要贡献。从1926年5月以后,毛泽东即以主要精力从事农民运动。他明确指出:国民革命的中心问题就是农民问题,没有广大农民的参加,国民革命不会成功。11月,他担任中共中央农委书记,健全了中央农委机构,加强了共产党对农民运动的领导。在农民运动形成高潮并遭到各方责难的情况下,毛泽东于1927年1月4日至2月5日对湖南湘潭、湘乡、衡山、醴陵、长沙五县农民运动作了32天的考察,3月发表《湖南农民运动考察报告》。《报告》充分肯定了农民运动的极端重要意义。指出："目前农民运动的兴起是一个极大的问题"，"其势如暴风骤雨，迅猛异常，无论什么大的力量都将压抑不住。他们将冲决一切束缚他们的罗网，朝着解放的路上迅跑。一切帝国主义、军阀、贪官污吏、土豪劣绅，都将被他们葬入坟墓"。"国民革命需要一个大的农村变动"，这"是革命完成的重要因素"。毛泽东热情歌颂农民运动"好得很"，用事实批驳了攻击农民运动"糟得很"的反革命言论，也驳斥了那种认为农民运动"过火"的错误观点，要求革命党人站在农民运动的前头，领导农民前进。《报告》论述了在农村建立农民政权和农民武装的重要，认为农民如不夺取政权，一切减租减息、要求土地的斗争，都决无胜利之可能。因此要实行"一切权力归农会"，"推翻地主武装，建立农民武装"。《报告》强调了贫农的伟大作用，痛斥了所谓"痞子运动""惰农运动"的说法。指出：贫农乃是农会的"中坚"，打倒封建势力的"先锋"，成就革命大业的"元勋"，没有贫农的参加，便不能完成国民革命的任务。当时担任国民党中央农民部长和国民革命军总政治部主任的邓演达，积极扶助农民运动的开展。1927年春，相继成立了总政治部农民问题讨论会、中央农民运动讲习所、全国农民协会临时执行委员会、国民党中央土地委员会、战区农民运动委员会等从事农民运动的机构，这些机构都是由邓演达、毛泽东等发起或有他们参加成立的。这些机构的成立，推动了农民运动的发展。

工农运动的大发展，是北伐革命高潮的重要组成部分，对于动摇帝国主义和封建军阀在中国的统治，起了重要作用。在迅速兴起的群众运动中，也存在着"左"的倾向。如武汉地区在革命势力占领之后，出现"无工不组会，无会不罢工"的状况。频繁的罢工和罢工中的一些"左"的举动，加剧了劳资纠纷，影响了正常生产和社会秩序。在农民运动中，忽视中间阶层的利益，出现"有土皆豪，无绅不劣"的口号和一些"左"倾幼稚的做法。这些都不利于团结更广泛的群众参加革命。

三、国民政府迁都武汉　反对军事独裁的斗争

北伐军进占武汉后,全国革命的重心移到长江流域。为适应这种形势发展的需要,1926年11月26日,国民党中央决定将国民政府和中央党部迁往武汉,随即派出外交部长陈友仁、财政部长宋子文、交通部长孙科、司法部长徐谦和苏联顾问鲍罗廷等先行赴武汉筹备。12月7日,国民党中央正式宣布是日北迁,停止在粤办公。12月13日,在武汉成立国民党中央执行委员与国民政府委员临时联席会议,代行党和政府的最高职权。联席会议由徐谦、孙科、陈友仁、宋子文、宋庆龄、邓演达、吴玉章、唐生智、董必武等十余人组成,以徐谦为主席,鲍罗廷为顾问。1927年1月1日,国民政府明令定都武汉。

国民政府迁都武汉的工作,受到蒋介石的阻挠,因而出现"迁都之争"。北伐开始后,蒋介石的权势进一步扩大。根据《国民革命军总司令部组织大纲》的规定,"凡国民政府下之陆、海、航空各军,均其统辖","总司令兼任军事委员会主席";"凡国民政府所属军、民、财政各部机关,均须受总司令之指挥,秉其意旨,办理各事"。蒋介石已经把党政军大权集于一身。对于迁都武汉的决定,蒋介石起初也是赞成的,但随着形势的发展,他看到两湖地区工农运动的高涨和共产党人、左派国民党人势力的增强,都不利于他的军事独裁,因此便一改前言,力主"中央党部及国民政府暂驻南昌"。他的目的是依靠设在南昌的国民革命军总司令部,实现以军制党制政。1927年1月初,蒋介石乘第二批由粤迁鄂人员(包括国民党中央常务委员会代理主席张静江、国民政府代理主席谭延闿等)经过南昌的机会,召集所谓国民党中央政治会议临时会议,作出"暂驻南昌"的决定,并以中央执行委员会的名义发出《通知国民政府暂移南昌电》。对于蒋介石的专擅行为,武汉共产党人、国民党左派和人民群众进行了坚决斗争。宋庆龄、徐谦、陈友仁等回电驳斥蒋介石的"通知",要求"中央党部及国民政府,

照既定策略来鄂"。在一次"欢迎"蒋介石的集会上,各界群众代表当场一致要求"国民政府中央党部从速迁鄂"。2月21日,国民党在武汉召开中央执监委员和国民政府委员扩大联席会议,决定结束中央执行委员与国民政府委员临时联席会议的工作,中央党部、国民政府即日在汉开始办公。3月上旬,大部分阻留在南昌的国民党中央委员和国民政府委员到达武汉。

武汉革命势力在迁都问题上战胜了蒋介石,但并未能阻止蒋介石反动倾向的增长。2月21日,蒋介石在南昌发表演说,公然声称他"是中国革命的领袖,并不仅是国民党一党的领袖",所以对共产党"有干涉和制裁的责任及其权力"。他对武汉国民党左派领导人徐谦等也大肆攻击。受到蒋介石支持的反动势力相继在赣州、南昌、九江、安庆等地制造惨案和事件,杀害共产党员,解散拥护三大政策的国民党地方党部,捣毁工会组织。

面对蒋介石军事独裁和反共倾向的发展,武汉国民党中央在共产党人的支持下,开展了提高党权的运动。2月上旬,国民党召开高级干部会议,提出实行民主,反对独裁,提高党权,迎汪复职,扶助农工运动,召开二届三中全会等项主张,并决定由徐谦、吴玉章、邓演达、孙科、顾孟余组成行动委员会,负责领导同蒋介石的斗争。2月中旬,邓演达发表长篇演说《现在大家应该注意的是什么?》,抨击蒋介石的军事独裁。3月10日至17日,国民党在汉口召开二届三中全会。全会重申中国革命的方针是彻底打倒帝国主义和封建势力,反对任何妥协倾向。会议的中心是提高党权,限制个人独裁,"使一切政治军事外交财政等大权,均集中于党"。为此会议决定:党的全国代表大会和中央全会闭会期间,由中央常务委员会对党务、政治、军事行使最终议决权。常委会不设主席。政治委员会、军事委员会设主席团,国民政府设常委,均不设主席。凡军长以上军官的任命和出征动员令,都须经军委会决议、中央执行委员会通过,师长及师长以下军官的任命,也得经军事委员会全体会议通过,总司令均无权自行决定。所有这些都是对蒋介石权力的削弱。会议要求进一步加强国共合作,共产党应"派负责同志加入国民政府及省政府",以"共同担负政治责任"。蒋介石没有参加会议。为了避免分裂,早日完成北伐大业,会议仍选他为中央常委、军委主席团成员,并让他继续担任国民革命军总司令职务。会议选出的中央常务委员会委员有:汪精卫、谭延闿、蒋介石、顾孟余、孙科、谭平山、陈公博、徐谦、吴玉章等9人。选出国民政府委员28人,其中常委有:孙科、徐谦、汪精卫、谭延闿、宋子文。二届三中全会的召开,是共产党和国民党内革命势力对以蒋介石为首的右派势力的打击。但是对蒋介石的军权并没有削弱,因此也就不能制止蒋介石反动气焰的增长。

三中全会后,反对蒋介石的斗争进一步发展。汉口《民国日报》展开声势浩大的反蒋宣传运动。许多国民党地方党部和人民团体纷纷集会,发表宣言,拥护国民党中央的决定,声讨蒋介石的罪行,要求惩办制造赣州等惨案的凶手。国民党中央下令解散了由右派势力占据的江西省党部,而由方志敏等重新组织和主持该省党部,并改组了江西省政府。郭沫若发表了《请看今日之蒋介石》的讨蒋檄文,指出蒋介石已是"流氓地痞、土豪劣绅、贪官污吏、卖国军阀、所有一切反动派——反革命势力的中心力量",号召一切革命同志和民众"迅速起来拥护中央,迅速起来反蒋!""打倒背叛革命、屠杀民众的蒋介石!"以上这些事实表明:到了1927年春,随着革命形势的发展,革命势力同蒋介石新军阀间的矛盾,进一步尖锐化了。

第三节 国民革命的失败

一、奉系军阀在北方的统治

国民革命军向长江流域推进的时候,中国北方仍处在奉系军阀的反动统治下。

1926年12月1日,经孙传芳、张宗昌等"推戴",张作霖就任"安国军总司令"职。张作霖又任命孙传芳、张宗昌为安国军副总司令(二人仍分别兼任苏皖赣浙闽五省联军总司令和直鲁联军总司令),杨宇霆为总参谋长。总司令部下设军务、总务、秘书三厅和军事、军需、军法、副官、电务、总务、外交、机要八处,实际上是一个变相的政府。此后,张作霖以援孙援吴为名,派军南下,直鲁联军进入南京、上海,奉军进入河南。

奉系军阀在"反赤"的旗号下,一面对国民军发动进攻,一面对北方人民实施黑暗的高压统治。奉鲁军入北京后,"北方民众革命运动概受摧残,革命的民众领袖概被通缉,左倾的进步的报馆被封,左倾的进步的新闻记者被枪毙"①。北京卫戍总司令公然布告:"宣传赤化,主张共产,不分首从,一律处死刑。"著名的《京报》主笔兼上海《申报》驻京记者邵飘萍,因揭露了奉系军阀在北京的暴行,以"勾结赤贼,宣传赤化"的罪名,于1926年4月26日被枪决。8月6日,《社会日报》主笔林白水因在文章中触犯了张宗昌等人,也以"宣传赤化"的罪名被处死。进入北京的奉鲁军,疯狂地劫夺民财,杀害无辜、蹂躏妇女,无恶不作。奉鲁军还以发行毫无保证、不能兑现的山东军用票、直隶流通券的办法进行掠夺,因此商店纷纷停业,北京城呈现萧条景象。

1927年4月6日,张作霖派军警宪兵包围袭击苏联大使馆,捕去使馆工作人员16人、李大钊等共产党员和国民党员35人。4月28日,以残酷的绞刑把李大钊等20名革命者杀害。

1927年6月18日,张作霖在北京组织"中华民国军政府"(一称"安国军政府"),自任陆海军大元帅。"大元帅于军政时期代表中华民国行使统治权"。他在就职宣言中再次表示"讨赤"的决心:"赤逆一日不清,即作霖与在事诸人之责一日未尽。"军政府成

---

① 《向导》第151期。

立之前,蒋介石已叛变革命,张作霖企图联合蒋介石和山西军阀阎锡山共同攻打冯玉祥、唐生智,但结果却是蒋、阎、冯联合对奉。

二、四一二反革命政变　南京国民政府的成立

革命发展到长江流域后,中国的政治形势、阶级关系、社会矛盾发生了巨大变化。一方面,人民革命处在高潮中,统治中国15年的北洋军阀势力走向了末路;另一方面,帝国主义加紧了对中国革命的干涉,新的反革命势力的联合逐渐形成。

帝国主义对中国革命的干涉,是帝国主义为维护其侵华利益必然采取的行动。北伐军向长江流域的推进,首先冲击了英国在华的势力范围,因此英帝国主义成了干涉中国革命的急先锋。1926年9月初,当北伐军兵临武汉时,英国兵舰就公然援助吴佩孚,炮击北伐军。接着,因川军扣留撞沉中国木船的英轮,英国侵略者于9月5日炮轰万县城,打死打伤中国军民千余人,造成万县惨案。1927年初,英、美、日、法等国都增派军队和调集军舰来华。1927年3月,聚集上海的帝国主义武装有3万多人,停泊在上海附近的帝国主义军舰达60艘。上海领事团商定,由英、美、法、日、意五国派水兵联合组成5 000人的陆战队,准备随时登陆作战。在北伐军进占南京时,溃逃的直鲁联军和国民革命军收编的部分旧军阀部队以及一些地痞流氓,袭击抢掠了外国领事馆、外人机关和住宅,打死打伤外国人各6名。英美帝国主义便以此抢掠事件为借口,于3月24日对进入南京的北伐军和南京居民进行炮击,打死打伤100余人,造成震惊中外的南京惨案。这是帝国主义武装干涉中国革命的严重步骤,也是他们胁迫国民党右翼集团叛变革命的信号。帝国主义在实行炮舰政策的同时,又采取种种阴险手段分化革命阵线,鼓动所谓"温和派"同"过激派"决裂。英、美、日等国都曾发表对华政策声明,虚伪地表示:尊重保全中国的主权及领土,不干涉中国的内争,同情中国的国民革命运动,等等。它们的中心目标是拉拢蒋介石,暗示只要蒋能保护各

国在华利益，他们就准备与蒋谈判并支持他。南京事件后，英国曾主张对蒋介石实行武力制裁，而日本外相币原则力主借此事件加紧分化中国革命阵线。经过反复协商，英国放弃原来主张，各帝国主义达成了共同支持蒋介石、由蒋镇压共产党扑灭中国革命的协议。

在上述过程中，蒋介石也在设法取得帝国主义的谅解和支持。他在1927年1月就曾向日本表示：他非但不打算废除不平等条约，而且将尽可能尊重它们，保证如期偿还外国借款，充分保护外资企业。他派遣吴铁城、戴季陶访问日本，寻求日本对他的支持。南京事件后，蒋赶往下关，首先派人与日本领事馆联系，一面表示"道歉"，一面诬称南京抢掠是"共产党蓄意制造"，他已下令解散共产党南京支部。3月26日，蒋介石到达上海。他通过报界公开宣称："决不用武力改变租界的现状"，并派员到与南京事件有关的英、美、法、意、日五国领事馆表示"遗憾"。在日本政府的督促下，蒋介石下定了"整顿国民政府"的"决心"，即首先解除上海工人武装，然后以在沪的国民党中央执、监委员"取代武汉派，夺取中央党部，排除共产党"。蒋介石一面取得帝国主义的支持，一面又同上海大资产阶级结合起来。他在接见上海资产阶级代表人物时明确表示，在劳资问题上"决不使上海方面有武汉态度"。上海的江浙财阀给了蒋介石几百万元的巨额财政资助。上海黑势力头子黄金荣、杜月笙、张啸林等组织了秘密的"中华共进会"和公开的"工界联合会"，供蒋介石发动反革命政变之用。

在帝国主义和大资产阶级的支持下，蒋介石加紧部署反革命政变。从3月底开始，"清党"反共会议连日召开。3月28日，在沪国民党中央监察委员召开会议，由反动政客吴稚晖首先发难，提出举行所谓"护党救国运动"，"纠察"共产党员的"谋叛国民党"行为。4月2日，吴稚晖、张静江等人再次召开会议，通过了吴稚晖提交的"查办共产党"函。随后，吴稚晖等人又以中央监察委员会名义咨文国民党中央执行委员会，要求对他们开列的190余名共产党员和革命分子及"各地共产党首要危险分子",给以"非常紧急处置","就近知照公安局或军警暂时分别看管监视"。这时,汪精卫从欧洲回国到达上海。4月3日,蒋介石发表通电,表示他以后要"独司军令",所有军政、民政、财政、外交皆在汪指挥下"统一于中央"。从3日至5日,蒋介石、汪精卫、李宗仁、白崇禧、黄绍竑、张静江、吴稚晖、李石曾等十余人举行秘密会议,策划"清党"反共。但在是否立即反共问题上,汪精卫与蒋、吴等人发生争执。汪主张在南京召开国民党四中全会,解决一切,蒋、吴等则主张立即反共。这时,中共领导机关对蒋介石等的阴谋活动有所觉察,但共产国际仍对蒋介石抱有期望,不赞成同蒋破裂。于是由陈独秀出面,同汪精卫于4月5日发表一份"联合宣言",声称国民党"决无有驱逐友党摧残工会之事",上海军事当局"即或有些意见与误会,亦未必终不可解释"。要求"国共两党同志们……立即抛弃相互间的怀疑,不听信任何谣言",实行"开诚合作,如兄弟般亲密"。宣言发表后,汪、陈离开上海去武汉。汪陈宣言发表同日,蒋介石下令查封迁至上海的国民革命军总政治部机关,宣布上海戒严。从上海调走同情工农的北伐军,另调新收编的原浙江军阀周凤岐部接替"上海防务"。6日,蒋介石向上海工人纠察队赠送"共同奋斗"锦旗,以麻痹工人的警惕性。8日,蒋颁布《战时戒严条例》,以白崇禧、周凤岐为淞沪戒严司令。在一切布置就绪之后,蒋介石离开上海去南京。10日,南京实行戒严。

4月12日凌晨,由"中华共进会"组织的全副武装的流氓打手冒充工人,从公共租界出动,袭击闸北总工会和南市、沪西、浦东、吴淞、江湾等14处工人纠察队。工人纠察队奋起反击。反动军队便以"调解工人内讧"为名,收缴工人纠察队武装,1 700多条枪被缴。一部分队员识破阴谋英勇反抗,但遭到失败。13日,上海20万工人举行罢工,总工会在闸北青云路广场召开有10万人参加的群众大会,抗议反动派的暴行。会后,群众冒雨示威游行。当游行队伍走到宝山路时,早已埋伏在那里的军队,从四面八方向群众射击,当场打死100多人,伤者无数。接着,反动派下令禁止罢工游行,解散上海总工会,查封革命组织,捕杀共产党员和革命群众。据不完全统计,至4月15日,共产党员和革命群众被杀300多人,被捕500多人,失踪5 000多人。上海总工会委员长汪寿华在4月9日就被秘密杀害了。中共江苏省委领导人陈延年、赵世炎等在四一二政变后相继被杀害。

1927年4月18日,蒋介石、何应钦、胡汉民、张静江、古应芬、蔡元培等在前江苏省议会举行定都典礼。在典礼会上宣读了《国民政府定都南京宣言》。会后,召开庆祝定都南京群众大会。蔡元培、胡汉民、蒋介石等在大会上发表演说。宣言和演说的主要内容是诬蔑共产党"阻挠北伐""破坏国民革命",对共产党分子坚决"驱除""肃清"。统治中国22年的南京国民政府就此成立。

继四一二反革命政变后,广州的国民党反动派发动了四一五反革命政变。当日捕去共产党员和革命群众2 000余人,封闭工会等团体200多个。6月又进行第二次"清党"。两三个月内总计杀害革命者2 100余人。著名的共产党员和工人领袖萧楚女、熊雄、邓培、李启汉等被杀害。除上海、广东外,国民党反动派还在广西、江苏、浙江、安徽、福建、四川等省举行"清党"。许多共产党员和革命人民牺牲在反动派的屠刀之下。

四一二政变标志着中国阶级关系和革命形势的重大变化。国民党内握有军事实权的蒋介石集团公开投入帝国主义和大地主大资产阶级怀抱,成为革命的凶恶敌人。蒋介石控制地区的民族资产阶级也发表声明,拥护蒋介石的反共"清党"。革命在部分地区遭到了重大失败。

三、工农运动继续高涨和二期北伐 武汉政府的转向

四一二政变后,武汉政府管辖的湘鄂赣三省的群众革命运动继续高涨。国民党左派和共产党人一个时期内在武汉政权中占有

优势。顾问鲍罗廷起着很大的作用。共产党中央迁到了武汉,几乎所有的重要共产党人都集中到武汉工作。汪精卫于4月11日到达武汉后,仍以"左派领袖"的面目出现。宋庆龄、邓演达等真正的国民党左派人士继续为推动革命的发展而努力。

武汉地区掀起了声势浩大的讨蒋运动。国民党中央下令开除蒋介石的党籍,免去他本兼各职。中共中央发表宣言,指出蒋介石已经变为国民革命公开的敌人和帝国主义的工具。在武汉的国民党中央执行委员、国民政府和军事委员会委员共40人联名讨蒋,表示决心"去此总理之叛徒,本党之败类,民众之蟊贼"。工人、农民、市民、学生纷纷举行讨蒋集会,发表讨蒋通电,声讨蒋介石的罪行。两湖地区的工农运动在继续发展。武汉工人纠察队拥有5 000人、3 000条枪。截至1927年6月,全国工会会员发展到290万人。全国农民协会会员增加到915万人,其中湖南451万人,湖北250万人。一些地区出现土地革命运动,农民自动起来解决土地问题。农民解决土地问题的办法,一是丈田,即清丈地主土地,使地租与地亩相当,免除地主超出土地实有面积的剥削。二是插标,即重新分配土地的租佃权,使失业农民得有土地租种,插标为记。这两种方法还没有触动土地所有权问题。三是分田,即按人数和劳力重新分配土地。如长沙附近的霞凝乡,成年每人得八石谷的土地,未成年者依年龄大小每人得六石谷或四石谷的土地。在湖南湘潭、醴陵等县和湖北的一些农村都出现以类似办法分配土地的斗争。国民党中央于1927年4月初成立由邓演达、毛泽东等参加的土地委员会,研究制定解决土地问题的方案。土地委员会经过一个月的讨论,制定出没收大地主和公有土地分配给农民的土地方案,但未被国民党中央通过。不久,因反革命暴乱事件相继发生,土地问题的解决便被搁置了。

1927年4月19日,武汉政府开始第二期北伐,进军河南。这期北伐的主力是国民革命军第一集团军第四方面军,①唐生智任总指挥。河南的奉军约8万人。5月中旬,北伐各军集中驻马店地区,向奉军发起总攻。下旬,连克漯河、郾城、临颍、许昌、新郑。冯玉祥军也在攻克洛阳后兵分两路向新乡和郑州进击。奉军被迫放弃郑州、开封。6月1日,北伐军与冯玉祥军会师郑州。4日占领开封。克服郑、汴(开封),是北伐的又一个重大胜利。在武汉政府第二期北伐的同时,南京国民党军也北渡长江,攻打直鲁联军和孙传芳军。6月2日占领徐州。

在群众革命运动继续高涨和二期北伐胜利的同时,武汉和两湖地区的革命危机在日益加深。武汉政府处在反革命势力的包围中,财政经济异常困难。南京军阀、广东军阀、四川军阀、奉系军阀从东南西北四面对武汉实行军事包围和经济封锁,使一向被称作"九省通衢"的武汉成了孤岛。帝国主义一面出动大批军舰聚集汉口江面,对武汉政府进行武力威胁,一面关闭他们在武汉的全部企业,给武汉政府制造经济困难。官僚买办资本家乘机抽逃现金,关厂罢业。民族资本家由于经营困难和劳资纠纷的加剧,也纷纷关厂歇业。5月中旬后,武汉大部分商店都停止了营业。工厂开工严重不足,日用商品奇缺,工人大批失业。政府的财政赤字越来越大,纸币发行越来越多,结果是货币贬值、物价高涨。武汉政府曾采取一些措施,进行反经济封锁、反抽逃现金的斗争,但没能扭转财政危机的局面。

从5月中旬开始,两湖地区的叛乱事件接连发生。首先是武汉政府所辖独立第十四师师长夏斗寅在鄂南叛变。5月13日,夏斗寅在嘉鱼发表反共通电,然后率叛军北上,一直攻到距武昌仅

---

① 1927年4月5日,武汉国民政府任命蒋介石为国民革命军第一集团军总司令,冯玉祥为第二集团军总司令,杨树庄为海军总司令。第一集团军统辖四个方面军,总指挥分别为何应钦、程潜、李宗仁、唐生智。后武汉国民政府将唐生智的第四方面军扩充为第四集团军。

40里的纸坊。5月17日,武汉政府任命第十一军第二十四师师长叶挺为前敌总指挥,率所部和中央独立师(由中央军事政治学校学生组成)前往镇压。19日将叛军击溃。但夏斗寅残部继续在鄂东、皖西一带作乱。接着是湖南马日事变的发生。5月21日(该日的电报代日韵目为"马"字),驻长沙的第三十五军三十三团团长许克祥在军长何键的指使下,发动叛乱。一夜之间,叛军捣毁省总工会、省农协、省农讲所、特别法庭等革命组织和机关,释放全部被关押的土豪劣绅,杀害共产党员和群众100多人,使长沙陷入白色恐怖之中。事后,许克祥勾结湖南国民党右派头目,组织所谓"湖南省救党委员会",推翻了革命的国民党湖南省党部。到5月底6月初,又有江西省省长朱培德"遣送"共产党人。5月29日,朱将其第三军中全部政治工作人员142名"遣送出境"。6月5日,又"遣送"省市党部中重要共产党人方志敏等22人。朱培德还勒令江西省总工会、农民协会停止活动,农民自卫军交出武装,所有共产党员限期离境,全省停止农工运动。反动军官们的叛变,使湘鄂赣三省的土豪劣绅受到鼓舞,他们向革命势力发动了疯狂的反攻倒算。5月中旬以后的一个月中,"湘鄂赣省农民协会,多为反动派所摧残,农民之牺牲者竟达到一万数千人"①。工农运动遭到极大摧残。

由于帝国主义和武汉内外反革命势力的压迫,以及对共产党力量的发展和工农运动巨大威力的恐惧,武汉政府中号称"左派领袖"的汪精卫等人逐渐右转,开始公开压制工农运动,攻击共产党。国民党中央在汪精卫的要求下,组织了特别委员会,以"矫正"和"制裁"民众运动中"越轨之行动"。在5月20日、24日由国民党中央和国民政府发布的《保护"公正绅耆"训令》和《保护军人田产令》中,诬蔑农民向地主的斗争是"扰乱破坏公共秩序","无异于反革命";指责"各处农民协会""骚扰后方,挠动人心,实

---

① 汉口《民国日报》,1927年6月18日。

可痛恨"。要求各地党部随时予以"制裁"。5月底,国民政府下令解散湖北黄冈、黄陂两个革命工作开展得好的县农民协会。马日事变后,武汉政府未能及时予以解决。6月底,唐生智奉命回湘全权处理此次事变,但他回湘后,一面肆意攻击农民运动"领导失人,横流溃决,迭呈恐怖";一面为许克祥辩解,说他的叛变是"激于义愤"的"自卫之谋"。唐的回湘,起了进一步鼓动反动势力向共产党和工农运动进攻的作用。

6月中旬,有郑州会议和徐州会议的召开。唐生智指挥的北伐军与冯玉祥军会师郑州后,武汉国民党中央政治委员会主席团成员汪精卫、徐谦、顾孟余、谭延闿、孙科等赶赴郑州,会同唐生智等人,在10—11日与冯玉祥举行会议。会上,冯主张停止宁汉之争,共同北伐。汪精卫等既谴责蒋介石的独断专行,又对共产党和工农运动表示不满。会议决定设立政治委员会开封分会,以冯玉祥为主席,负责指导陕、甘、豫等省的党务和政务;成立豫、陕、甘三省政府,分别以冯玉祥、于右任、刘郁芬为主席;在豫各军统由冯玉祥节制指挥,陇海路以北、平汉路以东的敌人,均由冯负责肃清,所有进入河南的北伐军全部撤回武汉地区;冯的第二集团军扩编为7个方面军。经过郑州会议,第二期北伐的成果全为冯玉祥所独占。这次会议实际上酝酿了武汉的"分共"和宁汉的合流。郑州会议后,冯玉祥又赶往徐州,在6月19日与蒋介石、李宗仁等举行会议。20日,南京方面的胡汉民、吴稚晖、张静江、蔡元培等专程赴徐州参加会议。会议讨论了"对于共产党之办法""继续北伐"、关于"武汉政府"等问题,在蒋冯合作、宁汉合流、共同"北伐""清党"反共、驱逐鲍罗廷回国等方面取得共同意见。21日会议结束后,冯玉祥致电武汉汪精卫等人,攻击武汉地区的工农运动是"阳冒国民革命之名,阴布全国恐慌之毒",要求汪精卫等与蒋介石"通力合作",促使鲍罗廷解职回国,在反共和联合"北伐"问题上,"速决大计,早日实行"。冯玉祥在其所辖军队和地区中,开始"遣送"共产党人。武汉汪精卫集团也加快了反共的步伐。

1927年6月上旬,山西军阀阎锡山将他的军队改称国民革命军,自任国民革命军北方总司令,通电拥护南京政府,并在山西省厉行"清党"。

四、革命的紧急形势和共产党的对策

在革命的紧急关头,需要中国共产党采取正确的政策和行动,稳固同盟者,回击反动派的进攻,领导革命继续前进,或把革命的损失减少到最低限度。但是,共产国际和中共中央领导机关,没能给革命以正确的指导。

1926年12月中旬,中共中央曾在汉口召开特别会议。会议听取了陈独秀所做的政治报告,通过了关于政治报告、关于国民党左派问题等议决案。会议以"国民党问题"即"民族革命中联合战线问题"为中心,分析了形势,制定了策略。会议认为,自北伐军攻克九江、南昌后,国民革命联合战线已发生"各种危险倾向",其中"最主要的严重的倾向是一方面民众运动勃起之日渐向'左',一方面军事政权对于民众运动之勃起而恐怖而日渐向右。这种'左'右倾倘继续发展下去而距离日远,会至破裂联合战线,而危及整个的国民革命运动"。如何挽救这种危机而巩固国民革命联合战线呢?会议认为,最重要的是:一方面重新提出"武力与民众结合"的口号,同时"扶助国民党左派领袖获得在政府及党的领导地位",从而"推动国民党的军事政权向左,至少也要不继续更向右";一方面改善共产党和国民党的关系,纠正共产党员"关于我们党独立之误解"和"否认左派存在之错误","一切群众运动尽可能的与左派合作,使左派获得他们的群众(农民及城市小资产阶级),在工农群众实际斗争中勿存幻想"。"如此才能够停止'左'右倾之距离日远的危险"。会议认为"这是目前最重要的策略"。这个"最重要策略"的核心内容,是大力扶助汪精卫,同时推动蒋介石"左转"和纠正共产党及民众运动的"左倾"。会议的决定得到了共产国际代表维经斯基和苏联顾问鲍罗廷的赞同。四一二反革命政变的发生,表明汉口特别会议确定的推动国民党右翼军人"左转"策略的彻底破产,但中共中央并没有从革命受挫中醒悟过来,改变不抓军队、过分相信和依靠国民党某些领导人的做法,而只是把支持"蒋汪合作",改变为专心扶助汪精卫。

1927年4月27日至5月9日,中国共产党在武汉召开第五次全国代表大会。出席正式代表82人,代表党员57 900多人。以罗易、多里奥、维经斯基组成的共产国际代表团参加大会。会议讨论了中国革命的一系列根本问题,通过了接受共产国际执委会第七次全会关于中国问题决议案之决议,以及政治形势与党的任务、土地问题、职工运动等议决案和大会宣言。这次大会批评了党中央过去向蒋介石妥协退让的错误,批评了陈独秀在会议报告中提出的目前只能"扩大革命"而不能"加深革命"等观点,提出不少正确的意见和政策,但并没有制定出挽救革命的切实有效的办法。而且,在右倾错误继续存在的同时,"左"的倾向也发展了。大会认为,中国革命已经发展到"工农小资产阶级之民主独裁制的阶段",要"从政治上经济上向资产阶级勇猛的进攻"。大会选出新的中央委员会,中央委员31人,候补中央委员14人。五届一中全会,选举陈独秀、蔡和森、李维汉、瞿秋白、张国焘、谭平山、李立三、周恩来为中央政治局委员,苏兆征、张太雷等为候补委员;选举陈独秀、张国焘、蔡和森(后增瞿秋白、谭平山)为中央政治局常务委员会委员(周恩来曾代理常委),陈独秀为总书记。①"五大"没能担负起在紧急关头挽救革命的任务。

"五大"以后,中共中央和顾问鲍罗廷继续执行把与"左派"关

---

① 见《1921—1949中国共产党历史》第一卷上册,中共党史出版社2002年版,第268页。另一记载是:中央政治局委员七人:陈独秀、蔡和森、李维汉、瞿秋白、张国焘、谭平山、李立三。中央政治局候补委员三人:苏兆征、周恩来、张太雷。中央政治局常务委员:陈独秀、蔡和森、张国焘。中央委员会总书记:陈独秀。见《中国共产党第五次全国代表大会档案文献选编》,附录《中国共产党组织史资料(六)——五次大会前后》,中共党史出版社2015年版,第358页。

系当做一切问题中心的方针,为了不使号称"左派领袖""左派军人"的汪精卫、唐生智等人与共产党分裂,不惜做重大让步。鲍罗廷在一次政治局会议上说:必须向左派让步,继续取得与他们合作是中心问题;农民运动只要能做到减租减息、乡村自治,便是胜利,便是土地革命;中共中央及一切工会农会应发表宣言,号召群众拥护国民党中央和国民政府所公布之一切取缔民众运动过火和错误的法令。夏斗寅叛变后,蔡和森、李立三曾向中共中央政治局提出积极准备武力、以暴动对付暴动的方针。这个建议被"左派中心"论所否定。当时由于形势所迫,武汉政府曾允许拨发2 000条枪和若干经费武装工人,但中共中央领导人为了避免造成同国民政府对立的形势,竟没有争取其实现。5月下旬,由共产党员谭平山担任部长的国民政府农政部发出布告,声称要纠正"农民所有一切幼稚举动",对于"轶出正轨"者,"更不得不加以制裁"。5月底,共产国际给中国共产党发来指示,提出如下挽救革命的紧急措施:用一切办法协助工农运动,并"从下面实际夺取土地";依靠工农力量"革新"国民党中央和扩大国民党地方组织;动员2万共产党员和5万工农群众,成立一支新的革命军队;组织以有声望的国民党人为首的革命军事法庭,惩办反动军官。共产国际五月紧急指示没有得到贯彻执行。共产国际代表罗易还把这个指示拿给汪精卫看,表示对汪的信任。这个指示成了汪精卫"分共"的一个主要借口。

6月,当汪精卫集团加紧策划"分共"的时候,中共中央领导进一步压制工农,向"左派"让步。14日,中共中央宣传部通告:"放任农民无组织的自由行动来解决土地问题,已经引起了无数的过火行为,这种情形,必须纠正。"28日,因国民政府有解散工人纠察队的要求,中共中央决定由湖北省总工会将工人纠察队自行解散,枪械交武汉卫戍司令部。30日,中共中央举行扩大会议,通过一个关于国共两党关系的议决案。议决案写道:国民党"当然处于国民革命之领导地位";共产党人参加政府和召开国共两党联席会议,"并不含有联合政权的意义",为避免政局的纠纷,共产党人可以"请假"的名义退出政府;"工农等民众团体均应受国民党党部之领导与监督";"工农武装队均应服从政府之管理与训练"等。但是,这种让步,并没能拉住汪精卫。

五、七一五"分共" 国民革命的失败

1927年6月中旬汪精卫等从郑州返回武汉后,即在国民党中央党部和军队中加紧策划"分共"。6月27日,国民政府应冯玉祥的要求,决定解散工人纠察队,逼迫谭平山、苏兆征辞去国民政府部长职务,停止宣传工作。29日,反动军官何键发布反共训令,攻击、诬蔑共产党和工农运动,要求国民政府"明令与共产党分离"。此时,何键的三十五军已移往汉口,准备向革命开刀。

根据共产国际的指示,7月12日中共中央进行改组,成立由李立三、李维汉、周恩来、张太雷、张国焘五人组成的临时政治局常务委员会,停止陈独秀的领导职务。13日,中共中央发表《对时局宣言》,揭露汪精卫等人"已在公开的准备政变,以反对中国人民极大多数的利益及孙中山先生之根本主义与政策";声明撤回参加国民政府的共产党员,但仍坚持"与国民党合作的政策"。同日,国民党左派邓演达发表辞职宣言(邓已于6月底从武汉出走),谴责汪精卫等人曲解三民主义、背叛三大政策的行径。14日宋庆龄发表声明,严正表示:"本党若干执行委员对孙中山的原则和政策所作的解释,在我看来,是违背了孙中山的意志和理想的。因此,对于本党新政策的执行,我将不再参加。"表明了她继续维护三大政策的立场。

在经过多方布置和策划之后,7月15日,汪精卫召开国民党中央常务委员会第二十次扩大会议,讨论"分共"问题。会议决定:"(一)在一个月内,开第四次中央执行委员会全体会议,讨论政治委员会主席团所提之意见(按:即"分共"问题),并解决之;(二)第四次中央执行委员会全体会议开会以前,中央党部应制裁一切违反本党主义政策之言论行动;(三)派遣重要同志赴苏俄,讨论切实联合办法,其人选由政治委员会决定。"[1]这即是七一五"分共"。16日,武汉国民党中央政治委员会主席团发表声明,诬蔑共产党危害国民党生命,破坏"容共政策",并将国民党中常会三项决议公布于世。汪精卫宣称此次武汉的"分共"是"采用和平的方法",国民党中央也虚伪地发布"保护共产党员个人身体自由""保护农工"两项训令。但1927年8月1日南昌起义后,叛变了的武汉政府便发布命令,要"国民政府领域之内"的共产党员"务须洗心革面",否则"一经拿获,即行明正典刑,决不宽恕"。

随着汪精卫集团举行反共政变,第一次国共合作最后破裂,国民革命遭到失败。这时,国民党、国民政府、国民革命军的性质都发生了变化。国民党已不再是各革命阶级联盟的组织,而变为代表地主买办阶级利益的政党;国民政府已不再是各革命阶级联合的政权,而变为地主买办阶级的政权;国民革命军已不再是革命的军队,而变为维护地主买办阶级统治的工具。中国出现新的形势,革命面对新的敌人。

复习思考题

1. 试述中国国民党一大的历史功绩和重新解释的三民主义的主要内容。
2. 国民党一大后全国革命形势的发展表现在哪些方面?五卅运动和省港大罢工的历史意义是什么?
3. 中国共产党的新民主主义革命初步思想是如何逐渐形成的?
4. 简述北伐战争的经过,并分析北伐迅速取得重大胜利的原因。
5. 国民革命是怎样从胜利走向失败的?试分析总结国民革命失败的原因和经验教训。

---

[1] 《武汉国民党中常会第二十次扩大会议速记录》(1927年7月15日下午),《革命史资料》1986年第1期。

第三章 中国国民党在全国统治的确立 苏维埃革命的开展

(1927年8月—1931年9月)

学习提示

本章内容包括三个方面或三条线索：国民党在全国统治的确立和国民党各派军阀的混战；苏维埃革命的兴起；中间政派的活动。

国民党反动派叛变革命后，一方面对共产党和革命人民进行疯狂镇压，一方面继续同张作霖争夺对全国的统治权。经过1928年的"北伐"和东北"易帜"，国民党将其统治扩展到全国；经过"改订新约"，国民党政权得到各帝国主义国家的承认；"训政"的实行和五院制的设立，确定了国民党一党专政的政治体制。这些标志着国民党在全国统治的确立。国民党各派军阀在打败奉系之后，内部矛盾立即尖锐起来，军阀混战接连发生。其中规模最大的是蒋和阎、冯之间的中原大战。在战争中蒋介石打败了所有对手，加强了他在国民党中的统治地位。国民政权对资产阶级民主派采取打击和压制的政策。它的内外政策，表明它是大地主大资产阶级的反动统治。

国民革命失败后，中国共产党确定了土地革命和武装反抗国民党反动统治的总方针，发动了各地武装起义，创建了红军，提出了苏维埃政权口号，建立了农村革命根据地，使中国革命走上先占农村、后占城市的道路。毛泽东在革命实践的基础上，创立了"工农武装割据"的理论。在革命根据地内，共产党领导农民开展土地革命，红军运用正确的战略战术原则，粉碎国民党军的多次"围剿"，中国革命出现了新的局面。

除国共两党的尖锐对立外，还有一部分资产阶级、小资产阶级政治派别和知识分子活跃在中国的政治舞台。他们既不满意或反对国民党一党专政的独裁统治，又不赞成共产党武装革命的主张，企图走资产阶级民主主义的道路。他们属于中间政派，其主导方面是要求进步和民主。

学习重点是：国民党政权初期的内外政策和国民党政权的阶级性质；中国革命是如何走上"工农武装割据"道路的和毛泽东关于"工农武装割据"的理论；中国共产党的土地革命政策；中间政派的主要政治主张与活动。

第一节　国民党政府"统一"全国　中国革命的低潮

一、国民党各派系的争斗与合流　国民党二届四中全会

经过1926年至1927年的北伐战争,中国军阀势力发生重大变化。除张作霖的奉军外,其他旧军阀势力基本被消灭或归属于国民党旗帜之下。北洋旧军阀的统治,逐渐让位于国民党新军阀的统治。

国民革命失败时,中国的政局处在极度混乱之中。除新旧军阀的对立外,国民党也分成许多派系。军事上,蒋介石、唐生智、李宗仁、李济深、冯玉祥、阎锡山各拥有一支武装力量;政治上,汪精卫、蒋介石、胡汉民、西山会议派①等各成为一个派别。军阀武力与政客集团互相结合,争斗十分激烈。此外,还有西南和边疆地区的一些割据势力存在。

国民党各派系的纷争,一段时间内集中表现为宁汉两方的对立和争斗。宁汉双方都有一个"国民政府"和中央党部,而且处在武力对峙中。武汉方面组织有东征军,兵分两路,由唐生智、张发奎指挥"东征讨蒋";南京方面也派出军队,由李宗仁指挥,溯江而上"西征讨共"。冯玉祥则居间调停,在"七一五"前后几次发出劝和通电,主张通过谈判解决宁汉纠纷。经过七一五政变,宁汉双方在反共问题上已经没有分歧,渐有妥协的趋势。7月24日,武汉的汪精卫、谭延闿、唐生智、孙科等回电冯玉祥,表示愿意"和平统一",并"迁都南京"。8月8日,南京的蒋介石、李宗仁、胡汉民等

---

① 四一二政变后,南京国民党中央于6月上旬宣布废除"打倒西山会议派"口号,并决定恢复因反共而被开除国民党籍的林森、张继等西山会议派18人的党籍。

发出通电,表示欢迎武汉重要分子至宁"柄政"。此时蒋介石的处境十分不利。武汉方面的汪精卫、唐生智等人继续主张"倒蒋";宁方内部桂系李宗仁、白崇禧与蒋貌合神离,甚至何应钦也很想取蒋的地位而代之;蒋亲自指挥津浦线上的战事,不但打了败仗,而且受到日本出兵山东的威胁。在这样的形势下,蒋介石采取了以退为进的策略,于 8 月 13 日宣告下野,辞去国民革命军总司令的职务。蒋介石的下野,使武汉方面失去了攻击的主要目标,同时使南京方面蒋派势力大为削弱,实权落到本有联汉攻蒋之意的桂系手中,因而促进了宁汉的合流。

8 月 19 日,武汉方面宣布"即日迁都南京"。随后谭延闿、孙科和汪精卫、陈公博等先后到达南京。汪主张开国民党二届四中全会,解决党事纠纷问题。但原西山会议派人物对此极力反对,并要求汪精卫引咎辞职,宁方对汪的建议也不响应,汪只好自认对共产党"防制过迟",表示要"自劾下野","听候处分"。孙科提出成立特别委员会代行中央职权的建议,得到各方的赞同。9 月 15 日,在南京召开国民党中央执监委员临时联席会议,决定设立"中国国民党中央特别委员会",由宁、汉、沪(西山会议派)三方各推委员 6 人、共推委员 14 人,计 32 人组成。其职权是:在第三次全国代表大会召开前,行使中央执行、监察委员会之职权;统一各地方国民党党部;筹备召开第三次全国代表大会。16 日,特别委员会成立。17 日,国民政府和军事委员会进行改组,特委会发表宣言,宣称"从前对峙之三党部均不复行使职权,从前三方面互相攻击之言论,皆成陈迹"。但是,国民党三方的统一,很快又为新的分裂所代替。

由于特别委员会实际控制在桂系和西山会议派手中,汪精卫未能掌握中央大权,于是他便重回武汉,与唐生智结合,在 9 月 21 日成立武汉政治分会,统辖鄂、湘、皖三省,反对特委会。这样,宁汉合作又变成新的宁汉对立。到 10 月下旬,更演变成李(宗仁)、唐(生智)战争。结果唐军失败,放弃武汉,唐本人于 11 月 11 日通电下野,部队撤往湘南。桂系势力扩展到武汉。与宁汉再次分裂同时,还有宁粤对立的发生。9月底,汪派的张发奎率国民革命军第二方面军(除参加南昌起义者外)回到广州,打出"拥汪护党"的旗号,反对特委会。在广东拥兵自重的李济深,为利用汪精卫的影响加强自己的地位,也通电迎汪回粤。10月底汪精卫到达广州,并同在粤中央执监委员李济深、陈公博等召开会议,决定在广州另树国民党中央旗号。

蒋介石下野,本是一种以退为进的策略,暂避锋芒,观望形势,待机再起。他先回浙江奉化老家,然后去日本访问,寻求日本对他的支持。1927年11月10日返回上海。蒋介石同汪派和桂系之间都存有很深的矛盾,而此时最使他感到不安的是桂系势力的发展。为了共同制桂,蒋、汪达成相约同时复职的协议,蒋复任国民革命军总司令,汪复任国民政府主席。11月16日,汪精卫、李济深一同从广州赴上海,参加国民党各派都已同意召开的二届四中全会筹备会议。就在汪、李离开广州的第二天,张发奎的部队突然向驻粤的桂军发起攻击,迫使桂军退回广西。12月11日,张发奎第四军的教导团和警卫团参加了共产党领导的广州起义。这是两次性质不同的事件,前者是军阀内部的争斗,后者是革命的武装暴动,但都被反汪各派抓住作为攻击汪的借口。他们指责汪精卫、陈公博是"准共产党","养奸成祸,害国殃民"。南京政府下令查办汪、陈。这样,汪派便在这场国民党的派系争斗中遭到失败,而蒋介石则重新成为反革命阵营的中心人物,各派纷纷促蒋复职。1928年1月上旬,蒋复任总司令职务,并负责筹备召开国民党二届四中全会。特别委员会机构被取消。

国民党二届四中全会于1928年2月2日至7日在南京召开。这是国民党全面背叛孙中山三大政策和重新加强蒋介石个人权力的一次会议。会议通过有关"整理党务""改组国民政府""制止共产党阴谋""集中革命势力限期完成北伐"等议案。会议决定:开除中央执行委员、候补执行委员、中央监察委员、候补监察委员中共产党员和所谓"附逆有据"者的党籍;各省级党部"一律停止活动,候中央派人整理";"各地党员一律重新登记";以前宁汉两方之决议案,"凡关系联俄容共者,一概取消,凡因反共开除党籍者,该案概无效";"对共产党之理论、方法、机关、运动四项,均应制止铲除";中央政治会议及各地分会在第三次全国代表大会召开前继续存在,但各分会专理政治,不兼管党务,广州分会辖两广,武汉分会辖两湖,开封分会辖豫、陕、甘,太原分会辖晋、绥、察,不属以上四区分会者由中央政治会议管理;在中央党部机构中,保留组织、宣传、训练三部,取消农民、工人、商民、青年、妇女五部,另设民众训练委员会;国民政府由国民党中央执行委员会推举委员若干人组成,其中推定常务委员5至7人、主席1人;"军事委员会为国民政府军政最高机关","总司令得兼任军事委员会主席,节制指挥所有陆海空各军"。会议推举戴季陶、丁惟汾、于右任、谭延闿、蒋介石为中央执行委员会常务委员;谭延闿、蔡元培、张静江、李烈钧、于右任为国民政府常务委员,谭延闿为主席;蒋介石、谭延闿、冯玉祥、阎锡山、李宗仁、李济深等12人为军事委员会常务委员,蒋介石为主席。会后蒋又任中央政治会议主席,而以李济深、李宗仁、冯玉祥、阎锡山分别为广州、武汉、开封、太原政治分会主席。经过二届四中全会,国民党的党政军大权重新集中到蒋介石身上。四个政治分会的设立,则承认了国民党各派军阀割据的现状。

二、"二次北伐"和东北"易帜"

国民党新军阀蒋、冯、阎、桂各派取得暂时妥协之后,根据国民党二届四中全会《限期完成北伐案》,再次举行"北伐",同张作霖展开争夺全国统治权的战争。

1927年7月下旬,直鲁联军和孙传芳军乘宁汉纷争之机,夺回徐州。8月,孙军南下,直抵浦口,并偷渡长江。下旬,孙军7万人与国民党军10万人在龙潭一带展开激战,结果孙军大败,国民党军乘胜北进,12月再下徐州。与此同时,阎锡山所部晋军(北方

"国民革命军")分路东进,攻打奉军。10月攻占张家口、涿州、石家庄等地,后在奉军反击下,又退守雁门、蔚县、井陉。

1928年2月,南京政府将"北伐"各军编为第一、二、三集团军,分别以蒋介石、冯玉祥、阎锡山为总司令,全军总司令蒋介石,参谋总长何应钦。后又将原桂军和两湖各军编为第四集团军,以李宗仁为总司令。另有海军舰队,以杨树庄为总司令。军队总数约100万人。"北伐"部署是:第一集团军在津浦线;第二集团军在鲁西、直南,策应津浦、京汉两线;第三集团军在正太线。当时包括奉军、直鲁联军、孙传芳军在内的"安国军",参战兵力约40万。

1928年4月7日,蒋介石下总攻击令,各路战事同时发动。第一集团军在鲁南和津浦线进展顺利。月内,先后攻占郯城、台儿庄、临城、滕县、兖州、曲阜、莱芜、泰安,5月1日克济南。第二集团军在直南首先攻占邯郸,后受安国军重兵压迫,苦战于大名、彰德一带;在鲁西,连克郓城、巨野、济宁。5月初,在直南、豫北发起全线反击,沿京汉线两侧向北追击。第三集团军向石家庄进攻。

国民党军的"北伐",受到日本帝国主义的干涉。4月17日,日本政府决定第二次出兵山东。5月3日,公然武装进攻济南,对济南居民和进驻济南的国民党军进行大屠杀。赴济南的国民党政府外交部长黄郛被日军扣押18个小时。"国民革命军"总司令部战地政务委员会外交处主任兼山东交涉员蔡公时和署内全体职员被捆绑。蔡因向日军抗议,被割去耳鼻舌,挖去眼睛。蔡等17人均被杀害。随后,日本继续增兵并炮轰济南,11日,占领济南。从5月3日至11日,中国军民被日军杀伤7800多人,造成震惊中外的济南惨案。面对日本侵略者的武装进攻和大肆屠杀,蒋介石屈辱退让,命令部队撤离济南,绕道北上,并严厉禁止人民的反日运动。起初,蒋以两团兵力留守济南,后在日本的反对和进攻下,命令守军完全退出。守城官兵与日本侵略军展开激战,大部牺牲或被杀害。日本武装占领济南达一年之久。

国民党军在5月上中旬相继占领石家庄、临沂、德州后,调整部署,以第一、二集团军担任津浦线,第三集团军担任京绥线,第四集团军担任京汉线,兵分三路,进逼京津。绥远和大同、张家口、保定、沧州等地很快为国民党军占领。张作霖见大势已去,于6月3日退出北京。安国军实行总退却,奉军一部撤往热河,其余撤往山海关、锦州,孙传芳余部撤往滦河以东。6月4日,张作霖在沈阳附近皇姑屯被日本帝国主义炸死。阎锡山部于6月8日进入北京,12日接收天津。6月15日,南京政府宣布"统一告成",20日改直隶省为河北省,北京市为北平市。16日,新疆督办杨增新通电"易帜",宣布"服从国民政府,奉行三民主义"。20日成立新疆省政府,杨增新兼主席。7月19日,汤玉麟在热河通电"易帜"。

张作霖身亡后,其子张学良从北京秘密回到沈阳,就任东三省保安总司令职。他于7月1日发出通电,表示决不妨碍统一,希望速开国民会议,解决重要问题。国民党方面也决定东北问题采取和平方法解决。此后双方信使往还,商谈南北统一问题。日本帝国主义极力阻止东北易帜,甚至表示为"反对东三省对南方妥协,即所谓干涉内政亦所不辞"。张学良冲破日本帝国主义的阻挠,于1928年12月29日发出东三省"易帜"通电,宣布:从即日起,"遵守三民主义,服从国民政府,改易旗帜"。至此,南京政府在名义上"统一"了中国。

三、国民党"训政"的开始 国民党政府初期的内政和外交

国民党在其军队占领北京后,宣布"军政时期"结束,"训政时期"开始。1928年7月蒋介石发表《中国建设之途径》的讲演,大力鼓吹"以党治国"。8月召开的国民党二届五中全会进一步作出实施"训政"的决议。10月上旬国民党中央通过《训政纲领》,由国民政府公布施行。这个纲领规定:在训政时期,由国民党全国代表大会"代表国民大会领导国民行使政权",大会闭会期间,把政权"付托国民党中央执行委员会执行之";由国民党"训练国民逐渐推行"选举、罢免、创制、复决四种政权;"治权之行政、立法、司

法、考试、监察五项,付托于国民政府总揽而执行之";国民党中央政治会议"指导监督国民政府重大国务之施行",负责"国民政府组织法之修正及解释"。1929年3月召开的国民党"三大"又规定:国民党对"中华民国之政权治权","独负全责"。总之,国民党的"训政",就是剥夺人民权利的一党专政。在公布《训政纲领》的同时,又公布了《国民政府组织法》,规定国民政府由行政、立法、司法、考试、监察五院组成,分别执行五项治权。国民党中常会议决国民政府委员、主席及五院院长。蒋介石为国民政府主席兼陆海空军总司令。五院院长分别为谭延闿、胡汉民、王宠惠、戴季陶、蔡元培。五院制的建立,表明国民党政权的政府机构完备起来。

国民党采取各项内外政策和措施,维护和加强它的反动统治。

厉行"清党",镇压革命 1927年4月南京政府成立后发出的"秘字第一号命令",就是所谓"清党",通令"缉拿"共产党领导人和著名的国民党左派分子。随后成立"中央清党委员会",以邓泽如为主席。该委员会制定"清党条例",指派各省"清党"委员,组织各省市"清党委员会",把罪恶的"清党"运动推广至南京政府所辖各地。汪精卫七一五"分共"后,武汉地区开始"清共"。8月,武汉卫戍司令李品仙大捕共产党员,枪杀多人。张发奎在九江捕杀共产党员。汪精卫表示要同共产党"决一死战"。1928年2月,国民党二届四中全会通过《制止共产党阴谋案》,规定全面"铲除"和"预防"共产党之理论、方法、机关、运动。3月,南京政府颁布《中华民国刑法》,规定:凡"意图颠覆政府僭窃土地或紊乱国宪"者,要处以死刑、无期徒刑或7年以上有期徒刑。1931年1月,又颁布《危害民国紧急治罪法》。在国民党的残暴政策下,大批共产党员、青年团员、工农群众和其他革命者、民主人士被杀害。从1927年3月到1928年上半年,就有31万多人被杀。至1931年,被杀害者达100万人以上。共产党的许多优秀领导人如陈延年、赵世炎、罗亦农、萧楚女、向警予、彭湃、恽代英、蔡和森等都先后牺牲。著名国民党左派和第三党创始人邓演达、反蒋的改组派民主人士王乐平等也都被杀害了。与此同时,在国民党制定的有关劳资争议和民众运动的文件中,把人民群众在国民革命时期争得的民主权利,完全取消。

编遣军队 这是蒋介石在国民党军队占领北京后提出的主张。理由是:战争结束了,要节省军事开支,以便用于经济建设。实际上是为了削弱其他军事集团的力量,加强自己的地位。1928年7月中旬,蒋、冯、阎、李等在北平小汤山召开军事会议,决定成立"编遣委员会","编遣"全国军队。8月召开的二届五中全会,通过《整理军事案》,提出:"军令政令必须统一","于最短期间内切实收缩"全国军队,军费不得超过国家预算的50%;"裁兵为整军理财之第一要务"。12月,国民党中央政治会议通过《全国编遣会议条例》,限定编遣工作于半年内完成。1929年1月,全国编遣会议在南京召开。会议正式成立军队"编遣委员会",以蒋介石为委员长。会议通过的《国军编遣委员会进行程序大纲》规定:取消国民革命军总司令、各集团军总司令、海军总司令、各总指挥及其他高级战时编制;除中央直辖各部队和海军各舰队由编遣委员会派员缩编外,全国划分6个编遣区,分别编遣4个集团军和东北、西南各部队;全国陆军最多不超过步兵65个师、骑兵8个旅、炮兵16个团、工兵8个团,总计兵额为80万人;各省划分绥靖区,分驻各师旅。会议中,蒋介石以中央政府的名义,强调"统一"和"集中",要求各集团军"奉还大政","归命中央"。其他军事首领则以种种理由企图少遣多编。冯玉祥曾提出过有利于第二集团军的编军方案,蒋介石便暗示阎锡山另提一个方案,与冯抗衡。最后,冯的方案被否定,冯便称病不再出席会议。这次会议加剧了各军事集团间的矛盾。1929年8月上旬,蒋介石又召开"国军编遣实施会议",作出种种规定,但冯、阎、李均未出席。军队编遣毫无结果。

整理财政 南京政府建立之后,战争连绵不断。为了筹措战争经费,国民党政府一方面广借外债,大量发行公债,另一方面以整顿税务为主,整理财政。关、盐、统三税,是国民党政府财政收入中的大宗。经过1928年的"改订新约",国民党政府的关税收入有较大增加。1928年较1913年增长近10倍,达17 914万元,1929年又提高至27 554万元。关税在财政总收入中所占比重,1913年为21%,1928年达41%,1929年又上升至51%。国民党政府对占财政收入第二位的盐税,也进行了整顿,将盐务机构纳入财政部,1931年公布《盐法》,提高了税率,整顿了盐场,实行就地征税,使盐税收入逐年增加。1928年为1亿多元,1930年为1.4亿元,1931年为1.7亿余元。统税即对工业产品所课的出厂税,首先于1928年在卷烟、面粉业中实行,1931年正式称为统税,范围扩大到棉纱、火柴、水泥等工业中,以后又扩大到其他工业品。统税与裁厘相联系,即一种产品只在出厂时征收一次性税,以后运销各地,不再收厘金、杂捐。但税率很高,达50%以上。统税的实行,增加了国民党政府的收入,但加重了民族资本家的负担。

《土地法》和《土地处理条例》的颁布 国民党政府统治下的农村,封建秩序没有变化,与以前不同的是,农民的负担更加沉重了。1928年与民国元年相比,田赋正税的税率增加近一倍半。正税以外的附加税更为繁重。据立法院统计处1930年在五省份一些县的调查,田赋附加税的种类,河北为21种,湖北为20种,江苏为26种,浙江为10种,云南为18种。以后继续增加。1930—1931年一般省份附加税超过正税几倍,有些地方超过30倍。还有田赋预征,预征时间越来越长,一般为几年,四川一些地方预征超过30年。国民党完全抛弃了孙中山"耕者有其田"的主张。1930年6月国民党政府颁布一个《土地法》,条文多达397条,核心是维护地主对土地的私有。其中也有二五减租的规定,但实际并未实行。浙江的一些地方试行过二五减租,最后也不了了之。到1932年又颁布一个《剿匪区内各省农村土地处理条例》,规定农民在土地革命中分得的地主的土地,"一律以发还原主确定其所有权为原则",即重新确立地主阶级土地所有制。

改订新约 这是南京政府初期最重大的一项外交举动。南京政府是在帝国主义支持下建立起来的,它对帝国主义采取亲近、妥协的方针。1927年9月底至11月上旬蒋介石访问日本,11月5日他对日本首相表示:"中国军队的革命运动,包含着中国及列强的利益目的",只要日本支持他,"满蒙问题也容易解决,排日运动会绝迹"。蒋回国后更公开扬言:"要联合各国共同对付共产国际。"南京政府在对1927年3月南京事件的处理上,诬称事件的起因是由"共产党所煽动",答应向美、英、日等帝国主义道歉、赔偿和惩凶。在对1928年5月济南惨案的处理上,又以"实地调查"为名,将日本帝国主义在中国犯下的严重罪行一笔勾销。"改订新约"是南京政府的重要外交活动。1928年6月15日南京政府发表《对外宣言》,内称:"今当中国统一告成之际,应进一步而遵正当之手续,实行重订新约。"7月7日外交部提出重订新约的三条原则:条约已届期满者,废除旧约,另订新约;尚未期满者,以正当之手续解除另订;旧约已期满新约未订定者,另订适当临时办法,处理一切。改订新约的内容只限于关税自主和废除领事裁判权两项。关于关税自主问题,1928年7月首先同美国订立《整理中美两国关税关系之条约》,随后,陆续同挪威、比利时、意大利、丹麦、葡萄牙、荷兰、瑞典、英国、法国、德国、西班牙、日本缔结"友好通商条约"或新的"关税条约"。所有这些条约都在原则上承认了中国的关税自主。根据这些条约,中国方面改变了长期以来关税制度上的均一税和海陆关不统一这两种不合理的税制,即:把原进口货物一律征收5%关税的规定,改为货分七等,按类征收5%~30%的关税,同时划一海关和陆关税率,废除陆关较海关少纳税1/3的规定。这使中国获得了一定的关税自主权,并提高了税率。但是,关税行政管理权仍然掌握在帝国主义者手中,税率的提高也仍有限制(基本按1926年关税会议所议税率),所以中国的关税权仍不能完全自主。关于废除领事裁判权问题,英、法、美、日几个主要帝国主义国家一直未表示同意。1931年南京政府公布《管辖在华外国人实施条例》,但实施日期一再后延,最后并未实行。南京政府的"改订新约",具有一定的积极作用,但它并没有从根本上取消帝国主义的在华特权,更没有使中国成为完全独立自主的国家。通过改订新约这种方式,南京政府取得了有关各国的承认。

"对俄绝交"和中东路事件　国民党叛变革命后,对援助中国革命的苏联采取报复和仇视的政策。1927年12月13日,蒋介石提出"对俄绝交",第二天南京政府发布对苏联断绝邦交令,撤销驻各省之苏联领事馆,关闭各省的苏联银行、轮船公司和商业机构。1929年5月,张学良派兵搜查苏联驻哈尔滨领事馆。7月10日发生中东路事件。蒋介石、张学良指使中东铁路中方负责人以武力接收由两国共同经营的中东铁路,逮捕和遣送苏方高级职员59人。18日,苏联宣布对华断交。8月,在中苏边境发生武装冲突。美国等帝国主义国家企图进行干涉,实现中东路的国际共管。张学良的东北军被苏军打败。12月,签订《伯力协定》,恢复事件以前的状态。

四、中国革命的低潮

由于国民党统治集团的叛变和对革命人民极端残酷的镇压,中国革命转入了低潮。

首先是革命阵线缩小了。原来四个阶级联盟的国民党变成了大地主大资产阶级的政党,国民革命军成了屠杀人民镇压革命的工具。民族资产阶级附和了反革命。革命营垒中原有的四个阶级,这时剩下了三个,即无产阶级、农民阶级和其他小资产阶级(包括革命知识分子)。小资产阶级的上层,也发生了很大动摇。

其次,革命的主观力量遭到极大摧残,革命组织受到严重破坏。大批的共产党员被屠杀,一些不坚定的分子离开了党,少数人甚至当了叛徒。几个月内,共产党员由近6万人急剧减少到1万多人,大多数地方组织被打散,党的活动被迫转入地下。工会会员在革命高潮时期近300万人,革命失败后减少到几万人。曾拥有近千万会员的农会组织,绝大部分不再存在。

最后,工农运动由进攻转入防御,由轰轰烈烈转为冷冷清清。工人群众虽然坚持着斗争,但这时的斗争明显地表现出低潮的特征。斗争次数大大减少了,参加者中,店员和手工业工人占了很大比重,产业工人斗争很少爆发;工人斗争多以经济斗争为主,起因大都是为了改善工资待遇;斗争的结果,多数遭到镇压或毫无结果。农村斗争呈现着此起彼伏的状况,发展极不平衡。国民革命时期农民运动掀起过高潮的地区,如湘、鄂、赣、粤等省,很快出现共产党领导的农村武装割据,但在全国反革命统治当中,这只不过是星星之火;其他地区也有一些农民斗争的发生,如江浙一带有若干起农民抗租抗税斗争,河南继续有红枪会的斗争,河北、山东局部地区也有过某些农民的反抗斗争,但都不具有动摇反动统治的意义。农民斗争的总的形势,也是转入低潮。这种形势正如毛泽东于 1928 年 11 月所说的:"我们一年来转战各地,深感全国革命潮流的低落……红军每到一地,群众冷冷清清,经过宣传之后,才慢慢地起来。"①

革命潮流是低落了,但是引起革命的矛盾一个也没有解决。中国社会的两大基本矛盾依然存在,国民党政权与北洋军阀统治在阶级实质上并没有什么区别,半殖民地半封建的社会性质并没有改变,中国仍然面临着反帝反封建的资产阶级民主革命的任务。

第二节 苏维埃革命的开始

一、南昌起义 八七会议

国民革命失败后,中国共产党总结了失败的教训,继续高举革

---

① 《毛泽东选集》第 1 卷,人民出版社 1991 年版,第 77~78 页。

命的旗帜,把中国革命推进到一个新的阶段。南昌起义和八七会议,是这个新阶段的开端。

南昌起义是中国共产党临时中央政治局常务委员会为挽救革命而决定发动的,由周恩来任书记的中共前敌委员会具体领导。前委成员还有:李立三、恽代英、彭湃。当时共产党掌握的武装力量主要集中在国民革命军第四集团军第二方面军中,计有:第十一军第二十四师,师长叶挺;第四军第二十五师,由原叶挺独立团改编而成,骨干是周士第领导的一个团;第二十军,军长贺龙。这三支力量均被武汉国民政府派驻九江一带参加"东征讨蒋"。7月26日,汪精卫通令叶、贺到庐山开会,将所部集中德安,阴谋消灭这两支革命武装。当时担任第四军参谋长的叶剑英,赶往叶、贺部驻地,共同商议对策。叶、贺决定拒绝执行汪精卫的命令,而把部队开往南昌。在南昌,共产党还掌握有朱德领导的第五方面军第三军军官教育团和南昌市公安局的保安队。南昌附近的敌人兵力比较薄弱,总计3 000余人。

8月1日2时,南昌起义的枪声打响。2万余名起义军经过几小时的战斗,全歼守敌,胜利占领南昌城。中午,驻南浔路马回岭车站的第二十五师大部,在聂荣臻、周士第率领下举行起义,第二天开进南昌。原武汉国民政府警卫团和中央军事政治学校武汉分校学员,在赶赴南昌途中受阻,未能参加起义,后来分别参加了秋收起义和广州起义。起义成功后,在南昌召开了"国民党中央委员及各省区特别市和海外各党部代表联席会议",成立了以共产党人为核心、有国民党左派人士参加的领导机构——"中国国民党革命委员会",通过了《联席会议宣言》和《中央委员宣言》等文件。《联席会议宣言》提出6条政治纲领,《中央委员宣言》提出7条政治主张,两者内容包括:确立革命的新根据地,坚持革命的三民主义与联俄联共扶助农工三大政策,继续不妥协地反对帝国主义,继续为解决土地问题和打倒乡村封建地主反动势力而奋斗,扫除蒋、冯、唐等新式军阀等。同时,由周恩来、贺龙、叶挺、刘伯承等组成参谋团,作为军事指挥机构。部队经过整编,仍沿用国民革命军第二方面军番号,贺龙兼代总指挥,叶挺兼前敌总指挥,刘伯承为参谋长,郭沫若为总政治部主任。下辖3个军:第二十军,军长由贺龙兼,党代表廖乾吾;第十一军,军长由叶挺兼,党代表聂荣臻;第九军,副军长朱德(不久任军长),党代表朱克靖。

8月3日至7日,起义军按预定计划相继撤离南昌,取道临川、宜黄、广昌南下。9月中旬,占领大埔县的三河坝。后分兵,由朱德率二十五师留守三河坝,总指挥部率主力进军潮州、汕头。9月下旬,占领潮汕后又第二次分兵,一部留守潮汕,主力西取惠州。9月底10月初,起义军在汤坑、三河坝遭到优势敌人的攻击,损失严重,潮州、汕头亦相继失守。随后,主力又在流沙一带遭敌截击。在起义军遭受失败的情况下,根据中共中央指示,起义主要领导人分批撤离部队。周恩来等取道香港,到上海参加中共中央工作。起义军一部由颜昌颐、董朗率领进入海陆丰地区;另一部由朱德、陈毅率领进入湘粤赣边开展游击战争。

南昌起义打响了武装反抗国民党反动派的第一枪,树起了坚持革命斗争的光辉旗帜。它是中国共产党创建军队、独立领导武装斗争的开始。这次起义由于缺乏在新形势下如何坚持革命的经验,没能与当地农民运动相结合,就地开展土地革命和建立农村革命政权,而是采取了孤军南下的策略,企图回广州后重整旗鼓,再行北伐。在进入广东后,遭遇强大敌人的围攻而失败。

8月7日,中国共产党中央在汉口召开紧急会议。这是在革命遭受失败的关头,为审查和纠正过去的错误,确定新的革命方针而召开的一次重要会议。出席会议的有中央委员10人,候补中央委员3人,还有中央监察委员、团中央代表、军委代表、两湖代表及共产国际代表等,共20余人。会议由瞿秋白、李维汉主持。会议听取了共产国际代表罗米那兹所作的报告和瞿秋白关于党的新任务的报告,毛泽东、邓中夏、蔡和森、罗亦农、任弼时等在会上作了发言。会议通过了关于最近农民斗争、最近职工运动、党的组织问

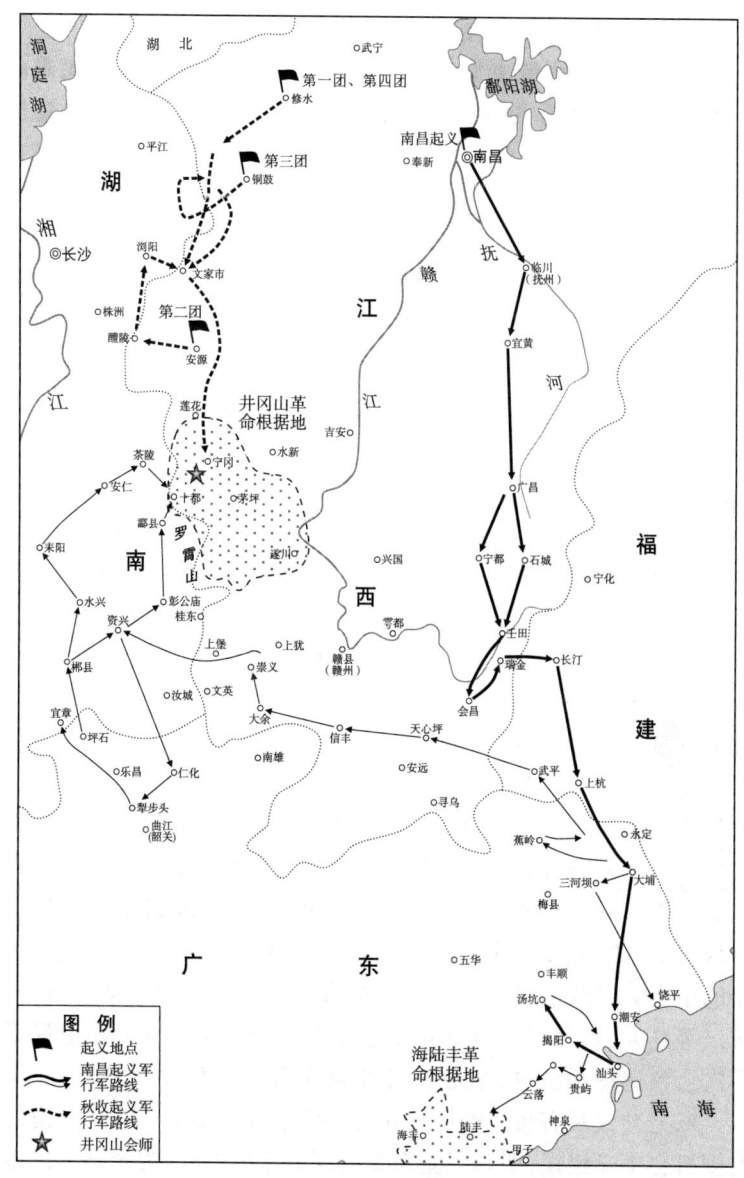

南昌起义行军路线和到井冈山会师示意图

题等议决案,发表了著名的《告全党党员书》。

八七会议主要解决了三方面问题:(一)坚决清算了国民革命高潮时期以陈独秀为代表的右倾机会主义错误。《告全党党员书》明确指出:当时"党的指导执行了很深的机会主义的错误方针",这一方针表现在共产党与工人运动、共产党与土地革命、共产党与国民党、共产党与国民政府、共产党与武装问题等各个方面,其"总出发点"和"总的理论",就是"必须退让"的理论,结果"完全放弃了共产党的独立",取消了"革命群众运动之存在",使共产党的指导者成了国民党上层分子的政治上的俘虏。会议认为,"如果不抛弃这一机会主义的方针,纠正过去的错误,那就不能正确的规定将来的工作,自然更不能进行革命的斗争,以适应当前的艰巨任务"。而"我们的党公开承认并纠正错误,不含混不隐瞒,这并不是示弱,而正是证明中国共产主义运动的力量"。(二)确定了土地革命和武装反抗国民党反动派的总方针。会议指出:"中国革命尚在资产阶级民权革命阶段,它反对帝国主义之压迫及封建制度之一切社会经济政治的遗毒。现在中国革命的根本内容是土地革命,是工人阶级要求解除闻所未闻的压迫制度与奴隶制度之斗争。"关于土地革命,会议规定了没收大、中地主和祠族庙宇土地分给佃农和无地农民的原则。会议提出:共产党现时最主要的任务,是利用秋收季节,"有系统的有计划的尽可能的在广大区域中准备农民的总暴动"。会议并通过了湘鄂赣粤四省秋收暴动大纲。毛泽东在会上发言,明确提出"政权是由枪杆子中取得的"论断,要求全党"以后要非常注意军事"。(三)成立了新的中央临时政治局。政治局委员有苏兆征、向忠发、瞿秋白、李维汉等9人,候补政治局委员有毛泽东、周恩来等7人。政治局第一次会议选举瞿秋白、苏兆征、李维汉3人为常委。

八七会议具有重大的历史功绩。它清算和结束了共产党内的右倾机会主义错误,明确了党在新时期的斗争方针,为全国人民指明了前进的方向,从此中国革命进入了以武装斗争为主要形式、以土地革命为中心内容的新的阶段。八七会议在纠正右倾错误的同时,滋长了"左"倾错误。如会议认为中国资产阶级民主革命之完成,"必须实现于反对已成反革命的资产阶级之斗争之中";"资产阶级民权主义革命与社会主义革命之间,并没有截然分为两段的界限"。这是从理论上混淆了资产阶级民主革命与社会主义革命的区别。再如,会议没有恰当地估计当时革命与反革命的力量对比,看不到革命已处于低潮,因而没有制定出正确的斗争策略,只是强调暴动和进攻,而不懂得必要的退却。这些就为"左"倾冒险主义敞开了门户。

二、各地武装起义的发动和苏维埃口号的提出

根据八七会议确定的方针,从1927年秋冬到1928年,共产党在全国各地发动的武装起义,总计达100余次。其中大多数是农民秋收起义和年关暴动,也有工人和士兵暴动。

毛泽东等领导的湘赣边界秋收起义,是秋收起义中最重要的一次。八七会议后,毛泽东被派回湖南,以中共中央特派员的身份会同中共湖南省委领导那里的秋收起义。起义部队由原武汉国民政府警卫团、平江浏阳等地农民军和安源工人武装所组成,统一编为工农革命军第一军第一师,毛泽东任中共前敌委员会书记,卢德铭任起义军总指挥,余洒度任师长,下辖3个团。另外还有收编夏斗寅残部所组成的第四团。起义计划是首先分三路进攻平江、萍乡、醴陵和浏阳,然后会攻长沙。9月9日,起义爆发。但各路起义军都很快遭到失败。9月19日,起义军退集到浏阳县的文家市。前委重新讨论进军方向问题。毛泽东主张到敌人统治力量薄弱、群众条件较好的农村去。会议采纳了毛泽东的意见,否定了继续进攻长沙的主张,决定沿湘赣边界向南进军。9月底,部队在江西永新县的三湾进行了具有历史意义的改编:缩小了编制,将原来的3个团编成1个团;建立了各级共产党的组织,班设小组,连设支部,营团设党委,连以上各级设党代表,整个部队由党的前委统

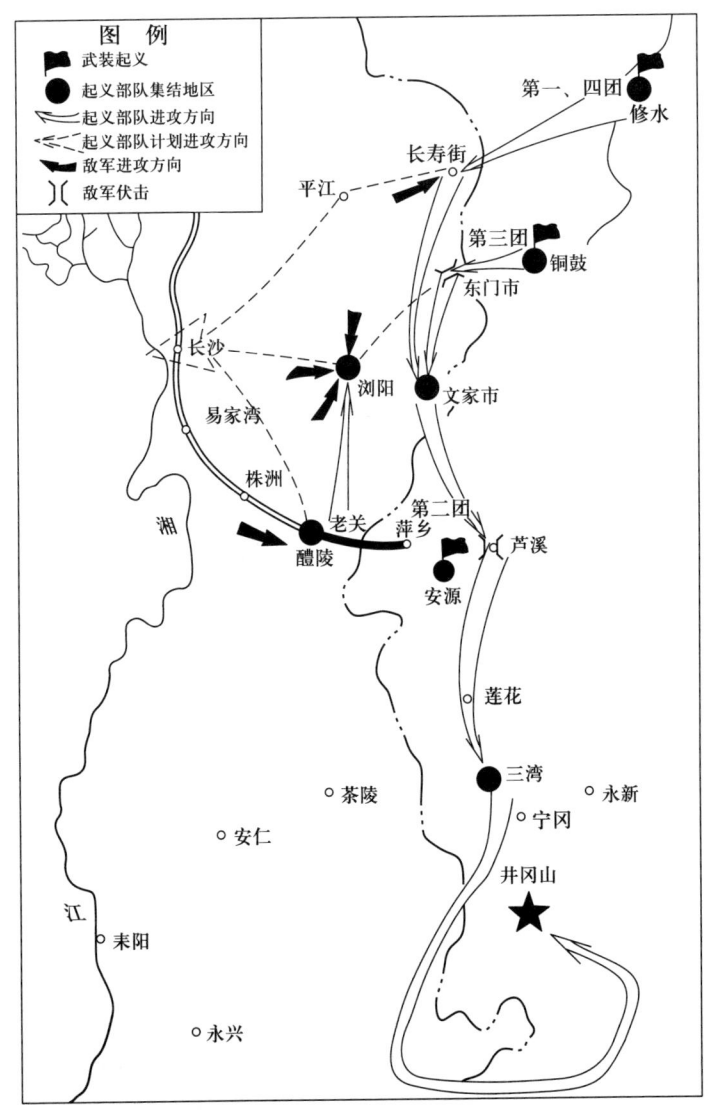

秋收起义和向井冈山进军示意图

一领导;成立士兵委员会,实行政治民主,经济公开,废除烦琐礼节,建立新型的官兵关系。10月底,部队到达井冈山的中心地带茨坪,开始创建井冈山革命根据地的斗争。秋收起义部队向井冈山农村的进军,为国民革命失败后继续坚持革命斗争找到了一条正确的道路。

1927年9月,中国共产党中央作出一项重要决议:《关于"左派国民党"及苏维埃口号问题决议案》。此前中国共产党曾主张:工农暴动要在"左派国民党旗帜之下"进行,因为尽管国民党的领袖叛变了革命,但国民党毕竟是"一种民族解放运动之特别的旗帜",中国共产党人曾经加入这个组织,形成"国民党内左派的中心","现在不应当让出这个旗帜",使其成为"军阀和反动资产阶级掌握里的玩物";同时,利用左派国民党旗帜,可以"吸引小资产阶级的革命分子"。"苏维埃口号"还只能宣传,而不能着手组织。各地为指导暴动,应建立革命委员会,暴动成功后,革命委员会中加入左派国民党人,便成为临时革命政府。① 9月决议改变了这样的主张。决议指出:实际经验表明,"复兴左派国民党的估计不能实现",国民党已经变成"政治的尸首",丧失了在群众中的威信,因此组织群众的革命斗争,不能"再在国民党的旗帜下进行"。"现在的任务不仅宣传苏维埃的思想,并且在革命斗争新的高潮中应成立苏维埃"。11月上旬召开的中共中央政治局扩大会议更明确提出:国民党"已经完全变成白色恐怖的旗帜",在现在革命阶段中,"党的主要口号就是苏维埃"。这是一个重要的战略口号的改变。11月,海陆丰农民起义建立了中国第一个苏维埃政权。此后近十年当中,中国革命一直在苏维埃的旗帜下进行。

1927年12月11日,张太雷、叶挺、叶剑英等领导了广州起义。这是一次工人和士兵联合的城市武装暴动。参加起义的主力

---

① 《中国共产党的政治任务与策略的决议案》(1927年8月),《中共中央文件选集》第3册,中共中央党校出版社1989年版。

是叶剑英领导的国民革命军第四军教导团（由原中央军事政治学校武汉分校学员编成），约1 300人，另有周文雍任总指挥的工人赤卫队，约3 000人，以及第四军警卫团一部和郊区农民武装。中共广东省委书记张太雷任起义总指挥。起义于11日凌晨3时许爆发，经过两个多小时的战斗，便占领了市内绝大部分地区。6时许，广州苏维埃政府宣告成立，苏兆征任政府主席（苏时在上海，由张太雷代），叶挺任工农红军总司令。苏维埃政府发布宣言和政纲，宣布：一切政权归苏维埃；打倒反革命国民党、各式军阀和一切反革命派；工人实行八小时工作制、监督生产；大企业收归国有，没收大资本家财产；一切土地收归国有，归农民耕种；组织工农革命军，改善兵士生活；取消劳动者一切捐税、债务；取消一切不平等条约，联合苏联，反对帝国主义。广州起义是乘国民党粤桂军阀混战于梧州、肇庆之时举行的。起义爆发后，两派军阀立即停止争斗，集中5万兵力进攻广州。经过三天三夜的英勇奋战，起义者没能抵抗住敌人的镇压，最后遭到失败。张太雷和许多指战员牺牲，群众七八千人惨遭杀害。这次起义表现了共产党和革命人民的英勇斗争精神。但起义后没有及时将部队撤出广州，开往农村，致使革命力量受到重大损失。留下的部分武装，后来分别到达东江和右江地区，参加了那里的武装斗争。

除湘赣边界秋收起义和广州起义外，在1927年9月至1928年夏，共产党还在湖南、湖北、江西、广东、江苏、福建、河北、陕西、河南、四川等省的许多地区发动了武装起义。其中有：1927年9—10月，广东东江地区人民在当地党组织和彭湃领导下先后举行的两次武装起义；10月，杨善集、王文明、冯白驹等领导的广东琼崖武装起义；11月中旬，吴光浩、潘忠汝、戴克敏等领导的数万人参加的湖北黄（安）麻（城）起义；1928年1月，方志敏、邵式平、黄道等领导的赣东北弋（阳）横（峰）两县的年关暴动；1—2月，朱德、陈毅等领导的湘南年关暴动；1927年底1928年春，贺龙、周逸群、段德昌等在洪湖和湘鄂西领导的农民武装斗争；1928年3

月,罗纳川等领导的湖南平江20万农民的"扑城"斗争;1928年3—4月,刘志丹、谢子长、唐澍等领导的陕西渭(南)华(县)起义;1928年春,郭滴人、邓子恢、张鼎丞等领导的闽西龙岩、永定的农民起义;1928年7月,彭德怀、滕代远、黄公略等领导的平江起义。

所有这些武装起义,都是共产党领导人民对国民党屠杀政策的英勇回击,是共产党坚持革命斗争的具体表现。它们扩大了共产党在人民群众中的影响,使土地革命的口号深入农民群众之中,组织并保留了一部分革命武装。这些就为以后继续开展武装斗争、建立和发展农村革命根据地准备了条件。

在苏维埃革命发动的初期,由于国内阶级关系的急剧变动,以及对国民党屠杀政策的仇恨和对大革命后期右倾错误(当时把这种错误的责任完全归之于陈独秀)的愤怒,共产党内的"左"倾情绪逐步滋长起来,这也与共产国际"左"倾理论的指导有关。①1927年11月,临时中央政治局扩大会议在上海召开,瞿秋白主持会议,共产国际代表罗米那兹参加。会议通过了《中国现状与共产党的任务决议案》,使"左"倾盲动主义统治了党中央领导机关。盲动主义者混淆资产阶级民主革命和社会主义革命的界限,认为中国革命是所谓"无间断"革命,民主革命不能"自告一段落"。为了推翻豪绅地主阶级,必须"同时推翻资产阶级"。在对形势的估计上,否认革命已转入低潮,认为革命潮流始终是"高涨"的,因此反对退却,要求继续进攻。在武装暴动中,执行烧杀政策,一些地方甚至提出"杀尽豪绅""焚尽城市""使小资产变成无产,然后强迫他们革命"等错误口号。会议指责南昌起义、秋收起义的领导者周恩来、毛泽东等犯了"机会主义"的错误,分别给以政治纪律处分。由于"左"倾盲动主义在实际工作中招致了许多损失,共产国际也批评了这种错误倾向,所以几个月后就停止执行了。

---

① 指斯大林关于中国革命的"三阶段"论。

三、中国共产党第六次全国代表大会

为了总结中国革命进入新阶段以来的经验教训,统一对当时革命性质、任务、路线等基本问题的认识,推动革命形势的发展,中国共产党于1928年6月18日至7月11日在莫斯科召开了第六次全国代表大会。出席大会的共有142人,其中有选举权的代表84人。会前,即6月9日,斯大林会见瞿秋白、苏兆征、李立三、向忠发、周恩来等人,正确地解释了对中国革命性质和革命形势的看法。会上,共产国际书记布哈林作了政治报告,讲了中国革命的性质、任务和形势等问题;瞿秋白作了关于中国革命与共产党的补充报告;周恩来作组织问题和军事问题的报告;刘伯承作军事问题的补充报告。大会通过了《政治决议案》和关于苏维埃组织问题、土地问题、农民问题、职工运动、军事工作、民族问题等决议案,通过了新的党章,选举了新的领导机构。

大会正确地肯定中国现阶段的革命仍然是资产阶级民主革命。因为"中国并没有从帝国主义铁蹄之下解放出来";"地主阶级私有土地制度并没有推翻"。认为中国革命已转变为社会主义性质的革命是错误的,认为当时中国革命是"无间断革命"也是不对的。大会提出了中国民主革命的10项政纲:(1)推翻帝国主义的统治;(2)没收外国资本的企业和银行;(3)统一中国,承认民族自决权;(4)推翻军阀国民党政府;(5)建立工农兵代表会议(苏维埃)政府;(6)实行八小时工作制,增加工资、失业救济与社会保险等;(7)没收一切地主阶级的土地,耕地归农;(8)改善兵士生活,给兵士土地和工作;(9)取消一切苛捐杂税,实行统一的累进税;(10)联合世界无产阶级和苏联。

大会指出当前的革命形势是处在两个革命高潮之间。第一个革命浪潮已经过去,新的革命浪潮还没有来到,但"新的广大的革命高潮是无可避免的"。当前"党的总路线是争取群众",要团结无产阶级的群众,发展工农群众组织,准备武装暴动。

大会批评了右倾机会主义和"左"倾盲动主义,尤其批评了盲动主义。指出党必须继续反对机会主义的斗争,但尤其要反对"左"的弊病,指出当前"最主要的危险倾向就是盲动主义和命令主义,它们都是使党脱离群众的"。

大会规定了革命一系列重大问题的基本政策,包括苏维埃政权问题、农民和土地问题、职工运动、军事工作等。

大会选出中央委员23人,候补中央委员13人。在六届一中全会上选举了中央政治局,苏兆征、项英、周恩来、向忠发、瞿秋白、蔡和森、张国焘为委员,关向应、李立三、罗登贤、彭湃等7人为候补委员。全会还选举了中央政治局常务委员会,苏兆征、向忠发、项英、周恩来、蔡和森为委员,李立三等3人为候补委员。由于过分强调工人成分,在六届中央政治局第一次会议上,推举向忠发为中央政治局主席和中央常委主席。"六大"后,周恩来先后担任中央组织部长、秘书长、农民部长、军委书记,李立三(1928年冬补为政治局委员和政治局常务委员)先后担任农民部长、宣传部长、秘书长,瞿秋白担任中共驻共产国际代表团团长。

中国共产党第六次全国代表大会的策略方针基本上是正确的,对中国革命的发展起了积极的作用。大会也存在着缺点和错误。它对于中间阶级的两面性和反动势力的内部矛盾,缺乏正确的估计和政策,认为革命的动力只有无产阶级和农民,民族资产阶级是"最危险的敌人之一",第三党是"反革命的工具"和"统治阶级的奸细",国民党的各个派别都是"一样的反革命",各种反革命力量都一致地反对中国革命。这就不能团结一切可以团结的力量和利用敌人之间的矛盾。大会对于农村根据地的重要性和民主革命的长期性,认识不足。这些错误使得八七会议以来的"左"倾思想未能肃清,并被后来的"左"倾思想所片面发展和扩大。但大会的主要方面是正确的,大会后一个时期的工作是有成绩的。

第三节　国民党军阀的混战　中间政派的活动和主张

一、各派国民党军阀的争斗　中原大战

国民党蒋、冯、阎、桂四派军阀各怀扩张野心,在他们取得对奉作战的胜利后,彼此间的矛盾立即尖锐起来。开始,冯、桂同蒋的矛盾十分突出,后来冯、阎、桂三派联合同蒋争斗,因而爆发了一次又一次军阀混战。

在国民党南京政府宣告"统一告成"之时,蒋介石占有南京、上海和东南各省;冯玉祥占有河南、陕西、甘肃、宁夏、山东等省;阎锡山占有山西、河北、绥远、察哈尔几省和平津两市;桂系占有两湖、广西,支持桂系的李济深占有广东。各派之中,冯玉祥虽然占地广大,但多是贫瘠之区,山东的济南还在日人手中,同时冯在对奉作战中出力很大,但河北和平津都在国民党军队进入北平前就被蒋许给了阎锡山。冯耿耿于怀,但一时隐忍未发。桂系李宗仁、白崇禧认为自己地盘小,又没有出海口,也对当时占有的地盘表示不满。阎锡山占据河北和平津后,要把平津的税收全部据为己有,又为蒋介石所嫉恨。地盘分配之外,在军队编遣问题上,充分暴露出蒋介石凌驾他人排斥异己的野心,因而加剧了蒋同其他各派特别是同冯玉祥的矛盾。还有,编遣会议后不久,1929年3月蒋介石操纵召开国民党三大。他以中央指派和圈定代表的办法,排斥反对派,树立自己在国民党中的垄断地位。会议代表共406人,其中由中央指派者211人,圈定者122人,两项共占代表总数的82%;地方选出者仅73人,占18%。会议对汪精卫改组派和已公开反对蒋介石的桂系领导人做了组织处理。这次会议又使蒋同其他各派的矛盾进一步激化。

1929年3月,蒋桂战争率先爆发。战前,蒋桂间的争斗一直在进行。蒋为了制桂,暗送军火给湖南省主席鲁涤平,唆使鲁反桂。桂系进行反击,以国民党中央政治会议武汉分会的名义将鲁免职,由何键继任,并派兵进入长沙。蒋介石下令"彻查桂军侵湘事",并调集军队,准备向桂军发动进攻。为了削弱桂系势力,蒋一面以调停湘案为由,将与桂系站在一起的李济深诱至南京加以软禁,同时在广东策动陈济棠、陈铭枢等倒李,夺取广东的党政军大权;一面起用曾被桂系打败的唐生智,派唐携巨款赴冀东,策动其被李宗仁、白崇禧收编的旧部反桂。3月26日,蒋介石以南京政府的名义下令讨桂,蒋桂战争爆发。由于受蒋的收买,桂军一部在前方倒戈,使桂军从武汉地区仓皇后退。4月4日,蒋军进入武汉。随后,蒋派军队由湘、粤、滇三路进攻广西。5月上旬,李宗仁组织南路护党救国军,通电反蒋,并派兵进攻广东。6月下旬,受到蒋支持的粤军打败桂军,蒋任命原桂系军人俞作柏为广西省政府主席。蒋桂战争结束。

　　蒋桂战争后,相继爆发蒋冯战争、第二次蒋桂战争和蒋唐战争。先是,1929年4—5月,冯玉祥积极调配兵力,准备讨蒋。但在蒋介石的收买政策下,冯军发生激烈分化,韩复榘、石友三等叛冯投蒋,使冯的讨蒋军事未能发动。10月,冯军将领宋哲元等通电讨蒋,蒋介石下令对冯军进行讨伐。从10月下旬到11月,蒋冯两军在豫西展开激战。战事发动后,原来答应与冯联合反蒋的阎锡山,转而附蒋反冯,冯军内部又缺乏统一指挥,结果冯军败回陕西。11月,在蒋桂战争中被蒋起用为师长的张发奎,与桂系联合,组成"护党救国军",进攻广东。12月,蒋派何应钦率军援粤。张桂军被击败。这是第二次蒋桂战争,或称粤桂战争。与此同时,唐生智与石友三联合,参加"护党救国军",举兵拥汪反蒋,不久被蒋打败。

　　1929年的几次战争,均以蒋军的胜利告终。但是,国民党各派军阀间的矛盾依然很尖锐,而且蒋介石越是取得胜利,就越是促使反蒋各派联合起来与蒋对抗。这时,在历次战争中始终以两面手法保存实力的阎锡山,感到他将成为蒋打击的下一个主要目标,于是反蒋态度明朗起来。1930年5月,终于爆发规模更为巨大的军阀混战——蒋介石与冯玉祥、阎锡山的中原大战。

1930年春,冯、阎、桂三派军阀势力和国民党改组派、西山会议派两个政客集团形成反蒋大联合。3月中,冯、阎、桂三军将领57人联名通电逼蒋下野,推阎锡山和冯玉祥、张学良、李宗仁为中华民国陆海空军正副总司令。4月1日,阎、冯、李宣布就职。5日,南京政府下令通缉阎锡山。随后双方调兵遣将,准备决战。5月11日,蒋介石下达总攻击令,中原大战爆发。双方投入兵力上百万,战线绵延数千里,战争波及河南、山东、安徽、江苏等数省,其中沿陇海路两侧的争战,十分激烈。战争前期,冯阎得胜,蒋军失利。沿陇海线西进的蒋军,由于受到冯军的反击,退至曹县、定陶一带;沿平汉线进攻许昌的蒋军,被冯军击退到漯河以南;津浦线上作战的阎军于6月28日占领济南。同时,桂军北上进入湖南,占领长沙、岳阳。7月以后,战局发生变化。7月,蒋军对桂军实施围攻,蒋介石并命令广东陈济棠派部队北上截断桂军后路,桂军急速退回广西。由此,蒋介石得以抽调主力增援津浦线,8月中重占济南。应阎锡山的要求,冯玉祥在陇海线发动"八月攻势",企图攻下徐州,打通陇海、津浦两路,与阎军会师。结果未能达到目的。冯军由于损失巨大停止了进攻,阎军则退到黄河以北。冯、阎联军由主动转为被动,蒋军则由被动转为主动。与军事上混战的同时,汪精卫于8月在北平主持召开"国民党中央党部扩大会议"。扩大会议以改组派为主,同时有西山会议派和阎、冯的代表参加,由汪精卫、赵戴文、许崇智、王法勤、谢持、柏文蔚、茅祖权七人组成常务委员会。会议决定组织政府,筹备召开国民会议,起草约法。9月9日,在北平成立以阎锡山为主席的"国民政府",同蒋介石南京政府相对抗。在蒋介石的争取下,东北的张学良于9月18日发出拥蒋通电,随即派兵入关,占领天津和北平。这时冯军后路又被蒋军切断,整个战局发生急剧变化。阎锡山和汪精卫等退到太原。10月,阎、冯、汪完全失败。冯军全部崩溃,大部投蒋,一部被东北

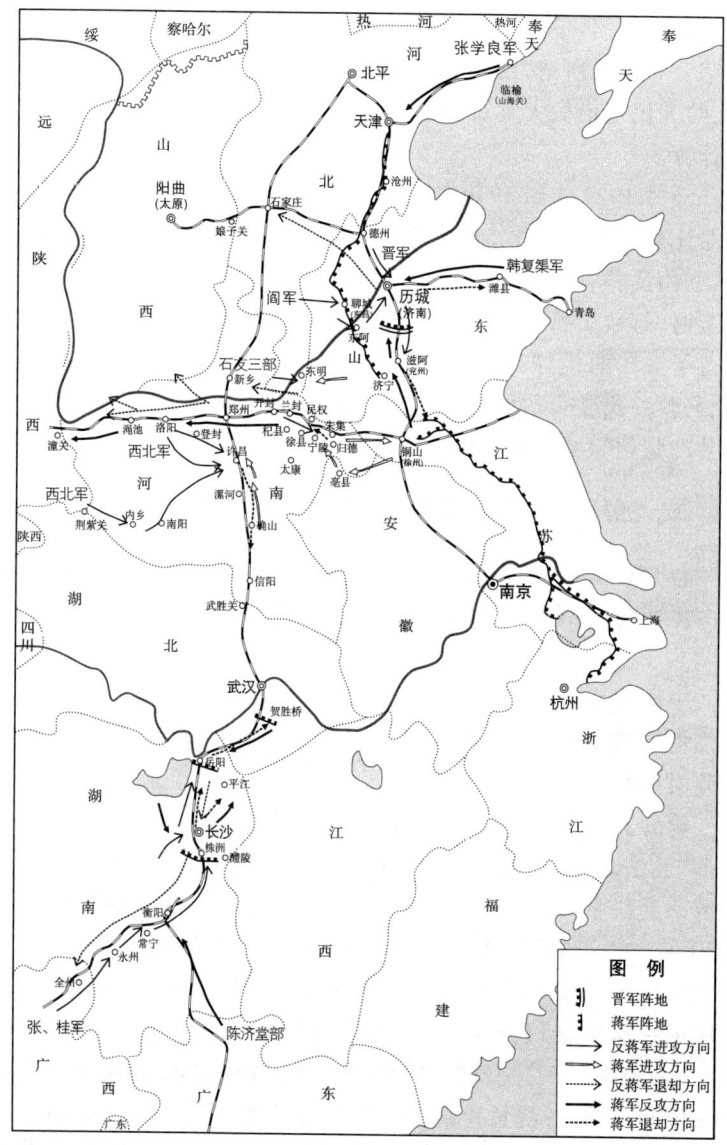

中原大战示意图

军改编,冯宣告下野。阎军退回山西,阎本人躲往大连。扩大会议草草公布一个所谓"约法"之后,烟消云散。历时近半年的中原大战,给人民造成极大灾难,死壮丁30万,伤者无数,财产损失更无法计算。

经过1929年到1930年的军阀混战,国民党各派军阀间的力量对比发生很大变化。蒋介石依靠英美帝国主义和江浙财阀的支持,利用反蒋各派间的矛盾,使用武力和金钱收买、分化瓦解的政治策略,打败了所有同他相抗的对手,在整个国民党军阀势力中,取得了显然的优势。此后,反蒋势力仍然存在,但失去了问鼎中原、与蒋一决胜负的形势和实力。从1930年底开始,蒋便以重兵向共产党领导的红军和根据地发动进攻。

二、"国民会议"和《中华民国训政时期约法》

蒋介石从军事上打败对手后,又从政治上加强他的地位。孙中山生前曾为召开国民会议而奋斗。汪精卫等召开的"扩大会议",为了争取政治上的主动,打出召开国民会议、制定约法的旗号。中原大战结束前夕,蒋介石为剥夺反对者的口实,并从法统上加强他的独裁统治,于10月3日也通电主张召开国民会议,制定训政时期约法。

蒋介石的主张受到国民党元老胡汉民的激烈反对,因而发生所谓"约法之争"。胡汉民在国民党中资深位重,担任过国民党中央政治会议主席,当时是南京政府立法院院长。从1927年春到1930年,在"清党"反共、建立南京政权、实施"训政"、打败异己势力过程中,胡给蒋以很大帮助。蒋介石提出召开国民会议的主张,企图通过这次会议制定一部约法,再根据约法把自己抬到可以"任免而督率"五院院长的总统宝座(孙中山《建国大纲》中有"宪法未颁布以前,各院长皆归总统任免而督率之"的条文)。胡汉民公开起来反对蒋介石由国民会议制定约法的主张。他提出:训政时期召开的国民会议,不是权力机关,无权制定法律、选举总统、推举政府首脑,孙中山主张召开国民会议,但并未主张由国民会议制定约法。蒋介石不能容忍胡汉民对他的公然挑战,于是在1931年2月28日将胡扣留,随后软禁于南京汤山。此举进一步引起蒋胡两派势力的对立。蒋介石面对国民党内外高涨的反对声浪,不得不对召开国民会议的主张加以修正。他发表谈话表示:国民会议只应制定约法,不必且不应提出总统问题。

"国民会议"按照蒋介石的计划于1931年5月5日至17日在南京召开。这已不是孙中山生前所主张的反对军阀统治、由人民行使民主权利的国民会议,而是假"国民会议"之名,行维护国民党一党专政和蒋介石个人独裁之实的反人民的会议。蒋介石在开会词中公然推崇法西斯主义。他说:共产主义主张阶级斗争,手段"残酷","不适于中国产业落后情形及中国固有道德";西方的民治主义,"动以个人自由为重",中国没有实行此项主义的"历史社会背景";只有法西斯主义能建立"有效能的统治权",而训政时期"挽救迫不及待之国家危难","非借经过较有效能的统治权之行施不可",这是"举国所要求者"。蒋介石的意图就是要用法西斯主义增强他的统治效能。

会议通过了《中华民国训政时期约法》。这个约法总计8章89条,核心是第三章《训政纲领》。其中规定:"训政时期由中国国民党全国代表大会代表国民大会行使中央统治权";代表大会闭会时,"其职权由中国国民党中央执行委员会行使之"。"选举罢免创制复决四种政权之行使,由国民政府训导之"。"国民会议"在其所发表的宣言中强调:"约法为训政时期根本大法。"约法各章中"尤重要者,厥为训政纲领一章,用以确定训政时期之政治纲领,与夫训政时期中国国民党及国民政府之权责","此为任何国家宪法所无,而中华民国训政时期约法所独有者也"。这表明,制定这个约法的根本目的,就是把1928年《训政纲领》确定的国民党一党专政的政治体制进一步用国家根本大法的形式确定下来。这个约法也列举一些人民可以享受的民主自由,但又大都加上"非依法律不得停止或限制之"的条文,就是说国民党可以制定各式各样的法律,再把这些民主自由取消。这个《训政时期约法》以后成为蒋介石集团坚持国民党反动统治的法统依据。

会议通过《昭告全国拥护和平统一案》。该案说:桂系和阎、冯等军阀"均次第消灭","自兹以后,必无人敢言天下之不靖,以破坏统一,为国人之公敌"。保障和平统一为"今后之最大任务"。这说明蒋介石集团决心继续消灭异己,巩固其独裁统治。会议听取了《剿灭赤匪报告书》,通过《"剿灭赤匪"报告决议案》。这个决议案赞扬国民党"自军事敉平,即已集中全力于剿除赤匪之工作,聚大军于赣鄂等省,努力痛剿",叫嚣"于最短期内,彻底歼灭赤匪"。

国民党召开的这次"国民会议",表明蒋介石统治的加强和国民党由着重进行内部纷争转向着重"剿共"。这是国民党历史上一次重要的反动会议。

胡汉民的被软禁和蒋记"国民会议"的召开,又一次加剧了国民党的派系争斗。反蒋的国民党中央执、监委员纷纷离开南京,南下广州。1931年5月下旬,在"救护党国""打倒独裁"的旗号下,云集广州的胡汉民派、汪精卫派、孙科派、西山会议派、两广军人等各派反蒋势力,联合成立"国民党中央执监委员非常会议"和"国民政府",推举邓泽如、邹鲁、汪精卫、孙科、李文范为非常会议常务委员,唐绍仪、古应芬、邹鲁、汪精卫、孙科为"国民政府"常务委员。这是国民党内又一次大的分裂。

三、中间政派的活动和主张　　国民党对他们的破坏与镇压

国民革命失败后,阶级斗争的形势发生急剧变化。国民党背叛了同盟者,建立起以蒋介石为代表的大地主大资产阶级的独裁统治。在这个反动政权之下,全国平民以至民族资产阶级没有得到丝毫政治上经济上的解放。共产党领导工农群众继续坚持革命斗争,走上土地革命和武装反抗国民党反动派的道路。在国共两党尖锐对立的形势下,一部分资产阶级小资产阶级知识分子和其

他阶级中的改良分子,既不满意国民党的独裁统治和军阀的混战争斗,又不赞成共产党领导的武装斗争和土地革命,而企图走第三条道路。他们创办刊物,宣传自己的主张,结成党派,从事反蒋、要求民主、改良社会的活动,形成国共两党之外的第三势力,或称中间势力。1927年至1931年间影响较大的中间政派有:第三党、改组派和人权派。

第三党以国民革命时期著名的国民党左派邓演达为首,正式名称叫"中国国民党临时行动委员会",是从国民党中分化出来的一个小资产阶级性的革命政党。国民革命失败前夕,在邓演达和共产党个别领导人之间就酝酿过组织第三党的问题。革命失败后,邓去苏联,后到欧洲考察。1927年11月初,他同宋庆龄、陈友仁一起以"中国国民党临时行动委员会"的名义发表宣言,痛斥南京和武汉的叛变,表示要继续为实现孙中山的三民主义而奋斗。但当时并没有形成一个组织。1928年春,谭平山、章伯钧、季方等在上海成立中华革命党,选举正在海外的邓演达为中央总负责人(由谭平山代理)。在同年6月该党发表的宣言草案中,自称是"劳动平民阶级的政党"。1930年5月,邓演达自海外归国,8月召开干部会议,把第三党的名称正式定为"中国国民党临时行动委员会",通过决议《政治主张》。邓被选为中央干事会总干事,负责主编《革命行动》月刊。此后,第三党一面健全、发展组织,建立起11个省区和3个市区的地方组织;一面积极进行反蒋活动。邓演达利用他以前在黄埔军人中的影响,策动蒋系军官反蒋,给蒋介石的统治造成一定的威胁。

第三党的基本主张是进行"平民革命"。这个革命由直接间接参加生产过程的分子来担任,其中包括工人、农民、小商人、青年学生、生产管理人员等,即"劳动平民阶级";对象是帝国主义者、封建军阀地主和反动资本阶级;目标是推翻国民党南京政府,建立平民政权,最后实现社会主义。平民政权以农工为重心,对工商业者既允许其存在,又加以限制。对外政策主要有:废除一切不平等条约,消除帝国主义在华经济统治势力,与苏联恢复邦交,同弱小民族结成反帝联盟;对内政策主要有:消除封建残余,实行耕者有其田,改良工人生活,建设国家资本主义。这些都是革命的主张。但第三党反对共产党领导的工农武装革命和土地革命,认为工农武装暴动是"盲动""乱动",建立苏维埃是"空想""妄想",土地革命"不是革命的正当手段"。他们所说的平民革命,主要是通过号召各群众团体"自动去开国民会议"和策动国民党军队倒戈反蒋来进行。这是不能达到预期目的的。1931年8月,邓演达被国民党逮捕,11月蒋介石把他秘密杀害。第三党受到重大打击,但大多数成员仍然坚持反蒋斗争。

改组派以汪精卫、陈公博为首,正式名称叫"中国国民党改组同志会",是国民党内的在野反对派。1927年冬,汪精卫在国民党派系斗争中遭到失败后,躲往国外,汪派主要人物陈公博等避居上海租界,但他们并不甘心沉寂。为了同当权集团争夺权势,汪、陈打出了"改组国民党"的旗号。1928年5—6月,陈公博、顾孟余先后在上海创办《革命评论》和《前进》杂志,宣传改组国民党的主张。是年冬,"中国国民党改组同志会"在上海正式成立。总部负责人均为汪派国民党中央委员,具体工作主要由王乐平负责。改组派曾在国内许多省和海外一些地区建立支部,会员一度达万余人。改组派的主要口号是恢复1924年国民党改组精神,重新"确立农工小资产阶级的联合战线",复活"国民革命联合战线"的国民党。他们对待共产党及其他政治派别如第三党、西山会议派、无政府主义者、国家主义派等均采取排斥和反对的态度。改组派的上层,除个别反蒋民主人士外,大多是投机政客。它的下层主要是一批处在彷徨苦闷中的资产阶级和小资产阶级知识分子,包括青年学生和国民党党政机关的职员。他们不满当时国民党的状况,又不赞成共产党领导的革命运动,因而聚集到"改组国民党"的旗帜之下。1929年间,改组派曾积极进行反蒋活动。3月,他们掀起反对蒋介石包办国民党第三次全国代表大会的浪潮。5月,成立

"护党革命大同盟",号召"打倒盗窃党权政权的蒋介石""打倒勾结帝国主义的蒋介石""打倒新军阀领袖的蒋介石"。下半年,他们与张发奎和桂系相结合,掀起军事倒蒋运动。改组派刊物《民意》等,还曾发出反对南京政府增加捐税的呼声,指责国民党搞"民死主义",而不是"民生主义",这代表了民族资产阶级的意愿。蒋介石对改组派实行严厉镇压政策,封闭了改组派创办的学校、发行的刊物和各地领导机关。1930年春将改组派总部负责人王乐平暗杀。此后,改组派在各地的基层活动陷于停顿。1930年中原大战期间,汪精卫在北平主持召开"扩大会议"。失败后,汪、陈先后出国,汪于1931年1月发表解散改组同志会宣言。到1931年5月,汪精卫又搜罗一批原改组派分子前往广州,与两广军阀相结合,成立"国民党中央执监委员会非常会议"和"国民政府",与蒋介石南京政府相对抗。接着,九一八事变发生,蒋汪合流,汪派重要分子都进入国民党的党政机关,改组派也就不复存在。

人权派以胡适、罗隆基为代表,主要通过《新月》杂志来宣传他们的主张,因此也被称作"新月派"。人权派反对国民党"训政"下的一党专政,要求废除党治,实行民治,呼吁发起"人权运动",企图按照欧美民主国家的榜样来改良中国政治。他们不赞成暴力,尤其反对共产党领导的暴力革命,主张中国以改良的办法,走"演进的路"。胡适在《我们走那条路》一文中说:中国的根本问题是要打倒贫穷、疾病、愚昧、贪污、扰乱这"五个大仇敌"(或称"五鬼"),而不是反对帝国主义和封建主义。要"一步一步的做自觉的改革","一点一滴的收不断的改革之全功"。罗隆基根据法国人权宣言和欧美国家的宪法、法律,拟订了"必争"的人权35条,包括:"国家的主权在全体国民","国家的功用是保障全体国民的人权","政府应对全民负责任","人民在法律上一律平等",选用官吏完全以才能为根据,国家应保障国民私有财产和人民生命,司法独立,国民应有思想、言论、出版、集会的自由等。人权派有明显的反共倾向,但他们反对单纯"武力剿共",而主张"以思想代替思想的方法"。罗隆基认为,只要做到两条:"解放思想,重自由不重'统一'";"改革政治,以民治代替'党治'",那么,"共产学说"在中国就不能立足,共产党也就"不剿自灭了"。人权派虽然主张温和的改良,但也为国民党所不容。罗隆基一度被捕,胡适的言论也受到严厉的指斥。

从共产党中分裂出去的中国托派,也可列为当时中间性的政治派别。这个派别受苏联托洛茨基的指挥,正式名称先叫"中国共产党左派反对派",或"中国布尔什维克列宁派",后叫"中国共产主义同盟"。它最早出现在莫斯科的中国留学生中,后陈独秀等一批人接受托洛茨基的观点,扩大了中国托派的组织和影响。托派反对共产党"六大"路线,宣传托洛茨基关于中国革命的主张,并在党内进行派别活动,因此在1929年前后相继被共产党开除。从1928年到1930年,中国先后出现四个托派小组织:(一)"我们的话"派。主要成员有区芳、张特、梁干桥、陈亦谋等,是在中国出现的第一个托派小组织。1928年冬他们在上海召开托派代表大会,成立总干事会,1929年创办刊物《我们的话》。(二)"无产者"社。以陈独秀、彭述之为首。1929年11月陈独秀、彭述之、马玉夫、汪泽楷、蔡振德等被共产党组织开除后,便公开打出托派的旗帜。他们发表《告全党同志书》《我们的政治意见书》,出版《无产者》月刊。由于该派的一些主要成员过去在共产党内担任过领导职务,所以影响较大。(三)"十月"社。主要成员有刘仁静、王凡西、董建平、宋逢春等,出版《十月》杂志。(四)"战斗"社。主要成员有王平一、刘胤、赵济等,出版过《战斗》杂志。这四个组织都拥护托洛茨基关于中国问题的主张,但彼此又互相排斥和攻击。经过托洛茨基的直接干预,1931年5月初四派召开"统一大会",选举了统一的中央领导机关,陈独秀任总书记。中国托派认为:中国经过1925—1927年的革命,资产阶级取得了胜利,封建势力成了"残余之残余",社会性质已是资本主义的,资产阶级民主革命已经过去。共产党当前的中心任务,应为召开"国民会议"而斗争,等将来资本主义发展了,再进行社会主义革命。他们咒骂红军,反对共产党领导的武装斗争,认为红军的前途只能是"溃散"和失败。中国托派在反对中共中央革命路线的同时,也反对国民党的反动统治,所以遭到国民党的镇压。1931年5月下旬,新选出的托派中央委员大部被国民党逮捕。随后,陈独秀拼凑组成一个"临委",但到1932年10月,包括陈独秀在内的五名"临委"成员又全部被捕。从此,中国托派从中央至地方组织,均呈瓦解的状态,但托派小组织继续存在。

第四节　红军和农村革命根据地的扩大

一、各革命根据地的建立和发展　"工农武装割据"理论

在共产党领导的全国各地武装起义的基础上,在国民党各派军阀混战期间,1928年至1930年间,农村革命根据地广泛建立和发展起来。

最早开辟的一块革命根据地,是井冈山根据地。井冈山位于湘赣边界罗霄山脉中段,地势险要,远离中心城市,敌人统治薄弱,革命基础雄厚,具有建立革命根据地的有利条件。1927年10月,毛泽东带领经过"三湾改编"的工农革命军进入井冈山。随后,攻夺县城,解放农村,建立革命政权,恢复共产党组织,改造地方农民武装,到1928年春,根据地便初步建立起来。1928年4月底,朱德、陈毅率领南昌起义留下的部队和湘南暴动后组成的农军到达井冈山,在宁冈砻市与毛泽东部会师。5月4日成立中国工农革命军第四军(后改称工农红军第四军)。朱德任军长,毛泽东任党代表。红军采用"敌进我退,敌驻我扰,敌疲我打,敌退我追"的游击战术,多次打败湘赣两省的敌军,扩大了根据地区域。5月成立湘赣边界苏维埃政府。根据地包括宁冈、永新、莲花3个县和吉

安、安福、遂川、酃县(今炎陵县)各一部。井冈山根据地后来进一步发展为湘赣根据地。

较早开辟的革命根据地还有海陆丰、琼崖(海南岛)根据地。根据地丧失后,两地革命武装转入山区,继续坚持革命斗争。

到1930年,共产党领导开辟的根据地主要有以下六大区域:

赣南闽西根据地 1929年1月,为打破湘赣敌人对井冈山的"会剿"和解决红军给养问题,毛泽东、朱德率红四军主力主动出击赣南,另由刚进入井冈山的彭德怀率所部红五军和红四军一部守山。进军赣南的红四军转战赣南、闽西,与地方党和地方武装相配合,开辟了赣南、闽西两块根据地。1930年春分别建立闽西苏维埃政府和赣西南苏维埃政府。闽西地方武装编为红十二军,赣南地方武装编为红三军。6月,以红四军为基础,红三、四、十二军3个军合编为工农红军第一军团,朱德为军团长,毛泽东为政治委员。此时赣南和闽西已建立有17个县级苏维埃政权,为后来的中央革命根据地奠定了基础。8月,红一军团与彭德怀领导的红三军团组成红一方面军,毛泽东任总前委书记兼总政治委员,朱德、彭德怀分任总、副总司令。

湘鄂赣根据地 1928年7月22日,彭德怀、滕代远等领导国民党湖南陆军独立第五师一部在平江起义,占领平江县城。随后成立县苏维埃政府和中国工农红军第五军,彭德怀任军长,滕代远任党代表,在湘鄂赣三省交界各县开展游击战争。10月中旬成立中共湘鄂赣边界特委。根据中共湖南省委的指示,彭、滕率领红五军主力向井冈山转移,于12月中与红四军会师宁冈。黄公略率领红五军一部坚持湘鄂赣区的斗争。1929年1月,红四军主力进军赣南后,井冈山遭到敌人十几个团的围攻。红五军进行了英勇抵抗,但因敌我力量相差悬殊,最后不得不撤离井冈山,也转至赣南,4月在瑞金与红四军第二次会师。之后,红四军入闽,红五军北上恢复并发展了湘赣区。8月,红五军又进入湘鄂赣区,与原在那里坚持斗争的红五军一部会师,开辟了湘鄂赣根据地。1930

年,湘鄂赣与湘赣两区连成一片,红五军扩编为红五、八、十六军3个军。7月,组成红三军团,彭德怀任总指挥,滕代远任政治委员。此时,湘鄂赣区已包括三省交界十多个县的大部或一部,1931年成立湘鄂赣苏维埃政府。

闽浙赣根据地 1928年1月方志敏等领导的赣东北弋(阳)横(峰)起义,组成了土地革命军。在敌人的进攻下,土地革命军转入两县交界的磨盘山地区,坚持游击战争。1928年6月取得金鸡山大捷,土地革命军改称中国工农红军江西独立团。12月成立包括赣东北八个县的信江特区苏维埃政府。是年冬,共产党领导了闽北崇安农民起义,组成闽北红军独立团。1930年夏,红军江西独立团攻克景德镇,扩大了赣东北根据地,独立团扩编为独立师,信江特区苏维埃政府改称赣东北苏维埃政府,方志敏任主席。闽北独立团开赴赣东北,与独立师合编为红十军,周建屏任军长,邵式平任政治委员。1931年春,赣东北根据地发展为包括20多个县的闽浙赣根据地。

鄂豫皖根据地 1927年11月,潘忠汝、戴克敏、吴光浩等领导的鄂东北黄麻起义组成了工农革命军鄂东军。鄂东军经过半年时间的艰苦转战,于1928年5月开始在光山县的柴山堡地区建立游击根据地。后鄂东军改称工农红军十一军三十一师。1929年,三十一师粉碎敌人三次"会剿",乘势扩大割据地区,建立了鄂东北根据地。同年,共产党又在河南商城和安徽六安、霍山发动起义,组成红军十一军三十二和三十三两师,开始创建豫东南和皖西根据地。1930年3月,中共鄂豫皖边区特委成立,统一领导三支红军和三块根据地,红军集中编为红一军,许继慎任军长。红一军乘国民党军阀中原大战之机,大举出击,使根据地扩大到30余县,三个地区连成一片,形成鄂豫皖根据地。1931年初,红一军改称红四军,后发展为红四方面军。

洪湖湘鄂西根据地 1927年冬、1928年春,贺龙、周逸群、段德昌等开始在洪湖和湘鄂西的桑植、鹤峰一带发动农民武装斗争,组织工农革命军。1929年春,贺龙领导的湘鄂西工农革命军编为红军第四军,开辟了湘鄂西根据地。1930年春,段德昌等领导的洪湖游击队编为红军第六军,开辟了洪湖根据地。夏,两地红军会师公安城,红四军改称红二军,红二、六军组成红二军团,贺龙任总指挥,周逸群任政治委员(后改邓中夏)。洪湖和湘鄂西两个根据地连成一片。

广西右江根据地 1929年12月,邓小平、张云逸等领导国民党广西警备部队一部和当地农军在百色起义,成立红军第七军和右江苏维埃政府,开辟了右江根据地。1930年2月,邓小平、俞作豫、李明瑞等领导广西警备部队另一部在龙州起义,成立红八军。不久,红八军被敌人打败,并入红七军。10月,红七军主力奉调北上,韦拔群等领导坚持右江地区的斗争。

1930年,农村革命根据地已建立大小十几块,分布在江西、福建、湖南、湖北、广西、广东、河南、安徽、浙江等省份。红军主力部队发展到十多个军,7万余人,地方武装近3万人,枪约6万支。

农村革命根据地的广泛开辟,红军队伍的扩大,表明中国革命已走上了"工农武装割据"的道路。但在根据地中,一些人对红色政权能否长期存在的问题,感到疑惑,每遇挫折,便提出"红旗到底打得多久"的疑问。共产党中央虽然几次发出在农村进行"武装割据"的指示,但中央一些领导人对建立农村根据地的极端重要意义和革命重心应向农村转移的问题,并不理解,而仍然坚持"城市中心"。这样,就很有必要对农村武装割据问题进行理论上的说明,以推动红军和根据地的发展。毛泽东在革命实践的基础上,进行了理论探索,于1928年10月到1930年1月相继写成《中国的红色政权为什么能够存在?》《井冈山的斗争》《星星之火,可以燎原》①等著作。这些著作总结了共产党领导武装起义和开辟

---

① 《星星之火,可以燎原》一文,原为给当时红军第四军第一纵队司令员林彪的信,编入《毛泽东选集》第1卷时,改为现在题目,内容有删节和改动。原信见中央档案馆编《中共中央文件选集》第6册,中共中央党校出版社1989年版。

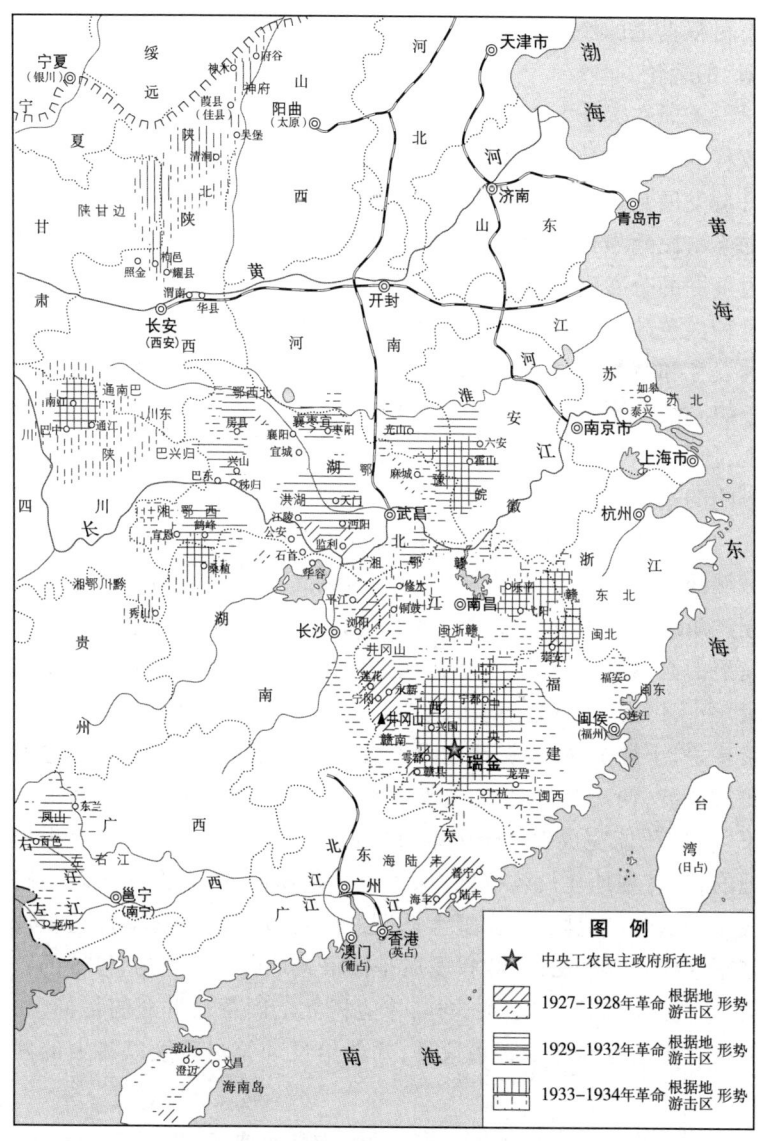

革命根据地的创建与发展示意图

农村根据地的经验,分析了中国社会的特点,创立了"工农武装割据"的理论。

毛泽东关于"工农武装割据"论述的主要之点是:(一)红色政权区域虽然处在四周白色政权的包围之中,但它的长期存在并日益发展是可能的。根本原因是:中国是一个帝国主义间接统治的半殖民地半封建的国家,地方性的农业经济和帝国主义划分势力范围的分裂剥削政策,造成了各派军阀间的继续不断的战争。这种白色政权间的分裂和战争,使反动统治出现缝隙,给红色政权的发生和坚持提供了可乘之机。"我们只须知道中国白色政权的分裂和战争是继续不断的,则红色政权的发生、存在并且日益发展,便是无疑的了"。此外还有四个条件:1926年和1927年革命影响的遗留;全国革命形势的必然发展;相当力量的正式红军的存在;共产党组织的有力量和它的政策的不错误。(二)红军和红色区域的建立与发展,具有极端重要的意义,它"是半殖民地中国在无产阶级领导之下的农民斗争的最高形式,和半殖民地农民斗争发展的必然结果;并且无疑义地是促进全国革命高潮的最重要因素"①。(三)共产党必须确立"工农武装割据"的总体观念,把武装斗争、土地革命、根据地建设三者结合起来。"没有相当力量的正式武装,便决然不能造成割据局面"。而"单纯的流动游击政策",也"不能完成促进全国革命高潮的任务"。只有实行"有根据地的,有计划地建设政权的,深入土地革命的,扩大人民武装的路线是经由乡赤卫队、区赤卫大队、县赤卫总队、地方红军直至正规红军这样一套办法的,政权发展是波浪式地向前扩大的,等等的政策",才是正确的。"必须这样,才能树立全国革命群众的信仰,如苏联之于全世界然。必须这样,才能给反动统治阶级以甚大的困

---

① 《毛泽东选集》第1卷,人民出版社1991年版,第98页。其中"促进全国革命高潮的最重要因素",在给林彪的信中原为"促进全国革命高潮的重要因素",无"最"字。

难,动摇其基础而促进其内部的分解。也必须这样,才能真正地创造红军,成为将来大革命的主要工具。总而言之,必须这样,才能促进革命的高潮"①。

毛泽东的这些论述,把马克思列宁主义关于武装夺取政权的原理创造性地运用于半殖民地半封建中国的革命实践,为中国革命在城市遭到失败后的进一步发展指明了正确方向。以后随着革命实践经验的丰富,毛泽东又把"工农武装割据"理论推向前进。到苏维埃革命后期和全民族抗日战争初期,他进一步完整地论述了中国革命必须走先占农村、后占城市、以农村包围城市道路的问题。

在共产党领导的工农武装革命中,如何建设一支人民的军队,是一个极端重要的问题。1929年9月,中共中央军委对红军第四军的指示信和随后召开的红四军党的第九次代表大会(即古田会议),为人民军队的建设指明了方向。中央指示信是由陈毅根据当时中共中央政治局会议和周恩来多次谈话精神代中央起草、经周恩来审定的。这封指示信充分肯定了红军斗争的"伟大意义",对于红军的基本任务和红四军内存在的各种错误思想,作了说明和分析。指示信指出:"先有农村红军,后有城市政权,这是中国革命的特征,这是中国经济基础的产物。"红军的基本任务是:(一)发动群众斗争,实行土地革命,建立苏维埃政权;(二)实行游击战争,武装农民,并扩大本身组织;(三)扩大游击区域及政治影响于全国。红四军党的第九次代表大会于1929年12月在福建上杭县古田召开。大会通过了毛泽东起草的决议。这个决议的第一部分"关于纠正党内的错误思想",指出了红四军党内各种非无产阶级思想的表现、来源及纠正方法。主要表现有:单纯军事观点,极端民主化,非组织观点,绝对平均主义,主观主义,个人主义,流寇思想,盲动主义残余。纠正方法主要是加强党的思想教育,同

---

① 《毛泽东选集》第1卷,人民出版社1991年版,第98~99页。其中"将来大革命的主要工具",在给林彪的信中原为"将来大革命的重要工具之一"。

时严格组织纪律。中央指示信和古田会议决议是人民军队建设史上的重要文献。

在革命斗争中,毛泽东大力提倡进行社会调查。为了反对红军中的教条主义,推进调查工作的进行,1930年5月他专门写了《调查工作》一文①,该文提出"没有调查,没有发言权";"调查就是解决问题";"反对本本主义";"离开实际调查就要产生唯心的阶级估量和唯心的工作指导,那末,它的结果,不是机会主义,便是盲动主义";社会经济调查,是为了"得到正确的阶级估量",接着"定出正确的斗争策略";"中国革命斗争的胜利要靠中国同志了解中国情况"等科学论断。号召那些迷信"本本"、犯有教条主义的人,树立"从斗争中创造新局面的思想路线","到群众中作实际调查去!"这篇文章发表前后,毛泽东亲自作了大量社会调查,其中有:宁冈、永新两县调查,寻邬(今寻乌)调查,兴国调查,长冈乡调查,才溪乡调查等。在毛泽东的大力提倡下,社会调查成为共产党的重要的工作方法和认识路线。这种社会调查,是把马克思列宁主义同中国革命具体实践结合起来的基础环节。

二、苏区土地革命的开展

在农村革命根据地中,共产党和苏维埃政府的一项基本任务,是领导农民解决土地问题。

旧中国的广大农村,60%~70%的土地掌握在不足农村人口总数10%的地主、富农手中。无地少地的贫苦农民占农村人口的70%以上。地主阶级和半地主式的富农对广大农民实施着残酷的封建剥削。农民缴纳的地租一般要占劳动成果的一半以上,甚至达到70%~80%。如江西兴国县,有的乡占50%,有的乡占60%。闽西各县,最低者60%,高者达80%。地租不但夺去农民的全部剩余劳动,而且剥夺了农民必要劳动的一部分。这种封建的土地

---

① 该文1964年收入《毛泽东著作选读(甲种本)》时题目改为《反对本本主义》。

所有制和封建的剥削关系,给广大农民造成极大痛苦,阻碍着整个社会生产力的发展。因此,土地问题成了中国社会的一项基本问题,变革土地制度,成为中国民主革命的一项基本任务。在红军占领并建立起苏维埃政权的地方,共产党领导广大农民展开土地革命斗争。

　　土地革命的进行,先是发动群众打土豪,斗恶霸,接着是调查摸底,实行分田。井冈山根据地的分田,于1928年2月先在宁冈大陇等地进行。1928年5月,中共湘赣边界第一次代表大会后,分田斗争全面展开。仅经3个月,宁冈全县、永新和莲花大部分地区和酃县的一部分地区,都分了田。12月颁布了《井冈山土地法》。在闽西根据地,1929年7月中共闽西第一次代表大会通过《土地决议案》后,土地革命迅速展开。很短时间内,就在长汀、连城、上杭、龙岩、永定等县纵横300多里的地区内,解决了50多个区、500多个乡的土地问题,约有66万人得到了土地。在赣南,1930年2月6日至9日红四军前委、赣西特委、红五和红六军军委在江西吉安陂头召开联席会议(通称二七会议),批判了阻碍土地革命的错误,确定党的任务是扩大苏维埃区域、深入土地革命和发展工农武装三项,解决土地问题一要"分",二要"快"。二七会议推动了赣西南土地斗争的发展,至1930年10月,根据地各县普遍分了田。上述地区之外,在湘鄂赣、闽浙赣、鄂豫皖、湘鄂西和其他所有革命根据地内,都进行了废除封建土地制度的伟大斗争。土地革命推动了根据地农业生产的发展,也给红军战争奠定了坚实的群众基础。

　　在斗争实践中,共产党逐步解决了土地革命的路线和政策问题。首先,是关于没收土地的对象。土地革命之初,曾规定只没收大中地主的土地,对小地主(拥有土地50亩以下者)实行减租的政策。后来又提出过没收一切私有土地。到共产党召开六大时,进一步明确了只没收地主阶级的土地。1928年12月《井冈山土地法》制定时,因尚不知道中共六大的有关精神,规定了"没收一切土地"的原则;到1929年4月红四军到达赣南兴国,颁布《兴国土地法》时,便改为"没收公共土地及地主阶级土地"。这是一个原则的改正。其次,是关于土地分配的原则和方法。一般是以乡为单位,以人口为标准,男女老幼平均分配,并以原耕地为基础,抽多补少,抽肥补瘦。第三,是关于土地分配后的所有权。开始的几年内,各根据地都实行土地公有(苏维埃政府所有)、农民使用的原则,禁止土地买卖。《井冈山土地法》《兴国土地法》等有关土地问题的文件,都作了这样的规定。到1931年春,普遍改为土地一经分定,使用权和所有权都归农民,可以租借、买卖。第四,是关于阶级路线,即土地革命中依靠谁、团结谁、打击谁的问题。共产党六大基本确定了依靠贫农雇农、团结中农、中立富农、消灭地主的正确的阶级路线。但对富农的政策,后来发生曲折。1929年,中共中央根据共产国际的指示,否定了"六大"和"六大"以后中央文件中有关中立富农的规定,要求各地执行"坚决反对富农"的政策。后来王明"左"倾错误时期,实行富农分坏田、少分田,给土地革命造成伤害。直到1935年,才把对待富农的错误政策改正过来。

三、李立三"左"倾错误及其被纠正 王明"左"倾错误的出现

1930年,国民党蒋、冯、阎、桂各派军阀进行大混战,红军和革命根据地有很大的发展,共产党在国民党统治区的组织和工作也有相当的恢复。在这种客观形势和主观力量都有利于革命的情况下,原来就在党内存在着的"左"倾思想又发展起来。1930年6月,担任中共中央政治局常委、中央宣传部长和秘书长的李立三主持召开中共中央政治局会议,通过了《新的革命高潮与一省或几省首先胜利》的决议,使"左"倾错误第二次在共产党中央占了统治地位。这次以冒险主义为特征的"左"倾错误,当时被称作"立三路线"。

同瞿秋白"左"倾盲动主义一样,"立三路线"也首先是在对中国革命形势、性质、道路、政策等基本问题上作了错误的分析和规定。李立三完全不切实际地认为:"空前的世界大事变与世界大革命的时机,都在逼近到我们的前面了。"中国阶级斗争的尖锐形势,甚至比十月革命前的俄国还严重十倍。新的军阀混战"有极大的可能转变成为全国革命的胜利与军阀统治的最后灭亡"。他否认革命发展的不平衡性和革命需要主观力量的充分准备,认为"中国经济政治的根本危机,在全国任何一处都是同样继续尖锐化,没有丝毫根本的差别"。只要产业区域的工人斗争一经发动,立即就会"形成全国革命高潮"。而中国革命的总爆发又必将引起世界革命的总爆发。李立三混淆民主革命和社会主义革命的界限,否认"革命转变的阶段论",认为"民主革命的彻底胜利与推翻资产阶级的统治不可分离",为此制定了没收民族资本家企业、消灭富农、建立集体农庄等"左"倾政策。李立三反对把革命重心由城市转向农村,实行"农村包围城市",多次指责这种主张是"极端错误的观念",认为党应以发动城市工人斗争为"最主要的策略"。六月政治局会议后,李立三制定了一个以武汉为中心的全国总暴动和集中红军攻打中心城市的冒险计划。他一方面命令上海、南京、广州、武汉、天津、北平、唐山、青岛、哈尔滨等十几个中心城市的共产党组织,立即举行总罢工和武装起义;一方面命令各地红军攻打南昌、九江、长沙、武汉、桂林、宜昌等城市,最后实现"会师武汉,饮马长江"。为了执行这一计划,李立三将各级党、团、工会组织合并为准备武装起义的行动委员会,使各项正常工作陷于停顿。

"立三路线"的推行,使刚刚发展起来的革命力量又受到重大损失。由于进攻中心城市,红军减员3万多人,并丧失部分根据地。一部分红军曾攻入长沙,不久又被迫退出。由于组织中心城市的武装起义,使白区的共产党组织和革命群众组织遭受很大破坏,短短几个月中,共产党员和革命群众损失7万余人。李立三"左"倾冒险错误在推行过程中,曾受到党内一些做实际工作的干部的批评和抵制。"立三路线"的急剧发展,超出共产国际所能允许的范围,因此也受到共产国际的批评。1930年9月下旬,在瞿秋白、周恩来的主持下,共产党召开扩大的六届三中全会,决定停止李立三冒险计划的执行,恢复党团工会组织和日常工作,从而结束了"立三路线"在中共中央的统治。李立三本人离开中央领导岗位。

中共六届三中全会后三个多月,由于共产国际的干预和支持,经过1931年1月召开的六届四中全会,以王明为代表的"左"倾教条主义又开始统治党中央。四中全会前,王明写成题为《两条路线》(后经补充再版时更名为《为中共更加布尔塞维克化而斗争》)的小册子,在"拥护国际路线""反对立三路线""反对调和主义"的旗号下,提出一套比"立三路线"更"左"的错误理论和观点。王明不是批评李立三的"左"倾,而是批评他的所谓"以'左'倾词句掩盖的右倾机会主义"。在中国社会性质问题上,王明批评李立三"根本否认殖民地半殖民地有相当的畸形的资本主义发展的事实",从而"否认了中国无产阶级在革命中的领导权与革命转变的前途",甚至是"根本取消"了现在阶段的革命。在阶级关系问题上,王明批评李立三承认"第三派"或"中间营垒"的存在,无视上层小资产阶级在武汉时代后已转入反动营垒,一切资产阶级改良派别"都各是反动营垒的一翼"。在革命性质问题上,王明同李立三一样,都是把反帝反封建同反资产阶级并列起来,但他却指责李立三不反资产阶级。王明说:"现在阶段革命之所以还成为资产阶级民主性,是因为工人阶级反对资本主义的斗争,在经济制度上社会发展上及社会矛盾力量上的比重和地位,还次于民族解放及土地革命的地位和比重",而"现在阶段的中国资产阶级民主革命,只有在坚决进行反对资产阶级的斗争中,才能得到彻底的胜利"。这是在革命性质问题上给"左"倾观点以理论的解释。在革命形势问题上,王明和李立三都是强调全国"革命高潮"的到来,但王明批评李立三是在"左"词句掩盖下的右倾机会主义错误,

"否认了一省或几省首先胜利的可能性"。王明还批评三中全会"对立三路线的一贯右倾机会主义的理论与实际,未加以丝毫的揭破和打击",是"调和主义","实际上继续着立三路线"。王明要求"以能积极拥护和执行国际路线的斗争干部","来改造和充实各级的领导机关";在全党"坚决实行两条战线的斗争","尤其要特别反对主要的危险——右倾机会主义倾向"。王明教条主义比"立三路线"更加"左"倾,形态也更为完备。

1931年1月7日,中国共产党在上海召开扩大的六届四中全会。在这次会议上,王明等"左"倾教条主义者依靠共产国际来华代表米夫的支持,取得了在中共中央的领导地位,并把王明的错误观点写进了决议。六届四中全会及其以后的中央,一方面提拔了一些"左"倾教条主义和宗派主义者到中央的领导岗位,另一方面过分地打击了犯"立三路线"错误的中央领导人,错误地打击了所谓犯"调和路线错误"的瞿秋白等人,并进行宗派主义的"反右倾"斗争,打击了一直在白区坚持斗争的何孟雄、林育南、李求实等人。不久,何孟雄等被国民党逮捕,英勇牺牲。1931年3月,中共中央派夏曦至洪湖根据地,成立湘鄂西中央分局。接着,又派中央代表团至中央苏区,派张国焘、陈昌浩等到鄂豫皖,派曾洪易到赣东北,等等,开展"反右倾"斗争,"改造各级党的领导",推行新的"左"倾冒险主义。

1931年5月,中共中央发出《目前政治形势及党的紧急任务》的决议。这个决议否认中间派别的存在,拒绝利用敌人内部矛盾,提出在大城市中和红军工作中的"积极进攻"方针。强令上海、南京、北平、天津等地的党组织发动罢工、罢业、罢操,举行飞行集会和示威,以纪念五卅运动。这个决议表明王明"左"倾冒险主义已在实际工作中贯彻。

王明"左"倾冒险主义统治中共中央达四年之久。但它在党的各项工作中的贯彻,特别是在各革命根据地中的贯彻,有一个过程,它本身也具有革命和冒险两个方面,所以尽管它一出现就给革命事业造成危害,但六届四中全会后一个时期内,红军和根据地仍在发展。

六届四中全会前后,中国共产党内还发生有罗章龙等人分裂党的事件。1931年1月27日,中共中央政治局决定把罗章龙开除出党。

四、国民党军对红军"围剿"和红军反"围剿"作战

红军一出现,国民党就把它视作眼中钉,不断向它发起进攻。1930年10月中原大战结束后,蒋介石更集中兵力"围剿"红军。红军在根据地人民的支援下,展开英勇的反"围剿"战争。"围剿"和反"围剿"的多次反复,构成中国革命和反革命之间战争的主要形式。

1930年12月,蒋介石调集杂牌军8个师约10万人,以江西省主席鲁涤平为总司令,十八师师长张辉瓒为前线总指挥,向中央苏区发动第一次"围剿"。国民党军从江西吉安到福建建宁布置成一个半圆形包围圈,采取"分进合击,长驱直入"的办法,由北向南分路进攻。红一方面军约4万人,采取"诱敌深入"的方针,实行"求心退却",待机歼敌。12月29日,张辉瓒率国民党军十八师师部和两个旅进到龙冈,30日红军发起攻击,全歼敌军,活捉张辉瓒,俘敌9 000余人。接着红军乘胜追击,于1931年1月3日在东韶歼敌谭道源师一半。红军五天内打了两个胜仗,共歼敌1.3万人,缴获各种武器1.2万余件。粉碎了敌人的第一次"围剿"。

1931年2月,蒋介石令国民政府军政部长何应钦组织南昌行营,由何任行营主任兼总司令,准备向中央苏区发动第二次"围剿"。这次"围剿"从4月初开始,改取"稳扎稳打,步步为营"方针,20万国民党军分四路向前推进。红军3万多人,仍然采取"诱敌深入"的方针,并实行集中兵力,先打弱敌,在运动中各个歼敌的战法。5月16日,红军选择侵入富田一带敌军较弱的两个师,发起猛烈进攻。经过一天战斗,歼敌一个师又一个旅,缴枪5 000

余支。然后由西向东横扫,一直打到福建建宁。从5月16日至31日,红军横扫700里,打了5个胜仗,共歼敌3万余人,缴枪2万余支,粉碎了敌人的第二次"围剿"。

1931年7月,蒋介石又发动对中央苏区的第三次"围剿"。蒋调集军队30万人,以嫡系部队为主力,自任总司令,重新采取"长驱直入、分进合击"的打法,妄图压迫红军于赣江东岸而消灭之。红军仍然只有3万人左右,面对十倍于己的敌人,决定采取"避敌主力,打其虚弱"的方针,并实行"敌进我也进"的部署,从建宁绕道千里,回师赣南。从8月7日至11日,红军取得三战三捷的胜利,歼敌2个师又2个团,缴枪万余支。当敌军下令撤退之时,红军乘机追歼,先在老营盘,后在方石岭,分别歼敌一个旅和一个师。两个半月内,红军歼敌3万余人,缴枪1.48万余支,粉碎了国民党军的第三次"围剿"。经过三次反"围剿"的胜利,赣南、闽西两块根据地连成一片,中央苏区已拥有人口300万。

在中央苏区粉碎国民党军三次"围剿"的同时,其他苏区也都取得了反"围剿"战争的胜利。鄂豫皖苏区红军于1930年12月至1931年3月取得第一次反"围剿"的胜利,歼敌1.3万余人,活捉敌三十四师师长岳维峻。接着,蒋介石把"围剿"部队增至11个师。至5月,"围剿"计划又被粉碎,红军歼敌6 000余人。9月,蒋介石到武汉布置对鄂豫皖苏区的第三次"围剿"。11月,鄂豫皖红四军与新发展起来的红二十五军合编组成红四方面军,徐向前任总指挥,陈昌浩任政治委员。红军在敌军尚未布置就绪时,主动出击。从1931年11月至1932年6月,先后发动黄安、商(城)潢(川)、苏家埠、潢(川)光(山)4次战役,共歼敌6万余人,打破了国民党军对鄂豫皖区的新的"围剿"计划。其中苏家埠一战,即歼敌3万多人,包括生俘敌皖西"剿共"总指挥厉式鼎以下2万余人,缴枪2万余支,还击落敌机1架。这时,鄂豫皖根据地的人口达到350万,面积4.4万平方公里,拥有6座县城,建立起26个县的革命政权,主力部队达到4.5万人。

洪湖湘鄂西根据地曾因执行立三路线而遭受重大损失，主力红军严重减员，离开洪湖，撤往鄂西山中。1931年春，洪湖根据地得到恢复。10月，红军主力开回洪湖，至1932年春发展到1.5万余人。从1930年冬至1932年春，赣东北、湘赣、湘鄂赣、陕甘等根据地，也展开了粉碎国民党军事"围剿"的斗争。

中央苏区的三次反"围剿"战争，是在毛泽东、朱德等的直接指挥下进行的。在战争实践中，他们发展了井冈山时期的朴素的红军游击战原则，而形成一套能够克敌制胜的战略战术原则。这就是：承认积极防御，反对消极防御，作战中实行"诱敌深入"的方针和集中兵力的原则，打运动战、速决战、歼灭战等。

承认积极防御，反对消极防御，是红军作战的基本指导思想。由于敌军强大，红军弱小，敌人总是企图把红军包围起来"吃掉"。因此战略防御问题成为红军作战中最复杂和最重要的问题。毛泽东认为："消极防御实际上是假防御，只有积极防御才是真防御，才是为了反攻和进攻的防御。"[①]本来容易陷入被动地位的防御战，经过努力，是能够转入主动的。当敌人的大规模"围剿"到来之时，弱小的红军一般是实行"诱敌深入"，退却到根据地内部作战。这种退却是"为了保存军力，待机破敌，而采取的一个有计划的战略步骤"，是使红军"最有把握地打破敌人进攻的办法"。集中兵力，是改变敌我之间进退、攻守、外线内线形势的基本的一着。实行集中兵力，就可以做到内线作战中的外线作战，"围剿"中的围剿，防御中的进攻，劣势中的优势，被动中的主动。带游击性的运动战，是红军在强敌进攻面前必须采取的基本的作战形式，"打得赢就打，打不赢就走"，可以最有效地保存自己，并在最有利的条件下消灭敌人。速决战、歼灭战是红军战役战斗行动中的基本要求。只有在战役战斗上力争速决，才能支持战略上的持久。只有打歼灭战，才能有效地消灭敌人有生力量，并从物质上人员上补

---

① 《毛泽东选集》第1卷，人民出版社1991年版，第170~244页。

充自己,从而打破"围剿",发展革命根据地。

其他革命根据地的红军,也都在战争实践中创造出大体相同并适合本地区情况的战略战术原则。

复习思考题

1. 从国民党政权的内外政策说明它的阶级性质。
2. 试述南昌起义、八七会议、秋收起义、广州起义的意义。
3. 中国共产党第六次全国代表大会有哪些历史功绩?
4. 中国革命是怎样走上"工农武装割据"道路的?红色政权为什么能够长期存在和发展?
5. 简述第三党、改组派、人权派和中国托派的政治主张。
6. 试述土地革命的意义和共产党在土地革命中实行的路线和政策。
7. 分析共产党内"左"倾错误一再出现的原因。

第四章 日本帝国主义的武装侵略 由国内战争向全民族抗日战争的过渡

（1931年9月—1937年7月）

学习提示

从1931年九一八事变到1937年七七事变,是日本帝国主义侵占中国东北、"分离"华北,最终发动全面侵华战争的时期,也是中国由国内战争向全民族抗日战争过渡的时期。中国局部的抗日战争从此开始。这一时期的历史呈现出曲折发展的形势,可以分为四个阶段:

(一)从1931年九一八事变到1932年5月签订《上海停战协定》。九一八事变引起了国内政治形势和阶级关系的新变化,全国抗日民主运动高涨。全国人民对国民党不抵抗政策的抨击和蒋、汪、胡三派的纷争,使国民党统治陷入严重的危机之中。中国共产党由于王明"左"倾错误的继续发展,对兴起的抗日民主运动未能给以正确的领导,反而使白区工作受到极大损失。日本帝国主义成立了伪"满洲国"。1932年日本帝国主义在上海挑起一·二八事变,引发了淞沪抗战。蒋汪合作的南京政权于5月同日方签订了《上海停战协定》。抗日民主运动被镇压下去。

(二)从签订《上海停战协定》之后,到1935年华北事变之前。《上海停战协定》签订之后,蒋介石正式宣布把"攘外必先安内"作为基本国策。对内,国民党继续加强它的军事和政治实力以及经济上的垄断地位;对苏区和红军进行经济封锁和军事"围剿";对察哈尔抗日同盟军、福建人民政府和抗日民主运动进行镇压。对外,继续对日妥协屈服。日本向关内的侵略扩张,长城抗战。冯玉祥等组织了察哈尔抗日同盟军,进行了察哈尔抗战。在这个阶段,1931年11月中华苏维埃共和国临时中央政府成立,苏区进行了土地革命。红军在第五次反"围剿"作战中失败,被迫长征。1935年1月,中共中央召开遵义会议。在长征路上,中共反对了张国焘分裂党分裂红军的活动。1936年10月,红一、二、四方面军胜利会师。

(三)1935年日本帝国主义制造华北事变,策划华北五省"自治",民族危机进一步加深,国内阶级关系发生新的变动。一二·九运动标志着中国抗日民主运动新高潮的到来。绥远抗战。中共中央在瓦窑堡会议上确定了建立抗日民族统一战线的策略方针,会后及时地调整了各项政策。国民党在第五次全国代表大会以后,开始改变了它的若干内外政策。

(四) 1936年国内政治形势和阶级关系继续向着有利于抗战的方向发展。1936年12月12日,张学良、杨虎城发动的西安事变及其和平解决,成为时局转换的枢纽。1937年2月,中国共产党致电国民党,提出五项要求和四项保证。国民党三中全会实际上接受了国共两党合作抗日的政策。以国共合作为基础的抗日民族统一战线初步建立。

这一时期的历史,头绪比较多,变化比较大,一定要掌握这一时期历史发展的脉络,并注意掌握下述几个重点问题:(1)日本帝国主义的侵华过程及其具体政策的变化;(2)蒋介石的"攘外必先安内"政策;(3)王明"左"倾错误对中国革命的危害;(4)遵义会议的历史地位;(5)中国共产党抗日民族统一战线策略方针的形成;(6)国民党政府对日政策的变化;(7)西安事变的历史意义及全国一致抗战局面的基本形成。

第一节　九一八事变 全国抗日民主浪潮的兴起

一、九一八事变　全国抗日民主浪潮的掀起　国内政治形势的变化

中日甲午战争之后,日本就把它的侵略魔掌伸进了"满蒙",侵占中国东北是日本实施其"大陆政策"的第一步。1929年秋,资本主义世界爆发了新的经济危机。这场危机持续了四年之久,是破坏力空前巨大的世界性危机。这场危机于1930年春波及日本,1931年达到顶点,国内阶级矛盾激化。面临着严重的政治经济危机,日本统治集团急于发动一场侵略中国东北的战争,借以转移日本人民的视线,缓和国内的阶级矛盾,并依靠掠夺中国东北的丰富资源来寻求摆脱经济危机的出路。日本成为远东的战争策源地。

为了发动侵略中国东北的战争,日本政府向日本国民大肆宣传"满蒙生命线"遭到危机,挑起侵略冲动,并大规模地扩军备战。1931年6月,日本陆军省和参谋本部共同拟定了《解决满洲问题方策大纲》。大纲规定日本对中国东北"也许终于不得不采取军事行动",但"为争取国内外的谅解","约以一年为期,即到明春为止,要求切实实施"[①]。但是日本关东军的少壮派主张"立即断然采取行动"。于是他们做了一系列具体的准备。8月,本庄繁就任日本关东军司令官,对关东军兵力部署作了相应的调整。当时关东军的总兵力有1万余人。

日本帝国主义为了寻找发动侵略战争的借口,不断制造挑衅

[①] 《中国近代对外关系史资料选辑》下卷第1分册,上海人民出版社1997年版,第205页。

事件。1931年7月,日本侵略者在吉林省长春市北的万宝山,挑起中朝农民纠纷造成流血冲突,日本警察开枪伤害中国农民多人。接着,在日本的煽动下,在朝鲜各地发生了大规模的反华事件,一周内杀害华人109人,160多名华人受伤,这就是万宝山事件。8月又利用日本参谋本部中村震太郎大尉和随员3人非法潜入大兴安岭地区从事间谍活动,被中国驻军抓获秘密处死的所谓"中村事件",煽动战争,叫嚣"应利用中村事件的机会诉诸武力,一举解决各项悬案"。

1931年9月18日晚上,日本关东军在沈阳北郊柳条湖村附近炸毁了南满铁路的一段路轨。然后诬称中国军队破坏铁路、袭击日本守备队,突然向中国东北军驻地北大营和沈阳城发动进攻,制造了震惊中外的九一八事变。当时驻守北大营的东北军第七旅,毫无应变准备。部分官兵被枪炮声震醒后,操起枪支仓促应战,但东北军参谋长荣臻却命令"官兵一律不准轻举妄动,更不得还击,原地待命"。这时东北军的统帅张学良远在北平,当荣臻的十万火急的请示电报到达后,张学良下令:"不抵抗","避免冲突"。在日本侵略军的突然袭击和南京政府东北当局的不抵抗命令下,东北军不战而溃,军政大员四散逃避。19日早晨,日军占领了沈阳城。同日又占领长春、营口、辽阳、鞍山、本溪、抚顺、四平、凤城、安东(今丹东)等20座城市。日本内阁在得知关东军发动事变占领沈阳的消息后,召开紧急会议,决定"事态以不扩大超过现在程度为方针",但又对关东军的行动加以肯定和鼓励,而日本军部"并不想停止军事行动"。关东军继续扩大军事行动。21日,由于吉林省代理主席、吉林边防署司令熙洽迎降,关东军侵占了吉林市。驻朝鲜的日军也越境侵入中国东北。从9月18日至25日的一周内,日军占领了辽宁、吉林两省30座城市,并完全或部分控制了南满、安奉等12条铁路线。日军在占领辽宁(除辽西)、吉林两省后,即积极做侵占黑龙江省的准备。11月19日,日军占领黑龙江省城齐齐哈尔。之后,日军调转矛头进攻锦州,袭取辽西地区。1932年1月1日,日军对锦州发起总攻,驻锦州地区的东北军向关内撤退。3日,日军未发一弹进入锦州。接着日军迅速占领了山海关外的全部辽西地区。日军占领锦州和辽西地区后,又将进攻方向转移到北满夺取哈尔滨。当时哈尔滨是东三省特别行政区官署所在地,为北满政治经济中心,是中苏共管的中东铁路的总枢纽。2月5日,日军占领了哈尔滨。至此,在4个多月中,东北三省全部沦入敌手。

九一八事变发生时,蒋介石正在江西"督剿"红军。国民党中央在19日晚召开常务会议,决定"急电南昌",要蒋介石"即日返京","共议内外应付之方策"。蒋介石于21日回到南京,立即召集国民党党政军要人"商讨对日方略",决定"对外避免扩大战争,经由向国际联盟的申诉,获得公平的处断",并设立特种外交委员会,为对日外交的决策机构。22日,蒋介石在国民党南京市党部党员大会上发表政策性演说。他说:"此刻必须上下一致,先以公理对强权,以和平对野蛮,忍痛含愤,暂取逆来顺受态度,以待国际公理之判断。"①23日,南京政府发表告全国国民书说:"政府现时既以此次案件诉之于国联行政会,以待公理之解决,故已严格命令全国军队,对日避免冲突,对于国民亦一致告诫,务必维持严肃镇静之态度。"②九一八事变后,南京政府和蒋介石决定的对日方针是不抵抗,而指望依靠国联的力量抑制日本的侵略行动。

9月21日,中国代表施肇基正式向国联递交声明书,报告日军发动九一八事变的经过和中国未作任何抵抗的事实,请求国联立即召集理事会,阻止此种形势的扩大和恢复事变前原状。22日,国联理事会开会讨论,日本代表声称中国军队是这次事件的责任者,认为远东问题应排除第三国干涉,而由中日直接交涉。结果,理事会授权给主席,对中日两国政府提出内容相同的"紧急警

---

① 上海《民国日报》1931年9月23日。
② 上海《民国日报》1931年9月24日。

告"，要求中日双方立即撤兵，避免事态扩大。对此，中国方面表示同意。由于日本继续进兵扩大战争，国联理事会于9月30日作出决议，以日本侨民"生命财产之安全有确切之保证"为条件，希望日本于10月14日以前"将其军队从速撤退至铁路区域以内"，并对日本政府声明"无领土野心"予以肯定。日本政府虽然宣布接受国联理事会的决议，但又以"中国政府不能担保东北日侨生命财产之安全"为理由，拒绝撤兵。10月24日，国联又通过决议，要求日本于11月6日以前撤兵，但日本置若罔闻。在依赖国联的希望破灭后，蒋介石仍采取以外交方式解决的方针，并试图与日本直接交涉。但是，由于各方面的反对，对日直接谈判未能实现。国民党的对日政策陷入不抵抗、不交涉的状态。

九一八事变在世界上引起了强烈的反响。世界各国爱好和平主持正义的人们同声谴责日本帝国主义的侵华罪行。苏美英等世界大国政府基于各自的立场，作出了不同的反应。苏联政府在道义上同情和支持中国，但在具体的外交政策上，则采取不干涉的"中立主义"态度。美国政府在开始时对事变采取消极观望态度，直至日军侵占锦州后，美国国务卿史汀生才向中日两国政府发出"不承认主义"照会，宣布美国不承认被改变了的中国东北地区的现状。英法政府的态度是消极观望，这通过他们在国际联盟的活动反映出来。英美等帝国主义国家没有采取任何实际行动来制止日本侵略。在日本拒绝国联限期撤兵的决议后，中国代表在国联理事会上要求对日本采取经济制裁，但被否决。在日本拒绝撤兵并继续扩大战争的情况下，国联于12月10日通过了组织调查团的决议。1932年1月，国联调查团正式成立。由英、美、法、德、意五国代表组成，英国代表李顿任团长。

日本帝国主义发动九一八事变，开始了日本帝国主义侵略中国的新阶段。这就打破了第一次世界大战后形成的凡尔赛—华盛顿体系的世界格局，加深了美英与日本在华的矛盾。同时，在很大程度上改变了中国国内的政治形势和阶级关系，中日矛盾向着主要矛盾地位上升,反对日本帝国主义侵略成为全国人民的共同要求,中国局部的抗日战争从此开始。

全国人民对日本帝国主义的武装侵略和国民党政府的不抵抗主义,无不义愤填膺,纷纷要求进行抵抗。全国掀起了空前规模的反日浪潮。中国共产党、苏维埃政府和工农红军多次发表宣言,作出决议,号召全中国工农红军和广大被压迫民众"以民族革命战争,驱逐日本帝国主义出中国"。全国各方面纷纷发出通电,抗议日本帝国主义的侵略暴行,呼吁国民党"平息内争,一致御侮",要求政府采取行动抵抗日本帝国主义的侵略。全国各大中城市纷纷召开各界抗日救国大会,举行游行请愿,参加阶层之广和规模之大都是空前的。9月23日,南京各界约20万人举行反日救国大会,会后赴"国府"请愿。26日,上海举行抗日救国大会,参加的有800多个团体20多万人,会后举行游行。28日,北平各界召开抗日救国大会,参加的有250多个团体,约20多万人,大会通电全国,要求国民党政府"改定外交方针,认定日本为目前中国最大敌人",实行"对日宣战",在全国"厉行对日经济绝交","组织抗日义勇军","国内各方停止内争,一致对外"①。

上海、北平等地的工人纷纷举行反日罢工。9月24日,上海3.5万名码头工人举行反日罢工。23家日资纱厂工人酝酿同盟罢工,工人纷纷退厂。日本商号的店员和私人雇用的佣工也纷纷自动离去。10月初,上海80多万工人组织抗日救国联合会。各厂工人纷起成立抗日义勇军,要求政府发枪抗日。10月中旬,北平工界抗日救国会成立。其他各地的职工也都以发表宣言、向政府请愿、征募爱国捐款、禁售日货等多种形式,开展抗日爱国活动。

青年学生在反日浪潮中起了先锋作用。各地大中学生纷纷集会游行,发表通电,进行抗日宣传,建立抗日团体,组织抗日义勇军,要求国民党政府停止内战,一致对外,武装民众,出兵抗日。9

---

① 陈觉:《九一八后国难痛史资料》第3卷第8章,第2~3页。

月20日,北京大学学生通电指出:"为今之计,唯有速息内战一致抗日,并望我国民众实行武装,誓作政府后盾。"9月25日,北平师范大学学生电国民党政府,谴责政府和军队"一遇外敌,辄取不抵抗政策,洵属奇耻"。9月27日,北平学生抗日救国联合会发表《为东三省事件告全国民众书》,指出:"向国联报告请求公判",是"软弱无效,坐以待毙的政策"。主张工农兵学商"组织起来""联合起来""武装起来","成立全国的反日运动联合会,作为全国反日帝国主义的总机关","以群众的力量驱逐日军出境""打倒勾结日本帝国主义的走狗"。

各地学生还纷纷向各地方政府请愿,并派代表或结队赴南京请愿。9月27日,沪宁两地学生两千多人冒着倾盆大雨,步行赴国民党中央党部和"国民政府"请愿。在外交部,愤怒的学生殴打了外长王正廷,捣毁了他的办公室。11月,南京国民党第四次全国代表大会通过"请蒋速北上,收复失地"的紧急动议案,蒋介石也诡称"个人决心北上"。消息传出,全国各地学生立即发起"送蒋北上抗日运动"。11月25日,到南京敦促蒋介石出兵抗日的学生达两万多人。国民党当局明令"禁止学生集队来京请愿",但赴南京请愿示威的学生与日俱增。12月5日,北京大学示威团在南京街头举行示威,被军警包围,打伤30多人,逮捕185人。7日,上海各校学生1.5万人举行示威游行,声援北大学生,抗议国民党当局压迫学生爱国运动。9日,上海学生上万人,包围了上海市政府,抗议特务绑架由南京来上海报告情况的北大学生代表,迫使市政府释放了北大学生代表,交出了绑架学生的凶手。接着上海学生组织了人民法庭,公审凶手,并捣毁了国民党上海特别市党部。12月15日,北平学生示威团200余人到国民党中央党部请愿,蔡元培、陈铭枢出来与学生相见,被学生殴打。17日,汇集南京的各地学生3万多人,联合举行大示威,示威学生在珍珠桥遭到大批国民党军警的血腥屠杀,死30多人,伤100多人,被捕100多人。当夜国民党当局又派出大批军警赴各校搜捕学生,并武装押送各地学生返回原地。珍珠桥惨案发生后,各地纷起抗议。上海学生、工人和市民抬着死难学生的棺木举行了10万人的示威游行。

全国各城市的爱国工商业者纷纷参加到抗日救亡运动的热潮中来。他们起来抵制日货、拒收日钞、拒绝与日商买办往来,要求政府实行对日经济绝交。民族资产阶级的代表人物和代表民族资产阶级舆论的报刊,纷纷发表言论,要求"立息内争,共御外侮",抨击国民党政府的不抵抗主义和对内政策。九一八事变刚一爆发,罗隆基写了《沈阳事件》一文,就日本侵略中国一事批评国民党当局的内外政策,提出"改组政府"的主张。他说:"在目前内忧外患的环境下,具体的救急办法,是根本改组现在的政府。我们希望有个容纳全国各项人才、代表各种政见的政府来暂时负担国事,做政治上的应急的过渡办法,这里,1870年法国的国防政府是个前例。"①10月,王造时发表《救亡两大政策》的小册子,提出"对外准备殊死战争,与日拼命到底,促成日本革命","对内取消一党专政,集中全国人才,组织国防政府"②。知名人士马相伯发表《为日祸敬告国人》书,提出"立息内争,共御外侮"。

国民党和国民党军队内部也发生了分化和动摇。一部分国民党军政人员,深明民族大义,提出各项抗日主张。国民党驻东京直属支部委员会于9月20日致电中央执行委员会,要求"对日所提出之任何条件绝对不承认","彻底对日厉行经济绝交","作对日战争的准备"。11月,当日军进犯黑龙江省时,黑龙江省代理主席兼军事总指挥马占山率部在江桥抗战。

总之,"九一八"后,不仅工人、农民、学生、城市小资产阶级和民族资产阶级的抗日爱国热情极为高涨,其他阶层的爱国人士也积极主张抗日,国民党和国民党军队中也有一部分人违背国民党

---

① 罗隆基:《沈阳事件》,上海良友图书印刷公司1931年9月26日初版,第15页。
② 王造时:《救亡两大政策》,《荒谬集》,自由言论社发行,1935年6月初版,第20页。

中央的意志起来抗日。全国抗日民主浪潮的兴起,成为不可阻挡的历史潮流。

二、王明"左"倾错误的发展　中华苏维埃政府的成立及其各项政策

如前所述,九一八事变引起了国内政治形势和阶级关系的深刻变化。如何估量这种变化,适时地调整政策,把中国的民族民主革命推向前进,这对中国共产党来说,是一个至关重要的问题。

1931年9月下半月,由于在上海的中共中央委员和政治局委员都已不到半数,根据共产国际远东局的提议,在上海成立了中共临时中央政治局,由博古、张闻天(洛甫)、卢福坦三人担任中央常委,博古负总的责任,继续推行以王明为代表的"左"倾教条主义错误。中共临时中央政治局主张坚决抗击日本帝国主义的侵略,猛烈抨击国民党蒋介石的不抵抗主义,号召全党领导和发动工农和下层小资产阶级群众,开展反对日本侵略者和推翻国民党反动统治的武装斗争。但是,中共临时中央对形势的分析、阶级关系的估量以及所采取的政策和策略都是错误的。他们认为,九一八事变"将成为世界大战尤其是反苏战争的导火线","反苏联成为最主要的、最迫切的根本危险",因而提出"武装保卫苏联"这样完全脱离中国人民抗日要求的口号。[①] 他们强调"九一八"后帝国主义相互勾结镇压中国革命的一致性,认为这是"帝国主义国际策略之中心",因此提出在反对日本帝国主义的同时,必须同时"反对一切帝国主义"。他们强调日本侵略中国是为了镇压中国革命,忽视日本侵略造成的民族危机和国家灭亡的危险。他们只看到国民党政府的不抵抗和妥协退让,否认日本侵略者和中国当权派之间的矛盾,因此一再强调在反对日本帝国主义的同时,必须进行推

---

① 《中央关于日本帝国主义强占满洲事变的决议》(1931年9月22日),《中共中央文件选集》第7册,第416页。

翻国民党统治的斗争,而且"推翻国民党政府,是胜利地进行民族革命战争的先决条件"。他们把国民党看成铁板一块,把国民党内各反蒋派别一律说成"反革命的在野派别",认为他们打出抗日反蒋的旗号,是"利用他们在野的地位""欺骗民众""愚弄民众","挽救国民党反动统治的最后崩溃",因此要统统打倒。他们看不到"九一八"后民族资产阶级政治态度的变化,拒绝"国防政府"的口号。他们否认中间营垒的存在,否认中间阶级的抗日民主要求,而且断定中间派别是"最危险的敌人","应该以主要的力量来打击"这些派别。他们过分地夸大国民党统治的危机和革命力量的发展,错误地认为"国民党统治的崩溃,正在加速进行着","目前中国政治形势的中心的中心,是反革命与革命的决死斗争",要红军夺取中心城市,实行所谓"布尔什维克的全线进攻","推翻地主资产阶级的国民党政府","取得中国革命在几个主要省份(湘鄂赣皖)的首先胜利"。在敌人势力强大的城市,他们还拒绝实行必要的退却和防御,拒绝利用一切合法的条件,采取为当时情况所不允许的进攻方式,组织庞大的没有群众掩护的党的机关和脱离群众的赤色群众团体,经常地无条件地号召和组织政治罢工、同盟罢工、罢课、罢市、罢操、罢岗、游行示威、飞行集会等。由于这一切,中国共产党对当时的抗日民主运动不但未能给以正确领导,而且使自己陷于孤立,使白区工作受到极大损失。

"九一八"时,王明的"左"倾教条主义方针还没有来得及在各个苏区贯彻。因此,那里的工农革命还在深入和扩大。中共临时中央政治局按照共产国际的意见,要求"把分散的苏区打成一片","成立全国苏维埃临时中央政府"。他们认为这是"目前革命最迫切的需要"。

1931年11月7日至20日,在江西瑞金召开中华苏维埃第一次全国代表大会。大会宣布成立中华苏维埃共和国临时中央政府,并通过了《中华苏维埃共和国宪法大纲》。宪法大纲规定:"中国苏维埃政权所建立的是工人和农民的民主专政的国家。"苏维埃全部政权"属于工人、农民、红军兵士及一切劳苦民众"。军阀、官僚、地主、豪绅、资本家、富农、僧侣及一切剥削人的人和反革命分子"没有选派代表参加政权和政治上自由的权利"。"这个专政的目的,是在消灭一切封建残余,赶走帝国主义列强在华的势力,统一中国,有系统的制止资本主义的发展,进行国家的经济建设,提高无产阶级的团结力与觉悟程度,团结广大的贫农群众在它的周围,以转变到无产阶级专政。"宪法大纲还规定:"中华苏维埃共和国之最高政权为全国工农兵会议(苏维埃)的大会,在大会闭会的期间,全国苏维埃中央执行委员会为最高政权机关,中央执行委员会下组织人民委员会,处理日常政务,发布一切法令和决议案。"宪法大纲是中华苏维埃共和国的根本法。

大会还通过了劳动法、土地法以及经济政策等重要文件。劳动法规定八小时工作制,最低限度的工资标准,工人有监督生产之权。土地法规定没收地主阶级的土地,分配给贫农、中农,并以实现土地国有为目的。关于经济政策的文件规定:苏维埃政府"将操在帝国主义手中的一切经济命脉,实行国有";对于中国资本家的企业及手工业由工人"实行监督生产";保证商业自由,但"严禁商人的投机和提高价格";对于同非苏维埃区域的贸易,政府不实行垄断,而"实行监督";"极力帮助合作社的组织与发展"。这些文件是中共六届四中全会后的中央政治局和共产国际远东局共同商议起草和提交大会的,其中有很多是过左的错误政策。如在土地政策中,规定地主不分田,富农分坏田,并没收他们经营的工商业;在劳动政策中,片面强调改善工人生活、提高工人工资;在经济政策中,规定征收高额的所得税,实际上是不容许私人工商业存在的政策。这些过左的错误规定对苏区的发展是有害无益的。

大会选举毛泽东等63人为中央执行委员,组成中央执行委员会。中央执行委员会选举毛泽东为中央执行委员会主席和人民委员会主席,项英、张国焘为副主席。同时组成中华苏维埃共和国中央革命军事委员会,朱德为主席,王稼祥、彭德怀为副主席。

中华苏维埃共和国临时中央政府的成立,鼓舞了革命群众的斗志。标志着在中国领土内存在着两个性质根本不同的政权。在"九一八"后,全国开始出现抗日民主运动高潮时,成立苏维埃中央政府,使国民党政权同苏维埃政权之间的对立更加严重。

三、国民党统治的危机 一·二八事变和淞沪抗战 蒋介石的"攘外必先安内"国策

面对日本帝国主义的武装侵略,东三省沦丧,国难当头,作为执政党的国民党内部蒋(介石)、汪(精卫)、胡(汉民)三派,仍继续纷争不休。1931年5月,蒋介石召开"国民会议"之后,反蒋派汪精卫、孙科、陈济棠、李宗仁等在广州成立国民党中央执监委非常会议和国民政府,与蒋介石南京国民政府实行武力对峙。"九一八"后,宁粤双方同时唱出"和平解决"的调子。南京呼吁粤方取消"广州国民政府","立即团结,共赴国难";粤方则要求蒋介石下野,组织"统一"的国民政府,"息争御侮"。9月28日,宁方代表携带蒋介石的亲笔信到达香港,开始与粤方进行会谈。粤方同意取消"广州国民政府",由宁、粤召开统一会议,产生"统一的国民政府",但蒋介石必须下野。宁方代表认为其他条件都可以商量,唯有蒋介石下野一条实难接受,双方争执不下。蒋介石为引诱粤方代表到南京谈判,遂回电诡称,本人问题可在和平会议上讨论,请粤方速派代表北上会谈。粤方旋即提出,必须先释放胡汉民,开会地点在上海,达成协议后再去南京。为保证粤方代表的安全,"京沪卫戍警卫组织"必须"立即变更",调与粤方有历史关系的十九路军进驻上海及沪宁铁路沿线。宁方赞同,会谈告一段落。双方代表于10月27日在上海召开"和平统一会议"。会上双方都把"团结抗日"抛到九霄云外,而以分配党政军大权作为谈判的中心议题。粤方提出《中央政制改革案》,意在打破蒋介石建立的独裁体制,夺取中枢权力;宁方则坚持党统不能动摇,约法不能改变,实际上是把持中央大权不放。经多方斡旋,到11月7日达成

协议,双方各于所在地点召开国民党第四次全国代表大会,选举中委,然后在南京召开四届一中全会,统一处理双方提案,并改组政府。南京国民党"四大"于 11 月 12 日召开,蒋介石在会上高唱"团结内部""抵御外侮",但没有抵御外侮的实际措施。他对中枢大权紧紧抓住不放。广州国民党"四大"于 11 月 18 日召开,会上倒蒋呼声愈加激烈,非逼蒋下野不可。同时,各反蒋派由于抢权争利无法妥协,又分裂为广州胡派"四大"和上海汪派"四大"。胡汉民宣称广州"四大"的宗旨,一曰"精诚团结,共赴国难";二曰"推倒独裁,实行民主政治"。他的用意在压蒋介石下野,改组南京政府。会后在广州正式成立了胡派中央党部。在国民党内部反蒋派别的咄咄进逼下,当权的蒋介石决定采取以退为进的策略,于 12 月 15 日辞去国民政府主席兼行政院长职务。但国民党内部的纷争并没有消除,新的统治重心一时无法建立。国民党反动统治陷入严重危机之中。

  蒋介石辞职后,国民党宁、沪、粤三方中央执、监委员,于 1931 年 12 月 22 日在南京召开四届一中全会,宣告党的"统一",并组成所谓"统一政府",由林森任国民政府主席,孙科任行政院长(根据《国民政府组织法》规定,国民政府主席不负实际责任,而由行政院负实际责任)。蒋、汪、胡三人被推举为中央执委会常委并任中央政治会议常委(中央政治会议不专设主席,由 3 个常委轮流做主席)。但蒋、汪、胡三人均不受命,而躲在幕后操纵政局。孙科执政是国民党内部蒋、汪、胡之间矛盾斗争的产物。蒋介石虽然下野,实际上仍控制着军政大权。就在孙科通电就职的当天,1932 年 1 月 1 日,日军对锦州发起总攻。孙科为博取舆论的支持,一面鼓动"死守锦州",一面主张对日"和平绝交",但没有任何准备和实际行动。1 月 3 日,日军占领锦州。全国舆论纷起抨击孙科,要求政府对日宣战。孙科面临财政、外交两大危机一筹莫展。国民党内部陷入一片混乱之中。孙科支撑不住局面,只得吁请汪、蒋、胡入宁主持一切。蒋介石的亲信乘机叫嚷促蒋复职。蒋介石看到时机已到,决定拉汪排胡重新出山。1932年1月21日至23日,上海的《时事新报》上刊出了蒋介石的《东北问题与对日方针》一文。他为国民党政府的不抵抗政策辩解,攻击抗日爱国运动,要求人民一切听从政府;他反对对日宣战绝交,提出了"不绝交""不宣战""不订割地之约""不签丧权之字"的对日外交方针。① 蒋介石在这个时候提出对日外交的"四不"方针,究其原因,一是由于不抵抗政策已经声名狼藉,全国舆论纷纷要求对日绝交宣战,不抵抗不行,真抵抗又不敢,如果全国动员,对日宣战绝交,人民力量发展起来,势必危及国民党统治。有鉴于此,蒋介石提出对日本的侵略,只"抵抗自卫",但"不绝交、不宣战"。二是由于蒋介石希图依赖国联迫使日军从东北撤退已无望,日军已占领了整个东北,正在策划建立"满洲国",如果公开承认日军侵占东北,与日本签订丧权割地的条约,则国民党的统治必将在全国人民的反对下倾覆。因此,蒋介石决定默认日军占领东北的现状,但不与日本讲和订约。蒋介石与汪精卫达成了权力分赃的协议,汪主持内政外交,蒋负责军事,蒋汪"合作""共赴国难"。蒋汪入宁后,孙科辞职。1月28日,国民党召开临时中政会,决定由汪精卫任行政院长,宋子文任行政院副院长;决定成立军事委员会,指定蒋介石等为常委,统管全国军事(蒋于3月6日正式出任军事委员会委员长)。

日本帝国主义强占我国东北,并策划成立"满洲国",引起了国际上极大的关注。为了转移视线,并压迫国民政府屈服,日本侵略者于1932年初在上海不断寻衅挑起事端。1月18日,日本制造了所谓"日本和尚事件"。日本僧侣5人在上海三友实业社总厂大门外,向正在操练的工人义勇军抛石挑衅,致起冲突,日僧1死2伤。事后日本浪人放火焚烧三友实业社总厂,并杀死砍伤中国警察3人。日侨集会游行,打毁华人商店多家。日本驻沪总领事向上海市政府发函抗议,提出道歉、

---

① 《民国日报》1932年1月21日。

惩凶、赔偿和取缔抗日运动等四项无理要求。日军也在做向上海发动进攻的准备,大批日舰驶抵上海。1月27日,日驻沪总领事向上海市政府提出最后通牒,声称"二十四小时不见满意答复,即采取自由行动"。上海市政府于28日下午4时答复日方,全部承认所提四项要求。但日本海军陆战队于1月28日深夜23时30分在闸北发动进攻。驻上海的十九路军在全国人民抗日热潮的推动和影响下,在军长蔡廷锴、总指挥蒋光鼐的指挥下,奋起抵抗。淞沪抗战开始。

十九路军淞沪抗战得到了上海民众和全国人民的热烈支援。上海总工会发布了举行抗日总同盟罢工的命令。在上海的日本工厂、商店、机关和住宅工作的中国工人、职员、雇员等都实行了罢工或离职。全上海各界人民展开了巨大的捐献运动和支前运动。兵工厂工人日夜赶制军火供应前线。工厂工人送去大批物资,市郊农民也将大批面粉、蔬菜、鸡蛋、年糕等送到前线慰劳部队。宋庆龄、何香凝发起捐制棉衣运动,5天之内就制成棉衣裤3万多套,送至前线。上海工人、农民、学生和各界群众,纷纷组织义勇军、敢死队、情报队、救护队、担架队、通讯队、运输队等,协同十九路军作战。据不完全统计,在十九路军中参加战勤工作的义勇军就有2万多人,有许多人在作战中牺牲或负伤。在淞沪抗战期间,海内外同胞捐给十九路军的款项达700多万元。

淞沪抗战一开始,蒋光鼐、蔡廷锴等十九路军将领即向全国各界发出通电,表示:"为卫国保种而抵抗,虽牺牲至一卒一弹绝不退缩。"十九路军和上海民众已经起来抵抗日军的进攻,蒋介石、汪精卫只好表示要"抵抗",宣布中央党部和国民政府迁洛阳,召开军事会议,制定"全国防卫计划",决定划分全国为四个防区。当日军大举增援后,经蒋介石同意,将张治中统率之第五军调赴上海前线增援。但是,蒋汪的基本方针依然是求和,蒋汪都提出对日一面抵抗、一面交涉的方针。国民党政府密令驻沪各舰,"应守镇静"①。据报刊揭露"当军事会议开会讨论派援兵时,大多数赞成派援,蒋介石与何应钦两氏反对最力,谓不宜使战争扩大"②。蒋介石不但反对增援十九路军淞沪抗战,而且让何应钦通令各部队说:"各军将士非得军政部命令而自由行动者,虽意出爱国,亦须受抗命处分。"③由于以上种种原因,上海军民的抵抗难以坚持下去。

淞沪抗战一开始,十九路军进行了英勇抵抗,主要是在闸北进行巷战,后来战火延伸到江湾、庙行、吴淞、宝山一线,第五军也加入战斗。在上海各界人民的支援下,十九路军和第五军的抗战坚持了一个来月,打得日军多次更换司令官而不能有所推进。但是,十九路军和第五军孤军作战,伤亡日重,急需支援,而蒋介石却拒绝再派兵增援,军政部还克扣军饷和截留捐款。日本侵略军在组成上海派遣军后于3月1日开始全线总攻击,并在七丫口登陆。在日军占领浏河后,中国军队腹背受敌,曾请求军政部速派两师兵力驰援浏河,但军政部置之不理。当日夜十九路军和第五军被迫撤退,日军侵占了淞沪地区。与此同时,"满洲国"宣告成立,日本发动事变的目标已经完成。3月4日,国联行政院决议中日双方实行停战。3月14日,经英国公使兰普森斡旋,中日双方停止军事行动并进行停战谈判。5月5日,签订了《上海停战协定》。协定正文共5条,附件3件。依照协定及其附件的规定,中国军队只能留驻在昆山、苏州一带,不能进驻上海,而日本侵略军却可以继续留驻在上海。这个协定的签订激起了中国人民的极大愤慨。淞沪抗战,十九路军与第五军伤亡和失踪共计13 160人;日军伤亡3 091人。此外,上海的百姓伤亡和失踪共计21 000多人。

---

① 《中国现代政治史资料汇编》第2辑第29册。
② 韬奋:《愤懑哀痛中的民意》,《生活》周刊第7卷第10期。
③ 蒋光鼐、蔡廷锴、戴戟:《十九路军淞沪抗战回忆》,《文史资料选辑》第37辑,第12页。

《上海停战协定》一签订,蒋介石就正式宣布把"攘外必先安内"的政策,作为国民党处理对外对内关系的基本准则。后来蒋介石谈到这段历史时,曾自我供称:一·二八淞沪抗战时,看到共产党在南方七省燃起的"燎原之火,有不可收拾之势",国民党面临"两个战争"。于是,"于淞沪停战之后,宣布攘外必先安内的政策"。"随即于6月18日,在牯岭召开豫鄂皖湘赣五省清剿会议,确定第四次围剿计划"①。在此以后,蒋介石发表了一系列"攘外必先安内"的言论,一再宣称:第一是"剿匪来安内",第二"才是抗日来攘外"②。并一再强调"安内是攘外的前提","安内"的重点是消灭共产党和红军,"同时也要消灭一般违抗中央的叛逆军阀"③。正是在这样的反动国策下,九一八事变后掀起的抗日民主运动高潮被镇压了下去,而国家的领土和主权则不断地被日本帝国主义侵夺,中华民族灾难日益深重。

四、伪"满洲国"的成立　国联调查团的调查及其报告书

日本帝国主义在迅速侵占中国东北后,以什么形式来统治这块占领地,是日本必须决定的问题。1931年9月22日,日本关东军参谋部就制定了《满蒙问题解决方案》,确定"建立以宣统帝为元首,领土包括东北四省及蒙古,得到我国支持的新政权"。根据这个方案,日本关东军一手准备将溥仪挟持到东北,一手在东北各省拼凑伪政权。1931年11月,日本关东军将溥仪偷运到东北。1932年1月,日本陆军省、海军省和外务省共同制定了《中国问题处理方针纲要》,其中规定东北从中国主权下分离出来成为一个国家,这个国家的政治、经济、国防、交通、通讯

---

① 蒋介石:《苏俄在中国》(1956年12月),《蒋总统集》第1册,第280页。
② 蒋介石:《革命军的责任是安内与攘外》(1933年5月8日),《蒋总统集》第1册,第622页。
③ 蒋介石:《爱民的精义与教民的宗旨》(1933年9月17日),《蒋总统集》第1册,第710页。

等受日本的控制,由日本人参与这个国家的中央和地方的行政。接着,关东军加紧了在东北建立伪国家的活动。为了转移国际视听,日本侵略者在上海制造事端,挑起一·二八事变。1932年1月至2月,关东军司令部召开了所谓"建国幕僚会议",更具体地研究了建立伪国家的方案。2月16日,关东军在沈阳召开所谓"建国会议",成立"东北行政委员会",以汉奸张景惠为委员长。1932年3月1日,日本宣布"满洲国"成立。9日溥仪在长春出任"执政",年号大同,"首都"长春,改称"新京"。10日溥仪公布关东军提出的伪政府成员名单,由汉奸郑孝胥任国务总理。9月15日,在长春签订了《日满议定书》。《日满议定书》规定:确认日本以往"在满洲国领域内""所享有的一切权益",并"予以尊重";确认"两国共同担任防卫国家的责任,为此需要日本国军队驻扎于满洲国内"。16日,日本外务省发表宣言正式承认"满洲国"。同日,中国政府外交部发表《为日本承认"满洲国"致日本抗议书》。1934年3月,"满洲国"改称"满洲帝国",溥仪由"执政"改称"皇帝",年号为"康德"。

日本帝国主义通过它一手炮制的汉奸傀儡政权,对东北实行极端残暴的军事占领和殖民统治。在"日满共同防卫"的名义下,日本关东军的兵力不断增加,分驻东北铁路沿线大小城镇和军事要地。日军在伪军配合下,经常到各地进行"讨伐"。日伪宪兵、警察、特务更是为非作歹,随意逮捕、杀害中国城乡居民。1932年9月16日,日军在抚顺市平顶山村,一次就集体屠杀3 000多人,焚烧房屋800多间,制造了平顶山惨案。据不完全统计,从1932年到1934年的两年间,因"反满抗日"的"罪名"而惨遭杀害的就有6.7万多人。日本侵略者还大搞所谓"治安肃正"运动,进行大检举;推行保甲制度,实施连坐法;实行所谓"归屯并户",并小屯为大屯,强行建立"集团部落"。更令人发指的是日寇在哈尔滨附近建立所谓"石井绝密机关",进行细菌试验。除野蛮的军事统治外,日本帝国主义还在"日满经济一元化"的口号下,通过各种方法,对东北人民进行经济掠夺。南满铁道株式会社是日本在东北最庞大的殖民掠夺公司,它的势力扩展到东北的各个经济领域。日本对东北的经济掠夺以煤炭、钢铁等战略物资为重点。日本对东北农村的掠夺更为残酷,它凭借暴力进行大规模的"武装移民",大量霸占中国农民的土地。日本还垄断了东北的商业和金融。日本帝国主义在东北对中国人民进行血腥军事镇压和残酷经济掠夺的同时,大力推行奴化教育,摧残中国民族文化,妄图消灭东北人民的民族意识。据伪文教部记载,1932年3月至7月,焚书650多万册。日本侵略者在东北成立了"满洲帝国协和会",作为日本进行奴化宣传的机关。日本侵略者派出一批日本军国主义分子和法西斯文人到各类学校总揽大权,并对学生进行法西斯军事训练。在日本帝国主义的殖民统治下,东北人民沦于水深火热之中。

国联调查团组成后,于1932年2月29日抵达日本东京,开始进行调查。随后到中国的上海、北平、沈阳等地做调查,后又到日本与日方磋商,然后再回北平。于9月4日写成了《国联调查团报告书》。报告书承认"东三省为中国之一部"等若干基本事实,对日本的侵略行径也作了一定程度的揭露,指出日军在九一八事变中的军事行动"不能认为合法之自卫手段","满洲国"是日本制造的傀儡政权。但报告书在许多方面为日本侵略者辩护,从而作出了许多有害于中国的结论。它提出了一个对中国东北实行"国际共管"的方案。"国际共管"反映了美英与日本的矛盾,也暴露了欧美帝国主义国家在"国际合作"的名义下控制中国东北的企图。这理所当然地遭到中国人民的强烈反对。1933年2月24日,国联大会以42票赞成,日本1票反对,通过了《国际联盟特别大会关于中日争议报告书》,基本上接受了李顿报告书的意见和建议,并申明对"满洲国"不给予事实上或法律上的承认。3月27日,日本政府发表通告,宣布退出国际联盟。

第二节　国民党独裁统治的加强 抗日民主运动继续发展

一、国民党独裁政权的强化和国家垄断资本的形成

九一八事变和一·二八事变之后,蒋介石为了推行"先安内而后攘外"的政策,继续采取各种措施,强化国民党掌握的国家机器,加强对人民的统治和对抗日民主运动的镇压,以巩固他个人独裁和国民党一党专政的统治地位。

国民党的军队是国民党统治的支柱。蒋介石始终抓住军权不放。1932年1月,国民党决定恢复军事委员会,作为国民政府的最高军事机关。3月,国民党四届二中全会正式通过军事委员会组织大纲,规定军事委员会委员长统率全国陆海空军,总揽军令、军政事项。3月6日,蒋介石就任军事委员会委员长兼总参谋长。6月,军事委员会通令将国民党的军队统一编为48个军96个师,建立了一支庞大的、由蒋介石直接指挥的"中央军"。为了加强这支"中央军",聘请了大批外国军事顾问,大量购买外国军火,补充和更新武器装备。1933年7月,在江西庐山开办军官训练团,蒋介石自任团长,陈诚为副团长,对师以上高级军官施行"精神训练"。蒋介石说:举办庐山军官训练团,"唯一的目的,就是要消灭赤匪,所以一切的设施,皆要以赤匪为对象"[①]。开办庐山军官训练团,是国民党强化军事力量的重要一环。除了正规军之外,国民党政府还加强了地方武装力量,建立了省以下的地方保安机构和保安团、队。1932年,军事委员会颁行《剿匪区内各省民团整纪条例》,统一了各地方"民团"的名称、编制和指挥。此后,各地又普

[①] 蒋介石:《军官训练团训练的要旨和训练的方法》,《庐山训练集》第28页。

遍举办"民团"训练班。到1934年6月,豫、鄂、湘、赣、皖、苏、浙、闽8省"民团"扩大到1 700万人。

蒋介石在国民党内和政府中、军队中建立了庞大的特务组织。早在1927年底,陈果夫奉蒋介石之命组织了"中央俱乐部"(Central Club),这就是CC的由来。1929年国民党三大时,陈立夫当上了中执会秘书长。二陈的势力逐渐伸进各省市党部的组织部门和基层组织。从此,有所谓"蒋家天下陈家党"的说法,形成了以二陈为中心的CC系集团。1932年初,以二陈为中心成立"国民党忠实同志会",会长是蒋介石,核心人物有陈果夫、陈立夫、余井塘、张厉生、叶秀峰、徐恩曾、张道藩等人。它自成立后即派中央干事到各省市秘密组织分会和作为该会外围的青年组织。在陈果夫控制的国民党中央组织部有一个"党务调查科"(后扩大改称"党务调查处"),专门从事特务活动,它就是"国民党中央调查统计局"(简称"中统")的前身。"党务调查处"的特务组织和活动后来扩大到各省市党政机关、文教部门以至经济机构。1932年3月,蒋介石指使贺衷寒、戴笠、康泽等人,打着"复兴民族"的旗号,成立了又一个特务机构"中华民族复兴社"。复兴社的活动范围起初主要是在军事系统,后来扩展到其他方面。复兴社设有特务处(以戴笠为处长)和别动队(以康泽为头目),专门从事特务活动。这个特务系统后来隶属于军事委员会,称作"军事委员会调查统计局",简称"军统"。蒋介石把特务组织扩展到军事、政治、经济、文化各个系统中去,这标志着国民党政权的进一步法西斯化。

国民党通过推行保甲制度,逐步建立了严密的基层统治网。1932年8月,颁布了《鄂豫皖三省剿匪总司令部施行保甲训令》和《剿匪区内各县编查保甲户口条例》,在革命根据地周围地区建立保甲组织,1934年把保甲制度推行到全国各地。保甲之编组,以户为单位,设户长;十户为甲,设甲长;十甲为保,设保长。保甲组织依照所谓"管、教、养、卫"的原则进行活动。所谓"管",即清查户口,稽查出入境的居民,监视居民言行,强制实行"连坐法",订立保甲规约,在规约中强制居民承担各种义务。所谓"教",即进行"党化"教育和反革命宣传。所谓"养",实际上是摊派各种苛捐杂税。所谓"卫",即抽选壮丁,编练民团,修筑工事,搜查缉捕革命者,镇压百姓。保甲制度的推行,加强了对人民的控制。

国民党在强化独裁统治的同时,依靠帝国主义的支持,凭借政治、军事权力,强取豪夺,迅速完成了对金融的垄断,并逐步扩大到其他经济领域,形成国家垄断资本,控制了国家的经济命脉。在中国近代历史上把官办、官商合办、官督商办等企业俗称为官僚资本。为区别于北洋军阀政府的官僚资本,我们把南京政府的官僚资本称为国民党官僚资本。国民党官僚资本以国民党政府所办的国有企业为主,也包括大资产阶级(大官僚、大买办)所办的企业和与政府关系密切的一些私人企业在内,它是国民党反动政权的重要经济基础。

中国官僚资本的发展,在1927年南京政府建立后进入了一个新的阶段。国民党官僚资本是从接收北京政府旧有官僚资本开始的,但这部分资本数量有限,还称不上是国家垄断资本。国民党官僚资本扩大为国家垄断资本,是从金融垄断开始的。

1928年10月,国民党政府颁布《中央银行条例》,规定"中央银行为特殊国家银行,在国内为最高之金融机关,由国家集资经营之"。1928年11月1日,中央银行成立,总行设在上海,资本2 000万元,由国库一次拨足。财政部长宋子文兼任银行总裁。中央银行有发行钞票、铸造国币、经理国库、经营国内外公债和买卖外汇等特权。中央银行凭借其特殊地位,积累了大量财富,资本总额到1937年6月底增至14.77亿元。中央银行成立之初,虽有政府力量为依托,但在当时无论财力和声誉都不能与中国银行和交通银行相比。国民党政府必须控制这两家银行,方能增强自己的金融实力。

国民党政府在成立中央银行的同时,采用增加官股和派遣人员的办法改组了中国银行和交通银行。中国银行改为经国民党政府特许的"国际汇兑银行"。交通银行改为"发展全国实业之银行"。国民党政府改组中国银行和交通银行后,虽在两行各有20%的股权,加强了对两行的控制,但两行仍保有私股的实际控制权,业务上一如商业银行,可以自由经营。因两行实力雄厚,其业务仍有很大发展。两行吸纳的存款都高于中央银行。如1934年中国银行的存款为5.47亿元,交通银行为2.87亿元,而中央银行只有2.49亿元。1935年3月,国民党政府以"巩固金融,救济工商"为名,借口增加中央、中国、交通三行股本,乘机扩大政府在中国、交通两行中的官股。中国银行增资到4 000万元,官股由500万元增至2 000万元,官股比例由原20%上升到50%(原拟增到60%,因遭反对未果)。同时交通银行也增资到2 000万元,官股占到60%。随着官股增加,参加两行董事会的官股代表也从原各3名增为各9名。中国、交通两行所增官股均以金融公债拨充。中央银行则增资到1亿元,资本成为各银行之首。这样国民党政府就把中国、交通两行完全控制在自己手中。

1935年6月,国民党政府颁布《中国农民银行条例》,将1933年成立的豫鄂皖赣四省农民银行改组为中国农民银行,资本额为1 000万元,有发行兑换券和农业债券的特权。

中央银行、中国银行、交通银行、农民银行四行之外,国民党政府还设立了中央信托局、邮政储金汇业局两个金融机构,垄断信托、保险等金融事业。国民党政府还插手"小四行"(新华信托、中国通商、四明、中国实业4个银行)、"北四行"(金城、盐业、中南、大陆4个银行)和"南三行"(上海、浙江实业、浙江兴业3个银行)等二流银行。这样就以四行二局为中心建立了一个金融垄断网。1935年,在全国2 566家银行机构中,"官办"银行就有1 970家,占77%。据1936年统计,仅中央银行、中国银行、交通银行、农民银行四大银行的资产总额即占全国银行的59%,各项存款占全国的59%,其所发行的兑换券占全国的78%。

国民党政府在完成对全国金融垄断的同时,也开始对其他经济领域实施统制。1928年,设立全国建设委员会,为办理国营事业最早的机构。南京政府成立初期尚无力兴办新的工矿企业,所办企业主要是接管北洋政府的官僚企业而来。1931年成立全国经济委员会,才开始研究建设计划。1933年10月,全国经济委员会扩大组织,统制一切国营企业及管理全国经济建设。全国经济委员会成立伊始就发布《统制棉业告国人书》,决定设立棉业统制委员会,对棉业实施统制。1934年又对蚕丝实施统制。1935年4月,蒋介石发起所谓"国民经济建设运动",声言"一切人、财、物力,都要在中央政府整个国策与全盘计划之下,严密地统制起来"。并成立了资源委员会,直隶军事委员会。1936年,资源委员会正式开始兴办工矿企业,到全国性抗战爆发前,资源委员会有下属厂矿11个,并垄断了钨、锑、锡的出口权。除资源委员会外,国民党政府其他一些部会也办了一些企业。国民党政府所办的工矿企业,其资产估计是2.06亿元,只占全国工矿企业总资产16.76亿元的12%左右。但国民党政府掌握了全国大部分铁路、公路、航运和邮电等(外资除外),左右着2/3的国内商品流通,并通过货币、信用和外汇政策,掌握了全国国民经济的命脉。

国民党为强化它的独裁政权,除了加强军事和政治实力以及经济上的垄断地位外,还大力进行文化、思想和道德方面的反动宣传。

蒋介石大肆宣传中国固有的封建道德"四维"(礼义廉耻)"八德"(忠孝仁爱信义和平)。他特别推崇王阳明"致良知"的哲学。他说王阳明的所谓"良知"是天赋的道德观念,所谓"致良知"就是恢复和发扬人的天赋的道德观念——礼义廉耻。蒋介石把王阳明的"致良知"和法西斯的"行动主义"结合起来,形成了他的反动哲学思想体系,称作"力行哲学"或"诚的哲学"。蒋介石说:"我们对于哲学的态度,不能承认唯物论者,亦不能承认唯心论者,古往今来宇宙之间,只有一个'行'字才能创造一切。""行的哲学为唯一的人生哲学"①。他还说:"硬干实干快干和提倡实践礼义廉耻",是他"对着中国一般通病所开的药方",也是他由"过去剿匪的经验所体认出来的至当不移的道理"②。蒋介石宣扬的"力行哲学"是封建思想与法西斯主义结合的产物。在蒋介石的默许下,当时国民党的报刊充斥了"实行国民党的法西斯化""只有铁血的法西斯蒂才能救中国"之类的叫嚣。蒋介石的亲信党徒更狂热地鼓吹"一个党、一个主义、一个领袖"。1933年7月,蒋介石在江西庐山开办军官训练团,自任团长,对高级军官施行"精神训练",向受训人员灌输他的反动思想和"攘外必先安内"的反动政策。训练团着重以"恢复国家的灵魂"和"恢复军人的灵魂"为训练要旨,并将"智""仁""勇"三字作为军人的精神,其中尤以"仁"为最重要。蒋介石要求学员"绝对信仰统帅和绝对服从命令","不成功则成仁"。8月,又开办党政人员训练所,调训军队的高级党政人员。庐山训练团后来扩充为党政军教人员的训练团。1935年8月,又开办"峨嵋军训团"。

1934年2月,蒋介石在反共军事"围剿"的大本营南昌,发起所谓"新生活运动",成立"新生活运动促进会",自任会长。新生活运动,按蒋介石的说法,就是使全体国民的全部生活(衣、食、住、行)都合乎民族固有道德——"礼义廉耻"的运动。蒋介石一再强调新生活运动的"中心准则"就是"礼义廉耻"四个字。蒋介石发起"新生活运动"的目的,按他说是从"改造国民的衣食住行"等日常生活入手,以"整齐、清洁、简单、朴素、迅速、确实"为具体标准,使"国民生活军事化、生产化、艺术化","改造社会,复兴国家"。但这不过是装装门面的话,其真正的目的是灌输他的反动

---

① 蒋介石:《自述研究革命哲学经过的阶段》(1932年5月16日),《蒋总统集》第1册,第578~582页。
② 蒋介石:《剿匪要实干》(1933年1月30日),《蒋总统集》第1册,第609~611页。

思想,清除革命和进步思想的影响,以封建的伦理纲常、四维八德来整治人心,禁锢人们的一言一行,让广大人民群众规规矩矩、服服帖帖地接受国民党的封建买办法西斯独裁统治。蒋介石自从提出新生活运动后,连续发表多篇演说,并主持制定了《新生活运动纲要》和《新生活运动须知》两个文件。1934年7月,成立了新生活运动促进总会。国民党的头头和一批反动文人纷纷出动摇旗呐喊。各地大小党棍以及宪兵、警察也一齐出动,强迫民众"依照准则,切实施行""新生活"。在蒋介石大力鼓吹和国民党强制推行下,到1936年为止,在国民党统治区成立新生活运动分会的县份,达到1 133个。但是这场新生活运动并没有收到什么大的效果。

为了宣传封建买办思想和法西斯主义,国民党于1934年发起所谓"文化建设运动",成立中央文化建设协会,陈立夫为理事长,出版《文化建设》杂志,鼓吹"中国本位的文化建设"。所谓"中国本位的文化建设",即以中国文化为本位,调和中西文化,形成一种"新文化"。这实际上是清朝统治者的"中学为体,西学为用"的老路子。1935年1月,陶希圣等10位教授联名发表《中国本位的文化建设宣言》。之后,报刊上发表了大量关于"中国本位文化建设"的文章。这些文章曾汇成专辑出版。

国民党在大肆鼓吹封建买办法西斯思想的同时,加紧对革命文化的"围剿"。首先是剥夺革命进步文化的出版自由。1930年12月,国民党政府颁布了《出版法》,对报纸、杂志、书籍及其他出版物的出版作了种种限制和规定,一切出版物均须交审。1932年11月,国民党中央宣传部又规定了"宣传品审查标准",凡宣传共产主义,批评国民党及其不抵抗政策,要求民主和抗日,直到对国民党政府表示不满的,一律严予禁止。1934年6月,国民党中央宣传部又颁布《图书杂志审查办法》,规定一切图书杂志在付印前都必须将稿本送国民党中央宣传委员会图书杂志审查委员会审查,不送审的要"予以处分",审查委员会可以任意删改文章。其次是查禁进步书刊。据不完全统计,从1929年到1935年,社会科学和文艺书刊被查禁押扣的达千余种。1936年,国民党中央宣传部秘密制订了《取缔反动文艺书籍一览》,查禁文艺书籍364种。1936年8月,国民党中央宣传部印发《取缔社会科学反动书刊一览》,查禁676种社会科学书刊。除查禁书刊之外,国民党还派遣特务、侦探和组织流氓、暴徒袭击和捣毁进步的文化机构、报馆、书店和电影院,投寄匿名恐吓信,绑架和暗杀共产党员作家和进步人士。1931年2月,在上海龙华秘密杀害著名的优秀青年作家共产党员柔石、殷夫、胡也频、李伟森、冯铿等人。1933年11月,国民党特务捣毁上海艺华影片公司,袭击良友图书公司。1934年11月,国民党特务暗杀上海报业资本家、《申报》总经理史量才。

二、国民党政府的土地法令 关于农村问题和农民土地问题的各种主张

国民党在强化独裁政权的同时,维护地主阶级的封建土地所有制,巩固国民党统治的社会经济基础。1927年春夏,国民党反动派扼杀了在湖南等省农村兴起的土地革命,但对二五减租一项规定却未敢废除。1927年之后,广东、湖北、浙江、江苏、湖南、广西、上海等省市国民党当局,相继颁布了减租实施条例或办法。国民党当局企图用二五减租的许诺,来缓和农村的阶级对立,对抗共产党领导的土地革命。在浙江部分地区曾试行二五减租。但这种改良措施是同国民党所代表的地主阶级利益相冲突的。因此,不久就停止试行。1930年6月,国民党政府颁布了一个《土地法》。这个《土地法》宣称土地"属于国民全体",而又把土地分为"公有土地"和"私有土地"两类,以维护国民党政权掠夺"公有土地"和地主阶级占有"私有土地"的利益。这个《土地法》背叛了孙中山提出的"平均地权"和"耕者有其田"的思想,确认了地主阶级土地所有制。虽然《土地法》也规定了二五减租,但并不付诸实施。在国民党政府统治地区封建土地所有制没有改变,而且土地所有权越来越集中,地主和贫雇农的对立更加尖锐。1932年10月以"鄂

豫皖剿匪总司令部"名义颁布了《剿匪区内各省农村土地处理条例》。这个条例规定：凡被国民党军队攻占的已实行过土地革命的地区，均组织"农村兴复委员会"，对已被"分散之田地及其他不动产"，"一律以发还原主确定其所有权为原则"。这是代表地主阶级向农民反攻倒算，在被其占领的苏区恢复地主阶级的反动统治和封建土地所有制。

同时，一些地方军阀提出所谓"解决乡村土地问题"的种种主张。其中最有代表性的是1935年9月山西军阀阎锡山提出的《土地村公有案办法大纲》。这个办法的公布曾被时人称作"最近时事之最耸人听闻者"。大纲提出的"土地村公有"的办法是："由村公所发行天利公债，收买全村土地为村公有"；"就田地之水旱肥瘠，以一人能耕之量为一份，划为若干份地，分给村籍农民耕作"；村民年满18岁"向村公所呈领份地"，到58岁"将原领之田缴还村公所"。公债用什么还本呢？用产业保护税、不劳动税、利息所得税和劳动所得税作担保，分年偿还。阎锡山抛出所谓"土地村公有"办法，按他自己所说，是为了反共的需要："今日之土地私有，实为共产党露下一大空隙，也为现社会埋下一个摧毁的爆炸弹，土地公有已成不得不办之势。""土地村公有"是"防共釜底抽薪之根本方法"，实行"土地村公有"就可以"将共产党造乱的空隙弥补，将摧毁现社会的爆炸弹消除"①。阎锡山的"土地村公有"办法公布后，《中国农村》《大众生活》等进步刊物揭露了这个办法维护地主阶级利益的本质。他们指出：村公所"是地主阶级的御用机关"，"地主富农就是村公所，村公所就是地主富农"，"村公所的公田在实际上一定成为地主豪绅的私产"。阎锡山的办法"并没有否定地主的土地所有权"，"只是从土地的形式变为金钱的形式而已"。农民"出了偌大的代价，方始领得份地耕种，然而这种份地却不是农民私有，而是村公有"。"农民出了钱没有得到土

---

① 《〈土地村公有办法大纲〉的说明》，参见1936年《申报年鉴》。

地,地主豪绅得了钱(收回债本),田地还留在他们手里"。阎锡山的这套办法并没有实行,山西农村的封建土地制度依然如故。

严重的农村问题和农民土地问题,始终是社会舆论所关注的一个中心问题。各个党派或个人提出了种种解决方案和办法。1930年8月正式成立的中国国民党临时行动委员会是共产党以外的政党中主张解决农民土地问题最积极的一个。这个党的创始人邓演达认为:解决土地问题的前提条件,"必定先要使农工平民掌握政权"。在第三党的纲领文件《政治主张》中,规定了"实现耕者有其田的具体方案与程序"。具体做法是:由国民会议规定土地法,确定农户占有耕地的最高额与最低额,及国家收买土地定价法;国家以全国国有土地为抵押,发行50年长期土地公债,将最高限额以外的私人土地和公共团体的土地收买为国有;将一切军阀、贪官污吏、土豪劣绅及其他反革命团体的全部财产,没收为国有;将所有收为国有的土地,分配给耕作的农民,但农民只有使用权和收益权,土地不得私行买卖。① 第三党的领导人反对通过激烈的阶级斗争的手段去改变地主阶级的土地所有制,而想采用"和平收买"的办法来解决农民的土地问题。但因为始终没有取得政权,他们实现耕者有其田的方案也就成了泡影。

当时,主张通过"和平收买"的途径来解决中国土地问题的方案很多。例如:北京大学教授高一涵提出对地主实行"和平的逐渐征收"(由国家出钱购买地主的土地),"慢慢达到'耕者有其田'"的主张。经济学家、社会学家吴景超提出一个用土地债券收买地主土地分给农民的方案,土地债券由政府向地主发放,债券的本息由得田佃户分期偿还。经济学家马寅初把耕者有其田主要归结为"永佃权",提出改良租田制度,实行永佃权。马氏也讲"最终的目的,是要帮助佃农成为自耕农,实现耕者有其田",但他所讲

---

① 《中国国民党临时行动委员会政治主张》(1930年9月1日),《革命行动》第1期,1930年9月1日出版。

的"耕者有其田",是与"永佃权"等同的,实际是"耕者有其耕"。而不废除地主阶级的土地私有制,根本无法实现"耕者有其田"。以上列举的几种改革土地制度的主张和方案,都企图通过一种"和平收买"的途径来解决中国的土地问题,并且把解决问题的希望寄托在当权的国民党身上。他们之中的一些人,希望国民党政府采纳他们的办法,通过立法手续,有秩序地解决中国农民的土地问题,结果是一场空。

避开土地所有制而来研究解决中国农村问题的主张也很多,其中影响大的最有代表性的是梁漱溟的"乡村建设"和晏阳初的"县政建设"。梁漱溟在1928年开始提出"乡治"主张,到1931年完成了他的"乡村建设理论"。他说中国是一个"伦理本位""职业分立"的社会。在这个社会里,"没有两面对立的阶级","只有一行一行不同的职业",人与人是"义务关系""情谊关系"。因为"中国社会是没有阶级的",所以"中国没有革命的对象,只有建设的对象"。他还说"中国革命只有外来原因没有内在原因",中国的问题是"文化失调问题"。他的结论是"中国根本问题不是对谁革命,而是改造文化"。为此他提出解决中国问题的唯一出路是搞"乡村建设",即依靠"乡村自治"组织,来建立"乡村文明"。1931年,梁漱溟在山东邹平县开办了乡村建设研究院,后又在山东3个专区搞"乡村建设运动"。梁漱溟"乡村建设"的主要内容:一是建立"乡农学校","乡农学校"的校长校董大多数是由当地豪绅担任,通过"乡农学校"把学校与政权机构合一;二是建立"乡村自卫组织",实际上是建立地主豪绅掌握的地方武装;三是建立"合作社",进行农业技术改良。梁漱溟所谓"促兴农业以引发工业",是不可能办到的空话。梁漱溟搞"乡村建设运动"的目的之一是为了对抗中国共产党领导的农民运动。他说:"共产党闹的最厉害的地方,单靠军队去剿是不行的","要想消除共产党的农民运动,必须另有一种农民运动代替才可以"。"有此运动而后其他的农民运动才用不着,共产党才可没有"①。

晏阳初于1923年在北京建立中华平民教育促进会总会,在城市里提倡识字运动。从1930年起,由识字运动转到"农村建设",在河北定县搞"平民教育"实验。晏阳初等人认为:"愚、穷、弱、私""是中国目前的大患",是中国社会的根本问题,而其根源是"中国教育不能普及",特别是广大农民"没有受教育的机会";因此,他们主张用教育手段来改革社会,"复兴农村","复兴中国"。他们提出实施"文艺、生计、卫生、公民""四大教育","以文艺教育救愚,以生计教育救穷,以卫生教育救弱,以公民教育救私"②。1932年,国民党政府召开内政会议,决定在各省设县政建设实验区。会后,以中华平民教育促进会名义主办的"定县平民教育实验区"改称为"河北县政建设研究院",由晏阳初任院长,仍以定县为实验区,但改称为"县政建设实验区"。晏阳初说:"县政建设底意义是在学术和政治打成一片","政治用学术为根据,方能有真货色,学术用政治为凭借,方得顺利推行","两者相辅而成,相依为命"③。河北县政建设研究院在定县所搞的"县政建设",把研究院和县政权合为一体,自县长以下的一切公务员都是研究院实验部的职员。他们回避农村的基本问题是土地问题,大力宣扬扫盲、卫生、改进农作物品种、改良栽培方法和改良家畜,试验新法制造火腿及熏肉等。然而,在国民党反动统治下,用改良的办法是解决不了中国农村问题的。

三、日本帝国主义向关内侵略扩张和长城抗战　国民党政府的退让

日本帝国主义在侵占了我国东三省、拼凑伪满洲国之后,便把侵略的矛头直指热河。

---

① 梁漱溟:《乡村建设理论》,(山东)乡村书店印行,1937年3月初版。
② 《平民教育定县的实验》,1933年9月中华平民教育促进会出版。
③ 《平民教育概览》,1936年10月中华平民教育促进会印行。

1933年1月,日军炮击临榆县城(今山海关)。山海关驻军东北军何柱国部奋起还击,安德馨营全营300人力战殉国,揭开了长城抗战的序幕。但因孤军无援,没能抵挡住日本陆海空军的联合进攻,山海关和临榆县城失陷。

2月,日本关东军向所属兵团下达《攻占热河计划》,扬言要使"热河省真正成为满洲国的领域"。接着,又在致国联的照会中声称:"热河省内张学良及其他反满军队之存在","与满洲国主权抵触"。旋即纠合伪军共10万人,分三路向热河进犯。热河省主席汤玉麟和热河驻军20万人弃地逃走。日军先头部队128人,不费一弹,于3月4日侵占了热河省省会承德。全国舆论纷起,谴责张学良,要求惩办汤玉麟。蒋介石被迫离开江西"剿共"前线北上,决定让张学良辞职,由何应钦兼代北平军分会委员长职,并调中央军3个师北上,以应付全国要求抵抗的舆论和稳住长城前线战局。

日军侵占承德之后,进犯长城线上的喜峰口、冷口和古北口等军事要地。西北军宋哲元部、晋军商震部傅作义部、东北军王以哲部以及奉命赴援的中央军徐庭瑶、关麟征等3个师,都英勇地抵抗了日军的进攻。在喜峰口,宋哲元部与敌展开浴血奋战,面对日军的飞机、装甲车和大炮的猛烈轰击,宋部将士在冰天雪地里,身携手榴弹,手提大刀,沉着应战,拼死肉搏,使喜峰口阵地失而复得。在古北口,关麟征等3个师先后接替与日军作战。在遭受重大伤亡的情况下,撤至南天门,复与日军血战,"直至高地全化为焦土"才奉命自南天门撤退。商震部和傅作义部也分别在冷口、怀柔等地,进行了英勇抵抗。长城抗战给骄横的日本侵略军以沉重打击。日军在进犯长城各要口受挫后,改由山海关向滦东进攻,长城各要口的中国军队腹背受敌,相继撤退。当日军在滦东一路深入时,英国政府担心危及它在这一地区的权益,向日本政府提出严重抗议。日本政府怕引起国际纠纷,于4月中旬命令侵入滦东的日军撤至长城线,而采用在平津收买汉奸从内部策反的办法,图谋在华北制造第二个"满洲国"。至5月初,因策反一时难以奏效,日军再次向滦东发动进攻,并强渡滦河侵袭滦西,冀东20多个县均被日军侵占,平津危急。

当驻长城各要口的中国军队与日军奋战时,蒋介石已到江西"督剿"红军去了。他让从国外回来的汪精卫复任行政院长。汪精卫仍旧鼓吹"一面抵抗、一面交涉"。蒋介石嘴上说"长期抵抗",而行动上再也没有派一兵一卒去长城抗战。蒋介石对日本帝国主义仍旧采取"不绝交,不宣战,不讲和,不订约"的办法。蒋汪决定以妥协退让乃至放弃抵抗来达到求和的目的。5月3日,国民党政府明令设立行政院北平政务整理委员会,任命黄郛为委员长,负责对日交涉停战问题。黄郛在北平与日军进行秘密谈判,达成原则性协议。在蒋汪的同意下,军事委员会北平分会代理委员长何应钦,派熊斌与日军代表冈村宁次于5月31日签订了丧权辱国的《塘沽协定》。这个协定实际上默认日本帝国主义侵占东北三省和热河的"合法"性,并承认冀东为"非武装区",中国不能在那里驻扎军队,而日本可在那里自由行动。这样,整个华北门户洞开,日军随时可以进占冀察和平津。

《塘沽协定》的签订,使极度紧张的中日关系得以暂时缓和。到1933年9月,主张积极强硬外交的内田外相辞职,广田弘毅继任外相。在承认"满洲国"和退出国联问题上,内田和广田是一致的,但广田认为要改善由于退出国联而恶化的日本的国际地位,阻止日本在国际上被孤立的趋势,必须排除双重外交的根源——军部对外交的干预,谋求外交一元化,改善与中国和美英等国的关系。这就是广田的"和协外交"。1934年4月,日本外务省情报部部长天羽发表了一个独霸中国的声明,声称:"如果中国采取利用其他国家排斥日本","或者采取以夷制夷的排外政策,日本就不得不加以反对"。其他各国"如果对于中国想采取共同行动,即使在名义上是财政的或技术的援助","日本在原则上不得不对此表示反对"。对于这一公然干涉中国内政的侵略声明,国民党政府不敢向日本提出抗议进行反驳,而是一味退让妥协。5月,国民党政府与日本达成华北与"满洲国"通车协议,后又恢复通邮。这就等于默认了"满洲国"。

面临这种形势,蒋介石认为中日关系陷于僵局。经过深思熟虑,由他口授,陈布雷执笔,写成题为《敌乎?友乎?——中日关系的检讨》的一篇长文,用徐道邻的名字于1934年12月在《外交评论》上发表。此文阐述了蒋介石对中日关系的基本态度和处理内外关系的基本原则。

蒋介石首先表示:"日本人终究不能作我们的敌人,我们中国亦究竟须有与日本携手之必要","这是就世界大势和中日两国的过去、现在与将来彻底打算的结论"。但是现在中日两国的僵局,不但没有打开,而且"愈走愈趋绝路"。为此"实在有作一番忠实的检讨,无避忌无隐讳的下一番坦白的批评之必要"。他说明了僵局延续下去对中日双方的利害关系,并指出中日双方在"认识上"和"举措上"种种"错觉""失计"或"错误"。如日本"以为中国国民党是发动排日势力的中心","以为非打倒中国国民党中日问题无法解决","日本不能安枕","这又是根本的错误"。1927年以后的中国国民党,已"放弃容共政策","没有使日本害怕的理由。"日本应该"明悉窥伺于中国国民党之后者为何种势力,此种势力之抬头与东亚将生如何之影响"。如果"国民党的统治不胜外力之压迫而崩溃","日本亦不难想象其结果如何"。

蒋介石这篇文章始终贯穿着"和""合"的思想,这是他对日政策的核心。他说:"中日两国在历史上地理上民族的关系上,无论那一方面说起来,其关系应在唇齿辅车以上,实在是生则俱生,死则同死,共存共亡的民族。"中日两国"本为兄弟,无不可合作之理"。"为彻底更新中日关系",日本"应抛弃武力而注重文化的合作,应舍弃土地侵略而代以互利的经济提携,应吐弃政治控制的企图,而以道义感情与中国相结合"。同时蒋介石又"表示革命军力量所在之地,不能无代价的放弃,日本欲以垂手而得沈阳的先例,应用到全中国,到底为不可能"。文章说蒋氏的对日本外交是"不绝交,不宣战,不讲和,不订约",是蒋氏对日外交的基本政策,更是他力图解决中日问题的根本着力点。"四不"方针包含两个方面:"不绝交,不宣战",意在妥协,"不讲和,不订约",是让步的限度。蒋介石让步的限度是"归还东北四省""保持国家独立与完整",其他许多问题都可以让步。"四不"方针"是与他对日战略之所谓节节抵抗的消耗战术,与坚强不屈变动不居的革命战略,是完全相应一贯,始终不变的"。蒋介石说:"这种政策并不是彻底的","是无法之法","因为国力兵力绝不相等的国家,只可用这个政策和战略与之相周旋"。蒋介石还说如果中日两国的问题得不到解决,长期相持下去,其结果会是双方"同归于尽"[①]。

蒋介石苦口婆心以"和""合"相劝,并指出"同归于尽"的危险,但是并不能改变日本既定的侵华政策。1935年1月,日本外相广田在议会发表外交政策演说,表示要实行"日中亲善,经济提携"的对华方针。日本政府要和国民党政府互派高级官员,进行"访问",以"调和感情"和"增进邦交"。蒋介石立即表示响应,汪精卫也声明"愿以满腔的诚意,以和平的方法和正常的步调,来解决中日间之一切纠纷"。与此同时,国民党政府派王宠惠去日本交换"亲善"意见,宣布取消抵制日货法令,改变对日问题的宣传政策。5月,中日公使同时升格为大使,以表示"调整邦交"的诚意。但是这些没有能阻止日本帝国主义侵略中国的步伐。

四、中间政派的抗日民主要求和抗日民主运动的持续发展
察哈尔抗战

中国人民的抗日民主运动,虽然遭到国民党政府的镇压,但是由于日本帝国主义侵略的深入,蒋介石"先安内后攘外"政策所造成的民族危机的深重,故仍在曲折地向前发展。

[①] 蒋介石:《敌乎?友乎?——中日关系的检讨》,《外交评论》第3卷第11、12期合刊,1934年12月。

当时的社会舆论纷纷抨击国民党政府的内外政策,要求国民党改变"剿共"政策,停止内战,抵抗日本侵略。1932年1月21日天津《大公报》提出:"当兹中国将整个的被日本军阀摧残吞并之时,为民族生存计,为中山主义计,政府必须抱与民更始之决心,另辟和平解决赤祸之路。"4月12日《申报》时评《论绥靖》说:"吾人认为今日之'匪',绝非'剿'所可灭……欲言'绥靖',必从澄清政治建立适合大多数人民利益之民主政治着手。"1933年,当日军侵占山海关时,王造时写了《安内必先攘外——为政府进一忠告》一文,反对蒋介石的"攘外必先安内"政策,主张"安内必先攘外",他说:"只有决心抗日,只有积极抗日,才是唯一出路,才是唯一安内的办法","何去何从,望政府其速自择"①。1933年4月17日天津《益世报》社评说:我们主张,政府"处在两面夹攻形势中","应付方案既然不能双管齐下",出路"只有两害相权取其轻"。"从民族观念的立场上说来,与其被外族征服,毋宁在同族中表示退让"。"依我们的主张,此日政府……尽可公开的大胆的与共产党负责领袖,谋有条件的政治妥协"。甚至一贯唱"低调"、向来主张中国"应该在不丧失领土范围之内与日本妥协"的丁文江,这时也说:假如我是蒋介石,"我要立刻与共产党商量休战,休战的唯一条件是在抗日期内彼此互不相攻击"②。从上述舆论可以看出资产阶级对国民党的统治及其"攘外必先安内"政策越来越不满,知识界的上层人士在民族危机的激荡下,抗日民主团结的要求不断增长,他们劝告国民党政府"改弦更张",责难蒋介石等人的"祸民误国"政策,甚至有人说"异日即起诸公之白骨而鞭之,亦何足赎罪于万一"。

1932年12月,中国民权保障同盟在上海正式成立,宋庆龄任主席,蔡元培任副主席。同盟的宗旨是营救一切爱国的革命的政

---

① 王造时:《荒谬集》,自由言论社1935年版,第118～119页。
② 丁文江:《假如我是蒋介石》,《独立评论》第35号,1933年1月15日出版。

225

治犯,争取人民的言论、出版、集会、结社等自由。同盟存在期间,做了许多工作,推动了当时民主运动的发展。1933年6月18日,蒋介石派特务在上海法租界宋庆龄寓所附近暗杀了同盟总干事杨杏佛,同盟的活动因国民党的残酷迫害无法继续下去,无形中终止。

1933年春,日军把侵略的魔爪伸向关内,华北面临危机,全国许多省市的民众团体电请冯玉祥抗日。在全国抗日潮流的推动下,冯玉祥联合方振武、吉鸿昌等,并同共产党的北方组织建立了联系,经过一段时间的酝酿和准备,于1933年5月26日,在张家口发出通电,宣告组成察哈尔民众抗日同盟军。冯玉祥任同盟军总司令。6月,在张家口召开同盟军第一次代表大会,通过了《关于民众抗日同盟军纲领决议案》等文件。纲领决议案宣布:同盟军为革命军民之联合战线,以外抗暴日、内除国贼为宗旨;同盟军否认一切卖国协定,并反对任何方式之妥协,主张对日断绝国交,以武力收复失地;同盟军为完成抗日任务计,必须肃清汉奸国贼;同盟军实现抗日救国的民众政权,改善工农、贫民、士兵生活,保障抗日民众集会结社言论出版武装之自由等。大会组织了军事委员会,并制定了抗日的具体方案。短时间内,同盟军迅速发展到十余万人。抗日同盟军的组织与活动,曾得到中国共产党的支持与合作。会后,同盟军以方振武为前敌总司令、吉鸿昌为前敌总指挥,分三路迎击日伪军。7月,收复多伦,并乘势追击,把日伪军完全赶出察哈尔。蒋介石国民党采取施加政治压力、拉拢收买同盟军高级军官、进行军事镇压、断绝同盟军的物资供应等种种手段破坏同盟军。在日蒋的夹攻下,同盟军处境日益艰难。8月5日,冯玉祥通电全国,忍痛收束军事,交出察省军政大权。9日,撤销抗日同盟军总部,辞去总司令职务,赴泰山"休养"。吉鸿昌、方振武通电宣布改抗日同盟军为抗日讨贼军,继续抗日,奋战于热河、长城一带,在蒋、日军队联合进攻下,于10月中旬失败。

1933年11月,国民党第十九路军将领蔡廷锴、陈铭枢、蒋光鼎与国民党内李济深等一部分反蒋势力发动福建事变。11月20日在福州举行中国人民临时代表大会,发表《人民权利宣言》,大会认为"国民党政府为买办军阀地主豪绅之反革命政府,且为民族可耻之巨敌","为迅速推翻此反革命政府起见",大会号召"全国反帝反国民政府之革命势力,立即组织人民革命政府",并"于最短期间召集第一次全国生产人民代表大会,制定宪法,解决国是"。大会推举李济深、陈铭枢、蒋光鼐、蔡廷锴、黄琪翔、余心清(代表冯玉祥)等11人为人民革命政府委员,以李济深为主席。22日,中华共和国人民革命政府成立。他们主张排除帝国主义在华势力,废除不平等条约,推翻反革命的卖国政府,扫除一切封建势力,实行计口授田,发展民族资本,改良农工生活,保障一切生产人民之绝对自由平等权利等。这些主张反映了国内中间阶层的政治和经济要求。中华苏维埃临时中央政府、工农红军同福建人民政府签订了抗日反蒋协定。福建人民政府的成立,是国民党营垒的破裂。蒋介石对福建人民政府采取彻底扑灭的方针。1933年底,蒋介石自任"讨逆军总司令",调集了15万人的军队向福建进攻,同时派人潜入福建,以金钱、官职收买十九路军的军官。日、英、美等国的舰艇也以护侨为名开抵福建附近海域,对福建人民政府进行威胁。翌年1月,由于蒋军的猛烈围攻,又因为十九路军一些重要将领反戈投蒋,历时两个月的福建人民政府终于失败。当时"左"倾冒险主义、关门主义错误占主导下的中共中央,没有给福建人民政府以应有的支援。

1934年4月20日,由中国共产党提出,经宋庆龄、何香凝、李杜等1 779人签名,发表了《中国人民对日作战的基本纲领》,号召中国人民自己起来武装驱逐日本帝国主义,自动对日作战,成立全国人民武装抗日的总领导机关。5月,在上海成立了中华民族武装自卫委员会总会。这个纲领表达了中国人民抗日救国的正义要求,但在国民党反动统治下是不可能实现的。

第三节 苏区革命的深入和严重挫折 红军长征

一、鄂豫皖和湘鄂西红军的转移　中央红军第四次反"围剿"的胜利　川陕苏区的开辟

《上海停战协定》签订后,蒋介石于1932年6月,在江西庐山召开豫鄂皖湘赣五省"清剿"会议,确定进攻红军的"方略"要"军事与政治并重",实行"三分军事,七分政治"的方针。下旬在武汉成立"剿匪总部",蒋介石自任总司令,调集63万兵力向各苏区发动第四次军事"围剿"。

1932年7月,国民党军队约30万人,首先发动对鄂豫皖苏区的"围剿"。当国民党军准备大举进攻时,张国焘盲目轻敌,不做反"围剿"的准备。到敌人大举进攻开始后,红军仓促应战,死拼硬打,遭到很大伤亡。这时张国焘又惊惶失措,丧失战胜敌人的信心,决定红军主力"暂时离开苏区向外转移"。10月,红四方面军主力2万余人越过平汉路,逐步向西转移,放弃了鄂豫皖苏区,只留下少数部队在当地坚持。

在进攻鄂豫皖苏区的同时,国民党军队10万余人向湘鄂西苏区发动进攻。1932年7月,当国民党军队向湘鄂西苏区发动进攻时,中共中央湘鄂西分局书记夏曦执行临时中央的"左"倾冒险主义,采取单纯防御的作战方针,使红军困在内线,分兵把口,节节阻击,与敌打硬仗拼消耗,完全陷入被动,使红军失去了粉碎敌人这次"围剿"的可能。10月,红三军不得不放弃湘鄂西苏区,分批仓促突围。经过长期转战后,开辟了黔东苏区。随后,任弼时等率领的红六军团前来会合。红三军恢复红二军团的番号。红二、六军团的会合,使红军的力量得到了增强,共同开创了湘鄂川黔苏区。

蒋介石在"围剿"鄂豫皖、湘鄂西两苏区得逞后,就把"围剿"的重点转向中央苏区。1932年12月底,"赣粤闽边区剿匪总司令部"制订了进攻中央苏区的总体作战计划,决定组织左、中、右三路军,采用分进合击的战术围歼中央苏区红军。1933年1月,陈诚指挥中路军约16万人,分3个纵队向南丰、广昌一线推进,妄图一举聚歼中央红军于黎(川)、建(宁)、泰(宁)地区。当时,国民党投入"围剿"中央苏区的总兵力已达三四十万人。而红一方面军只有7万人。当敌人大举进攻开始时,毛泽东已离开了红军的领导岗位,中共临时中央政治局已经从上海迁入中央苏区,直接领导中央苏区第四次反"围剿"作战。他们要求红一方面军先发制人,主动出击,迅速攻占南丰、南城,进而威胁和夺取敌人的中心城市,以实现一省数省的首先胜利。红一方面军领导人不同意这样做。2月4日,苏区中央局仍要求红军猛攻南丰。2月12日,红军主力强攻南丰城未克。当发觉敌军主力驰援南丰时,周恩来、朱德立即主动从南丰撤围,随后集中红军主力在黄陂歼敌近两个师。3月21日,红军又在草台岗、东陂地区歼敌近1个师。两战两捷,共歼敌近3个师,俘敌万余人,缴枪万余支,基本上粉碎了敌人的第四次"围剿"。中央苏区在第四次反"围剿"胜利后,地域扩大到湘赣闽粤4省,红一方面军发展到10万人左右,赤卫队发展到20万人。这时是中央苏区全盛时期。

在中央红军粉碎敌人第四次"围剿"胜利发展的同时,红四方面军进入川陕边界,开辟了川陕苏区。1933年2月7日,川陕苏维埃政府在通江成立。之后又粉碎敌历时4个月的三路围攻,共歼敌2万余人。至10月,川陕苏区发展到东西500余里、南北400余里,总面积4.2万平方公里,人口500余万的广大区域。红四方面军发展到8万余人。这时川陕苏区的最高军事领导机关为西北革命军事委员会,主席张国焘,副主席陈昌浩、徐向前。设方面军总指挥部,徐向前任总指挥,陈昌浩任政委。这是川陕苏区的极盛时期。

在1933年内,全国红军发展到30万人,达到第二次国内革命战争时期的最高峰。

二、苏区土地革命的深入和各项建设　新民主主义经济的产生

蒋介石在对中央苏区第四次"围剿"失败后,一方面准备新的军事"围剿",另一方面对苏区加紧实行经济封锁。1933年夏,蒋介石再次召开"剿匪会议",研讨进一步贯彻"三分军事,七分政治"的方针。1933年5月,国民党政府军事委员会委员长南昌行营颁发了《封锁匪区办法》和"补充办法"。办法规定在经常有红军和共产党活动的地区以及邻近地区,各县设立"封锁管理所",对苏区施行"物质封锁""交通封锁""邮电封锁"。物质封锁规定,凡属军用品、日用品和农民生产用的种子以及牛马牲畜等均严禁输入革命根据地,革命根据地"生产货物绝对禁止输出"。取缔苏区周围的商贩,设立公卖会。规定"凡邻匪区、半匪区居民购买日用品,须有各保长统计本保实有人口每月所需数量按月按旬代为购买发给之";并规定封锁期内,凡"与匪通消息者""与匪私相买卖者""偷运货物济匪图重利者""查获济匪货物隐匿不报图吞蚀者""对于封锁职责奉行不力者",均"应予枪毙"。对食盐、火油(煤油)的控制更严,一律禁止自由贩卖,施行公卖办法。食盐火油公卖办法规定,凭单由各县政府统一制备,保甲长负责填明并签名盖章,凭单每户一张,"每人每日食盐以四钱至五钱为度","在邻近匪区","每户每次购买食盐或火油不得超过五日之所需",违反规定办法要分别情节轻重予以枪决或严办。蒋介石的打算是通过经济封锁,使革命根据地军民"不能存一粒米、一撮盐、一勺水的补给",造成根据地"经济枯竭",军民无法生存,再配合军事"围剿",彻底摧毁苏区和消灭红军。

为了打破敌人的军事"围剿"和经济封锁,为了动员群众的政治积极性坚持长期革命斗争,苏维埃政府领导苏区人民进行了深

入的土地革命和必要的可能的经济建设。

土地革命方面 1933年中央苏区开展了查田运动。当时,临时中央已迁入中央苏区,毛泽东已被解除党和红军中的领导职务,担任中华苏维埃共和国中央执行委员会主席,实际上处在被排挤的地位。6月1日,苏维埃中央政府发出《关于查田运动的训令》。2日,中共苏区中央局作出了《关于查田运动的决议》。6月中旬,在瑞金召开了八县查田运动大会。毛泽东在会上作了关于查田运动的报告,明确规定,查田的目的是查漏划的地主富农,而不是按亩查田,也不是再分田。查田运动迅速形成一个群众运动。由于在中共中央占统治地位的"左"倾教条主义领导者主张实行地主不分田、富农分坏田的过左政策,在查田运动中发生了严重的侵犯中农、消灭富农的"左"倾错误。为了纠正错误,1933年10月,苏维埃中央政府通过了毛泽东写的《怎样分析农村阶级》并正式公布。同时,毛泽东主持制定的《关于土地斗争中一些问题的决定》,也经苏维埃中央政府通过,作为正式文件公布施行。这两个文件是关于土地革命斗争的指导性文件。当《决定》刚刚贯彻执行,查田运动正在进行时,又受到"左"倾错误的干扰。1934年3月15日,苏维埃中央政府根据中共六届五中全会的决议精神,发出《关于继续开展查田运动的训令》。这个《训令》认为,纠正过左的错误,是阻碍查田运动的继续开展,是给地主富农以反攻的机会,因此是错误的。因为有了这个《训令》,便在社会上大反地主富农"翻案",在党内大反"右倾机会主义"。"左"倾错误又进一步发展起来,结果不仅过分打击了地主、富农,严重地侵犯了中农的利益,而且破坏了农业生产,损伤了农民的生产积极性,造成苏区严重缺粮,加重了苏区的困难局面。

经济建设方面 1933年7月苏维埃中央政府决定,在中央苏区召开经济建设大会,开展经济工作。8月,先后在瑞金召开了中央苏区南部17县经济建设大会,在博生县(在今宁都县)召开了中央苏区北部11县经济建设大会。经过两次大会的号召和组织,中央苏区的经济建设逐步开展起来。苏区的经济建设首先是发展农业生产,各苏区政府积极组织群众实行耕种互助,组织了劳动互助社、耕田队、犁牛合作社,还有农具合作社、种粮合作社。另外还出现了一些程度更高的农业合作组织——合作农场、农业合作社。1933年苏维埃中央政府颁布了《劳动互助社组织纲要》,推动了苏区劳动互助社的发展。在组织群众实行互助合作的同时,苏维埃政府采取了兴修水利、发动群众开垦荒地等一系列措施。在很短的时间内,苏区的农业生产迅速恢复和发展起来。据不完全统计,农业生产的收获量,1933年比1932年,中央苏区增加了15%,闽浙赣苏区增加了20%。

在大力发展农业生产的同时,苏维埃政府还努力发展工业、商业和财政金融事业。苏区的工商业,由国营企业、合作社企业和私人企业组成。中央苏区的公营工厂,到1934年1月,已有32个,主要有中央军委兵工厂、中央被服厂、中央印刷厂、中央造纸厂、中华织布厂、中央钨砂公司、通讯材料厂、卫生材料厂等。苏区的工业主要是手工业,有造纸、织布、炼铁、铸锅、石灰、农具、烟草、熬硝盐、熬樟油、木器、篾器、制陶、煤炭等几十种。手工业的组织形式主要是生产合作社。在苏维埃政府大力倡导之下,苏区的手工业生产合作社有了很快的发展,到1934年初,中央苏区的兴国等17个县有手工业生产合作社176个,社员3.27万多人。苏区的商业,尤其是进出口贸易,起先几乎全部由私商掌握。为了反对私商的高利贷剥削,保证军民的生活需要,中央苏区各级政府成立了对外贸易机关,加强对输出入的管理,并直接经营粮食、盐和布的贸易。1934年春,苏维埃中央政府建立了中华商业公司,同福州、厦门、广州等地进行大宗贸易。在建立国营商业之外,还大力发展合作社商业,有粮食合作社、消费合作社等多种形式。到1934年2月,中央苏区粮食、消费、生产三种合作社发展到1.2万多个,社员57万多人,股金60多万元。同时,在苏维埃中央政府法令许可条件下,允许商人贸易自由。金融方面,各苏区废除了封建性的高利贷剥削,没收了当铺。同时建立了工农银行。1932年初正式成立了中华苏维埃共和国国家银行。在各苏区提倡和支持发展信用合作社。

总之,各苏区经过深入开展土地革命,废除了封建土地所有制,动摇了封建主义的经济基础,扩大了农民的个体经济;农民在土改后开展了互助合作运动,建立了劳动互助组织和消费合作社、信用合作社等;手工业者组织了生产合作社;红军和苏维埃政府兴办了国营的工厂、商店和对外贸易机构。这一切说明,与工农民主政权的建立和发展相适应,新民主主义经济已经在革命根据地产生了。它是在敌人分割包围的战争环境中产生和发展起来的;它是在落后的农业区域产生和发展起来的,因此主要是农业经济;它是一种包括国营经济、合作社经济和私人经济多种经济成分组成的新型的经济;它是革命根据地苏维埃政权赖以生存和发展的基础;它虽然幼弱,却代表着中国经济的发展方向。

政权建设方面 第一次全国苏维埃代表大会后,各苏区普遍进行了选举。通过选举,把大批工农群众中的先进分子选进各级政权机关。1934年1月在瑞金召开了中华苏维埃第二次全国代表大会。大会总结了两年来中国苏维埃运动的经验,提出了当前的任务,具体讨论了苏维埃政权建设、红军建设和经济建设等重要问题。通过了修正的苏维埃宪法和上述各重要问题的决议。大会选出了新的中央执行委员会。由中央执行委员会第一次会议选举产生的主席团,作为执行委员会闭幕后的最高政权机关。毛泽东为中央执行委员会主席,项英、张国焘为副主席。张闻天为人民委员会主席。人民委员会及其所属的11个人民委员部为中央行政机关。

三、第五次反"围剿"的失败和红军开始长征

在苏区和红军迅速扩大的时候,革命又面临着新的严重挫折,这就是"左"倾冒险主义在苏区的推行。早在1931年11月初,在

中共中央代表团主持下,中央苏区的党组织在江西瑞金召开第一次代表大会(即赣南会议)。会上把毛泽东的正确主张说成"狭隘的经验论""富农路线"和"极严重的一贯右倾机会主义",强调"要集中火力反右倾",开始排斥毛泽东在中央苏区对党和红军的领导。1932年10月,苏区中央局在江西宁都召开会议。这次会议批评了毛泽东在2、3月间提出的反对红军攻打赣州等中心城市,主张向敌人统治力量较弱、党和群众力量较强的赣东北发展的正确意见;并且根据临时中央的指示精神把在历次反"围剿"中行之有效的"诱敌深入"的作战方针,指责为"专去等待敌人进攻的右倾主要危险"。会议要求红军夺取中心城市,争取在江西首先胜利。会后,撤销了毛泽东的红军总政委的职务,调他去专做政府工作。1933年1月,临时中央政治局由上海迁入中央苏区瑞金后,立即在政治上打击一大批坚持正确意见又有实际经验的各级领导干部。从2月开始,在福建开展反对所谓"罗明路线"。3月又在江西开展反对邓(小平)、毛(泽覃)、谢(唯俊)、古(柏)的所谓"江西罗明路线"。开展反对"罗明路线"斗争的实质,就是要把执行以毛泽东为主要代表的正确主张的各级党政领导干部打下去,以便在思想上、政治上、军事上和组织上全面贯彻"左"倾冒险主义。

当临时中央的"左"倾冒险主义在中央苏区和其他革命根据地得到大力贯彻的时候,蒋介石正在加紧准备发动第五次军事"围剿"。他在南昌设立了"军事委员会委员长行营";召开赣、粤、闽、湘、鄂五省"剿匪军事会议";举办庐山"军官训练团";从美英等国购买军火,增加部队的新装备;聘请一批德国军事专家当顾问,筹备作战计划,研究改用新的战略战术;在苏区周围修筑了几千个碉堡和建立经济封锁线;等等。经过这些充分准备之后,蒋介石于1933年9月,调集100万军队、200架飞机,向革命根据地发动了空前规模的第五次"围剿"。蒋介石自任总司令。他以50万兵力,分四路"围剿"中央苏区。当时中央苏区的红军主力有8万多人,地方红军和赤卫队等群众武装组织也有很大发展。红军已有四次反"围剿"胜利的经验。如果党能够正确地估计形势,按照敌方采取新的战略战术的情况,灵活地运用历次反"围剿"战争的成功经验,即采取积极防御路线,集中优势兵力,在运动中消灭敌人的一部或大部,以各个击破敌人,红军打破这次"围剿"是有可能的。但是,这次反"围剿"战争有一个非常不利的主观因素,即中共临时中央政治局进入中央苏区已经半年多了,这次反"围剿"是在他们的直接领导下进行的。

9月底,共产国际派来的军事顾问德国人李德(原名奥托·布劳恩)到瑞金,他完全不了解中国的实际情况,只是搬用苏联红军正规战争的经验和训练方法,但博古对他十分信任和支持。李德和博古实际上成为最高的军事指挥者。他们放弃了过去几次在反"围剿"中行之有效的诱敌深入、集中优势兵力、在运动中歼灭敌人的积极防御方针,改为采取分散兵力打阵地战的单纯防御方针,提出所谓"短促突击"的战术,让装备很差的红军同用现代化武器装备起来的国民党军打正规战、阵地战、堡垒战,同敌人拼消耗。

第五次反"围剿"一开始,红军在博古、李德的错误指挥下,实行冒险主义的进攻战略。当时敌人为了隔断中央苏区与闽浙赣苏区的联系,于9月28日占领了黎川。中共临时中央犯"左"倾错误的领导人震惊于黎川一城之得失,提出"御敌于国门之外"的错误方针,急忙命令红军主力北上应敌。在洵口打了一个胜仗,就贸然命令红军向敌军已修筑坚固阵地的硝石、资溪桥等地进攻,结果连战不利。到11月中旬,红军连续作战近两个月,不仅没有能在敌占区或敌我交界地区打败敌人,反而因辗转于敌军的主力和堡垒之间,使自己陷于被动地位。

1933年11月发生福建事变,蒋介石急忙抽出进攻红军的主力去镇压。此时红军应乘机突进到以浙江为中心的苏浙皖赣地区去,纵横驰骋于杭州、苏州、南京、芜湖、南昌、福建之间,将战略防御转变为战略进攻,威胁敌之根本重地,向广大无堡垒地带寻机作战。用这种方法，就能迫使进攻中央苏区之敌回援，既可以粉碎敌人的进攻，又可以援助福建人民政府。但"左"倾错误领导者怕丢失苏区，既不敢实行向敌人后方打去的战略进攻方针，又没有尽可能地争取同盟者的策略思想，而是继续把中间派看成"最危险的敌人"，拒绝援助福建人民政府，反而把主力西调去攻打永丰地区敌人的堡垒。结果，蒋介石在镇压福建人民政府之后，又集中全力继续从北、东、西三面进攻中央苏区红军，并从南面进行防堵。

1934年1月，中共临时中央在瑞金召开六届五中全会，博古主持会议并作《目前的形势与党的任务》的报告。会议通过《政治决议案》。这次会议把"左"倾冒险主义、关门主义的错误推向了顶点。五中全会对形势作了完全错误的估计。它无视"左"倾错误给革命造成的重大挫折，盲目地说什么"中国的革命危机已到了新的尖锐的阶段——直接革命形势在中国存在着"。第五次反"围剿"的胜利"将实现一省或数省的苏维埃革命首先胜利，并奠定苏维埃革命在全中国胜利的强固基础"。这一次斗争将决定中国的"苏维埃道路与殖民地道路之间谁战胜谁的问题"。全会改选了中央政治局，选举产生了中央书记处，博古仍为中央主要领导人。这就使红军第五次反"围剿"战争的失败成为不可避免。

在敌人重新组织兵力向中央苏区推进时，"左"倾冒险主义的领导者由进攻中的冒险主义一变而为防御中的保守主义。1934年初，红军在泰宁、建宁地区与敌人相持数月，因节节抗击不能取胜而被迫后撤。3月，敌主力向广昌推进，在高虎脑、万年亭战斗中，英勇的红军战士虽然杀伤了三四千敌人，但是由于战略的错误和实行"短促突击"的战法，自己也遭受很大损失。4月，广昌被敌占领。7月，敌人分兵向中央苏区中心突进，博古、李德又命令红军"分兵六路""全线防御"，并继续实行所谓"短促突击"。结果红军处处设防，节节抵御，东堵西截，穷于应付，完全处于被动局面。红军继续在内线作战已无可能打破敌人围攻，只剩下突围转移一条路了。

为了策应中央红军粉碎国民党第五次"围剿",1934年7月,中共中央和中央军委决定将寻淮洲、乐少华、粟裕等领导的红七军团改组为北上抗日先遣队。11月,北上抗日先遣队到赣东北,和方志敏领导的红十军会合,组成红十军团,继续北上。红军在国民党军队重兵堵追下,因众寡悬殊,在1935年1月失败。方志敏被俘,英勇就义。在北上抗日先遣队出发后,于1934年8月,任弼时奉中共中央命令率领红六军团从湘赣苏区突围西征。后与红二军团在黔东会合。

1934年10月初,国民党军已推进到中央苏区的腹地,兴国、宁都、石城相继失守。博古等决定中央红军主力撤离中央苏区,突围转移。10月中旬,中央机关和红一方面军共8.6万多人,从福建长汀、宁化和江西瑞金、雩都等地出发,向红二、六军团所在地湘西进军,开始长征。

长征开始后,推行"左"倾错误的中共中央领导人又在军事上犯了逃跑主义的错误,使红军蒙受巨大损失。从开始长征到11月30日,虽经红军英勇苦战,连续突破敌人的四道封锁线,渡过了湘江,但是却付出了惨重的代价,人员折损过半,减至3万余人,并始终不能摆脱被动挨打的局面。中央红军和中国革命陷入极大的危机之中。

四、遵义会议　反对张国焘反党分裂主义的斗争　红军长征到达陕北

在党和红军生死存亡的紧急关头,毛泽东向中央建议放弃与红二、六军团会合的计划,改向敌人力量薄弱的贵州前进。博古、李德等仍坚持原计划,但中央多数同志赞同毛泽东的建议。于是红军从通道转兵,进入贵州,强渡乌江,直逼遵义。毛泽东在行军途中,对王稼祥、张闻天及一些红军干部反复进行深入细致的工作,向他们分析第五次反"围剿"和长征开始以来中央在军事指挥上的错误。他的正确意见得到王稼祥、张闻天等的支持。1935年

1月7日红军攻占遵义城。

中央红军抵达遵义时,处境仍然极端危险。第五次反"围剿"失败和长征后又遭受严重损失的血的教训教育了党和红军,总结经验教训,纠正错误的军事路线,改换错误的领导者,挽救处于危机中的红军和中国革命事业,成为全党全军特别是多数高级干部,包括曾经犯过"左"倾错误的一些同志的一致要求。1935年1月15日至17日,中共中央在遵义召开了政治局扩大会议。出席会议的有:政治局委员毛泽东、张闻天、周恩来、朱德、陈云、博古;政治局候补委员王稼祥、刘少奇、邓发、何克全;参加会议的还有红军总部和各军团主要负责人刘伯承、李富春、林彪、聂荣臻、彭德怀、杨尚昆、李卓然和中央秘书长邓小平;李德及翻译伍修权列席会议。

会议先由中央负责人博古作关于反对第五次"围剿"的总结报告。他把第五次反"围剿"的失败主要归咎于帝国主义给了国民党大量的帮助、白区和各苏区的配合不够等客观原因,不承认失败的主要原因是他和李德在军事上犯了严重错误。毛泽东、张闻天、王稼祥作了重要发言,尖锐地批评第五次反"围剿"战争中实行单纯防御、在长征中实行退却逃跑的错误。经过激烈争辩,会上多数人同意他们三人提出的提纲和意见,认为博古在会上所作关于第五次反"围剿"总结的报告是不正确的。张闻天受会议的委托,根据会议多数同志特别是毛泽东发言的内容,起草《中央关于反对敌人五次"围剿"的总结的决议》。决议肯定毛泽东等指挥红军取得多次反"围剿"胜利的战略战术的基本原则,明确指出"军事上的单纯防御路线,是我们不能粉碎敌人五次'围剿'的主要原因",博古、李德要负主要责任。会议决定改组中央领导机构,选举毛泽东为政治局常委,决定取消由博古、李德、周恩来组成的实际上主持政治和军事指挥的"三人团",仍由中央军委主要负责人周恩来、朱德指挥军事。会议之后,政治局常委进行分工,决定张闻天代替博古负总的责任。再后中央军委决定设置前敌司令部,以朱德为司令员,毛泽东为政治委员,并成立由毛泽东、周恩来、王稼祥组成的三人军事指挥小组,负责军事行动。在紧急的战争形势下举行的遵义会议,不可能全面地讨论政治问题,因此会议的决议一般地肯定中共中央的政治路线,没有探讨造成军事指挥错误的深刻的政治原因。但是,遵义会议解决了当时最迫切的军事问题,又在组织上结束了"左"倾教条主义在中共中央的统治,确立了毛泽东在中共中央和红军的领导地位。这次会议在极端危险的时刻,挽救了党和红军,成为中国共产党历史上一个生死攸关的转折点,为中国革命拨正了走向胜利的航道,标志着中国共产党从幼年走向成熟。

遵义会议后,中央红军在新的中央的指挥下,采取机动灵活的运动战方针,四渡赤水,南渡乌江,作出进逼贵阳的姿态,不仅取得了遵义战役歼敌20个团的长征以来第一个大胜利,而且迫使蒋介石调动滇军援黔,红军却乘虚直入云南,巧渡金沙江,摆脱了数十万敌军的围追堵截,掌握了作战的主动权。中央红军北渡金沙江之后,由于执行了共产党的正确的民族政策,得到了彝族同胞的帮助,顺利通过了大凉山彝族地区。接着,强渡大渡河,飞夺泸定桥,翻越终年积雪的夹金山,于1935年6月到达四川的懋功(今小金),和由川陕苏区退出的红四方面军会合。这时总兵力达到10多万人。两大主力红军会师后,中共中央在两河口召开政治局会议,6月28日会议通过了《关于一、四方面军会合后的战略方针》的决定,决定北上创造川陕甘根据地。那时,红四方面军有8万多人,而红一方面军只有3万人左右,张国焘自恃掌握的兵力多,个人野心大大膨胀。两河口会议时,他口头上表示同意北上的方针,会后却处处作梗,暗中酝酿南下四川、西康。7月,红军到达毛儿盖。8月4日,中共中央政治局在毛儿盖附近之沙窝举行会议,通过了《中央关于一、四方面军会合后的政治形势与任务的决议》。会后,决定一、四方面军混合编成右路军(中共中央机关和前敌指挥部随右路军行动)和左路军(红军总司令朱德、总政委张国焘和总参谋长刘伯承随左路军行动),共同北上。8月20日,中共中央政治局在毛儿盖召开扩大会议,继续讨论红军的战略问题。右路军在毛泽东等率领下穿过荒无人烟的草地,到达川北的巴西。张国焘在左路军经过草地到达阿坝之后,发电报给中共中央反对北上,并要右路军全部南下。9月9日,张国焘又背着中共中央电令右路军政委陈昌浩率右路军南下,企图分裂和危害党中央。担任右路军参谋长的叶剑英看到电报后,立刻报告毛泽东。毛泽东、周恩来、张闻天、博古紧急磋商,为了贯彻北上方针,并避免红军内部可能发生的冲突,决定连夜率右路军中的红一、三军和军委纵队8 000余人先行北上,迅速脱离险区。9月12日,中共中央在甘肃省迭部县俄界(今高吉)召开政治局扩大会议。会议通过《关于张国焘同志的错误的决定》,号召红四方面军同志团结在中央周围,同张国焘的错误倾向作斗争。会后中共中央率这一部分红军北上,攻克天险腊子口,越过岷山,通过渭水封锁线。10月19日,翻越六盘山,抵达陕北吴起镇,与陕北红十五军团会师。11月,在毛泽东指挥下取得了在直罗镇歼敌1个师又1个团的胜利,粉碎了国民党对陕北根据地的第三次"围剿",为中共中央把全国革命大本营安放在西北举行了奠基礼。

张国焘率红四方面军南下后,于10月5日在四川理番县(今理县)卓木碉公然另立"中央",自任"主席"。朱德、刘伯承等在艰难处境下与张国焘的反党分裂主义进行了不懈的斗争。张国焘的反党分裂行为,在红四方面军中是不得人心的。1936年6月,张国焘不得不宣布取消他的第二"中央"。1935年11月,红二、六军团从湘鄂川黔根据地出发进行长征。1936年6月在西康甘孜与红四方面军会合。7月初,中共中央指定红二、六军团,加上红三十二军合编为红二方面军。贺龙任总指挥,任弼时任政治委员,红二、四方面军汇合后,加大了反对张国焘分裂主义的斗争力量。在朱德、任弼时、贺龙等力争下,召开了甘孜会议。经过同张国焘的激烈争论,会议决定北上与中央会合。张国焘分裂党和红军的活动宣告失败。7月,红二、四方面军从甘孜出发,10月9日,红四方面军到达甘肃会宁,与红一方面军会师。22日,红二方面军到达甘肃静宁以北的将台堡(时属甘肃隆德县,今属宁夏西吉县),与红一方面军会师,伟大的长征胜利结束。

红军长征的胜利,具有伟大的战略意义和深远的历史意义。毛泽东说:"长征是历史纪录上的第一次,长征是宣言书,长征是宣传队,长征是播种机。""长征是以我们胜利、敌人失败的结果而告结束。""长征一完结,新局面就开始。"①红一、二、四方面军胜利会师后,1936年12月,组成新的中央革命军事委员会,由毛泽东任主席。

在三大主力红军会师后,中共中央和中革军委决定夺取宁夏,打通同苏联的交通线,巩固和扩大西北根据地。1936年10月,红四方面军的三十军、九军、五军及总部共2.18万人,奉中央军委指示西渡黄河执行宁夏战役计划。此时,蒋介石调集国民党军十几个师向红军大举进攻,河西部队与河东红军主力的联系被敌军隔断,宁夏战役计划流产。11月11日河西部队奉令改称西路军,成立西路军的最高领导机关军政委员会,由陈昌浩任主席,徐向前任副主席,指挥西路军向河西走廊前进。西进期间,红军指战员浴血奋战,但在优势敌人围攻下,到1937年3月,最后失败。剩下的部队在李先念等率领下,于1937年4月底到达甘肃、新疆交界的星星峡,这时只有400余人,在中共中央代表陈云、滕代远的接应下进入新疆,在全国抗日战争爆发后分批回到延安。

1937年3月,中共中央在延安召开政治局扩大会议,批评张国焘,对张国焘的机会主义错误和反党分裂活动作了总结,通过了《关于张国焘同志错误的决议》。1938年4月,张国焘借去陕西中部黄陵县祭黄帝陵的机会,叛党投蒋。4月18日,中共中央作出《关于开除张国焘党籍的决定》。

---

① 《毛泽东选集》第1卷,人民出版社1991年版,第149~150页。

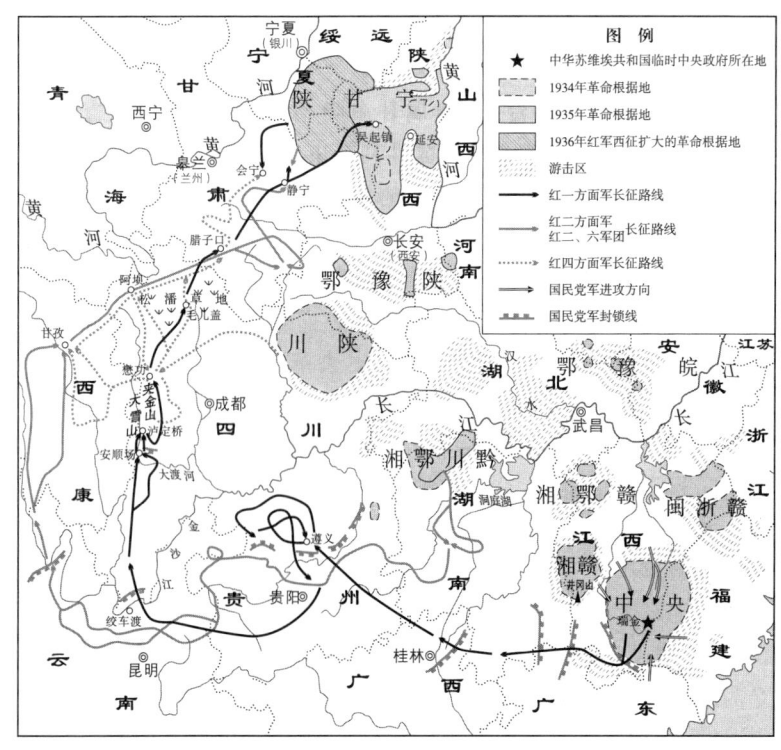

中国工农红军长征图(1934年10月—1936年10月)

五、南方红军三年游击战争　东北抗日联军的斗争

在中央红军长征后,中央苏区成立了以项英为书记的苏区中央分局。同时,成立以陈毅为主任的中华苏维埃共和国中央政府办事处,成立以项英兼任司令员和政治委员的中央根据地军区,继续领导留在南方各根据地的红军和游击队坚持斗争。

国民党军队进入苏区以后,实行极其野蛮的政策,大批革命群众牺牲在敌人的屠刀之下。瑞金被杀害的有12万人。国民党军队在江西和闽西屠杀了80万革命人民。国民党组织"靖卫团""铲共团""返乡团""义勇队""清乡委员会"等,纠集地主恶霸对苏区的人民进行疯狂的反攻倒算。为了断绝人民群众对坚持斗争的游击队的支援,国民党实行"烧山""封山""砍山""并村""移民",严密保甲制度。村村筑碉堡,处处安据点。敌人的血腥镇压,并没有把苏区的革命人民吓倒。在项英、陈毅、张鼎丞、邓子恢、谭震林、粟裕、方方、傅秋涛等和各级共产党组织领导下,革命军民在赣粤边、闽赣边、赣东北、闽西、闽北、闽东、闽南、浙南、湘南、湘赣边、湘鄂赣边、鄂豫皖边、豫南桐柏山和广东琼崖等南方8省14个地区坚持游击战争。南方根据地军民进行的艰苦卓绝的游击战争,保存和发展了革命力量。全民族抗日战争爆发后,这些地区的红军部队合编为新四军,奔赴抗日战场。

东北沦陷后,东北各阶层人民,以各种形式同日本侵略者展开了不屈不挠的斗争。东北人民抗日斗争的主要形式是武装斗争。东北各地组织起来的抗日义勇军,曾给日本侵略者以相当大的打击,但在日寇的进攻下,到1933年夏,为数30多万的抗日义勇军,只剩下几万人了。从1932年至1933年间中国共产党先后建立了磐石游击队(后发展为东北人民革命军第一军)、东满游击队(后发展为东北人民革命军第二军)、珠河游击队(后发展为东北人民革命军第三军)、密山游击队(后发展成为东北人民革命军第四军,也称东北抗日同盟军)、宁安游击队(后发展为东北人民革命军第五军,也称反日联合军第五军)、汤原游击队(后也改编为东北人民革命军)、饶河游击队等七支抗日游击队。1934年,游击队粉碎了日寇的"春季大讨伐"和"秋季大扫荡",并在斗争中壮大起来,成为东北抗日游击战争的主力。1935年冬,日伪制定三年《满洲国治安计划大纲》。为了粉碎日伪军的新"讨伐"计划,1936年2月原人民革命军第一至六军以及汤原、海伦游击队共同发表了《东北抗日联军统一军队建制宣言》。宣布东北人民革命军、反日联合军、反日游击队,一律改组建制为东北抗日联军第一、二、三、四、五、六军和抗日游击队,并欢迎东北各反日武装力量参加东北抗日联军。1937年初,抗日联军又进行了整编,将第一、二两军合编为第一路军,杨靖宇任总指挥;同年夏,又将第四、五、七、八、十各军合编为第二路军,周保中任总指挥;将第三、六、九、十一各军合编为第三路军,赵尚志任总指挥(后改由李兆麟任总指挥)。从1936年初到1937年夏,东北抗日联军在南起长白山、北抵小兴安岭、东起乌苏里江、西至辽河东岸的广大地区内,开展游击战争,同日伪进行了大小几千次战斗,粉碎了敌人多次"讨伐"。他们的英勇斗争,打击了日本帝国主义在东北的殖民统治。

第四节　华北事变　一二·九运动

一、日本对华北的经济掠夺和华北事变

华北是指河北、山西、察哈尔、绥远、山东五省。《塘沽协定》签订后,日本加紧对华北进行经济侵略。日本关东军驻华北特务机关的头目松室孝良,在给关东军司令部的秘密情报中说:"现在,满洲市场已臻饱和,短期间亦难再行扩大。""帝国原料与市场问题解决,实不能不注视易于进攻的中国华北"。华北"将来在我帝国有计划之指导和经营,则原料产量当能增加三倍,民众消费能力亦自能大为增长,故华北诚我帝国之最好新殖民地"①。1935年1月,日本关东军在大连举行会议,在讨论对华方针时,要求中国充分履行《塘沽协定》,调整华北中日关系,实行中日经济提携。3月,日本关东军又提出"加紧开发华北棉铁事业","对华北要根据实际经济力量的扩张,逐步尽力加强不可分的关系"。1935年7月,日本中国驻屯军(也称华北驻屯军)制定《关于华北新政权产生之相应经济开发指导案》,提出"应利用一切机会,促进对交通、资源及金融等方面的投资"。同月,日本关东军司令部、满铁、东

---

① 《日本大陆政策的真面目》,上海生活书店1938年版,第114~115页。

拓、伪满财政部和实业部等在长春召开联席会议，决定联手对华北实行经济侵略。8月，日本政府决定改组"满铁"，并由"满铁"在天津设立兴中公司，从事"开发华北经济"。此后，日本资本在华北迅速扩张起来，华北的铁路、航空、矿山、工业、商业、贸易、金融大部分被日本垄断资本所控制。工矿业方面，到1936年，日本已控制了天津棉纺业"北洋六厂"中的四家，拥有的纺锭和布机数，分别占天津全市的71.7%和76.3%。唐山、青岛、济南等地的一些纱厂也落入日本资本之手。日本控制了山东大部分煤矿的开采，并以东北抚顺煤矿的产品，在华北市场上打击英国控制的开滦煤矿。交通方面，1934年5月，日本对华北铁路贷款已达8 952万元。1936年，日本又提出一个由它投资在华北兴筑十条铁路的庞大计划，并擅自在天津设立航空部，经营天津、大连、北平、张家口、济南、青岛、包头等地之间的航空运输，成立了所谓中日合办的惠通航空公司。商业贸易方面，日本在华北的商业和贸易，实际上就是在武装保护下的大规模走私活动，包括现银和鸦片、吗啡、海洛因等的走私。国民党政府财政部总务司在1936年所写的报告中称："津海、秦皇岛两关缉私职务，因日人无理干涉，完全无法执行，以致华北一带，私运日益披猖，实为海关有史以来所未见。"大量的走私活动，给中国的税收和民族工商业都造成了严重的损害。自1935年8月至1936年5月的10个月中，华北因走私损失税收达3 000多万元。农业方面，日本力图将华北农村变为日本工业的原料产地，特别是棉花产地。日本在天津设立了"华北农场试验所"。兴中公司拟定了华北植棉的五年计划，企图独霸华北的棉花生产。日本在天津的六大纺织厂联合成立了"华北棉花协会"，专事统制华北的棉花。此外，日本侵略者还在华北直接侵夺农田和掠夺农村劳动力。

  日本帝国主义对华北的经济扩张，严重损害了英美和国民党政府的经济利益，从而加深了它和英美之间的矛盾，扩大了国民党政府内部在对日问题上派系的对立和分化。同时，也严重地损害了中国民族资产阶级的利益，不但使华北地区的民族工业大受打击,也影响到其他地区的民族工业。民族资产阶级及其知识分子的抗日倾向日益增长。

日本帝国主义在我国华北进行经济扩张掠夺的同时,加紧策划把华北从中国分离出去的活动。我们把这一系列"分离"华北的活动总称为"华北事变"。日本帝国主义策动华北五省"自治",采取的第一个步骤是迫使国民党中央的势力退出平津和河北,削弱国民党中央对地方实力派的控制。1935年5月初,在天津日租界发生了亲日分子《国权报》社长胡某和《振报》社长白某被暗杀的"河北事件"。中国驻屯军参谋长酒井隆、驻北平武官高桥坦密谋借此挑起事端,声称此案"与中国的蓝衣社、宪兵特务队及青洪帮都有秘密关系","系中国排外之举动,若中国政府不加以注意改善,则日方将取自卫行动"。5月中旬,东北义勇军孙永勤部受日伪军压迫由热河境内退入冀东"非武装区"遵化县附近,后在遵化茅山沟遭日军围攻。29日,酒井、高桥又以中国官宪援助孙永勤部是"破坏塘沽协定行为",向北平军分会代理委员长何应钦提出"责问",并声称:"今后如再发生如此行为,或得悉将要发生此种行为,日本军将根据条约的规定,采取自认为必要的自卫行动。"接着,天津日军连日在河北省政府门前武装示威,并举行巷战演习。6月9日,酒井、高桥又向何应钦提出了下列更为苛刻的要求:(一)取消河北省包括铁路党部在内的一切国民党党部;(二)撤退河北的东北军第五十一军、南京政府中央军及宪兵第三团;(三)解散北平军分会政治训练处、蓝衣社、励志社等机关及第二十五师的学生训练班;(四)撤免河北省主席于学忠及其他所指各官吏;(五)取缔全国一切反日团体及活动。10日,何应钦根据国民党中央政治会议主席、行政院长汪精卫的指示,约见高桥,表示全面承诺。之后,日方一再要求有文字规定。7月6日,何应钦在日方坚持要求下,经汪精卫批准,复函中国驻屯军司令官梅津美治郎,谓:"6月9日酒井参谋长所提各事,均承诺之,并自主的期其遂行。"至此,形成了何、梅之间的协议。这一协议,习惯上称作《何梅协定》。

"河北事件"纠缠未了之际,又发生了"张北事件"。6月5日,4名没有护照的日本特务机关人员潜入察哈尔境内绘制地图,行至张北县,被当地驻军扣留。察哈尔省主席宋哲元为避免引起事端,下令释放。日方以此为借口提出无理要求。6月27日,察省代主席秦德纯与日本关东军驻沈阳特务机关长土肥原贤二正式签订了《秦土协定》。其主要内容为:(一)向日军道歉,撤换与该事件有关的中国军官,担保日人今后在察省可以自由行动;(二)成立察东非武装区,第二十九军从该地区全部撤退;(三)中国方面停止向察省移民;(四)解散察省排日机构。通过这两个协定,中国在冀察两省的主权大部丧失。

日本帝国主义在迫使国民党中央的势力退出华北后随即积极策动华北五省脱离中国,实行"自治"。1935年4月,日本关东军司令官南次郎与中国驻屯军司令官梅津美治郎商定在"华北地区制造自治政权",使华北五省"脱离南京政府","建立一个在日本领导下同'满洲国'有密切关系的特殊区域"。9月,新任日本中国驻屯军司令官多田骏散发题为《日本对华之基础观念》的小册子,公开鼓吹华北五省要在日本指导下"联合自治"。同月,多田骏又提出对华北的三点根本主张:(一)把反满抗日分子彻底地驱逐出华北;(二)华北经济圈独立,使华北财政脱离南京政府的管辖;(三)通过华北五省的军事合作,防止赤化。10月,日本内阁会议在通过广田外相的"对华三原则"同时,正式通过了"鼓励华北自主案"。从此,日本帝国主义策动的"华北自治运动"进入高潮阶段。日本外交人员向南京政府进行"广田三原则"的交涉,而日本关东军和中国驻屯军则在华北拉拢地方实力人物脱离南京中央政府宣布"自治"。日本把二十九军军长、平津卫戍司令宋哲元当做主要的拉拢对象。但是,日本对宋哲元的策动很不顺利。于是10月22日,日军在河北香河指使汉奸、反动地主和流氓暴动,占领县城,成立"县政临时维持会",发表"自治宣言"。11月11

日,土肥原到北平,向宋哲元提出"华北高度自治方案",主要内容有:成立华北共同防共委员会;领域为华北五省二市;首领宋哲元,总顾问土肥原;财政截用中央在各该省市之关税盐税和统税;开发华北矿业、棉业,使与日"满"结成一单元;保留南京政府之宗主权;亲日反共等十项。并限宋哲元于11月20日宣布"自治",否则日军将取河北和山东。关东军司令官南次郎与土肥原的活动紧密配合,命令关东军在15日以前做好从长城外向华北进军的准备,并令空军做好20日进驻平津的准备。在南次郎命令下,部分关东军集中山海关和古北口附近,部分海军舰只驶向大沽口。日本飞机连续在北平低空飞行进行威胁。宋哲元接到土肥原所提通牒后,一面向中央政府请示应付方针,一面致电国民党"五大",要求中央开放政权,结束训政,实施宪政,还政于民,集中人才,努力复兴大业。多田骏认为宋电是"迈向建立华北自治政权的起点"。同时,多田骏飞济南,策动山东省府主席韩复榘响应宋哲元。至此华北危机达到顶点。

为了阻止华北"自治",国民党中央采取了一些对策,如派军事委员会参谋本部参谋次长熊斌北上对宋哲元进行说服工作,同时调动部队在南京附近进行特别大演习,并调其中的一部分部队自陇海线北上佯动。11月19日,蒋介石在国民党第五次代表大会上发表外交关系演说。20日又与日本驻华大使有吉明会谈,要求日方停止策动华北自治,表示:"作为中国,对引起违反国家主权完整、破坏行政统一等之自治制度,绝对不能容许。"[①]同日,蒋介石还复电宋哲元,表示"如平津自由行动降敌求全,则中央决无迁就依违之可能,当下最后之决心"[②]。由于国民党中央政府的反对,日本未能迫使宋哲元在11月20日宣布"自治"。日本帝国主义继续向宋哲元施加压力,迫使他在11月30日宣布"自治"。同

[①] 《华北事变资料选编》,河南人民出版社1983年版,第320页。
[②] 《中华民国重要史料初编——对日抗战时期》绪编(一),第715页。

时,唆使滦榆区行政督察专员殷汝耕在通县宣布"脱离中央自治",25日成立了"冀东防共自治委员会"(后改称"自治政府")。国民党政府行政院立即召开紧急会议,决议撤销北平军分会,其职权由军委会直接处理;特派何应钦为行政院驻平办事长官,并委宋哲元为冀察绥靖主任,殷汝耕免职拿办。蒋介石既不允许华北脱离南京中央政府管辖而宣布"自治",又慑于日本的武力威胁,于是派何应钦北上,与宋哲元等紧急磋商解决华北危机办法。宋哲元虽不愿步殷逆之后尘,却又要利用自己举足轻重的地位,向蒋介石索取独揽华北的权力。蒋介石为拉住宋哲元只得让步,12月11日,南京政府明令设置冀察政务委员会,由宋哲元任委员长。冀察政务委员会名义上虽然隶属于南京中央政府,但实际上具有相当大的独立性,日本帝国主义和亲日汉奸势力对它有很大影响和控制力。冀察政务委员会的成立并没有缓和中日之间的矛盾。日本帝国主义不以成立这样一个政权为满足,继续支持"冀东防共自治政府",并使冀察政务委员会尽快与之"合流"。至此,对国民党政府来说,如果不想把华北拱手让给日本,那就再也无路可退了。

二、"八一宣言"的发表 一二·九运动

在民族危机进一步加深,国内阶级关系进一步发生新的变动的情况下,1935年8月1日,中国共产党驻共产国际代表团草拟了《为抗日救国告全体同胞书》,即"八一宣言"。这年7—8月间共产国际举行第七次代表大会,大会根据客观形势提出了建立最广泛的世界反法西斯统一战线的任务,要求纠正国际共产主义运动中的"左"倾关门主义倾向。"八一宣言"是依据共产国际"七大"的新精神提出来的。宣言呼吁和号召各党派、各界同胞、各军队"停止内战,以便集中一切国力(人力、物力、财力、武力等)去为抗日救国的神圣事业而奋斗","组织全中国统一的国防政府"和"全中国统一的抗日联军",全体同胞"有钱的出钱,有枪的出枪,有粮的出粮,有力的出力,有专门技能的贡献专门技能",实行全

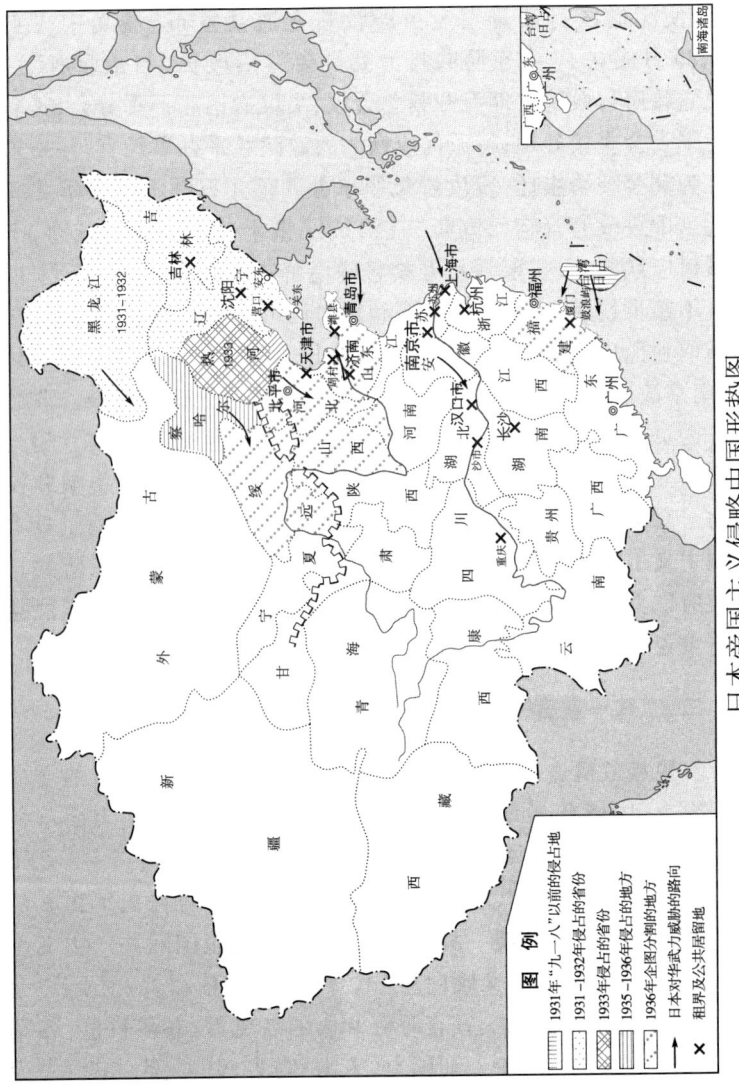

日本帝国主义侵略中国形势图

体同胞总动员,以战胜日本帝国主义。这个宣言10月1日以中华苏维埃中央政府和中国共产党中央委员会的名义发表在法国巴黎出版的《救国报》(后改为《救国时报》)上。在莫斯科出版的《国际新闻通讯》也刊登了这个宣言。中共驻共产国际代表团还在8月25日至27日召开会议,讨论在中国建立反帝统一战线问题。王明在会上作的报告,指出:在当前中国的具体情况下,革命力量应进行反对日本帝国主义和南京政府的斗争,但中国人民的主要敌人是日本帝国主义;蒋介石只要真正停止反对红军的战争并掉转枪口去反对日本帝国主义,也不排除与之建立统一战线的可能性。① 当时,中共中央在长征途中,并未获悉"八一宣言"的内容,也不知道这次会议的精神。中共中央到达陕北后,于11月13日发表《为日本帝国主义并吞华北及蒋介石出卖华北出卖中国宣言》,提出中国工农红军愿同"一切抗日反蒋的中国人民与武装队伍"联合起来反对日本帝国主义。11月下旬,中共驻共产国际代表团所派代表张浩(林育英)到达陕北瓦窑堡,向中共中央传达了共产国际关于建立广泛的反法西斯统一战线的精神和"八一宣言"的内容。接着在11月28日中华苏维埃共和国中央政府和中国工农红军革命军事委员会又发表《抗日救国宣言》,提出:"不论任何政治派别、任何武装队伍、任何社会团体、任何个人类别,只要他们愿意抗日反蒋者,我们不但愿意同他们订立抗日反蒋的作战协定,而且愿意更进一步同他们组织抗日联军与国防政府。"这个宣言还具体地提出了抗日联军和国防政府的"十大纲领"。中国共产党建立抗日民族统一战线的主张,通过上述几个宣言传播到了国民党统治下的北平、上海等地,引起了社会各阶层的重视,有力地推动了抗日救亡运动新高潮的到来。

地处抗日前线的华北人民,痛感华北的沦亡已迫在眉睫。北

---

① 见中共中央党史研究室:《1921—1949 中国共产党历史》第一卷上册,中共党史出版社2002年版,第522页。

平、天津的广大青年学生,对于时局的演变,尤其敏感和关切。1935年11月18日,北平学生联合会成立。随后,中共北平临时工作委员会和北平学联多次举行秘密会议,决定发动一次抗日救国运动。在中共北平临时工作委员会领导下,北平学联组织学生于1935年12月9日举行了声势浩大的反日救国示威游行。几千名爱国的大中学校学生,冲破北平当局军警的封锁和拦阻,聚集到新华门前,高呼"打倒日本帝国主义""反对华北自治""停止内战一致抗日"等口号,向国民党政府行政院驻平办事长官何应钦请愿。由于国民党当局无理拒绝了学生们的爱国民主要求,他们义愤填膺,立即举行游行示威。当游行示威的学生队伍来到王府井大街南口时,遭到北平当局军警的镇压。手无寸铁的青年学生同手持大刀、水龙、皮鞭、木棍的军警进行了英勇的搏斗,有百余人受伤,30多人被捕。12月10日,北平全市学生举行总罢课。

12月16日,冀察政务委员会准备成立,北平学生1万多人,冲破军警的包围袭击,经过与手持大刀、水龙、皮鞭、木棍的军警的几次搏斗,在天桥胜利会师,举行了有几万人参加的群众大会。"打倒日本帝国主义""打倒汉奸卖国贼""反对成立冀察政务委员会"等口号此起彼落,声震云霄。大会通过了"不承认冀察政务委员会""反对华北任何傀儡组织""收复东北失地"等决议案。一致要求:(一)誓死反对日本帝国主义侵略中国;(二)组织民众,工农兵学商共同抗日;(三)民众自动武装起来;(四)反对华北自治。会后举行了声势浩大的示威游行。北平当局又一次对学生进行镇压。一天中被捕的学生有二三十人,受伤的有300多人。在广大群众的压力下,冀察政务委员会被迫延期成立。

北平学生"一二·九"和"一二·一六"的英勇斗争,得到了全国各地学生的广泛响应和支持。天津、上海、武汉、广州、南京、长沙、杭州、西安、重庆、南宁、开封、徐州、太原等地学生先后举行集会和示威游行。中国工人阶级也迅速行动起来。12月18日,中华全国总工会致书全国工人,号召工人组织起来,进行抗日救亡工作,声援北平学生的救国运动。接着,各地工人纷纷举行罢工抗议。各地爱国人士、爱国团体也纷纷发表宣言和通电,成立抗日救国会,出版抗日救亡刊物。抗日救亡的呼声,响遍了全国。全国抗日救亡运动的新高潮到来了。

一二·九运动冲破了国民党政府的严密统治,打击了日本帝国主义侵略中国并吞华北的计划,打击了国民党政府对日妥协的政策,有力地宣传了"停止内战,一致对外"的主张,进一步推动了全国抗日救亡运动的蓬勃开展,标志着新的民族革命高潮的到来。一二·九运动中的先进青年,后来沿着中国共产党所指引的道路,深入农村、工厂和革命部队中,走上了与工农兵群众相结合的道路。其中许多人后来成了中国革命事业中的骨干。

三、中共瓦窑堡会议和抗日民族统一战线方针的确立

国家民族危机的日益深重和抗日民主运动新高潮的到来,要求中国共产党对形势和阶级关系的新的变动作出科学的分析和估量,并据此制定出新的正确的政治路线和革命策略。为了完成这一任务,1935年12月17日至25日在陕北瓦窑堡召开中共中央政治局会议(扩大),讨论军事战略问题、全国的政治形势和党的策略路线问题。洛甫(张闻天)主持会议。会议开始后,张闻天作关于政治形势和策略问题的报告。张浩作关于共产国际七大精神的传达报告。在讨论中,围绕民族资产阶级有没有可能抗日的问题,发生了争论。毛泽东在会上作关于军事战略问题的报告。23日会议通过《中央关于军事战略问题的决议》。25日通过《中央关于目前政治形势与党的任务决议》。决议正确地认识到目前时局的基本特点是日本帝国主义"正准备并吞全中国,把全中国从各帝国主义的半殖民地变为日本的殖民地"。在这种形势下,一切不愿当亡国奴、不愿当汉奸卖国贼的中国人的唯一出路,就是"向着日本帝国主义及其走狗卖国贼展开神圣的民族革命战争"。

"党的策略路线是在发动、团结与组织全中国全民族一切革命力量去反对当前主要的敌人——日本帝国主义与卖国贼头子蒋介石","只有最广泛的反日民族统一战线(下层的与上层的),才能战胜日本帝国主义与其走狗蒋介石"。决议指出:"中国工人阶级与农民,依然是中国革命的基本动力。广大的小资产阶级群众,革命的知识分子,是民族革命中最可靠的同盟者。工农小资产阶级的坚固联盟,是战胜日本帝国主义与汉奸卖国贼的基本力量。"一部分民族资产阶级与军阀有采取同情、或善意中立、或直接参加反日反汉奸卖国贼的可能。在地主买办阶级营垒中间,也不是完全统一的。决议还指出:国防政府与抗日联军是反日反卖国贼的民族统一战线之最广泛与最高形式。决议宣布把苏维埃工农共和国改变为苏维埃人民共和国,并调整自己的政策。决议明确指出:"在目前说来,'左'的关门主义,是党的主要危险。"决议号召全党为坚决执行党的策略路线而斗争。

为了贯彻瓦窑堡会议精神,进一步从理论上说明党的抗日民族统一路线策略,彻底批判党内"左"倾关门主义错误,同时注意防止右倾错误的出现,毛泽东于12月27日在陕北瓦窑堡党的活动分子会议上作了《论反对日本帝国主义的策略》的报告。报告首先分析了九一八事变以来国内政治形势的特点以及当时敌我力量的对比情况,阐明了建立抗日民族统一战线的可能性和必要性。毛泽东指出:"目前形势的基本特点,就是日本帝国主义要变中国为它的殖民地。"这种情形,给中国一切阶级和一切政治派别提出了"怎么办"的问题。工人和农民是要求抗日的。小资产阶级也是要求抗日的。民族资产阶级是一个带两重性的阶级,他们一方面不喜欢帝国主义,一方面又怕革命的彻底性。这个阶级在1927年革命失败后,站到了蒋介石一边,成了地主买办阶级的附庸。"民族资产阶级同地主阶级、买办阶级不是同一的东西,他们之间是有分别的。"在殖民地化威胁的新环境之下,他们的态度可能发生变化。他们当中的左翼有参加抗日的可能,其另一部分则有由动摇而采取中立态度的可能。中国是几个帝国主义国家争夺的半殖民地,地主买办阶级由于他们所依附的帝国主义的不同,他们的内部也不是完全统一的。"当斗争是向着日本帝国主义的时候,美国以至英国的走狗们是有可能遵照其主人的叱声的轻重,同日本帝国主义者及其走狗暗斗以至明争的。"上述情况说明,由于日本帝国主义要变中国为它的殖民地,变化了中国各阶级之间的相互关系和革命与反革命的阵线,扩大了民族革命营垒的势力,减弱了民族反革命营垒的势力,因此,建立抗日民族统一战线是可能的。毛泽东还指出:由于敌人力量的强大和革命发展的不平衡及由此规定的革命的长期性,就决定了建立抗日民族统一战线是必要的。总之,"日本帝国主义决定要变全中国为它的殖民地,和中国革命的现时力量还有严重的弱点,这两个基本事实就是党的新策略即广泛的统一战线的出发点"。"党的任务就是把红军的活动和全国的工人、农民、学生、小资产阶级、民族资产阶级的一切活动汇合起来,成为一个统一的民族革命战线"①。报告对"左"倾关门主义作了深刻批判,指出只有统一战线的策略才是马克思主义的策略,关门主义的策略则是孤家寡人的策略。报告强调共产党在统一战线中领导作用的重要,提醒全党警惕陈独秀右倾投降主义的复活。为了实现党对统一战线的领导,毛泽东特别强调要扩大和巩固红军及根据地,告诫全党必须记取1927年革命由于缺乏革命中心力量而招致失败的血的历史教训。为了更广泛地争取各抗日阶级进入统一战线,报告还阐明了人民共和国的性质及其各项基本政策。

瓦窑堡会议是一次极关重要的会议,它是遵义会议的继续和发展,是共产党政治路线真正转变的起点,为迎接抗日新高潮的到来做了理论上和政治上的准备。

---

① 《毛泽东选集》第1卷,人民出版社1991年版,第142、145、148、155、151页。

四、共产党在白区工作的恢复和发展

瓦窑堡会议后,共产党的白区工作开始恢复和发展。1935年12月,中共中央决定派刘少奇到华北主持北方局的工作。以刘少奇为首的中共中央北方局,为贯彻党的抗日民族统一战线的新的政治路线,实现党的白区工作的彻底转变,开展了一系列工作。

首先,肃清"左"倾关门主义和冒险主义的影响,反对空谈的领导作风,恢复和重建华北各地的党组织,把党的工作引上正确路线的轨道。北方局采取了隐蔽精干的方针,将党的秘密工作同群众的公开、半公开的活动既严格分开,又正确地结合起来。在正确方针指导下,党的白区工作很快得到恢复和发展。到七七事变前,华北地区的党员发展到5 000多名。

其次,发动和组织群众开展抗日救亡运动。1936年春,在北平成立了以学生和知识分子为主,包括工人、农民、商人和妇女各界人士的华北各界救国联合会。随后又在许多县城建立分会,还成立了华北各地的学生救国会。共产党通过这些组织,编辑出版了几十种公开、半公开的抗日救亡刊物和小册子,组织了各种形式的宣传队深入工厂农村,对广大群众进行抗日救国的宣传教育。同时,还提出了"武装保卫平津""保卫华北"的口号,开展政治的请愿、示威、游行、罢工罢课、抵制日货、反对武装走私等斗争。

最后,加强上层统战工作。北方局通过各种途径同各实力派及社会名流、学者等接洽,宣传共产党的抗日民族统一战线的主张。为了争取宋哲元和二十九军转向抗日,北方局说服群众把"打倒卖国贼宋哲元"的口号,改为"拥护宋委员长抗日""拥护二十九军保卫华北""拥护二十九军保卫平津"。共产党通过各种关系派出干部到宋哲元的部队去做工作,同二十九军的上中层军官进行接洽与联络,并发动各界救国联合会、学生救国会对部队进行慰问和宣传。

刘少奇主持中共中央北方局工作后,写了许多文章,批评党内

长期存在的"左"倾关门主义和冒险主义错误,阐明党的白区工作的方针策略。1936年4月,刘少奇在中共河北省委的内部刊物《火线》上发表《肃清关门主义与冒险主义》。刘少奇在分析了国内形势和各阶级的动态之后说:"广泛的民族革命统一战线,成为我党领导中国革命到胜利之路的中心问题和主要关键。"他系统地指出了关门主义与冒险主义在白区的种种表现和危害,指出它们"是目前党内的主要危险。现在必须彻底揭发这些错误,必须给这种错误以致命的打击并把它彻底从党内肃清出去"。他主张要"大胆放手地让我们的同志和干部到广大群众中去,把全民族抗日反卖国贼的统一战线建立起来,把国防政府、抗日联军组织起来"。这篇著作对纠正王明"左"倾机会主义在白区工作中的错误,对实现全党向抗日民族统一战线战略的转变,起了重大作用。为了对党员进行抗日民族统一战线的教育,1936年11月刘少奇写了题为《民族统一战线的基本原则》的指导文章,在《火线》上发表。他论述了建立抗日民族统一战线的必要性和可能性、策略转变和战略任务的关系、民族斗争和阶级斗争的关系、统一战线中争取无产阶级领导权等问题。关于领导权问题,他说:"领导权问题是民族统一战线的中心问题。""当现在民族统一战线还没有正式形成以前,拒绝统一战线的'左'倾思想是主要危险。但是民族统一战线形成以后,右倾思想就将逐渐地成为主要危险。"领导权属于谁,这是要靠斗争来决定的。为着要建立与加强无产阶级在革命中的领导,无产阶级自己必须组织成为坚强的独立的力量,把农民和小资产阶级的力量团聚到自己的周围,同时正确处理统一战线同阶级斗争的关系、上层统一战线和组织下层群众的关系,必须对同盟者的错误和动摇给予高度警惕和必要的批评,在统一战线中要十分注意斗争策略。"中国的无产阶级在正确的战略和策略指导之下,将集中全国所有的革命力量在自己的周围,战胜日本帝国主义,战胜封建势力与汉奸,战胜资产阶级的动摇和叛变,使中国反帝反封建的民主革命获得彻底的胜利,并进而实现社会主义的高尚理想"。

五、少数民族地区的革命斗争和维护国家权益的斗争

壮族是我国少数民族中人口最多的一个民族,大部分居住在广西。1925年五卅运动后,在广西梧州开始建立共产党组织。韦拔群等在东兰办农民运动讲习所,培养农运干部,农民运动在右江流域和左江流域都开展起来了。国民革命失败后,广西的共产党组织受到极大摧残,转入地下。韦拔群转入东兰、凤山山区,坚持武装斗争。1928年6月,在广西贵县召开中共广西省第一次代表大会,成立中共广西省委,决定恢复和发展各县的党组织,深入开展农民运动。1929年夏,中共中央代表邓小平来到南宁,领导广西的革命斗争。1929年12月举行百色起义,成立红七军和右江苏维埃政府。1930年2月举行龙州起义,成立红八军,后作战失利,并入红七军。1930年10月,红七军离开广西北上,韦拔群等在右江根据地坚持斗争。桂系军阀向右江根据地进行疯狂的"围剿",根据地遭到严重损失。1932年10月,韦拔群被杀害。一二·九运动爆发后,广西各地建立抗日救国的群众团体,学生组织了广西学生救国联合会,举行示威游行,进行爱国宣传。

蒙古族主要聚居于内蒙古地区。国民革命时期,中国共产党就在内蒙古地区开展革命运动。1925年10月成立了内蒙古人民革命党,它是个统一战线组织。同时建立了内蒙古人民革命军。内蒙古人民革命军由锡尼喇嘛指挥,曾在热河配合国民军与奉系军阀作战。锡尼喇嘛在乌审旗领导"独贵龙"运动,废除封建王公统治制度,并在19个"嘎查"(乡)建立人民革命政权。1927年3月,蒙古族和汉族人民在呼和浩特城南的孤魂滩进行大规模的斗争,反对反动当局清丈地亩,反对强迫种植鸦片,迫使反动当局不得不答应取消清丈局,免去土地执照费。国民革命失败后,内蒙古地区的共产党和革命人民仍坚持着革命斗争。由锡尼喇嘛指挥的人民革命军也在乌审旗一带坚持武装斗争。1929年春锡尼喇嘛

遇害,革命斗争受到挫折。1929年,在内蒙古东部地区,嘎达梅林等率领蒙古族人民开展了反对达尔罕王出卖蒙古族人民土地的斗争,1931年春被镇压下去。九一八事变后,日本帝国主义侵占了内蒙古东部各盟,随后又向热河、察哈尔进攻。日本帝国主义在它占领地区网罗蒙奸、汉奸,拼凑傀儡政权和伪军。蒙古族人民同内蒙古地区其他各族人民一道,进行了抗日武装斗争。1931年共产党派王若飞等到绥远,加强对内蒙古工作的领导。1932年,在绥远成立了蒙汉各阶层人民参加的反帝大同盟,在热河、察哈尔等地成立了蒙汉抗日同盟会和牧民抗日会。1933年内蒙古地方武装加入察哈尔抗日同盟军对日作战。华北事变时,日军妄图迅速占领绥察地区,蒙古族的败类德穆楚克栋鲁普公开投靠日本帝国主义。而绥远地区的蒙汉人民掀起了声势浩大的抗日救亡运动。红军长征到达陕北后,共产党中央直接领导了内蒙古地区的斗争。1936年,中共中央在伊克昭盟设立了蒙古工作委员会,有计划地领导内蒙古地区的抗日运动和开展民族工作。1936年3月,在日本帝国主义导演下,成立了以德王为首的伪蒙古军政府,组织了以李守信、王英为首的"蒙古军"和"西北防共自卫军"。8月,日本指使伪蒙军进攻绥远,中国守军傅作义部奋起抵抗,这就是绥远抗战。

回族是我国人口较多、分布较广的一个少数民族,居住最集中的有宁夏等地。早在五四运动中就有许多回族先进青年和爱国人士参加斗争。天津的回民团体参加了天津各界联合会,天津的回民积极参加了抵制日货运动。回族青年郭隆真等参加了天津五四运动的领导工作,他们有人参加了革命团体觉悟社,后来成为共产党早期的党员。在1923年的京汉铁路工人大罢工和1925年的省港大罢工中,都有回族的先进分子参加。在广州农民运动讲习所也有从华北、西北来的回族学员。1925年五卅惨案发生后,北京的回族进步人士立即组织了回族沪案后援会。1926年共产党在宁夏建立组织,领导这一地区的回汉人民进行革命斗争。同年在河北、山东一些县的回民村中有了共产党的组织活动。中国工农红军长征进入陕甘以后,共产党和红军同回族人民有了更多的联系。1936年5月发表了《中华苏维埃中央政府对回族人民的宣言》,这个宣言公布了共产党对回族的政策,得到了回族人民的拥护。

  藏族分布在西藏和青海、四川、甘肃、云南等省的部分地区。辛亥革命后,英帝国主义公开策划"西藏独立"。英国为侵占中国西藏与印度毗连地方的大片领土,于1914年同西藏地方卖国分子私行签订了非法的《西姆拉条约》。中国历届政府都拒绝承认这个条约。英国为了离间西藏地方和中央政府的关系,于1920年10月派遣贝尔率使团入藏。贝尔的活动引起了西藏各阶层僧俗人民的强烈反对。1921年藏历春节,拉萨市民数千人聚集街头示威,号召僧俗人民将英国奸细逐出西藏。三大寺的喇嘛也提出要消灭英国奸细。最后迫使贝尔返回印度。贝尔被赶出西藏后,英帝国主义支持擦戎等亲英反动分子阴谋组织政变,从十三世达赖手里夺取政权。达赖发觉之后,革去擦戎的噶伦职务,挫败了英帝国主义的阴谋。1928年达赖主动派遣代表和南京中央政府联系。1929年,南京中央政府先后派人进入西藏,并设立了蒙藏委员会。1929年2月,班禅在南京设立了办事处。1930年,南京中央政府召开蒙藏会议,西藏当局派遣僧俗官员参加,达赖委任代表常驻南京,1931年正式成立了办事处。英帝国主义极力破坏西藏与祖国关系的改善,策动西藏地方政府中的亲英反动集团组织"新军",内犯西康青海等地。1933年12月,十三世达赖逝世,南京中央政府派蒙藏委员会委员长入藏致祭,并颁布册封达赖命令。经过双方商议,决定在拉萨筹设蒙藏委员会驻藏办事处,增强了中央与地方之间的联系。在下一世达赖继任以前,南京中央政府根据西藏僧俗官民的推举,于1934年1月任命热振呼图克图代摄达赖职权,管理地方政教事务。热振摄政以后,打击了西藏地方政府中亲英派势力,发展了西藏地方和祖国内地之间的关系。

新疆是一个少数民族众多的地区,主要有维吾尔族、哈萨克族等。从1912年6月到1928年7月,新疆地方政府一直控制在杨增新手中。杨增新力图在新疆实行长期的封建割据,不参与内地军阀间的混战,实行闭关自守政策,新疆的局势比较稳定。1928年7月,新疆省政府主席杨增新被他的属下樊耀南刺死,随后民政厅长金树仁捕杀樊耀南,自任主席,夺取了新疆的统治权。军阀金树仁承袭了杨增新的统治制度,对新疆各族人民实行沉重的经济盘剥和民族压迫。1931年4月,在哈密地区爆发了由和加尼牙孜领导的武装暴动。金树仁政府派兵镇压。和加尼牙孜一面将主力撤往山区,一面派人去河西走廊向回族军阀马仲英求援。马仲英为了乘机向新疆扩张势力,率军进入新疆。在马仲英与和加尼牙孜的联合打击下,金树仁军节节败退。1933年春,和加尼牙孜和马仲英的部队进到库车、阿克苏等地,直逼南疆重镇喀什。这一时期,英帝国主义也加紧了侵略新疆的活动。1933年2月,英帝国主义策动泛突厥主义分子穆罕默德·伊敏在墨玉县发动武装叛乱,随即攻陷和田,宣布建立所谓"和田伊斯兰教共和国"。这时,金树仁政府已经丧失了控制全省局势的能力。1933年4月,金树仁政府的一部分青年官员,联络驻防乌鲁木齐的"归化军"发动军事政变,赶走金树仁,组织新政府,推举盛世才为边防督办。这时,英帝国主义利用新疆的混乱局面,于1933年11月支持"东土耳其斯坦伊斯兰教共和国"在喀什成立。盛世才最后击败了各敌对势力,统一了新疆,使动乱了多年的新疆局势暂时稳定下来。盛世才一度表示"进步",和中国共产党建立了联系。这为以后新疆革命运动的发展打下了基础。

苗族、瑶族主要聚居在贵州、湖南部分地区,其余分布在云南、广西、广东、四川和湖北等地。1924年,广西大苗山的苗族人民,发动了反抗军阀压迫的斗争,但在广西军阀的围攻下,起义不久失败了。1928年冬,共产党在海南岛母瑞山苗族、黎族地区,建立苏维埃政权。在湘鄂西革命根据地创建时期,湘西地区就有少数苗族群众参加斗争。1934年底,红二、六军团开辟了湘鄂川黔根据地。在很多区乡政权以及赤卫队、妇女会、儿童团等群众组织中,都有苗族群众参加。不少苗族的子弟参加了红军。中央红军长征途中,也得到了苗族人民的大力支援,不少人参加了红军和游击队。在第二次国内革命战争时期,滇东南和湘西的苗族、桂北的瑶族,都发动过反抗国民党统治的起义,但都失败了。

彝族分布在四川、云南、贵州、广西等省,主要居住在川、滇大小凉山地区。第二次国内革命战争时期,许多彝族地区连续不断地爆发武装斗争,提出"民族平等""打倒土豪分田地""建立苏维埃政府"等口号。1935年4月,中央红军长征进入四川泸沽地区,大力宣传和贯彻共产党的民族政策。红军还帮助冕宁县的彝汉族人民建立了冕宁县苏维埃政府和抗捐军,废除了国民党当局对凉山彝族的"人质制",烧毁了县政府的田地粮册。5月,当中央红军进入果基(沽鸡)、倮伍、罗洪等彝族家支控制地区时,由于历史上造成的民族隔阂,以及反动派的造谣欺骗,曾受到这三个家支的封锁和袭击。经过宣传共产党的民族政策,果基家支的首领小叶丹愿与红军友好,要求与刘伯承结盟。刘伯承接受小叶丹的要求,并把一面绣着"中国彝民红军沽鸡支队"的红旗授给小叶丹的武装。刘伯承与小叶丹歃血结盟后,沽鸡支队护送红军通过彝区。红军在彝族地区播下了革命种子,鼓舞彝民起来斗争。

台湾自古以来就是中国领土不可分割的一部分。1895年,日本帝国主义侵占台湾后,实行残暴的殖民统治。五四运动和国民革命的浪潮很快波及台湾。1928年台湾成立共产党组织后,立即领导台湾人民展开抗日斗争。1930年10月,台中州能高郡雾社的高山族人民举行反日起义,袭击日寇统治机关,杀死日寇能高郡郡守及其下属人员多人。起义人民遭到日寇的疯狂"围剿"。到12月初,起义被镇压下去。起义群众绝大部分英勇牺牲,少数伤员和老弱妇孺400多人在被捕以后,全部被杀害。

第五节 共产党政策的调整 国民党对日政策的变化 西安事变 全国团结抗日局面的基本形成

一、国民党第五次全国代表大会和对日政策的变化 国共两党开始接触 法币政策和国民党政府统治地区经济的增长

正当日本帝国主义策动华北五省"自治"进入高潮,国民党内抗日派和亲日派发生分化的时候,1935年11月1日,国民党召开四届六中全会,汪精卫遇刺受伤,亲日派力量受到打击。11月12日至23日,国民党第五次全国代表大会在南京召开。由于国难严重,国民党内外要求"立息内争"的呼声日高,这次大会表现了形式上的统一。冯玉祥、阎锡山经蒋介石亲赴泰山、太原邀请而与会;两广的陈济棠、李宗仁、白崇禧也派代表参加;宋哲元、韩复榘与国民党中央有矛盾,在致大会电中,要求"开放政权",但表示"服从中央"。会上,由孙科、张继分别代表中央执、监委员会作党务报告,蒋介石先后作政治、外交报告,何应钦作军事报告。19日,蒋介石发表对外关系演说。他说:"苟国际演变不斩绝我国家生存民族复兴之路,吾人应以整个的国家与民族之利害为主要对象。一切枝节问题当为最大之忍耐,复以不侵犯主权为限度,谋各友邦之政治协调;以互惠平等为原则,谋各友邦之经济合作。""和平未到完全绝望之时,决不放弃和平;牺牲未到最后关头,亦决不轻言牺牲。"这说明国民党中央对于中日妥协仍抱有幻想,没有放弃这方面的努力。但蒋介石又说:"和平有和平之限度,牺牲有牺牲之决心",若到了和平绝望之时与牺牲最后关头,"即当听命党国,下最后之决心"。这又表明国民党政府同日本帝国主义之间矛盾的加深,以及可能修改对日政策的新动向。大会接受了蒋介石提出的外交方针,并授权政府,"在不违背方针之下,政府应有进退伸缩之全权,以应此非常时期外交之需要"。大会通过决议接受宪法草案,授权五届中执会对宪草修正后公布,并决定召开"国民大会"的日期。① 大会通过的政治军事报告,仍坚持"铲除残余之赤匪"的反共反人民的反动方针。大会选出了新的中央执行委员会和监察委员会,并发表了宣言。宣言提出"建设国家挽救国难"的措施,其中有"开宪治,修内政,以立民国确实巩固之基础";"确立正当之对外关系,以保持国家独立之尊严"等。

大会后,国民党举行五届一中全会。会议决定1936年5月5日公布宪法草案,11月12日召开"国民大会"。会议推选胡汉民、汪精卫、蒋介石、冯玉祥、丁惟汾、叶楚伧、孔祥熙、邹鲁、陈立夫九人为常务委员,主席胡汉民,副主席蒋介石。会议决定将中央政治会议改为中央政治委员会,为政治之最高指导机关。推选张人杰等25人为中央政治委员会委员,主席汪精卫,副主席蒋介石。会议推选林森为国民政府主席,蒋介石为行政院长,孙科为立法院长,居正为司法院长,戴传贤(戴季陶)为考试院长,于右任为监察院长。五全大会后,国民政府的人事有了较大的变动,12月12日,国民党中央政治委员会通过改组行政院的决定。改组后行政院所属各部、会、署的主要官员有:外交部长张群、财政部长孔祥熙、军政部长何应钦、教育部长王世杰、实业部长吴鼎昌等。随后

---

① 九一八事变后,各界人士要求国民党"结束训政,实行宪政"。国民党统治集团中的一些人也表示赞同。孙科于1932年4月发表《抗日救国纲领草案》,提出"于最近期间,筹备宪政之开始"。1932年12月,国民党四届三中全会决定于1935年3月"召开国民大会,议定宪法"。1933年1月,国民政府立法院成立了以孙科为首的宪法起草委员会。到6月完成了宪法草案初稿。但"制宪"工作的实权逐渐为蒋介石所控制。之后,即根据蒋介石的意志不断进行修改。1934年10月,立法院对宪法草案三读通过,提交国民党中央审核。之后,又根据蒋介石的旨意,删去了军人非解职不得任总统、副总统及省长的限制。1936年5月5日宪法草案正式公布,这就是所谓的"五五宪草"。之后,进行了"国大"代表选举。不久,全国性抗日战争爆发,国民党的"还政于民""实行宪政"也就收场了。

以翁文灏为行政院秘书长,蒋廷黻为政务处长。12月18日,国民政府任命阎锡山、冯玉祥为军事委员会副委员长,程潜为总参谋长。

国民党第五次全国代表大会和大会后国民政府的改组,反映了几个值得注意的新动向:(一)国民党政府对日妥协的外交政策,开始发生变化;(二)表示准备召开国民大会,实行宪政;(三)这次大会有国民党各派的代表参加,新选的国民党中枢和国民政府中也包括了各派系的分子,表面上出现了空前团结的现象;(四)政府机构中罗致了少数"学界名流",如王世杰、翁文灏、蒋廷黻等,表现了一些开明的姿态;(五)在国民党内部,抗日的力量在上升,蒋介石和汪精卫的矛盾进一步扩大。所以当时的舆论说:"此次中枢的新组织,惹起一般国际上的注意,各国都认为比较举国一致的政府,日本亦然。"[①]

国民党第五次全国代表大会后组成的新政府,面临最棘手的事是处理华北事变。冀察政务委员会的成立并没有解决也没有缓和中日之间的矛盾。日本帝国主义继续策动华北五省"自治"。1936年1月13日,日本政府发出《第一次处理华北纲要》,明确地说"自治的区域,以华北五省为目标","先求逐步完成冀察两省及平津两市的自治,进而使其他三省自然地与之合流"。"对冀察政务委员会的指导,目前通过宋哲元来进行……逐步实现实质性的自治,确立华北五省自治的基础"。"在冀察政务委员会的自治机能还未充分发挥时,支持冀东自治政府的独立性,如果冀察的自治到达大体上可以信任的时候,尽快使之合流"。

1936年1月,日本外相广田在议会上发表演说,对所谓"对华三原则"作了解释,即:(一)中国取缔一切排日运动和放弃以夷制夷政策,进行积极合作;(二)中国承认"满洲国",完全调整日

[①] 一周简评《中枢新阵容》,《国闻周报》第12卷第50期,1935年12月23日出版。

"满"华三国关系;(三)中日合作防止赤化。并宣称中国政府"对以上三原则表示了赞成的意思"。国民党政府外交部立即发表声明,指出:"广田外相演说,谓中国业已同意,殊非事实"。对包括承认"满洲国"等条件在内的"广田三原则",蒋介石是难以接受的。他后来写道:"当时的情势是很明白的,我们拒绝他的原则,就是战争;我们接受他的要求,就是灭亡。"①在日本帝国主义毫无止境的侵略行动面前,可供蒋介石选择的余地越来越小了。1936年7月,蒋介石在国民党五届二中全会上对国民党五全大会确定的外交方针作了解释。他说:"中央对外交所抱的最低限度,就是保持领土主权的完整,任何国家要来侵扰我们领土主权,我们绝对不能容忍,我们绝对不订立任何侵害我们领土主权的协定,并绝对不容忍任何侵害我们领土主权的事实。再明白些说,假如有人强迫我们签订承认伪国等损害领土主权的时候,就是我们不能容忍的时候,就是我们最后牺牲的时候。""从去年十一月全国代表大会以后,我们如遇有领土主权再被人侵害,如果用尽政治外交方法而仍不能排除这个侵害,就是要危害到我们国家民族之根本的生存,这就是为我们不能容忍的时候。到这时候,我们一定作最后之牺牲"②。这里,蒋介石对"牺牲的最后关头"作了解释,并明确地表示决不签订承认"伪国"的协定。根据国民党五全大会以来所确定的上述方针,国民党政府为调整中日关系与日本进行了近一年之久的谈判。1936年3月,外交部长张群和日本驻华大使有田举行了四次会谈。中方提出,调整中日邦交,最正当之办法,应自东北问题谈起,第一步至少限度,也须先行设法消除妨碍冀察内蒙古行政完整之状态。日方不同意,会谈没有结果。9月,张群与日本驻华大使川越举行了三次会谈。日方要求中方"解散一切抗日团体""杜绝一切排日运动",实行"共同防共""华北经济提携"和

---

① 蒋介石:《苏俄在中国》,《蒋总统集》第1册,第282页。
② 《国闻周报》第13卷第28期。

"减低关税"等,以此作为"对调整邦交具体表示诚意之确实证据"。对此,中方提出了五条关于调整邦交的希望条款,其中包括取消上海、塘沽两个停战协定,取消冀东伪政权和停止走私等。10月,张群与川越又举行了四次会谈。日方提出"一般防共"和"华北共同防共"两大问题。关于一般防共问题,日方要求"由两国订一协定"。关于华北共同防共问题,日方要求"扩大防共地域",组织"共同防共委员会"等。中方则提出取消上海、塘沽两协定和冀东伪政权。会谈仍无任何结果。12月,张群与川越又举行了第八次会谈,川越读其携来的所谓备忘录,提出种种无理要求。张群拒绝接受日方的备忘录,会谈不欢而散,中日交涉停顿。

由于中国国内形势的变化,由于共产国际策略上的变化,由于中日关系的无法改善,蒋介石"乃一面着手对苏交涉,一面亦着手中共问题的解决。"[①]1935年10月19日,蒋介石会晤苏联驻华大使鲍格莫洛夫,明确表示希望改善中苏关系,并暗示想同苏缔结"有实质性的协定"。年底,蒋介石派陈立夫秘密赴苏,"商谈对日军事同盟"。1936年1月,蒋介石指派的中国驻苏大使馆武官邓文仪与中共驻共产国际代表团成员潘汉年在莫斯科会面,邓又会见了王明,双方就国共两党关系问题交换了意见,没有取得共识。王明介绍邓回国去与中共中央直接会谈。同时,蒋介石指令陈立夫和曾养甫等在国内寻找同共产党联系的线索。陈、曾通过谌小岑、翦伯赞、吕振羽与中共北平市委负责人周小舟取得联系。周去南京与陈、曾会晤。1936年1月,宋子文、陈立夫通过宋庆龄先后找到原属中共特科系统的董健吾、张子华分别去陕北与中共中央打通了直接的联系。

国共双方在相互接触中都采取了积极的态度,直接间接参与谈判的人员的规格也逐步提升。经过多次往返协商,双方的意见逐渐向存异取同的方向前进,但分歧仍然很大。这时突然发生了

---

① 蒋介石:《苏俄在中国》,《蒋总统集》第1册,第283页。

西安事变。这次事变是实现国共合作的关键。

与国民党对日政策开始发生某些变化的同时,国民党政府的经济政策也有了某些相应的变化。国民党政权在扩大国家垄断资本的同时,也采取了一些整顿财政金融、推动国民经济发展的措施。从1935年到全国性抗日战争爆发前是中国经济状况良好的两三年。

自鸦片战争之后,直到20世纪30年代初,中国的金融货币极为复杂紊乱,多种不同的银两、银元、铜币和形形色色的纸币并行流通,严重阻碍了商品交换和贸易的发展。1932年7月,国民政府财政部设立"废两改元委员会",研究废两改元问题。次年4月,国民政府发布"废两改元"的训令,规定"自4月6日起,所有款项之收付及一切交易须一律改用银币,不得再用银两"。中央造币厂新铸的中山银元也在7月1日上市。于是,中国银本位制度确定。银两的废止,简化了币制,促进了商品流通和经济发展。

正当国民党政府在全国实行"废两改元"的时候,1929年开始的世界资本主义经济危机波及中国。1931年下半年起,中国也陷入了经济危机,物价猛跌,工商业萧条,农村受害尤烈。1931年以后,英镑、日元、美元相继贬值,金贱银贵,中国贸易条件恶化。但由于外国物价水平上升,中国进口并未增加,而出口则大幅度下降,入超突破5亿关两。东北是历史上中国唯一的贸易出超地区,1931年九一八事变后沦入日本帝国主义之手。日本对东北的掠夺和日本货的大量涌入,对中国经济的发展是一个很大的打击。加上中国提高关税后,从1931年起,走私进口增大,日本势力侵入华北后更是搞武装走私,1935年走私商品超过1亿关两。在此严峻形势下,美国又于1934年4月实行"购银法案",人为地将银价提高1/4以上,造成中国白银大量外流。国民党政府决定征收白银出口税,后又加征白银平衡税,但无济于事。1934—1935年,中国白银净流出约5.7亿元,资本外逃约4.5亿元,通货紧缩,物价猛跌,国内经济危机达于顶点。有人把它称之为"白银危机"。而中国这次危机,实际是从农业危机开始的,而农业危机又是从农村金融枯竭开始的。本来农产品价格的上升就长期落后于工业品,农村输出的农产品不足以偿付它由大城市运进的工业品,农村只得以白银来抵付。1931年秋转入物价下跌,而农产品价格下跌远快于工业品价格的下跌,农村白银继续流入城市,以至金融枯竭。农村购买力的减退以致消失,是这次经济危机的根本原因。当时,称之为"农村破产"。当然,九一八事变使民族工业丧失约15%的市场,以及1931年长江下游的大水灾,也造成购买力的消退。据一项估计,危机最甚的1934年与危机前最高峰相比,农业生产所得下降了31%,广大农民所受灾难最深重。

1935年春,由于形势所逼,中国政府必须整理币制,摆脱银本位(事实上中国是银铜并行本位),但无力自己进行,只能求助于外国。2月,国民政府正式商请美国政府给予一笔贷款,改革币制。6月,英国派李滋罗斯来华,10月与中国政府达成协议。

1935年11月3日,国民党政府宣布实施币制改革,即通称的法币政策。币制改革的主要内容是:(一)钞票发行权收归中央、中国、交通三银行(1936年又增加中国农民银行),其他银行不准发行钞票。(二)废除银本位制,规定自本年11月4日起,以中央、中国、交通三银行所发行之钞票,定为法币,所有完纳粮税及一切公私款项之收付概以法币为限,不得行使现金。(三)实行白银国有,作法币的准备金,"法币准备金之保管及其发行收换事宜,设发行准备管理委员会办理"。"凡银行商店及其他公私机关,或个人持有银本位币或其他银币生银等类者,应自11月4日起交由发行准备管理委员会或其指定银行兑换法币"。(四)"为使法币对外汇价按照目前价格稳定起见,应由中央、中国、交通三银行无限制买卖外汇"。11月4日,中央银行宣布英镑的买卖价格平均为法币1元合英汇1先令2.5便士,其他按国际汇率套算,如美汇为29.5美分。法币本身无法定的含金量,也不能兑换银币,但它以外汇为本位,信用由外汇的价格决定,是一种汇兑本位制。国民政府不是一个强有力的全国统一的政府,无力以政府威信或物资储备发行自立的信用纸币,只有以外国货币(当时国际上行使最广的是英镑)为依附,实行汇兑本位制。而实行汇兑本位制,就需要一笔巨额外汇,供人用法币自由兑换,以维持法币价值。币制改革前,中国约有外汇储备3 000万美元。为此,国民政府曾向美、英要求提供1亿美元和1 000万英镑的贷款,但均遭拒绝。这样,国民政府只能以手中掌握的白银在国外出售,以取得外汇,而当时能大量收购白银的主要是美国。所以法币成了英镑和美元的附庸。1936年6月,孔祥熙在伦敦宣称,中国存于纽约的外汇相当于1.2亿美元,存于伦敦的相当于2 500万英镑。国民政府利用这笔外汇基金稳定法币的对外汇价,相当成功,直到"七七"抗战,法币月平均最低值未超过1先令2.25便士或29.44美分。

法币政策的实施,统一了全国的货币,有利于商品经济的发展和促进国内统一市场的形成;由于实行白银国有,稳定法币汇价,安定金融行市,有利于国内外贸易发展和金融业的改造;由于采取货币减值的办法增加货币流通量,使物价回升,刺激了农工商业的发展。法币政策的实施,对中国经济的复苏起了积极作用。

在国民党政府推行法币政策的时候,世界各资本主义国家逐步摆脱了经济危机,走上恢复阶段,出现了短暂的"繁荣"。这种情况也影响到中国的经济。1935年4月,蒋介石发表《国民经济建设运动之意义及其实施》的报告,宣布推行"国民经济建设运动"。中国大规模内战已基本停止。全国大部分地区风调雨顺,农业丰收。在这些有利因素的影响下,1936年中国的国民经济出现了复苏的局面,民族资本主义的发展也达到了中国历史上的最高峰。1936年,中国的农业生产,除四川、河南、广东三省受灾外,全国均获丰收。重要谷物收成的价值达法币56亿元,比1933年至1935年的平均产值高出17亿元,即几乎增加了45%。主要农作物的产量与1935年相比也大幅度增产,棉花增加78.4%,小麦增加8.3%,大豆增加13.8%,稻米、高粱、芝麻、烟叶等也都比历年的产量高。农业生产的增长,使农民的购买力有所提高,从而促进了工商业的发展。1936

年的工业品总产值为法币122亿元,比1935年增加11%,其中棉纱增加29%,水泥增加26.2%,火柴增加18.8%,电力供应增加8.1%。1937年上半年,继续有所增长。1936年对外贸易入超大为减少,1936年的工农业总产值比1935年增加了8%。1936年资本主义生产占全部工业总产值的58.6%。国家垄断资本与民族资本在工业的资本额中分别占12%和88%。但是,经济复苏所出现的好景仅仅是昙花一现,1937年7月,日本帝国主义发动全面侵华战争。此后,全国进入战争状态。由于战争对经济的巨大破坏,由于继续膨胀的国家垄断资本的腐朽性及对整个国民经济的破坏性,总的来说,从此中国经济的发展形势便丧失了。

二、共产党政策的调整 对东北军西北军的统战工作

一二·九运动以后,中国国内形势朝着抗日的方向迅速发展,这是一个极大的变化。这时,如何根据瓦窑堡会议确定的抗日民族统一战线策略方针,把全国人民的斗争目标集中到抗日救国上来,是中国共产党面临的迫切任务。共产党必须改变各项不合时宜的和原来就错误的主张和政策,以及与之相关的工作方法与作风,才能完成这个重大任务。这是党史上巨大转变。共产党正确地实现了这个艰巨的复杂的转变。

1935年12月6日,中共中央作出《关于改变对付富农策略的决定》。决定指出:在目前的形势之下,"富农也开始参加反对帝国主义侵略及豪绅地主军阀官僚的革命,或采取同情与善意的中立态度"。因此"加紧反对富农的策略""现在已经不适当了"。同时,为了团结中农,发展生产力,也必须改变反对富农的政策。决定指出:在白区"我们应该联合整个农民,造成广泛的农民统一战线,故意排斥富农(甚至一部分地主)参加革命斗争是错误的。"在苏区土地革命深入时,我们应该集中力量消灭地主阶级。对于富农"我们只取消其封建式剥削的部分,即没收其出租的土地,并取消其高利贷。富农所经营的(包括雇工经营的)土地、商业以及其

他财产则不能没收。苏维埃政府并应保障富农扩大生产(如租佃土地、开辟荒地、雇用工人等)与发展工商等的自由。"

1936年1月25日,红军将领发表《为愿意同东北军联合抗日致东北军全体将士书》。指出:打红军、进攻苏区不是东北军的出路,而是绝路。东北军的敌人是日本帝国主义和卖国贼头子蒋介石。"抗日反蒋"是东北军"唯一的出路"。表示愿意首先同东北军联合起来,组织国防政府与抗日联军,去同日本帝国主义直接作战。此信对张学良确定联共抗日的政策发生很大作用。由于张学良的建议,4月9日,周恩来代表中共中央到东北军驻地肤施(延安)同张学良举行秘密会谈。张学良接受中国共产党停止内战共同抗日的政治主张,并商定红军与东北军互不侵犯、互派代表等事项。中共中央还派以叶剑英为首的军事代表驻西安,帮助东北军进行抗日教育,举办了王曲军官训练团。又委派刘鼎作为中共中央代表常驻西安,加强与张学良的联系。

国民党第十七路军总指挥、西安"绥靖"公署主任杨虎城是陕西地方实力派的首领。1935年底,毛泽东写信给杨虎城,提出西北大联合的主张,沟通了中共中央与杨虎城的关系。经过多方面的工作,1936年5月,双方就互不侵犯、互派代表、建立交通电讯联系,以及十七路军帮助红军运送物资、红军帮助改造十七路军等问题达成协议。

1936年上半年,红军和东北军、十七路军之间,实际上已停止敌对行动。

1936年2月,中共中央决定以陕甘根据地的红军主力组成中国人民红军抗日先锋军,毛泽东任总政治委员,彭德怀任总司令,东渡黄河,进入山西。阎锡山调遣大批军队阻拦红军前进,蒋介石急忙任命陈诚为山西"剿共"军总司令,调集10个师,号称20万人,增援阎锡山。同时命令黄河以西的国民党军队向陕甘根据地进攻。在这种情况下,为了避免全面内战,保存抗日力量,促进抗日统一战线,5月初,中共中央决定红军抗日先锋军从河东撤回。5月5日,中华苏维埃人民共和国中央政府、中国人民红军革命军事委员会发出"停战议和一致抗日通电"。通电正告南京政府,"在亡国灭种紧急关头,理应幡然改悔,以'兄弟阋于墙外御其侮'的精神,在全国范围,首先在陕甘晋停止内战,双方互派代表磋商抗日救亡的具体办法"。"如仍执迷不悟,甘为汉奸卖国贼",则南京政府的统治"必将为全国人民所唾弃所倾覆"。通电不再称蒋介石为卖国贼,而称其为蒋介石氏。这实际上是表示共产党的抗日反蒋政策已开始向逼蒋抗日政策转变。红军回师之后,中共中央决定红军西征,以巩固和发展陕甘革命根据地,扩大红军,争取西北抗日力量的联合。

1936年6月20日,中共中央致书国民党五届二中全会,正式提议:立即停止内战合作御侮救亡。并宣布"我们随时都准备同贵党任何组织、任何中央委员、任何军政领袖进行关于合作救国的谈判"。8月15日,共产国际执委会书记处致电中共中央书记处,说"我们认为,把蒋介石和日本侵略者相提并论是不对的。这个观点在政治上是错误的。"8月25日,中国共产党致书国民党,义正词严地批评了国民党对内压迫人民、对外妥协的政策。同时指出:国民党二中全会宣言和蒋介石的报告,对国民党五全大会的政策作了新的解释,这种解释较之过去有了若干进步,共产党诚恳地欢迎这种进步。但国民党政府的对外政策"并没有作彻底的改变"。致国民党书还指出:全国人民热烈要求一个真正救国救民的政府,一个真正的民主共和国。我们赞助建立全中国统一的民主共和国,赞助召集由普选权选举出来的国会,拥护全国人民和抗日军队的抗日救国代表大会,拥护全国统一的国防政府。并宣布:全中国统一的民主共和国建立之时,苏维埃区域即可成为全中国统一的民主共和国的一个组成部分,苏区人民的代表,将参加全中国的国会,并在苏区实行与全中国一样的民主制度。致国民党书提出,在抗日的大目标下,国共两党"重新合作""共同救国"的建议,指出:"只有国共重新合作以及同全国各党派各界各军的总合作,才能真正的救亡图存。"之后,毛泽东、周恩来分别致书国民党的上层重要人士,呼吁促成第二次国共合作。

9月1日,中共中央向全党发出《关于逼蒋抗日问题的指示》。指出:目前中国的主要敌人是日本帝国主义,所以把蒋介石与日本帝国主义同等看待是错误的,"抗日反蒋"的口号,也是不适当的。在日本帝国主义继续进攻,全国民族革命运动继续发展的条件下,国民党中央军全部或其大部有参加抗日的可能。我们的总方针应是"逼蒋抗日"。指示还指出:在逼蒋抗日的方针下,并不放弃同各派反蒋军阀进行抗日的联合,我们愈能组织南京以外各派军阀走向抗日,就愈能实现逼蒋抗日的方针。这个指示正式改"反蒋抗日"为"逼蒋抗日",这是共产党的政策极为重要的改变。

9月17日,中共中央政治局会议又作出《关于抗日救亡运动的新形势与民主共和国的决议》。决议指出:在日寇继续进攻,抗日救亡运动继续发展,国际形势发生新的变动等条件之下,国民党南京政府有缩小以至结束其动摇地位,而转向参加抗日运动的可能。而且推动国民党南京政府及其军队参加抗日战争,是实行全国性大规模的严重的抗日武装斗争之必要条件。为此中央决定用民主共和国的口号,代替苏维埃人民共和国的口号。

三、全国抗日救亡运动的发展 两广事变 绥远抗战和援绥运动

一二·九运动后,学生的抗日救亡运动更加广泛、更加深入。1935年12月平津学生联合会成立。1936年1月又成立了华北学生联合会。在共产党领导下,学生运动开始走上和工农相结合的道路。同年1月初,平津学生首先组织扩大宣传团,沿平汉铁路南下,到河北农村进行抗日宣传。1月下旬,上海各大中学校学生组织了救国宣传团,在沪宁铁路沿线的农村,向农民宣传抗日救亡的道理。广州、徐州、济南等地学生也先后到农村中去进行宣传。在平津学生南下扩大宣传团的基础上,2月成立了共产党领导的革命青年团体——中华民族解放先锋队。

1936年2月,国民党政府颁布了《维持治安紧急治罪法》,镇压学生的抗日爱国活动。是月,仅北平被捕学生即达200余人。3月,河北高中一学生惨死狱中。消息传出后,北平学生举行了抬棺游行,遭到国民党当局的镇压,有50余人当场被捕。5月,全国学生救国联合会在上海成立。同月,日本以"防共"为名大量增兵华北,天津北平的学生举行抗日救国大示威,各地学生纷起响应,掀起了一二·九运动之后又一次全国性的抗日救亡怒潮。

　　文化界抗日救亡运动迅速扩大起来。一二·九运动一爆发,上海文化界立即行动,于12月12日发表《上海文化界救国运动宣言》,坚决反对任何伪组织和华北"自治",坚决反对在中国领土内以任何名义成立由外力策动的特殊行政组织。宣言说:"尽量的组织民众,一心一德的拿铁和血与敌人作殊死战,是中国民族的唯一出路。"①12月17日,上海文化界救国会正式成立,再次发表宣言,提出八项救亡主张:(一)根本改变目前外交政策,公布过去的外交经过;(二)开放民众组织,保护爱国运动,迅速建立起民族统一战线;(三)停止一切内战;(四)武装全国民众;(五)保障集会、结社、出版的绝对自由;(六)罢免并惩办一切卖国的亲敌的官吏;(七)对敌经济绝交,全国恢复抵制仇货;(八)释放一切政治犯,共赴国难。② 接着北平文化界救国会也宣告成立,发表宣言拥护上海文化界救国会提出的一切主张,并呼吁全国文化界火速起来,促进全国民众的抗敌救亡运动。

　　一二·九运动后,广州铁路工人、上海邮务工人和沪杭甬铁路工人,先后举行群众大会,发出通电,援助学生。12月18日,中华全国总工会致书全国职工,号召他们在各地、各工厂召集群众会议,发

---

　　① 《上海文化界救国运动宣言》,《大众生活》第1卷第6期,1935年12月26日出版。
　　② 《上海文化界救国会第二次宣言》,《大众生活》第1卷第9期,1936年1月11日出版。

表宣言和通电,声援北平学生爱国运动,同时号召组织工人救亡会、各业工人抗日救国会,与全国各界一起进行抗日救亡运动。此后工人的斗争一直在继续。1936年2月,上海大公纱厂日本监工打死中国工人,上海工人立即举行了反日示威和罢工。11月至12月,上海、青岛的日本纱厂工人要求增加工资,举行大罢工。这次罢工带有浓厚的抗日性质,和全国抗日救亡运动的高潮融成一体。

妇女界也奋起了。1935年12月,上海妇女界成立救国联合会,发表宣言,要求全国妇女起来抗击日本帝国主义,铲除汉奸,支援学生爱国运动,并举行游行示威。

在全国各抗日阶级、阶层、团体抗日救亡运动迅速发展起来的基础上,1936年5月31日至6月1日在上海召开了全国各界救国联合会成立大会。大会通过了《全国各界救国联合会成立大会宣言》《抗日救国初步政治纲领》等文件,选举宋庆龄、何香凝、马相伯、邹韬奋等40余人为执行委员,沈钧儒、章乃器、李公朴、史良、沙千里、王造时等14人为常务委员。大会宣言说:全国各界救国联合会是"一个全国统一的联合救国阵线",现阶段的主要任务是"促成全国各实力派合作抗敌"。宣言向各党各派建议:(一)各党各派立刻停止军事冲突;(二)各党各派立刻释放政治犯;(三)各党各派立刻派遣正式代表,人民救国阵线愿为介绍,进行谈判,以便制定共同抗敌纲领,建立一个统一的抗敌政权;(四)人民救国阵线愿以全部力量保证各党各派对于共同抗敌的纲领的忠实履行;(五)人民救国阵线愿以全部力量制裁任何党派违背共同纲领,以及种种一切足以削弱抗敌力量的行动。

1936年7月15日,沈钧儒、陶行知、章乃器、邹韬奋四人发表《团结御侮的几个基本条件与最低要求》的宣言性文章。他们认为:抗日救国"必然要依靠全民族的一致参加",所以全国各党各派"有结成救亡联合战线的必要"。联合战线上的各党各派"可以有不同主张","只要在抗日救国的一点上,求得共同一致"。"互相宽容是联合战线的第一要义"。"联合战线应该结合各党各派的力量以达到抗日救国的目的,但不能为任何党任何派所利用"。他们向蒋介石、国民党中央、西南当局、华北当局和中国共产党以及一般民众提出他们的希望和要求,表达了全国人民要求停止内争共同抗日和争取人民自由民主权利的意见和主张。这篇文章产生了很大影响。

伴随着全国抗日救亡运动的开展和全国各地救亡团体的成立,救亡刊物大量涌现。据统计,全国救亡刊物不下千余种。邹韬奋主编的《大众生活》,每期发售量达15万份以上,创国民党统治区刊物发行量的最高纪录。

但是,脱离国民党控制的自动自主的有组织的抗日民主运动,是国民党绝对不允许的。1936年11月23日,国民党政府以"危害民国"的罪名,逮捕了全国各界救国会领袖沈钧儒、章乃器、邹韬奋、李公朴、王造时、沙千里、史良7人。这就是震动全国的"七君子事件"。事件发生后,全国各界举行了援救运动。1937年6月,宋庆龄等17人发起救国入狱运动,全国各界纷纷响应,推动了抗日救亡运动的发展。1937年7月31日,沈钧儒等7人出狱。

在全国抗日救亡运动进一步高涨的氛围中,1936年6月初,发生了两广事变。两广军阀与蒋介石矛盾很深,不满意蒋介石的某些政策。1936年5月,胡汉民患脑出血病故,两广地方实力派失去重心。蒋介石企图乘机分裂两广,然后各个消灭。广东军阀陈济棠认为与其坐以待毙,不如先发制人。于是联络广西李宗仁等人,打起"抗日救国"的旗号,进行反蒋。6月1日,两广军阀组织的西南政务委员会和国民党西南执行部呈文国民党中央和国民政府,吁请抗日。2日,将抗日主张通电全国。4日,陈济棠、李宗仁、白崇禧等西南将领数十人发出通电,表示支持6月2日的通电,并成立了军事委员会和抗日救国军,由陈济棠任委员长兼总司令,李宗仁为副,接着出兵湖南。南京政府调集部队进入湖南防御。一场新的内战又将爆发。这就是两广事变。

全国人民对两广事变非常关切。他们要求南京政府接受西南当局的抗日要求,同时要求西南当局以实际行动表示自己的抗日诚意,希望双方和平解决问题。蒋介石对两广事变,一面派出大军准备进袭两广,一面派人入粤收买陈济棠部下。7月,粤方空军司令率飞机几十架投往南京政府。粤军第一军军长余汉谋通电拥护南京中央。这次反蒋行动被蒋介石用分化利诱手段瓦解了。7月13日,国民党五届二中全会通过西南问题决议,撤销西南政务委员会和国民党西南执行部;任命余汉谋为广东绥靖主任,李宗仁为广西绥靖主任,白崇禧为副主任;免去陈济棠本兼各职。陈济棠见大势已去,离开广州去香港。不久,蒋电令白崇禧出洋考察,调李宗仁到南京军委会任职。李、白拒绝。蒋又电李、白,改任白崇禧为浙江省主席,李宗仁为军委常委,由黄绍竑出任广西绥靖主任,负责处理广西善后。李、白仍表示难以从命。蒋即调集大军准备用武力解决。广西也全体动员,10余万军队准备应战。内战有一触即发之势。全国一致反对内战。蒋被迫收回成命。9月17日,蒋介石和李宗仁在广州会晤,两广事件遂告和平解决。两广事变得以和平解决,是因为全国人民坚决反对内战,要求团结抗日,是中日民族矛盾这个主要矛盾起作用的结果。

在日本帝国主义策划下,德穆楚克栋鲁普于1936年初组织了伪蒙古军总司令部,自任总司令,李守信任副司令。5月又正式成立了伪蒙古军政府,并招兵买马,扩充军队,组织伪蒙古军。同时,日本帝国主义策划王英组织"西北蒙汉防共自卫军"(后改称"大汉义军")。11月,在日军配合下,李守信和王英等伪军向绥远大举进攻。驻绥远的傅作义部奋起还击,取得了红格尔图战斗的胜利,并乘胜收复百灵庙,后又收复大庙。国民党政府对绥远抗战采取比较积极的态度。国民政府发表声明说:"此次蒙伪匪军大举犯绥,政府负有保卫疆土戡乱安民之责,不问其背景与作用如何,自应予以痛剿,此为任何主权国家应有之行为,第三者无可得而非议。""中国领土主权之完整","不容任何第三者以任何口实加以侵犯或干涉,万一不幸而发生此种非法之侵犯或干涉,必竭全力防卫,以尽国家之职责也"。全国人民发起援绥运动,1936年冬形成热潮。北平学生募集万件皮衣,各地女校赶制丝棉背心,上海学童捐助买早点和糖果的零钱,穷苦同胞节用汗血微资,援助绥远抗战。据统计全国捐款达120多万元。绥远抗战和援绥运动是抗战形势高涨的一种表现。

四、西安事变及其和平解决

1936年10月,红军与东北军、十七路军三方面,在抗日的基础上,实现了联合。蒋介石对此深感不安。两广事件刚刚结束,他就匆匆飞到西安、洛阳,紧张地部署"剿共"军事,将嫡系部队约30个师调到以郑州为中心的平汉、陇海铁路沿线,随时准备开赴陕甘。他调动了100架飞机,准备投入内战战场。

为了停止内战一致抗日,促成抗日民族统一战线的建立,10月26日,红军将领致书蒋介石及国民革命军西北各将领,指出:"民族危机已到最后一刹那了。内战还是抗战的决定关键,是操在诸先生手里",希望蒋介石"毅然决然停止进攻红军的最后内战,率领全中国的武装部队,实行抗战"。蒋介石坚持反共内战,于10月31日,颁发对红军的总攻击令。红军一再退让,最后被迫应战。11月21日,在甘肃环县山城堡歼灭胡宗南部七十八师,粉碎了国民党军队的进攻。这是结束国内战争的最后一仗。

12月4日,蒋介石由洛阳飞抵西安,以临潼华清池作为"行辕"。蒋调集的部队纷纷开赴潼关。陈诚、卫立煌等重要将领陆续来到西安。战云笼罩了西北。蒋介石逼迫张、杨进攻红军。中央军则在后面接应督促。如张、杨不服从他的命令,他就将东北军调到福建,十七路军调到安徽,由中央军进驻陕甘两省"剿共"。张、杨既不愿与红军再开战端,也不愿离开西北被蒋介石改编、吞并。张学良多次劝说蒋介石改变内战政策,但均无效。12月7日,张蒋之间发生了激烈的争论,张学良痛哭陈词,但蒋表示他的"剿共"政策至死不变。至此,张学良感到除发动"兵谏"外,已别无他路可走。12月8日,张学良与杨虎城密商,决定扣留蒋介石,强迫他答应抗日。12月9日,一二·九运动一周年纪念日,西安学生1万多人举行请愿游行,要求停止内战一致抗日。游行队伍从西安步行去临潼向蒋介石请愿,要求蒋介石答应抗日。蒋介石听到消息,亲自打电话给张学良要他制止,如学生不听,就"格杀勿论"。张学良急忙劝阻学生。请愿学生向张悲愤陈词。张大受感动,当即保证,一定抗日,一星期内用事实回答学生们的要求。10日和11日两天,张、杨加紧进行扣留蒋介石的部署。

1936年12月12日,按照张学良、杨虎城商定的计划,东北军一部包围了华清池,迅速解除了进行抵抗的蒋介石卫兵的武装,将蒋介石扣留,并移送西安新城大楼。十七路军同时行动,控制了西安全城,拘捕了陈诚、蒋鼎文、卫立煌等十多名军政要员。当天,张、杨联合发出通电,说明事变动机完全在于抗日救国。对蒋本人"保其安全,促其反省"。提出八项主张:(一)改组南京政府,容纳各党派共同负责救国;(二)停止一切内战;(三)立即释放上海被捕之爱国领袖;(四)释放全国一切政治犯;(五)开放民众爱国运动;(六)保障人民集会结社一切之政治自由;(七)确实遵行孙总理遗嘱;(八)立即召开救国会议。

西安事变的突然爆发,全国和全世界都非常震惊。世界各国和国内各派势力都从各自的国家或阶级、集团的利益出发,对事变作出不同的反应。

日本对事变特别关切。它竭力挑拨南京与西安的关系,企图挑起中国大规模内战,以便趁火打劫。日本政府一再表示反对南京与张、杨妥协,要南京政府不得做任何损害日本利益的解决。它支持在德国"养病"的汪精卫回国,组织亲日的政府。英美担心蒋介石被杀,亲日派掌权,损害它们在华的利益。它们看出张、杨通电的中心是抗日问题,所以主张蒋和张、杨妥协,反对南京政府讨伐张、杨,并一再声言愿意进行调解。苏联在事变后,《真理报》《消息报》均发表社论和评论,坚决支持中国抗日,希望事变"能早日迅速和平解决",但对事变的性质作了错误的估计。

西安事变的消息传到南京,国民党多数人认为张、杨的行为"违法犯纪",表示"万分气愤""万分焦急"。南京政府陷入一片混乱。以军政部长何应钦为代表的一派,力主"讨伐"。这一派的主张开始时占了优势。12日,国民党中央常委会和南京国民政府决议"褫夺张学良本兼各职","交军事委员会严办"。16日,国民党中央政治委员会议决推何应钦为"讨逆军总司令",由国民政府下令讨伐张学良。何应钦立即调派大批军队开赴潼关,准备进攻西安,并派飞机轰炸西安附近的渭南县城和赤水车站,扬言要轰炸西安。一些汉奸和伪军头目如李守信也发表通电,声言愿与南京合力讨伐张、杨。一时战云密布,大规模内战有一触即发之势。但南京政府中与蒋有密切关系的宋子文、宋美龄、孔祥熙等人,坚决反对"讨伐派"的主张,坚持营救蒋介石,和平解决西安事变。当时,在南京的冯玉祥等人,也主张和平解决,避免内战。冯玉祥曾电劝张学良放蒋介石回南京。宋、孔这一派的主张很快在南京政府中占了上风,遂决定采用"正面处置严正,营救则多方运用"的原则。宋子文、宋美龄和孔祥熙在稳住南京政局后,即派蒋介石的顾问端纳前往西安,探明情况,沟通关系,居中调解。随后,宋子文、宋美龄亲赴西安救蒋。

国民党的地方军阀,多数不表示支持张、杨。少数如广西的李宗仁、白崇禧和四川的刘湘,比较明确支持张、杨,主张西安事件"用政治解决"。绥远抗战的领导人傅作义,也是支持张、杨的。老奸巨猾的阎锡山曾表示支持张学良逼蒋抗日,但事变发生后,他却致电责问张、杨,并要求把蒋介石交给他掌握,企图借此由他控制中国局势。宋哲元、韩复榘等表面拥护国民党中央,实际主张杀蒋。

西安事变的爆发对中间阶级是一个"晴空的霹雳"。他们普遍认为这是"国家的大不幸",大多数人谴责张、杨。他们大多数人同意张、杨的停止内战一致抗日的主张,同时要求恢复蒋介石的自由。12月15日,全国各界救国联合会发表《为当前时局紧急宣言》,"要求停止一切现存的内战,反对一切可能的新内战"。"要求当局尊重全国的民意,和平解决陕事;要求张、杨诸将军立即恢复蒋先生自由,和中央剀切磋商,实行抗日大计"。

西安事变是突然爆发的,中国共产党对事变本身以及解决办法有一个认识过程。12月12日,中共中央书记处致北方局电提出"号召人民及救亡领袖要求南京明令罢免蒋介石,并交人民审判"。15日,红军将领在《致国民党、国民政府电》中要求"罢免蒋氏,交付国人裁判"。但是,中共中央政治局在对事变进行了深入的讨论之后,很快就否定了杀蒋的意见,确定了和平解决的正确方针。18日,中共中央致国民党中央电指出:"蒋介石在此次被幽,完全是因为蒋氏在不肯接受抗日主张,不肯放弃攘外必先安内的错误政策所致。"只要国民党能实现全国人民抗日的迫切要求,"不但国家民族从此得救,即蒋氏的安全自由当亦不成问题"[①]。19日,中共中央发出《关于西安事变及我们的任务的指示》。指出根据国内外的形势,事变可能有两种前途:一种前途是爆发大规模内战;另一种前途是停止内战一致抗日。为实现第二个前途,共产党的基本方针是:(一)反对新的内战,主张南京与西安间在团结抗日的基础上和平解决;(二)用一切方法联合南京左派,争取中派,反对亲日派,以达到推动南京走向进一步抗日的立场,揭破日寇及亲日派利用拥蒋的号召,发动内战的阴谋;(三)同情西安的发动,给张、杨以积极的实际的援助(军事上的与政治上的),使之彻底实现西安发动的抗日主张;(四)切实准备"讨伐军"进攻时的防御战,给"讨伐军"以严重的打击,促其反省,目的依然是为了促成全国性抗日统一战线的建立与全国性抗日战争的发动。对蒋介石的处置,中共中央认为:只要蒋介石同意停止内战一致抗日,就应当释放他。应张、杨电邀,中共

---

① 《中共中央关于西安事变致国民党中央电》(1936年12月18日),《中共中央抗日民族统一战线文件选编》(中),档案出版社1986年版,第321~322页。

中央派出由周恩来、博古、叶剑英等组成的代表团,于12月17日抵达西安。代表团在西安做了大量卓有成效的工作。

南京的宋子文、宋美龄希望和平解决而来到西安。23日、24日,宋子文、宋美龄代表蒋介石,与张学良、杨虎城正式谈判,周恩来作为中共中央全权代表参加谈判,并会见了蒋介石。经过两天的谈判,达成六项协议:(一)改组国民党与国民政府,驱逐亲日派,容纳抗日分子;(二)释放上海爱国领袖,释放一切政治犯,保证人民的自由权利;(三)停止"剿共"政策,联合红军抗日;(四)召集各党各派各界各军的救国会议,决定抗日救亡方针;(五)与同情中国抗日的国家建立合作关系;(六)其他救国的具体办法。蒋介石表示同意谈判议定的六项协议。但蒋要求不采取签字形式,而以他的人格担保履行六项协议。西安事变遂告和平解决。

12月25日,蒋介石由张学良陪同,经洛阳飞回南京。一到南京蒋介石就背信弃义地扣留了张学良。由于张学良被扣,西安出现动荡不安的情势。东北军中坚决主张联共抗日的王以哲军长被杀害,内战危险又重新出现。周恩来在困难的条件下进行了细致的工作,及时解决了一系列的棘手问题,巩固了红军和东北军、十七路军的团结,基本上保住了和平解决西安事变的成果。

西安事变的和平解决,成为时局转换的枢纽。从此内战基本结束,给国共两党重新合作建立了必要的前提,对推动全国抗日局面的形成起了极大的作用。

五、国民党五届三中全会　中共苏区代表会议　全国团结抗日局面基本形成

1937年初,国民党为商讨对共产党和对日本的政策,准备召开五届三中全会。

中国共产党为推动国民党抗战,实现国共两党重新合作,于2月10日致电国民党三中全会,提出五项要求和四项保证。要求国民党三中全会把下述五项定为国策,即:(一)停止一切内战,集中国力,一致对外;(二)言论、集会、结社之自由,释放一切政治犯;(三)召集各党、各派、各界、各军的代表会议,集中全国人才共同救国;(四)迅速完成对日抗战之一切准备工作;(五)改善人民生活。如国民党三中全会将上述五项要求定为国策,共产党愿向国民党三中全会作出四项保证,即:(一)在全国范围内停止推翻国民政府之武装暴动方针;(二)工农政府改名为中华民国特区政府,红军改名为国民革命军,直接受南京中央政府与军事委员会之指导;(三)在特区政府区域内,实施普选的彻底民主制度;(四)停止没收地主土地之政策,坚决执行抗日民族统一战线之共同纲领。中国共产党所作的上述保证是对国民党的一个重大的让步,"其目的在于取消国内两个政权的对立,便利于组成抗日民族统一战线,一致的反对日本的侵略"①。当然,这种让步是有原则有条件的。第一,国民党必须抛弃内战和对外不抵抗的政策。第二,在特区和红军中必须保持共产党的领导,保持工农已取得的权利。在国共两党关系上必须保持共产党的独立性和批评的自由。

2月15日,国民党五届三中全会在南京召开。当天,宋庆龄、何香凝、冯玉祥等14人向全会提出"恢复孙中山先生手订的三大政策案"。提案说:"近半年来,迭接中国共产党致我党中央委员会书函通电,屡次提议国共合作,联合抗日,足证团结御侮已成国人一致之要求。""应乘此机会恢复总理三大政策,以救党国于危亡,以竟革命之功业。"在全会上汪精卫提出一个坚持"剿共"的政治决议案草案,遭到许多人的反对。18日,宋庆龄在《实行孙中山的遗嘱》的讲演中说:"今天居然还可以听到'抗日必先剿共'的老调,这是多么荒谬!"她强调:

---

① 《中央关于西安事变和平解决之意义及中央致国民党三中全会电宣传解释大纲》(1937年2月15日),《中共中央文件选集》第11册,第160页。

"救国必须停止内争,而且必须运用包括共产党在内的全部力量,以保卫中国国家的完整。"21日,全会通过宣言和《关于根绝赤祸之决议》。

宣言对国民党"五大"和五届二中全会所确定的对外方针"继承不变,且努力以策其进行"。对内承认"和平统一","为全国共守之信条"。宣布"国民大会"延至1937年11月12日举行。宣言声称共产党"破坏国民革命","以暴动手段,危害民国","无论用任何方式,必以自力使赤祸根绝于中国"。在《关于根绝赤祸之决议》里,说共产党实行国共合作是向国民党"输诚",国民党接受共产党和全国人民的主张是允许共产党"自新"。决议决定了四条"根绝赤祸"的"最低限度之办法":"第一,一国之军队,必须统一编制,统一号令,方能收指臂之效,断无一国家可许主义绝不相容之军队同时并存者,故须彻底取消其所谓'红军',以及其他假借名目之武力。第二,政权统一,为国家统一之必要条件,世界任何国家断不许一国之内,有两种政权之存在者,故须彻底取消所谓'苏维埃政府'及其他一切破坏统一之组织。第三,赤化宣传与以救国救民为职志之三民主义绝对不能相容,即与吾国人民生命与社会生活亦极端相背,故须根本停止其赤化宣传。第四,阶级斗争以一阶级利益为本位,其方法将整个社会分成种种对立之阶级,而使之相杀相仇,故必出于夺取民众与武装暴动之手段,而社会因以不宁,民居为之荡析,故须根本停止其阶级斗争"。国民党三中全会的情况是十分复杂的。它没有提出坚定明确的抗日方针,没有批评自己过去的错误政策,没有放弃"根绝赤祸"的反动立场。但不可否认,它对共产党的政策已有了转变,即由"武力剿共"改变为"和平统一"。这是国民党政策上的重大变化。但这个变化只是策略上的改变,而"根绝赤祸"的根本方针,则是一贯的,没有改变的。国民党"根绝赤祸"的根本立场,和它所采取的"和平统一"的策略,决定了以后国共两党的关系,决定了以后国共两党的斗争方式。国民党五届三中全会实际上接受了国共两党合作抗日的政策,标志着国共合作的抗日民族统一战线初步形成。

国民党蒋介石集团开始改变过去的内战和对日妥协的政策,但国民党政府对改善中日关系仍抱有幻想。1937年3月,日本新外相佐藤表示要改善对中国的关系。他说:"过去一切应付诸东流,而重新以平等地位进行谈判。""对中国统一与复兴之努力","日本不特应表示深切同情,且应在可能范围之内予以协助"。国民政府对此积极响应,外交部长对日本大使表示说:"对佐藤外相演说,至堪钦佩,愿在事实上努力促其具体化。"与此同时,日本财阀儿玉谦次等一行组成经济考察团访华,鼓吹中日"满"经济合作。

国民党政府在内政上,继续压制人民群众的抗日救亡运动和坚持一党专政的独裁政体。坚持维护独裁的"五五宪草"和包办选举与指定的"国民大会"代表为有效。以危害民国的罪名在苏州对全国各界救国联合会领导人沈钧儒等进行审判。压制上海等地的反日罢工斗争。强令东北军东调至河南和安徽,隔离东北军与红军的联系,并乘机分裂东北军内部。迫使杨虎城去职出国。在国共谈判中,压迫共产党放弃独立性和对根据地与红军的领导,继续围攻共产党在南方各省的红军游击队。特别值得注意的是,国民党蒋介石集团,在他们的"武力统一"的内战政策破产以后,又在抗日的幌子下打出了"和平统一"的旗子,高喊:"统一决定一切"。他们的所谓"和平统一",其实质主要是要取消共产党和红军。

民族资产阶级是反对内战和独裁,要求抗日和民主的。但是他们只看到当时蒋介石集团拥有统治全国的政权和几百万军队,认为抗日主要应当依靠国民党。因此,有人主张以"国民党为中心",主张"无条件地统一"。

在共产党内也出现了右倾错误观点,甚至为了"统一",主张取消共产党所领导的群众组织。

上述情况说明,为了巩固国内和平,巩固抗日民族统一战线,迅速实现对日抗战,共产党和全国人民必须更大规模地发展抗日民主运动。1937年4月15日,中国共产党发表《告全党同志书》,及时地提出了"巩固和平""争取民主""实现抗战"三位一体并以"争取民主"为中心的口号。为了使全党明确认识当前的任务并促进它的实现,中国共产党于1937年5月2日至14日在延安召开全国代表会议(当时称苏区党代表会议)。张闻天致开幕词。毛泽东在会上作了《中国共产党在抗日时期的任务》的报告和《为争取千百万群众进入抗日民族统一战线而斗争》的结论。毛泽东分析了1931年九一八事变特别是1935年华北事变以来的形势,指出由于中日民族矛盾成为主要矛盾,把中国和其他帝国主义的矛盾推入次要的地位,也把国内阶级间的矛盾和政治集团间的矛盾推入次要和服从的地位。但是"国内阶级间的矛盾和政治集团间的矛盾本身依然存在着,并没有减少或消灭"。这种形势在我们面前提出了适当地调整国内国际在现时可能和必须调整的矛盾,使之适合于团结抗日的总任务。这就是中国共产党要求和平统一、民主政治、改良生活及与反对日本的国家进行谈判种种方针之所由来。毛泽东根据国际关系和国内阶级关系变化的具体情况,指出,从一二·九运动到国民党三中全会这一阶段,中国共产党提出的"停止内战,一致抗日"的号召已经基本上实现了。新阶段的任务主要是争取民主,用争取民主去巩固和平,实现抗战。"争取民主,是目前发展阶段中革命任务的中心一环"。毛泽东指出,要实现党在新的历史时期的任务,必须"向关门主义和冒险主义、同时又向尾巴主义作斗争"。党内有"左"倾观点的人,否认国民党开始转变,否认新阶段的到来和新任务的提出。只有清除这种倾向,才能争取千百万群众进入抗日民族统一战线。党内有右倾思想的人则以民族斗争来否定国内的阶级斗争,把抗日与民主对立起来。抗日与民主是互相促进的。抗日给予民主运动发展以有利条件,民主是抗日的保证。抗日战争离开了无产阶级及其政党的政治领导就不能实现。毛泽东尖锐地指出:"使无产阶级跟随资产阶级呢,还是使资产阶级跟随无产阶级呢?这个中国革命领导责任的问题,乃是革命成败的关键"①。党的全国代表会议通过了毛泽东的报告,批准了中共中央自遵义会议以来的政治路线,为共产党领导抗日战争推进全国革命形势的发展做了重要准备。

党的全国代表会议结束后,中共中央紧接着于5月17日至6月10日在延安召开了中国共产党白区工作会议。张闻天、刘少奇主持会议。刘少奇在会上作《关于白区的党和群众工作》的报告。张闻天作《白区党目前的中心任务》的总结报告。这次会议总结了八七会议以来特别是瓦窑堡会议以来白区工作的经验教训,着重地批评"左"倾关门主义的错误,阐明在西安事变和平解决后的新形势下,党在白区工作中,为巩固国内和平、争取民主、实现抗战而斗争的基本方针和策略。

毛泽东在解决抗日民族统一战线的政治路线以后,又用大力进行理论研究,着重从军事路线和思想路线上总结历史经验。他在1936年底到1937年夏,先后写出《中国革命战争的战略问题》《实践论》和《矛盾论》等重要论著,并在延安抗日军政大学进行讲授。

中国共产党为实现第二次国共合作,建立抗日民族统一战线的主张和卓有成效的工作,得到了全国人民的同情和支持。许多资产阶级代表人物和地方实力派表示愿意同共产党合作。中国共产党的影响在不断扩大。这时国共谈判取得了进展。1937年5月下旬,国民党派中央考察团18人到延安考察。全国抗日大团结的形势日益发展,能够进行全国抗战的内部条件基本上具备了。

作为执政的国民党和国家权力最高机关的国民政府也为抗战作了一定的准备。1937年3月,国民党中央执行委员会和中央政治委员会决定成立国防委员会,对中央执行委员会政治委员会负责。国防委员会设正、副主席各1人,以中央政治委员会正副主席兼任之。国民政府军事委员会拟订了《1937年度国防作战计划》,

---

① 《毛泽东选集》第1卷,人民出版社1991年版,第254、255、264、262页。

划分了国防区域、阵地线和兵力部署。开始对陆海空军进行整建。1936年共整编陆军20个师,称为"调整师","以作国防军之基干";还整理陆军60个师,称为"整理师",补充装备,使各师单位编制划一,"作为预备部队,及守护地方之用"。到1937年7月,实际调整、整理陆军共85个师又9个独立旅。此外已适用调整编制但尚未充实的有5个师。同时扩建了海军和空军。迄全国抗战爆发,国民政府已整理与未整理的部队共计步兵182个师又46个独立旅,骑兵9个师又6个独立旅,加上特种部队,共约170余万人。全国空军共有各类飞机600余架,飞机场262个,飞机修理厂6个。海军有3个舰队,大小舰艇100余艘,但总计不过6万吨,且各舰艇都是旧式的,威力很小。到1937年上半年,全国共有南京、镇江、江阴、宁波、虎门、马尾、厦门、南通、连云港等9个要塞区整建完毕,有炮台41座,各种要塞炮273门。并在全国一些地区构筑国防工事。

复习思考题

1. 试述九一八事变及事变后国内政治形势和阶级关系的变化。
2. 试论蒋介石"攘外必先安内"的国策。
3. 国民党是怎样加强独裁统治的?
4. 试评述关于农村土地问题的各种主张。
5. 论遵义会议及其在中国革命史上的地位。
6. 略述华北事变和一二·九运动。
7. 中国共产党抗日民族统一战线策略方针是怎样形成的?
8. 华北事变后国民党政府对日政策有什么变化?
9. 西安事变及其和平解决的经过和意义。
10. 论述中国抗战始于1931年九一八事变。

第五章　全民族抗日战争

（1937年7月—1945年8月）

学习提示

从1937年7月7日日本帝国主义发动卢沟桥事变,到1945年8月15日日本宣告无条件投降,是全民族抗日战争时期。这一时期的历史可分为四个阶段:

(一)1937年7月7日至1938年10月,是抗日战争战略防御阶段。卢沟桥事变开始了日本帝国主义变中国为其独占的殖民地的全面侵华战争。中国掀起了全国性的反对日本侵略的民族解放战争。在此期间,中国军队在正面战场进行了四次大规模的会战。八路军和新四军开辟了广阔的敌后战场。日本帝国主义在它侵占的中国领土上建立了新的伪政权。

(二)1938年11月至1941年11月,是抗日战争战略相持阶段的前期。日本帝国主义占领武汉以后,改变了侵华策略,在军事打击的同时,对国民党采取政治诱降的政策。汪精卫集团叛国投敌,在日本的扶植下建立了伪中央政权。国民党顽固派加剧了反共摩擦活动。中国共产党坚持团结抗战、反对分裂和妥协的方针,敌后战场发展为抗日战争的重要战场。

(三)1941年12月至1943年底,是战略相持阶段的中期。太平洋战争爆发,世界反法西斯阵营正式形成。中国战场成为世界反法西斯战争的重要战场。国民党坚持一党专政和官僚资产阶级大发国难财,使其统治日趋腐朽。共产党领导敌后军民渡过了困难阶段。

(四)1944年初至1945年8月,是战略相持阶段后期和抗日战争胜利结束的时期。盟军在太平洋战场转入反攻。国民党军在滇西缅北作战中取得重大胜利,却在豫湘桂战役中大溃败。后者激起民主运动的新高涨。中国共产党提出成立民主联合政府的主张,获得人民的热烈响应。1945年8月,美国在日本本土投掷原子弹,苏联出兵中国东北。国民党军和敌后军民举行反攻。日本帝国主义于8月15日宣布无条件投降。中国抗日战争取得了伟大胜利。中国人民对世界反法西斯战争的胜利作出了巨大贡献,中国的国际地位得到很大提高。

学习全民族抗日战争时期的历史,应了解战争的全局情况和战争发展的过程,注意中国抗日战争和世界反法西斯战争的联系,并掌握如下要点:(1)日本帝国主义侵华的目的及其罪行;(2)抗日民族统一战线是战胜日本侵略者的决定性条件;(3)中国共产党的全面抗战路线和方针、政策;(4)国民党在抗日战争中的表现及其统治日趋腐朽;(5)抗战时期中国的国际关系;(6)中国抗日战争胜利的基本经验和重大意义,及其在世界反法西斯战争中的地位和作用。

第一节　全国抗战的开始　正面战场的作战和敌后抗日根据地的开辟

一、七七事变和八一三事变　抗日民族统一战线的正式建立　全国抗日高潮的涌起

九一八事变和伪满洲国建立以后,日本帝国主义按照灭亡中国、称霸西太平洋的既定国策,加紧侵略中国的活动。

日本不断扩大的侵华活动,遭到中国人民的强烈反对,抗日救亡运动日益高涨。为加强对中国政府的压力,1936年4月,日本内阁将华北的中国驻屯军升格为和关东军同等的地位,将原有兵力增加约3倍,达到5 774人。并规定其任务为确保从渤海湾到北平的交通,需要时可对该地区行使兵力。日本军部还编制了1937年对华作战计划,规定:华北方面用8个师团占领北平和天津附近要地,以及青岛、济南、东海(今连云港海州区)附近要地;华中方面用3个师团占领上海附近,用2个师团从杭州湾登陆,从太湖南面前进,两军策应向南京作战,以占领和确保上海、杭州、南京三角地带;华南方面用1个师团占领福州、厦门和汕头。与此同时,日本陆军省制定了《军备充实计划大纲》,决定从1937年到1942年将陆军扩大到40个师团,空军扩大到140个中队,海军也将进行庞大的补充。因此,1937年的军费开支猛增到32亿多日元,占岁出总额的69.2%。到日中战争前,日本陆军常备兵力已达38万人,还有预备役和后备役兵力160多万人。飞机2 700架,海军舰艇190余万吨。为适应战备需要,从1937年起日本政府全面推行充实国防、改革教育、整顿税制、振兴产业、发展贸易、整顿改进行政机构等七项革新政纲,使国家进入了发动大规模侵略战争的轨道。

1937年7月7日晚,驻丰台的日本华北驻屯军一部,在北平西南宛平县境的卢沟桥附近举行实弹演习。23时左右,演习的日军诡称一名士兵失踪和受到中国士兵的射击,要求进入宛平县城搜查,遭到中国驻军的严正拒绝。早有准备的日军,即向卢沟桥、宛平县城及其附近地区发动进攻。当地中国驻军第二十九军的第二一九团官兵奋起回击。中华民族全民族的抗日战争从此开始。

中国人民对日本制造卢沟桥事变的极大义愤,中国军队的坚决抵抗,使日本感到必须出动更大的兵力才能达到目的。于是,日本政府一面宣布采取"不扩大"方针,指示日军与中国方面谈判;另一面采取紧急措施,调关东军和朝鲜军陆军两个多师团和大批空军增援华北日军,并发表了"立即增兵华北"的政府声明。为争取集结兵力的时间,日军从7月8日起在不断进行攻击的同时,与冀察政务委员会的代表进行谈判。9日,双方达成如下协议:停止射击;日军撤退至永定河左岸,中国军队撤至右岸;卢沟桥的守备由冀北保安队担任。但当中国军队按协议撤兵后,日军却拒不撤兵,并在配备有大炮、坦克的援军支持下,切断了平卢公路,将战事扩大到八宝山、长辛店、廊坊、杨村、南苑等处。10日,日军按参谋本部的指示向第二十九军代表提出:(一)第二十九军代表向日军道歉,并声明负责防止今后不再发生类似的事件;(二)处分肇事者;(三)卢沟桥附近永定河左岸不得驻扎中国军队;(四)彻底取缔蓝衣社、共产党及其他抗日团体。11日,第二十九军代表张自忠等签字承认了上述要求,但日军继续向宛平城及其他地方进攻。

卢沟桥事变的第二天,中国共产党中央通电全国,疾呼:"平津危急!华北危急!中华民族危急!只有全民族实行抗战,才是我们的出路!"要求南京政府立即开放全国民众爱国运动,立即动员军队,准备应战。要求全国人民,用全力援助神圣的抗日自卫战争。号召:"全中国同胞、政府与军队,团结起来,筑成民族统一战线的坚固长城,抵抗日寇的侵掠!""国共两党亲密合作抵抗日寇的新进攻!""驱逐日寇出中国!"9日,中国工农红军通电要求国民政府①,速调大军增援第二十九军,表示红军愿即改名为国民革命军,受命为抗日前锋,与日寇决一死战。为了促使国民政府军事当局迅速制定全国抗战的战略方针,中共中央在卢沟桥事变后不久即提出了《确立全国抗战之战略计划及作战原则案》,主张:战略的基本方针是持久的防御战;在战役上应以速决战为原则;作战的基本原则是运动战;战略上处于内线,而在战役的指导上,应是外线作战;广泛地开展游击战争。但是,国民政府对此并未完全接受。

卢沟桥事变发生后,全国工农商学兵各界群众、各爱国党派和团体、海外华侨,以及国民党的一些省市党部和基层党部,纷纷发出通电,举行集会,要求政府实行抗战。各界人民募捐了大量款项和大批物品,支援和慰劳抗战的第二十九军将士。北平成立了各界抗敌后援会,组织战地服务团、劳军团等到前线慰问抗战官兵、救护伤员。长辛店的铁路工人和战区附近的农民,积极帮助军队修筑工事、运送伤员和弹药物资、送情报。不少国民党军将领发表通电请求参加抗战。

卢沟桥事变后,国民政府抗日的态度是不坚定的。7月8日,蒋介石致电宋哲元:固守宛平城,并全体动员,以备事态扩大。同时陆续调第二十六路军、第十三军、第五十三军等部,北上增援。13日,又致电宋哲元说:决心运用全力抗战。但是又说"平津国际关系复杂,如我能抗战到底,只要不允签任何条件,则在华北有权利之各国,必不能坐视不理"。由于全国人民强烈要求抗战,日军亦步步进逼,17日,蒋介石在庐山发表谈话。他提出解决事变的

---

① 本书依照中国现代史著述之惯例,在对外关系和国民党统治集团内部(含各地军阀势力)关系叙述时用"国民政府"表述,在针对其对国内实行反动统治时则用"国民党政府"表述。

四项最低限度的条件：（一）任何解决，不得侵害中国主权与领土之完整；（二）冀察行政组织，不容任何不合法之改变；（三）中央政府所派地方官吏，不能任人要求撤换；（四）第二十九军现在所驻地区，不能受任何约束。他说：卢沟桥事件能否结束，就是最后关头的境界。"如果战端一开，就是地无分南北，年无分老幼，无论何人，皆有守土抗战之责任，皆应抱定牺牲一切之决心。所以政府必特别谨慎以临此大事。"他又表示，"在和平根本绝望之前一秒钟，我们还是希望由和平的外交方法，求得卢事的解决"。可见，国民党当局虽然意识到已面临抗战关头，但仍抱着"和平"解决的希望。

日军在边谈边打期间，集结了大量军队，形成了对平津的包围态势。从 20 日起，日军大举进攻宛平等地。在这种情况下，蒋介石仍在多方争取"和平"解决。他在南京连续与英、美、德、法驻华大使会晤，要求各国政府出面调停。同时电告宋哲元，表示中央愿意批准 7 月 11 日第二十九军代表与日方达成的协定。但是，日本既拒绝调停，也不以 11 日的协定为满足。26 日，日军攻占廊坊。27 日，日本参谋本部发出对 20 多万军队的动员令，及向华北增派 3 个师团的命令。同日，日军向中国方面送出限 48 小时内撤退北平地区驻军的最后通牒。第二十九军军长宋哲元予以拒绝，并发出自卫守土的通电。28 日，日军向南苑猛攻，守军与敌激战，伤亡惨重，第二十九军副军长佟麟阁、第一三二师师长赵登禹殉国，南苑失守。同时日军攻占清河、沙河等地。29 日，日军又攻占卢沟桥等地。同日，北平沦陷。与此同时，日军在天津发动进攻，守军第三十八师等部奋勇抗击，曾一度收复火车站等据点。30 日，敌援军在大沽口登陆，敌我激战后，天津失陷。

在日军进攻华北期间，日本在沪的海军第三舰队司令提出：欲置中国于死命，以控制上海和南京最为重要。7 月底，日本训令长江沿岸的日本侨民撤离。8 月 8 日，第三舰队进行了新的兵力部署。9 日，发生了虹桥机场事件。13 日，日军越过两军对峙线，京沪警备司令官张治中下令坚决还击,淞沪会战开始。14日,国民政府发表《自卫抗战声明书》,宣布:"中国为日本无止境之侵略所逼迫,兹已不得不实行自卫,抵抗暴力。"中国进入了全国性的抗日战争。

全国性抗日战争爆发后,迫切需要建立国共两党的合作,从而成立抗日民族统一战线。1937年7月15日,中共中央向国民党递送了《中共中央为公布国共合作宣言》。提出中国共产党奋斗之总的目标是:"(一)争取中华民族之独立自由与解放。首先须切实地迅速地准备与发动民族革命抗战,以收复失地和恢复领土主权之完整。(二)实现民权政治,召开国民大会,以制定宪法与规定救国方针。(三)实现中国人民之幸福与愉快的生活。"中共中央再次郑重向全国宣言:"一、孙中山先生的三民主义为中国今日之必需,本党愿为其彻底的实现而奋斗。二、取消一切推翻国民党政权的暴动政策及赤化运动,停止以暴力没收地主土地的政策。三、取消现在的苏维埃政府,实行民权政治,以期全国政权之统一。四、取消红军名义及番号,改编为国民革命军,受国民政府军事委员会之统辖,并待命出动,担任抗日前线之职责"。17日,共产党代表周恩来、秦邦宪(博古)、林伯渠同蒋介石、邵力子、张冲在庐山就两党合作抗日问题继续会谈。由于蒋介石在红军改编问题上,坚持控制人事指挥权和由南京派任三个师的参谋长等,双方未达成协议。8月9日,共产党代表周恩来、朱德、叶剑英应邀到南京参加国防会议。会上周恩来、朱德对中共关于全国抗战的战略方针和作战原则案作了具体阐述。同时和蒋介石等谈判红军改编、发表两党合作宣言问题。关于红军改编问题,中共反对由国民党委派政治部主任,主张设正副总指挥。蒋介石企图全部删去宣言中的政治主张,只保留四项保证,中共代表坚决拒绝。谈判又未取得进展。八一三事变后,日军大举进攻上海,威胁南京,全国的抗日情绪更加高涨,国民党当局才同共产党达成红军改编问题的协议。8月22日,国民政府军事委员会公布了红军改编为国民革命军第八路军的命令,同意设立总指挥部,委任朱德为总指挥,彭德怀为副总指挥;取消了向三个师派参谋长的主张,改为派遣联络参谋。9月中下旬,国共两党代表继续在南京谈判发表宣言和边区政府等问题。最后国民党方面同意发表宣言,但边区问题仍没有解决。

9月22日,国民党的中央通讯社发表了《中共中央为公布国共合作宣言》。23日,蒋介石发表《对中国共产党宣言的谈话》。蒋介石在谈话中强调国民党的领导和统一指挥,责备国人对民族危机无深刻认识,表现出国民党仍未抛弃自大态度,对其误国残民的错误政策也没有进行必要的自我批评。但不得不承认中共的宣言和两党合作抗日,这就在实际上公开承认了中国共产党的合法地位。至此,以国共两党合作为基础的全国抗日民族统一战线正式建立。全国出现了团结抗战的局面。

国共两党的第二次合作是中国共产党抗日民族统一战线政策的成功。国民党接受团结抗日的主张,对于促成两党合作也起了重要的作用。国共两党合作抗日,得到全国人民和各党派的欢迎和支持。宋庆龄在《关于国共合作的声明》中指出:国民党和共产党为了团结抗日,奠定了正式合作的基础。国难当头,应该尽弃前嫌。必须举国上下团结一致,抵抗日本,争取最后胜利。邹韬奋在《全国团结的重要表现》一文中说:中共共赴国难宣言和蒋介石对这个宣言所发表的谈话,是全国团结御侮的一个非常重要的表现,是全国爱国的同胞们所热烈欢迎的。全民族的抗日统一战线的建立使中国进入民族解放战争的新时期,给予中国革命以广大的深刻的影响,对于打倒日本帝国主义起了决定的作用。但是由于国民党的反对,抗日民族统一战线没有具体的组织形式和共同的政治纲领。统一战线参加成分的复杂性,使其内部存在着尖锐的矛盾和斗争,这也严重地影响着抗日战争的发展。

全国性抗战的爆发,政府压制抗日运动的减轻,为抗日运动的新开展提供了空前有利的时机。七七事变爆发后,长辛店铁路工人将大批铁轨、枕木、麻袋送往宛平前线构筑工事。战地附近的农民出粮出民工,为军队送饭、抬伤员、送情报、运送弹药物资。中华民族解放先锋队、华北各界救国联合会、北平学生救国联合会等群众团体派代表到前线慰问,组织宣传队、募捐团、看护队、战地服务团等,进行战地服务和抗日救亡活动。

日军进攻上海后,上海人民以各种方式参加抗战,支援前线。各界群众纷纷组织救亡团体,如文化界救亡协会、职业界救亡协会、学生界救亡协会、纱厂工友救亡协会等,都开展了宣传、募捐、慰劳活动。1937年7月22日,宋庆龄、何香凝等在上海成立了"中国妇女抗敌后援会",它是最早的全国性妇女抗日救亡组织。由宋美龄、李德全等组织的中国妇女慰劳自卫抗战将士总会,于1937年8月在南京成立。中国妇女抗敌后援会,于1937年8月4日主动改称为"中国妇女慰劳自卫抗战将士总会上海分会"。由朱学范等人组织的中国工人抗敌总会筹备委员会,于1938年3月5日成立。它们对支援抗战起了重要作用(主要是在全民族抗战前期)。湖南学生战地服务团和福建省民众组织的慰劳团,都到前线慰劳作战将士。海外华侨、华人大力支援抗战,踊跃捐输,到10月16日止,捐款已达330余万元。

二、淞沪会战 太原会战 国民政府迁都重庆 南京沦陷和日军的"南京大屠杀"

日军占领平津以后,日本军部制定的作战计划是:"大致以10月上旬为期,在华北与上海两方面发动攻击,务必给予重大打击,造成使敌人屈服的形势。"①据此编组了华北方面军(以8个师团为基干)和上海派遣军(以5个师团为基干),在南北两方同时进攻,兵力配置仍以华北为重点。

---

① 《中国事变陆军作战史》第一卷第二分册第31页。

面对日军的进攻,国民政府军事委员会于8月20日,将南北战场划分为五个战区:冀省及鲁北为第一战区,晋察绥为第二战区,苏南浙江为第三战区,闽粤为第四战区,山东淮北为第五战区,并制定了作战方针:"国军一部集中华北持久抵抗,特别注意确保山西之天然堡垒;国军主力集中华东,攻击上海之敌,力保淞沪要地,巩固首都;另以最少限兵力守备华南各港口。"大战在南北战场同时展开。南战场主要是淞沪会战,北战场主要是太原会战。

淞沪会战 8月14日至22日,中国的陆军和空军对杨树浦以西至虹口敌司令部之间的日军发动进攻,一度攻入虹口日军阵地,并打进汇山码头,但未能包围歼灭敌人。23日,约3个师团的日军于川沙河口、狮子林、吴淞一带登陆,向浏河、罗店、宝山进犯,战事中心移到罗店至月浦一线。这时中国军队在以冯玉祥为司令长官、顾祝同为副司令长官的第三战区统一指挥下,分三个方面御敌,浦东方面由张发奎指挥,淞沪近郊由张治中指挥,江防由陈诚指挥。敌我双方在被敌人称为"血肉磨坊"的罗店至月浦一线,展开了激烈的争夺战。31日,敌海空军猛攻吴淞后,以步兵登陆,然后分兵进攻宝山和闸北。第十八军五八三团三营营长姚子青率部坚守宝山城,浴血奋战,500余官兵全部壮烈牺牲。9月10日以后,日军已增至10万余人,飞机300余架,战车200余辆,大炮300多门。敌我在闸北、杨行、施相公庙一线激战。21日第三战区改组,蒋介石兼任司令长官,将淞沪作战部队编为左中右三个集团,张发奎为右翼军总司令,朱绍良为中央军总司令,陈诚为左翼军总司令,各自指挥两个集团军,总兵力达40余万人。30日,日军发动全线攻击,突破中国军队阵地,我军向蕴藻浜南岸转移。10月7日起,日军向蕴藻浜南岸猛攻,我军苦战十余天。25日,大场失守,我军退守苏州河南岸。第八十八师五二四团团副谢晋元率400官兵,驻守苏州河北岸的四行仓库,掩护部队撤退,孤军奋战四昼夜后,才退入租界。

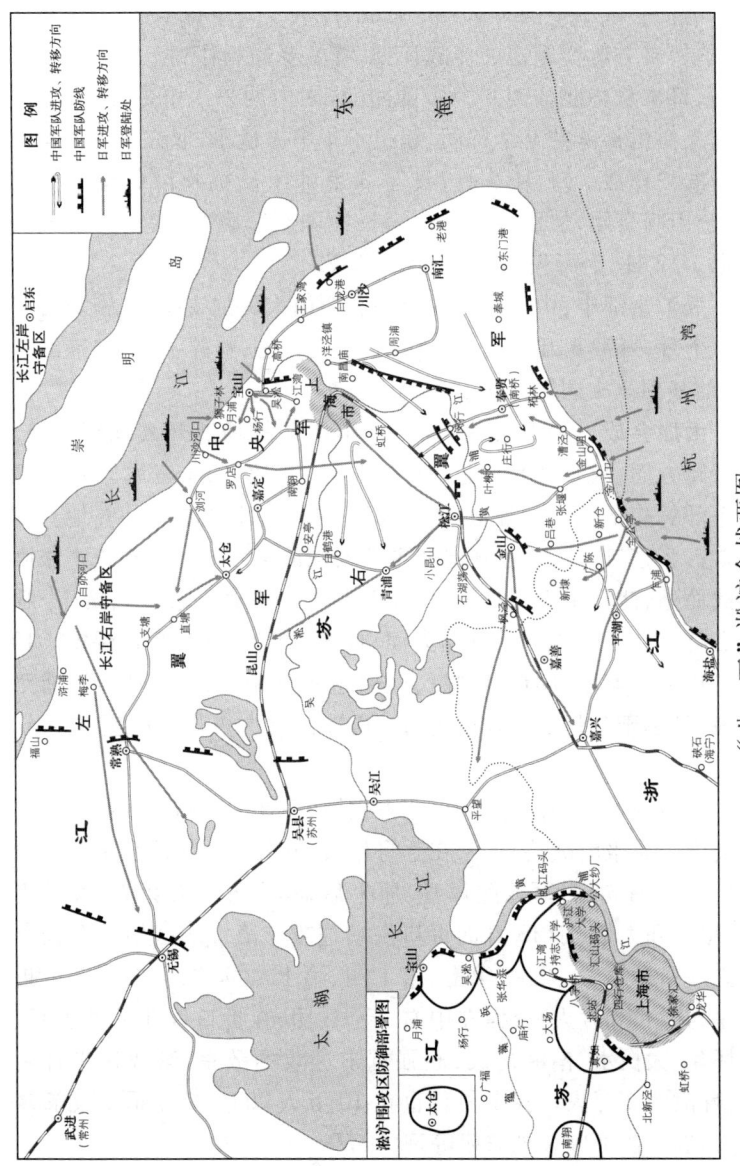

"八一三"淞沪会战要图

淞沪会战中中国军队英勇抗战,歼灭了大量日军,使敌久攻不下,迫使日方改变原定的作战计划,将主要战场移到上海方面。10月底,日本从华北抽调3个多师团,从国内调来1个多师团,连同原在上海的部队共9个师团,编组了华中派遣军,取代上海派遣军进行淞沪作战。11月5日,日军3个师团从杭州湾北岸的全公亭、金山咀登陆,从西线迂回上海。中国军队腹背受敌,被迫全线撤退。12日,上海失陷,淞沪会战结束。

淞沪会战中,中国军队在上海和全国人民的支持下,奋勇苦战了3个月,歼敌6万余人,给敌人以重大打击,粉碎了日军"速战速决"的梦想。中国军队也受到重大损失。

太原会战 淞沪会战期间,日军在北战场展开大规模攻势。平绥路方面,从8月8日起,日军向南口进攻,第十三军军长汤恩伯率部凭险抵抗。日军在增兵以后,于13日攻占南口要地。27日攻占张家口。由于驻守晋北重镇大同的第六十一军军长李服膺不战而逃,使日军于9月13日进占大同。10月又连陷归绥(今呼和浩特)、包头等地。平汉路方面,日军于9月24日攻占保定。10月又攻陷石家庄、邢台、邯郸。11月进抵安阳、大名等地。津浦路方面,日军于9月下旬攻占沧县,10月初攻占德州。11月中旬日军进至黄河北岸。

日本为了达到南夺上海、北占太原,确保平汉路、津浦路沿线,迫使中国屈服的战略意图,在上海作战期间,下令华北日军向太原进攻。10月初,日军攻陷崞县、原平后,集中五六万兵力,大批飞机、坦克和大炮,于13日向忻口发动进攻。第二战区副司令长官卫立煌指挥第二、第六、第七、第十四、第十八、第二十二等6个集团军,共约28万人,分为左中右三个兵团,在忻口以北的龙王堂、南怀化、大白水、南峪之线,顽强抗击进攻的敌军,激战达半月之久,歼敌约2万人。我军伤亡也在10万人以上,第九军军长郝梦龄、第五十四师师长刘家骐等殉国。

正当忻口会战处于相持状态时,为策应晋北日军夺取太原,河

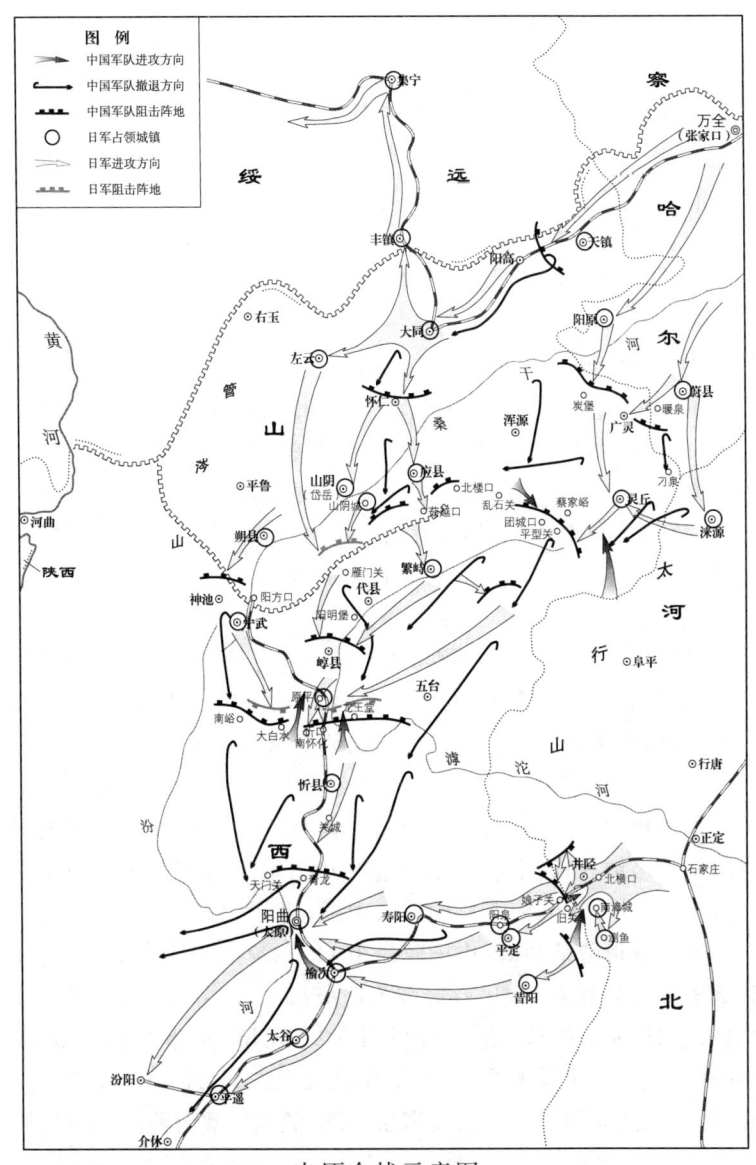

太原会战示意图

北日军的3个师团于10月中下旬攻陷娘子关,接着沿正太线西进,先后占领了阳泉、寿阳、榆次等地,直逼太原。11月1日,防守忻口的中国部队全线撤退。原拟退至太原以北阵地,继续保卫太原,但在日军追击下,未进入阵地即渡汾河西撤。第七集团军总司令傅作义率第三十五军在太原与敌苦战五天后突围。8日,太原失陷。随后日军沿同蒲路进至太谷、平遥、汾阳一线。

日军占领太原和上海后,日本于1937年11月20日设置了代表天皇的战争最高指挥机构——大本营,这是日本扩大侵华战争的重大措施。24日,大本营举行第一次御前会议,对侵华战争作出新的决策:华北方面,除对山东及陇海路的重要地区继续使用兵力外,大规模的进攻作战告一段落,目前将就兵力调整和警备的要领作好计划,以确立治安;华中方面,整顿好华中方面军新的准备态势,使其攻击南京或其他地区;华南方面,抽出约一个师团的兵力和一部分空军及海军配合,争取切断粤汉、广九铁路。作战的重点仍在华中地区。

日军占领上海后,一部沿沪宁路进攻,先后突破中国军队的防卫阵地吴(江)福(山)线和锡(无锡)澄(江阴)线,于11月中旬相继攻占嘉定、常熟、苏州等地,下旬又陷无锡、常州,12月2日攻占江阴要塞。另一部日军沿沪杭路攻击,11月19日占嘉兴,然后沿太湖南侧进攻,连续攻占吴兴、长兴、宜兴、广德、溧阳等地,形成围攻南京的态势。12月1日,日本将华中方面军等部队编组为华中派遣军,并令该军与海军协同攻取中国首都南京。

当南京形势危急时,中国政府于11月20日发表《国民政府移驻重庆宣言》,宣布"国民政府兹为适应战况,统筹全局,长期抗战起见,本日移驻重庆,此后将以最大之规模,从事更持久之战斗……"实际上大部机关集中在武汉办公。11月23日,英、美、苏、德、法、意等国大使馆人员离京赴汉,随国民政府西迁。同时调集了约13个师的兵力,在首都卫戍司令唐生智指挥下,进行南京保卫战。12月3日,约7个师团的日军在沪宁路方向分三路向南京进攻,太湖南岸的日军也分两路向南京攻击,海空军协同作战。6日,两方面的日军进至宣城、秣陵关、淳化镇、汤山镇和龙潭以东一线。7日发动全线总攻,中国军队在与敌激战中,伤亡重大。12日,雨花台及各重要据点相继失守,守军被迫撤退。13日,南京失陷。

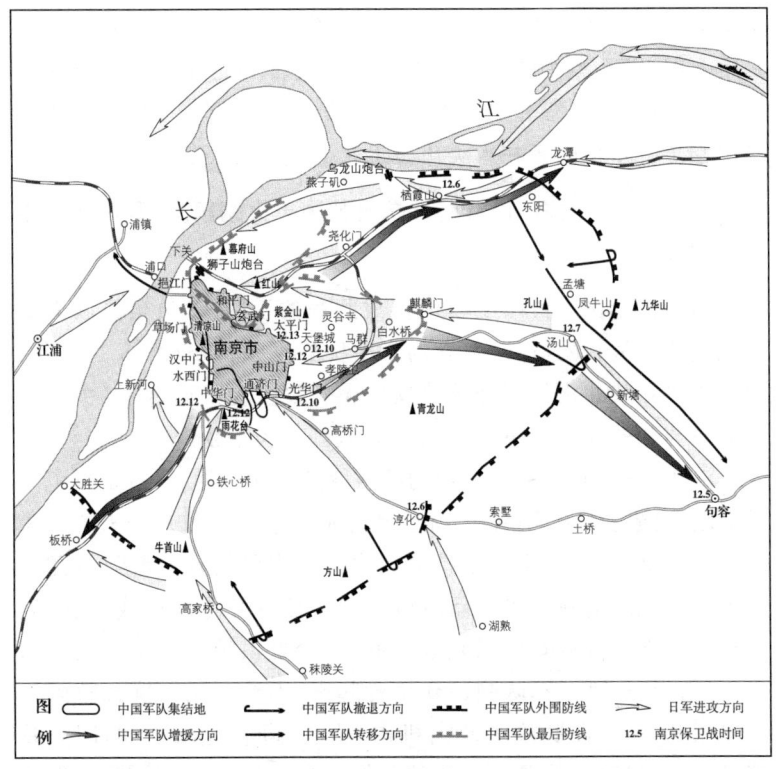

南京保卫战要图(1937年11月13日—12月13日)

日军攻入南京以前,华中派遣军司令官松井石根向部队下令:占领南京必须作周详的研究,以便发扬日本的武威,而使中国畏服。在这个指令下,日军进占南京城后进行了兽性的大屠杀。6

个星期内,被日军残杀的中国平民和俘虏总数在30万人以上,其中包括大量的妇女和儿童。同时日军疯狂地强奸妇女,全城中无论是幼年的少女或老年的妇女,很多被日军奸污。自称笃信佛教的日军,却残杀了许多和尚、强奸了很多尼姑。日军还大肆抢掠财物,焚烧、毁坏了全城约1/3的房屋。日军的暴行都是在各级长官带头或纵容下进行的。德国驻南京使馆向其政府报告说:"这不是个人的,而是整个陆军即日军本身的残暴和犯罪行为。"日军在南京等地的兽行,激起中国人民极大的愤恨,更坚定了消灭侵略者的决心。日本侵略者在人类历史上犯下了不可饶恕的罪行。

三、共产党的洛川会议和《抗日救国十大纲领》 敌后抗日根据地的开辟

为了给全国人民指明争取抗战胜利的道路,动员全民族力量实现全面抗战,并具体制定党的全面抗战纲领,1937年8月下旬,中共中央在陕北洛川召开政治局扩大会议。会议通过了《关于目前形势与党的任务的决定》和《抗日救国十大纲领》。

洛川会议的决定指出:卢沟桥事变和占领平津,不过是日寇大举进攻中国的整个计划的开始。南京政府在日寇进攻和人心愤激的压迫下,已经开始定下了抗战的决心。中国的政治形势从此开始了实行抗战的新阶段。新阶段的中心任务是争取抗战的胜利。由于国民党把抗战看成只是政府的事,处处惧怕和限制人民的参战运动,阻碍政府、军队同民众结合起来,不给人民以抗日救国的民主权利,不去彻底改革政治机构,使政府成为全民族的国防政府,这种抗战存在着严重失败的可能。只有使已发动的抗战发展为全面的全民族的抗战,才能使抗战得到最后的胜利。这次会议提出的抗日救国十大纲领,是争取抗战最后胜利的具体措施。会议号召共产党员及其所领导的民众和武装力量,为实现争取抗战胜利的十大纲领而坚决奋斗。

《抗日救国十大纲领》的主要内容是:(一)打倒日本帝国主

义;(二)全国军事的总动员;(三)全国人民的总动员;(四)改革政治机构;(五)抗日的外交政策;(六)战时的财政经济政策;(七)改良人民生活;(八)抗日的教育政策;(九)肃清汉奸卖国贼亲日派,巩固后方;(十)抗日的民族团结。这是中国共产党向国民党、全国人民、全国各党各派各界各军提出的彻底战胜日本侵略者的救国纲领。

毛泽东在洛川会议上作了关于国共两党关系问题和军事问题的报告。关于国共两党关系问题,他指出:共产党在统一战线中必须坚持独立自主的立场,保持无产阶级政治警惕性,保证党对红军的领导。关于军事问题,他指出中日战争是一场艰苦的持久战。红军的基本任务是:创建根据地,钳制与消耗敌人,配合友军作战(主要是战略配合),保存与扩大红军。红军的战略方针是:独立自主的山地游击战,包括在有利条件下集中消灭敌人兵团,以及向平原发展游击战争。会议指明,红军必须实行军事战略转变,由国内革命战争的正规战向抗日的游击战的转变,确定红军的主要作战地区是华北敌后。会议决定健全中共中央革命军事委员会。中央军委由11人组成,毛泽东任主席,朱德、周恩来任副主席。

按照国共两党关于红军改编的协议,8月25日,中共中央军委发布命令,将工农红军第一、二、四方面军和陕北红军等部队改编为国民革命军第八路军(9月11日,按全国统一的战斗序列,改称第十八集团军),红军前敌总指挥部改为第八路军总指挥部,朱德任总指挥,彭德怀任副总指挥(9月11日改称正、副总司令),叶剑英任参谋长,左权任副参谋长,任弼时任政治部主任,邓小平任副主任。下辖第一一五师,师长林彪、副师长聂荣臻,政训处主任罗荣桓(11月22日,恢复因受国民党干涉一度取消的政治委员制度,撤销政训处);第一二〇师,师长贺龙、副师长萧克,政训处主任关向应;第一二九师,师长刘伯承、副师长徐向前,政训处主任张浩(1938年1月由邓小平接任)。全军共4.5万人。属第二战区序列。

为了配合友军挽救华北战场的危急战局,从8月下旬到9月底,八路军陆续开赴战场,第一一五师到晋东北,第一二〇师到榆次地区,第一二九师到晋北。这时,日军正企图突破平型关、茹越口的长城防线。第一一五师进至平型关东北公路两侧高地设伏。9月25日晨,敌第五师团一部及大批辎重车辆进入我军伏击地区,第一一五师迅速将敌人分割包围,经过半天激战,歼敌1 000余人,缴获大批枪支和物资,毁敌汽车和马车300余辆。平型关战斗是抗战以来中国军队对日军作战取得的一个大胜利,打击了日本侵略军的猖狂气焰,振奋了全国的人心、士气,提高了共产党和八路军的威望。

太原会战期间,八路军在晋东北和雁北等地积极作战,歼灭了一批日军,收复了多座县城,切断了张家口至代县、大同至宁武和大同至忻口的敌方运输线,破坏了日军的物资供应。第一二九师的第七六九团夜袭敌阳明堡机场,击毁击伤敌机24架,削弱了忻口日军的空中突击力量。晋东娘子关方面危急时,彭德怀副总司令亲率第一二九师和第一一五师主力前往救援,在七亘村、黄崖底、广阳等战斗中重创敌军,歼敌3 000余人。

八路军出师以后,毛泽东多次电示:八路军在决战问题上不起决定作用,但在独立自主的山地游击战中一定能起决定作用。为此,"就要战略上有力部队处于敌之翼侧,就要以创造根据地发动群众为主,就要分散兵力,而不是以集中打仗为主"[1]。又指出:"整个华北工作应以游击战争为唯一方向"[2]。太原失陷后,毛泽东指示八路军:在华北以国民党军为主体的正规战争业已结束,以我军为主体的游击战争进入主要地位。11月13日,毛泽东致电

---

[1] 《关于独立自主山地游击战原则的指示》,《中共中央文件选辑》第11册,中共中央党校出版社1991年版,第339页。

[2] 《关于整个华北工作应以游击战争为唯一方向的指示》,《中共中央文件选辑》第11册,中共中央党校出版社1991年版,第353页。

中共中央北方局和八路军总部负责同志,指示:八路军的任务"在于发挥进一步的独立自主原则,坚持华北游击战争,同日寇力争山西全省的大多数乡村,使之化为游击根据地,发动民众,收编溃军,扩大自己,自给自足,不靠别人,多打小胜仗,兴奋士气,用以影响全国……克服危机,实现全面抗战之新局面"①。根据上述指示,八路军总部决定:第一一五师除以一部创建晋察冀抗日根据地外,师部率第三四三旅创建以吕梁山脉为依托的晋西南抗日根据地;第一二○师继续创建以管涔山脉为依托的晋西北抗日根据地;第一二九师主力及第一一五师的第三四四旅,依托太行、太岳山脉,创建晋冀豫边抗日根据地。

晋察冀根据地 晋察冀边区地处恒山、五台山、燕山山脉的接连地带,位于平汉、平绥、正太、同蒲4条铁路之间。10月下旬,第一一五师在五台分兵,聂荣臻率独立团等部3 000余人,在察南、冀西、五台等地区展开。经过广泛发动群众,先后建立起半政权性质的战地动员委员会,以及农会和各界救国会,组织了抗日自卫军和游击队。11月7日,成立了晋察冀军区,聂荣臻任司令员兼政委。12月边区部队粉碎了2万余日军的围攻,歼敌2 000余人。1938年1月,在河北阜平召开边区军政民代表大会,正式成立晋察冀边区临时行政委员会,同时对各级政权机构进行改革,统一了全边区的政权系统和政策法令,根据地基本形成。同年春,边区部队向平汉、正太、同蒲线出击,并击退了进犯冀西的日军。4月,建立了冀中行政主任公署和冀中军区,广泛开展平原游击战争。6月,边区第四纵队开赴冀东,配合冀东的抗日武装暴动,建立了冀东游击区。9月下旬至11月上旬,晋察冀部队和第一二○师的第三五九旅配合,粉碎了5万余日军的围攻,歼敌5 200余人,巩固了根据地,并策应了武汉会战。

---

① 《关于华北红军的任务与扩军方法的指示》,《中共中央文件选辑》第11册,中共中央党校出版社1991年版,第390页。

晋西北根据地 晋西北根据地位于同蒲路以西、平绥路以南、汾（阳）离（石）公路以北、黄河以东。1937年9月下旬，贺龙、关向应率领第一二〇师进入晋西北地区，在配合友军作战的同时，派出工作团分赴朔县、偏关、临县、岚县等地，发动群众，组织抗日救国会，改造或建立政权。到1938年初，根据地初步形成。2月下旬至4月初，粉碎了万余日军的围攻，歼敌1 500余人。9月初，第一二〇师一部组成大青山支队，进入大青山地区，发动群众，开展游击战争，建立了绥蒙总动员委员会，开辟了绥中、绥南和绥西3个游击区。

晋冀豫根据地 晋冀豫边区包括平汉路以西、正太路以南、同蒲路以东、黄河以北的广大地区。1937年11月，刘伯承和张浩率第一二九师主力一部在晋冀边区展开，发动群众，组织群众团体和武装，建立政权，开展游击战争。12月下旬，粉碎了5 000余日军的围攻。1938年1月，邓小平接替张浩任第一二九师政治委员。为钳制与打击向晋南、晋西进攻之敌，配合友军作战，1938年2月下旬至3月底，第一二九师和第一一五师第三四四旅先后取得长生口、邯（郸）长（治）公路破袭战、神头岭、响堂铺等战斗的胜利，歼敌2 300余人。4月，日军3万余人分9路向晋东南地区进攻，企图以分进合击歼灭八路军总部、第一二九师等部和该地的国民党军，并摧毁抗日根据地。第一二九师和第一一五师第三四四旅在八路军其他部队及协同作战的国民党军配合下，经过23天作战，取得了长乐村等战斗的胜利，歼敌4 000余人，收复县城18座，粉碎了敌人的围攻，使根据地进一步巩固和扩大。4月下旬，成立了晋冀豫军区。与此同时，徐向前率第一二九师和第一一五师的各一个团等部，挺进冀南，与当地部队会合后，即发动群众，开展建立根据地的各项工作，8月成立了冀南区行政主任公署。为钳制企图进攻潼关、洛阳之敌，第一二九师一部于8月底至9月发动漳南战役，歼灭伪军1 400余人，建立了安阳、内黄、汤阴等县的抗日民主政权，为建立冀鲁豫边根据地奠定了基础。同时，晋冀豫部队还向豫北、冀西和晋南发展,消灭一批日伪军,破袭了平汉、正太等铁路,有力地配合了徐州会战和武汉会战。

山东根据地 1937年10月德州失守以后,中共山东省委先后在盐山、天福山、黑铁山、寿(光)潍(县)昌(邑)地区、徂徕山、夏张镇、沂水、鲁南、微山湖等地领导抗日武装起义。鲁西北特委和国民党山东第六区专员兼保安司令范筑先建立统一战线关系,实现共同抗战,发展抗日武装。这些起义为建立山东抗日根据地创造了有利条件。1938年1月,中共中央指示山东省委,应以发动游击战争与建立根据地为中心任务。按照这一指示,山东各地大力开展游击战争,并配合友军作战,积极打击敌人。为统一对山东各地抗日武装的领导,12月成立了八路军山东纵队。同月,八路军总部令第一一五师代师长陈光、政委罗荣桓率师部及第三四三旅开赴山东,作为山东抗日武装的骨干,并加强对游击战争的领导。

华中根据地 1937年10月,国共两党就改编南方八省13个地区的红军游击队(不包括琼崖红军游击队)达成协议,国民政府军事委员会宣布,将这些部队改编为国民革命军新编第四军。叶挺为军长、项英为副军长,张云逸、周子昆为正副参谋长,袁国平、邓子恢为政治部正副主任。下辖四个支队,第一支队司令员陈毅,第二支队司令员张鼎丞,第三支队司令员张云逸,第四支队司令员高敬亭。军部设在皖南泾县云岭。5月,第一和第二支队挺进苏南,分别展开于镇江、句容、金坛、丹阳地区和江宁、溧水、高淳与当涂地区,发动群众开展游击战争,初步形成了以茅山为中心的苏南根据地。8月至12月,两个支队互相配合,粉碎了日军的多次"扫荡",逐渐巩固了根据地。7月初,第三支队开进皖南前线,活动于芜湖、宣城、青阳一带。9月底,受第三战区之命防守青弋江阵地,歼敌400余人。12月,又担负铜陵、繁昌沿江地区的防御任务。第四支队于4月底进至舒城、桐城、庐江、无为地区,开展游击战争。7月至10月,在安合公路两侧进行战斗,配合正面战场作战。

11月支队一部进至淮南铁路以东展开游击战争,和新编的新四军江北游击纵队配合,打开了皖中地区的抗战局面。10月,彭雪枫率领新四军游击支队进入豫东地区,连续取得对日伪军战斗的胜利,并同国民党的地方实力派建立了共同抗日的统一战线关系,初步打开了豫东抗战的局面,为以后豫皖苏根据地的发展奠定了基础。从4月到10月,新四军取得了一百数十次战斗的胜利,有力地打击和牵制了敌人,支援了正面战场的作战,同时积极进行创建根据地的各项工作,为扩大华中根据地和进一步发展游击战争创造了良好的条件。

陕甘宁边区是老根据地,是中共中央所在地。全民族抗战爆发后,延安成为人民抗日力量的政治指导中心,八路军新四军和其他人民抗日武装的指挥中枢,敌后抗战的总后方。1937年9月,陕甘宁革命根据地苏维埃政府改名为陕甘宁边区政府,由林伯渠任主席。12月成立了八路军留守兵团,萧劲光任司令员,担负保卫陕甘宁边区的任务。

全民族抗战前夕,由薄一波等人组成的中共山西省工作委员会,同阎锡山建立抗日统一战线关系,由薄一波等一批共产党员负责统一战线组织——山西牺牲救国同盟会的工作。卢沟桥事变后,中共协助阎锡山建立新军,先后建立了山西青年抗敌决死队四个纵队、政治保卫队三个旅,以及工人武装自卫旅和暂编第一师等部。这些新军由共产党员担任主要领导,是抗日民族统一战线武装,在协助八路军创建根据地和开展游击战争中,作出了重要贡献。

长期坚持抗日战争的东北抗日联军,在卢沟桥事变后,仍然在极端困难的条件下继续战斗,对全国抗战起了战略配合的作用。

敌后游击战争广泛开展并日益显示其重要作用的时候,国民党当局却肆意贬低敌后的游击战争,共产党内也有一些人对游击战争的重要意义缺乏正确的认识。毛泽东于1938年5月发表《抗日游击战争的战略问题》,指出:中国是一个大而弱又处于进步时代的国家,日本是一个小而强的侵略国,这就决定了敌人占地甚广

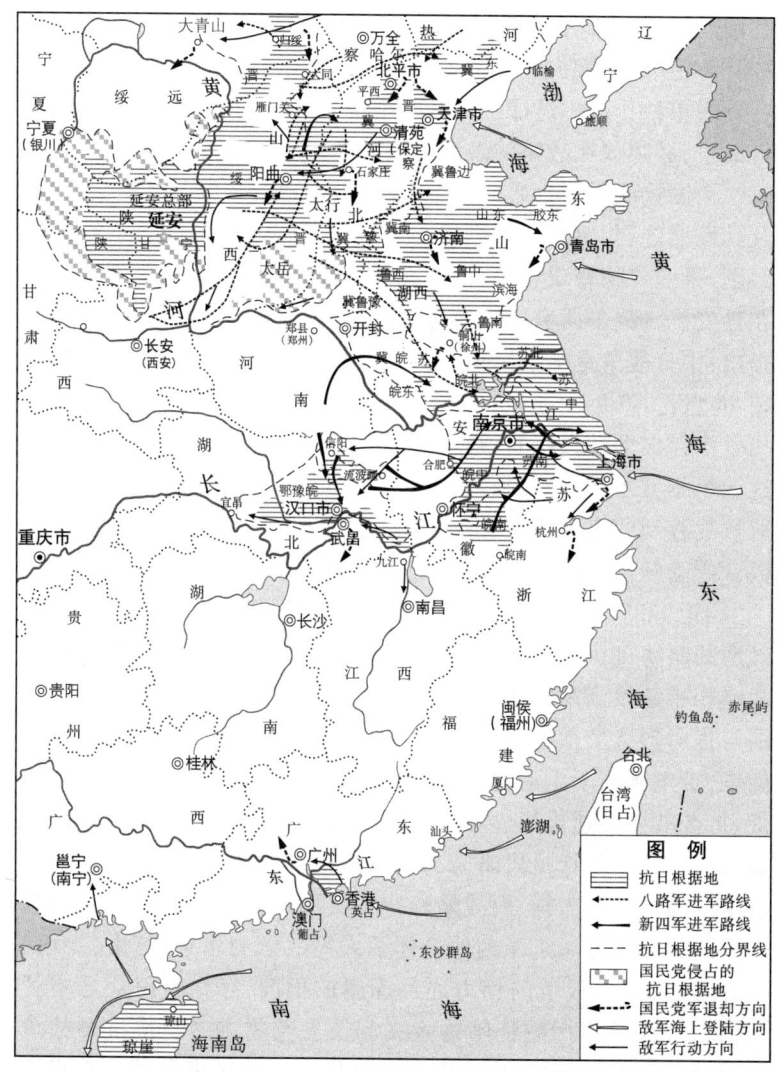

创建敌后抗日根据地形势图(1937—1940年)

的现象和战争的长期性。但敌人兵力不足,在占领区留下了很多空虚的地方,因此由共产党领导的、有广大群众支持的、大规模的抗日游击战争,就主要地不是在内线配合正规军的战役作战,而是在外线单独作战。这样虽然在整个抗日战争中处于辅助地位的游击战争,必须放在战略的观点上加以考察。

全国抗战展开以后,为了从理论上阐明抗日战争的性质、特点及其发展进程,解答如何进行持久战和如何才能取得最后胜利等问题,批驳各种错误思想,毛泽东于1938年5月下旬至6月上旬在延安抗日战争研究会上作了《论持久战》的重要讲演。毛泽东指出:中日战争是半殖民地半封建的中国和帝国主义的日本之间在20世纪30年代进行的一个决死的战争。他分析了中日双方在战争中存在的敌强我弱、敌小我大、敌退步我进步、敌寡助我多助这四个相互矛盾着的因素,全面地考察和论证了坚持持久战以争取抗战胜利的客观依据,指出日本无力支持长期战争,最终必将失败。中国经过艰苦的持久战,必将取得最后胜利。有力地驳斥了"亡国论"和"速胜论"。毛泽东科学地预见了持久的抗日战争将经历战略防御、战略相持和战略反攻三个阶段,并着重分析了争取战略相持阶段到来的条件,论证了相持阶段将是转变敌我之间强弱与优劣形势的枢纽。毛泽东正确地解决了持久战中的作战原则问题,着重阐明了主动地、灵活地、有计划地实行防御战中的进攻战、持久战中的速决战、内线作战中的外线作战,是以弱胜强的正确战略方针。他指出战略防御和反攻这两个阶段以运动战为主、游击战与阵地战为辅,而战略相持阶段则以游击战为主,运动战与阵地战为辅。毛泽东深刻地论述了人民战争的思想,指出:"兵民是胜利之本","战争的伟力之最深厚的根源,存在于民众之中。"《论持久战》是运用辩证唯物主义和历史唯物主义解决抗日战争问题的光辉著作,丰富和发展了马克思主义的军事科学。它指明了争取胜利的正确方向和具体道路,进一步坚定了全国人民争取抗战胜利的信心。

抗日民族统一战线正式建立后,共产党内出现了右的倾向。党内有一部分人对国民党的本质缺乏认识,因此发生了闽粤边的"何鸣事件"和西安的"西救"事件。在八路军中出现了新军阀主义倾向,有人以接受国民党的委任为荣。在统一战线工作中坚持独立自主不够,对国民党有迁就主义倾向。1937年11月,毛泽东在《上海太原失陷以后抗日战争的形势和任务》报告中,指出:右倾投降主义已是党内的主要危险倾向,强调一定要坚持统一战线中的独立自主原则,一定要克服投降主义或迁就主义。同时还要在全国反对民族对民族的投降主义。这时由共产国际派回国的王明,站在右的立场,批评和反对中共中央的正确主张,否认抗日民族统一战线中的独立自主原则,提出"一切经过统一战线""求同而非立异"等右倾错误主张,放弃共产党对抗日战争的领导权。后来他在领导中共长江局期间,执行他的错误主张,使抗战工作受到一定的损失。

为了总结抗战以来的工作,确定抗战即将转入新阶段的方针和任务,1938年9月29日至11月6日,中共中央在延安召开了扩大的六届六中全会。毛泽东在会上作了《论新阶段》的政治报告和会议总结。他在《论新阶段》的报告中,着重阐明了共产党领导抗日战争的重大历史责任。为实现这一重大任务,必须反对右倾投降主义和"左"倾关门主义,同时要学习马克思主义理论,研究历史与当前运动的情况和趋势,使马克思主义中国化。毛泽东从理论上阐述了民族斗争和阶级斗争的一致性。指出在国民党统制民众运动,限制、压迫共产党,不许统一战线有具体的组织形式和共同的政治纲领的情况下,如果一切都要经过统一战线,那就是自己束缚自己的手脚。所以"一切经过统一战线"的口号是错误的。我们正确的方针是在统一战线中的独立自主。六中全会基本上纠正了王明的右倾错误,统一了共产党内的思想和步调,推动了抗战工作的迅速发展。

四、国民党临时全国代表大会和《抗战建国纲领》 国民参政会的设立 中间集团的抗战主张

1937年底到1938年春,中国面临着重大的变化。这时全国已经进入抗日高潮之中,蒋介石和国民政府的积极行动,得到全国各党派、各界、各军和广大民众的拥护。但抗战局势又是非常严峻的。1937年11月20日,国民政府宣布迁移重庆。12月13日,南京沦陷。12月14日,伪中华民国临时政府在北平成立。1938年1月16日,日本发表第一次近卫声明,宣布"今后不以国民政府为对手"。3月28日,伪中华民国维新政府在南京成立。中日战争长期化已成定局。在这种形势下,中国国民党召开了抗日战争时期非常重要的大会——临时全国代表大会。

1938年3月29日至4月1日,国民党临时全国代表大会在武昌召开。大会的主题是"抗战建国"。大会的宣言说:此次"抗战之目的,在于抵御日本帝国主义之侵略,以救国家民族于垂亡;同时于抗战之中,加紧工作,以完成建国之任务。"为获得抗战的最后胜利,"决不辞任何之牺牲"。又说:"吾人此次抗战,固在救亡,尤在使建国大业不致中断","抗战与建设同时并行"。"抗战胜利之日,即建国大业告成之日"。但同时又希望日本"幡然变计,放弃其侵略主义",谋求同日本侵略者实现"合于正义之和平"。大会通过了《抗战建国纲领》。纲领总则规定:"确定三民主义及总理遗教"为抗战建国之"最高准绳";"全国抗战力量应在本党及蒋委员长领导之下"。对外政策,主张联合一切反对日本帝国主义侵略之势力,制止日本侵略;否认及取消一切伪组织。对内政策,军事上,加紧军队之政治训练,使之一致为国效命;指导及援助各地武装人民,在各战区司令长官指挥之下,与正规军配合作战;在敌后发动普遍的游击战。政治上,组织国民参政会;改善各级政治机构。经济上,进行以军事为中心的经济建设;"实行计划经济"。民众运动方面,在不违反三民主义最高原则及法令范围内,对于言

论、出版、集会、结社予以合法之保障。大会通过的《统一革命理论肃清政治斗争之意识案》中说,全国各界人士要"在一个信仰、一个领袖、一个政府之下",去争取抗战的最后胜利。大会决议确立领袖制度,选举蒋介石为国民党总裁、汪精卫为副总裁。决议设立由蒋介石任团长的三民主义青年团,训练全国青年"成为三民主义之信徒"。大会决定设立国民参政会。

国民党临时全国代表大会决定坚持抗战并争取胜利,和人民的愿望是一致的,因而受到全国的欢迎。但是大会依然坚持一党专政的体制和片面抗战的错误方针,不给人民以抗日的充分自由。这是抗战时期国民党两面性的表现。

九一八事变以后,中间集团就主张抗日。卢沟桥事变以后,中间集团的抗日积极性更高,抗日民族统一战线更加扩大。这时的中间集团包括民族资产阶级、上层小资产阶级、开明绅士和地方实力派。他们的抗战主张既和国民党的片面抗战路线不同,又和共产党的全面抗战路线有差别。

中间集团要求抗战,反对妥协投降。他们有人认为民众是抗战的主体,是抗战力量的根本源泉。他们主张国民党当局应积极动员全国民众,实行全民抗战,以争取最后胜利。中间集团认为要达到抗战胜利,必须实行民主政治,彻底改造政治机构,召集临时的民意机关,给民众以救国的言论、出版、集会、结社以及武装保卫国家的自由。在筹集抗战经费方面,他们主张实行"有钱出钱"这个普遍公认的原则。中间集团这些主张的提出和广泛宣传,对推动和坚持抗战起了重要作用。

但是中间集团的抗战主张,有一个程度不同的根本性错误,就是完全依靠国民党当权派抗战,过高估计国民党表示抗战和开放民主的一面,对其仍旧坚持一党专政的反动立场认识不足。抗战开始以后,中华民族革命同盟为表示拥护政府,自动宣布解散,其领导人之一的陈铭枢发表文章说:只有"统一一切思想、意志、政见,集中一切人力财力物力智力于中央,且掌握于最高领袖之下……方能胜敌图功"。《新民报》在社评中宣称：领导对日抗战者，"只有一个政府，一个领袖，一个主义，除此皆不能取得合理合法之存在"。国家社会党和中国青年党的领导人则致书蒋介石、汪精卫，或称"方今民族存亡，间不容发，除万众一心，对于国民政府一致拥护而外，别无起死回生之途"。或表示将始终拥护"抗战唯一之中心力量"的国民政府。因从事抗日民主运动而被捕的章乃器，刚一出狱就发表《少号召多建议》一文，反对"标新立异"，要人们"信任"政府，"信任舵师"。这些在全国性抗战前期是一种普遍的倾向。

国民党临时全国代表大会决定设立国民参政会后，国民政府公布了《国民参政会组织条例》，规定国民参政会只有听取政府施政报告并作出决议，和向政府提出建议案及询问案之权，但参政会的决议案须经国防最高会议通过后，才能交主管机关执行。参政员人选由各省市政府和各省市党部联席会议提出，由国民党中央执行委员会会议决定。实际上国民参政会只是由国民党控制的一个咨询机构。1938年7月6日至15日，国民参政会第一届第一次会议在汉口召开，出席会议的参政员共130余人。会议一致通过了《拥护抗战建国纲领案》，要求国民政府制定实施抗战建国纲领的办法，督促各级政府切实施行。会议发表了《国民参政会首次大会宣言》，痛斥日本帝国主义侵略中国的罪行，庄严宣布："中国民族必以坚强不屈之意志，动员其一切物力人力，为自卫，为人道，与此穷凶极恶之侵略者，长期抗战，以达到最后胜利之日为止。"国民参政会的召开是全国人民要求抗战、要求实行民主政治的表现，对团结人民、坚持抗战，起了积极作用。但是由于国民党坚持一党专政的体制，不能让人民真正有权，这就使参政会的作用受到极大的限制。

五、徐州会战　武汉会战　沦陷区伪政权的建立

徐州会战　日军占领南京后，为打通津浦路，连接南北战场，并切断陇海路,威胁平汉路,进窥武汉,决定进行以夺取徐州为主要目标的作战。国民政府军委会采取利用优势兵力进行运动战、各个击破分进运动之敌的作战方针,由第五战区司令长官李宗仁驻徐州指挥。

1938年3月日军一部进犯临沂,协助津浦路北段正面进攻的日军夺取徐州。14日至18日,临沂我军与敌激战,歼敌一部,残敌退却。津浦路日军于14日向滕县进攻,守军与敌激战,伤亡惨重,第一二二师师长王铭章等牺牲,18日滕县失守。日军直逼台儿庄。23日,台儿庄战斗开始,日军连续增援猛攻,守军池峰城部第三十一师浴血固守,与冲进庄内的敌军进行逐房逐屋的争夺战,坚守半月之久,将日军主力吸引在附近。4月6日,中国方面调集大量兵力,实行全线反攻。当受包围的日军撤退时,我军又乘胜追击。此役共歼敌万余人,取得重大胜利。台儿庄大捷,是抗战以来最大的一次胜利,振奋了士气和民心,全国为之欢庆。

台儿庄之战中,日军发现在这个地区有大量中国军队,为打击中国军队主力,决定继续集中兵力进行徐州方面的作战。日本军方调华北方面军的4个师团攻击徐州附近的中国军队,以占据兰封以东的陇海路以北地区;调华中派遣军的两个师团策应华北方面军作战,并占据徐州及以南的津浦路和庐州附近的地区。后来实际参战的日军比预定的要多。这时集中在以徐州为中心的津浦线和陇海线上的中国军队有50余万人。5月中旬,日军从南北两方形成了对徐州的包围,企图迫使我军在内线作战的不利条件下与之决战,达到围歼我军主力之目的。由于敌我装备对比悬殊及作战条件的不利,为保存实力,作战部队突围撤退,19日,徐州失陷。

日军占领徐州后,沿陇海路西进,6月初连陷开封、中牟,威逼郑州和平汉路。为阻敌继续西进,经蒋介石同意,第一战区部队炸开了花园口的黄河大堤,引黄河水阻敌。日军的攻势受阻。但洪

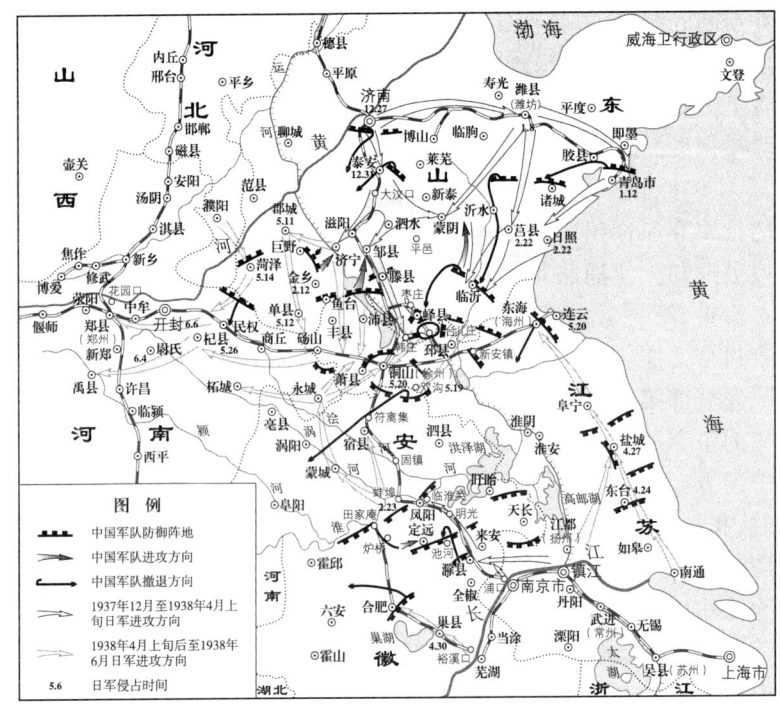

徐州会战要图

水造成了大片的黄泛区,使豫皖苏三省人民遭到了极大的灾难。

武汉会战 攻占南京以后,日军大本营即开始研究攻占汉口和广州的作战。日本的决策集团认为,攻占汉口可将汉口以下的长江流域归入日本统治圈内。而中国失去内地唯一的大经济中心及两湖粮仓,将造成经济自给的困难。攻占广州则将使中国失去粤汉路这条武器输入的通道,在军事上陷入极大困难。这样就可能使中国政府失去继续抗战的意志甚至崩溃,从而在1938年结束侵华战争。为此,日本作了大规模的准备,1938年4月公布了《国家总动员法》,6月下旬决定实行官民一体确立长期持久的战略体制,7月底参谋本部制定了攻占武汉、广州的战争指导要点。同时调整兵力部署,调华北方面军的第二军编入华中派遣军,新组建了第十一军,使进行武汉作战的主力华中派遣军达到19个师团和1个航空兵团,还有海军第三舰队参战。

中国方面,军委会于6月中旬制定了保卫武汉的作战方针:守备华南海岸及华东、华北现阵地,并积极发展游击战,妨害长江下游的航运,牵制和消耗敌人;支援马当要塞,在鄱阳湖以东迎战敌人,阻止他们溯江攻向九江;在武汉外围布置主力军,利用鄱阳湖及大别山的地障与长江两岸的丘陵湖沼作持久战,把重点放在外翼,争取行动上的自由。预期与敌主力作战四至六个月。兵力部署:长江北岸由第五战区指挥,担任江北、大别山东麓一线防御;新成立的第九战区(司令长官陈诚)担任长江南岸作战任务,在南昌至德安附近鄱阳湖两岸和德安、星子至九江两处设防。先后参战的兵力共129个师,约达110万人。

6月中旬,日军开始进攻武汉的准备作战,先后攻占安庆、潜山和马当要塞。7月,又攻陷湖口、九江,取得了从江南进攻武汉的据点。此后,即开始进行攻占武汉的外围战。在江南战场,敌占九江后,即分兵向南浔铁路和瑞武公路进攻。中国军队奋勇抗击,自8月至10月下旬,先后在庐山两侧及南浔路、瑞昌、德安、马迴岭、万家岭等处与敌激战。10月28日德安失陷。进攻南浔路之敌受挫后,于9月增调两个师团,在海、空军配合下沿长江西犯。我军在瑞昌至阳新一线与敌军展开激烈战斗。敌军先后攻占富池口、阳新、大冶、黄石、鄂城等地,进逼武昌。在江北战场,7月下旬,日军在小池口登陆后,相继攻陷黄梅、宿松。我军与敌军在田家镇展开激战。29日田家镇失陷。敌军继续西犯,进抵黄陂,威胁武汉侧背。江北的另一路日军,于8月下旬连陷六安、霍山。9月,敌我在富金山、潢川等地激战,随后两地失守。敌又先后占领固始、商城、罗山等地。10月,再陷信阳、麻城。这时武汉已陷于日军三面包围之中。10月24日,蒋介石下令部队撤退。25日至27日,汉口、武昌、汉阳相继失陷。

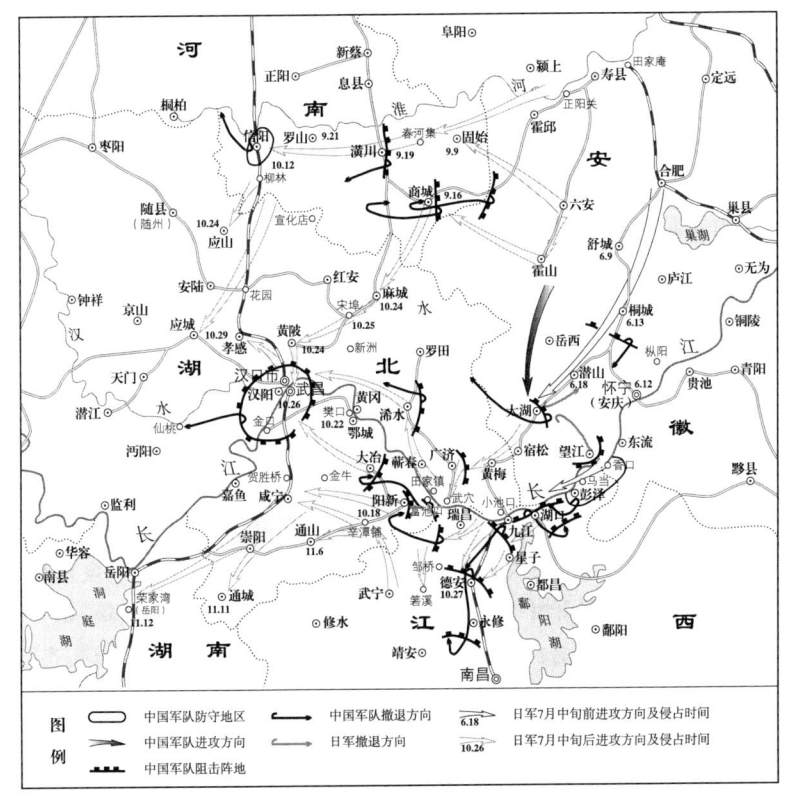

武汉会战要图

武汉会战后期,日军第二十一军在海军第五舰队和航空部队的配合下,向广州发动进攻。10月12日,日军在几乎未遭抵抗的情况下,由广东大亚湾登陆。由于中国守备部队兵力薄弱,又未作认真准备,敌主力部队迅速占领了淡水、惠阳、博罗、增城等地,直扑广州。另一路日军在攻占虎门要塞后,向佛山进攻。21日,广州沦陷。

卢沟桥事变以来,日军侵占了我国华北、华中和华南的大片国土。日本侵略者按"分治合作"的方针,先后在占领区建立了各地区的伪政权,企图用"华人治华"的假象,消除抗日思想,维持占领区的治安,进行资源和财富的掠夺,以适应扩大侵略战争的需要。伪政权由日本顾问或官吏从内部进行控制。

日军占领北平、天津后,在两地建立了治安维持会。华北占领区扩大以后,于1937年12月14日建立了伪"中华民国临时政府"。伪临时政府设议政、行政和司法三个委员会,由汤尔和、王克敏、董康分任委员长。行政委员会下设内政、财政、实业、法制、治安、教育各部,朱深、王揖唐、齐燮元等任各部部长。伪政府管辖河北、山东、山西、河南的沦陷区和北平、天津两市。伪临时政府成立后,国民政府于12月20日发表宣言,严正指出该伪组织"完全为日本之傀儡,其参加此项组织人等自应依国法惩处。"并郑重声明否认任何伪组织。

在华北北部和内蒙古地区,日军于1937年9月在张家口建立伪察南自治政府,辖察南10县地区,主席于品卿。10月中,在大同建立伪晋北自治政府,辖晋北13县地区,主席夏恭。10月底,在归绥(当时改名厚和)建立伪蒙古联盟自治政府,辖察哈尔、锡林郭勒、乌兰察布、巴彦塔拉、伊克昭五盟,德穆楚克栋鲁普任政务院长。11月下旬,日军建立伪蒙疆联合委员会,统辖3个伪政权。1939年9月,联合委员会改组为伪蒙古联合自治政府,德穆楚克栋鲁普任主席,李守信、夏恭、于品卿任副主席。

在华中地区,1938年3月28日,日本在南京建立伪"中华民国维新政府",梁鸿志任行政院长,温宗尧任立法院长,任援道、陈群等分任绥靖、内政等部部长。管辖苏、浙、皖三省的沦陷区和南京、上海两市。

建立伪政权的同时,由日军操纵,在华北设立新民会等伪团体,进行奴化宣传和训练工作,协助日军维护对沦陷区的殖民统治。

六、全民族抗战初期的中国外交政策和对外关系

七七事变后,特别是八一三事变后,中国全国性的抗战已经展开,这是世界的东方发生的重大事件。这个事变必然引起和加剧国际形势的变化。但世界主要国家对这个事件的认识、关注程度却是逐渐加深的,所采取的应对措施也是逐步进行的。中国政府面对这种局面采取什么样的外交政策以应付战局,成为十分重要的问题。这时蒋介石不断发表对外关系和外交政策的意见,说明他的观点和原则。

蒋介石的意见大致是:中国是世界上一个"伟大市场",世界各国特别是英美在华有巨大利益,必然关注日本对华的侵略和占领,因此他不断呼吁国际联盟、九国公约国,特别是英美,干涉中日战争。1937年10月7日,蒋介石在答美联社记者的提问时说:"倘此征服中国之迷梦,中国自己之力不克制胜,其他有关系国家又不能依法加以阻止,则中国之伟大市场,势将沦陷,而太平洋局势,亦将永无宁日矣。"1938年1月,蒋介石对《孟彻斯特导报》记者说:"甚盼英美及友邦诸国认识中国此次之战,虽为自己而战,但同时亦为友邦诸国而战。"蒋虽然不断呼吁,但在一段时间之内,英美的有力干预并未到来。

国际上的实质性干涉虽然迟迟没有到来,但蒋认为只要日本扩大侵略和占领,中国能坚持长期抗战,早晚会引起英美苏的干涉。1938年1月17日他在洛阳做演讲时说:说到目前国际形势,如果"大家以为第一期抗战失利以后,苏俄应参战而不来参战,英美应联合干涉而不能干涉,甚至九国公约会议没有效果,国际制裁毫无希望,以为各国就此沉默下去,或且转将与我不利。这个观念,根本错误!""现在国际形势虽然沉默,英美与法苏诸国虽然事事容忍退让,但是你们要知道各国最沉默最退让的时候,就是对日准备最紧张的时候……一旦准备完成,这许多国家自然要出面干涉"。只要我们"能持久抗战,就能天天可以促起与日本利害相反

的各国来包围日本。如此,国际形势不变也要变"。只要我们"坚决抗战,国际上一个崭新的局面……就必然要出现!"全国性抗战前期国民政府的外交活动,基本上是按蒋的上述意见进行的。

日本侵华战争开始之后,英美法等国采取观望不干预的态度。7月下旬,蒋介石召见英美德意苏法等国大使,要求各国联合或单独调停中日战争,没有结果。9月13日,国际联盟在日内瓦开会讨论远东问题,顾维钧在会上要求制裁日本侵略者。国联除了表示"谴责"日本、给中国"精神之援助"以外,没有实际的措施。国联不想插手中日"纠纷",把问题推给九国公约签字国。九国公约签字国在布鲁塞尔开会讨论了中日问题,建议双方"停止敌对行动,求助于和平程序"。国民政府求助于国际干涉的政策没有成效。但这时抗战在激烈地进行着,国民政府对国际形势会发生变化的预期没有放弃。

当时在华利益最大的国家是英国,中国政府不断寻求它的援助。但英国政府为了应付德国在欧洲造成的紧张局势,无力东顾,不愿得罪日本。下面一件事表明了英国的态度:1939年4月,一个汉奸在天津英租界被暗杀,日本要求英国交出嫌疑犯,并要求英国对日妥协,放弃亲蒋政策。6月14日,日军封锁了英租界。经过一番交涉,双方签订了《有田—克莱琪协议》。英国实际上默认了日本对华侵略的事实。但同时英国首相张伯伦声称此举并不表示英国改变对华政策。

美国是世界上有实力的大国,中国政府很注意争取它的援助。中日战争爆发后,美国对日本的侵略行动基本上采取不承认主义态度。美国政府曾声明:不承认日本进攻造成的现状,对华政策不变。1937年10月,美国国务院发表声明,宣布日本为违背《九国公约》和《非战公约》的侵略国,促成了九国公约签字国会议的召开。美国通过间接方式在物资上给了中国某些支援。美国收买中国库存的白银以换取外汇,中国用外汇购买物资,其中一部分是军用物资。1938年9月,国民政府任命胡适为驻美大使,意在利用胡适的声望,争取美国朝野对中国的同情和支援。年底,美国政府给予中国少量贷款。随着日本南进政策的实行,日美矛盾逐渐加剧。两国进行了长期谈判未能解决问题,终于爆发了太平洋战争。此后美国对中国给予了积极的援助。

全民族抗日战争爆发前,中德之间存在着密切的关系。德国购买中国的钨锑矿石,用以发展军事工业;中国购买德国的军火和机器,聘用德国军事顾问,训练中国军队。七七事变之后,德日之间虽然有1936年签订的《反共产国际协定》,但在中日之间德国采取中立态度。1937年11日,德国出面调停中日战争没有成功。从1938年起中德关系逆转,2月希特勒宣布将承认"满洲国",4—5月间宣布禁止武器运往中国,下令召回德国军事顾问。1941年7月1日德国正式承认汪精卫伪"国民政府",中德断绝了外交关系。

全国性抗日战争前期苏联是援助中国最多的国家。七七事变后苏联对中国的抗战采取积极支持的态度。1937年8月21日,中国外交部长和苏联驻华大使签署了《中苏互不侵犯条约》。此后又签订了《中苏信贷借款条约》《中苏军事航空条约》,中国从苏联得到大量军事援助。从1938年到1939年中苏签订了三项贷款协定,苏联对中国贷款共计2.5亿美元。从1938年至1941年6月苏德战争爆发,苏联向中国提供飞机900多架、坦克82辆、各种汽车1 500多辆、轻重机枪9 700多挺、步枪5万支、大炮1 100多门,以及大量的炸弹、炮弹、枪弹和其他军用物资。苏联帮助中国修建了从苏联经中国新疆、甘肃至内地的公路,通过这条公路运输了大量军用物资。苏联还派空军直接参加对日作战,派军事人员帮助中国抗战。中苏的良好关系至1939年发生变化,1939年8月23日签署了《苏德互不侵犯条约》。在东方,苏联寻求与日本改善关系,中苏关系疏远了。

以上是全国性抗战前期的中外关系,太平洋战争爆发之后,中外关系发生了重大变化。

第二节 战略相持阶段前期抗战形势的演变

一、日本侵华策略的变化　汪精卫集团叛国投敌

从卢沟桥事变到攻占武汉,日本实行大规模的战略进攻,总共投入占陆军总数 2/3 以上的兵力,还有大量空军和海军。它以伤亡几十万人和巨额军费开支的代价,占领了中国大片领土。但是中国并没有屈服。正面战场继续坚持抵抗。敌后人民抗日游击战争迅速发展,开辟了广阔的敌后战场,使日军的所谓"治安恢复区",实际上仅限于主要交通线两侧。战区的扩大和战线的延长,使日军的兵力不足应付,财政开支也日露窘态。国际上的孤立状态也无法改变。这一切使日本陷入不能自拔的战争泥沼之中。"速战速决"的战略已经破产。为了避免虽用尽"国力","也难以应付此后事态的变化"的局面出现,日本军政当局在进攻武汉前就已筹谋改变侵华的策略,曾经设想,在攻占武汉后,"限制战局的扩大,采取紧缩持久的阵势","不进行扩大战局的作战"。以强大的军事力量为后盾,直接或者通过第三国和国民政府谈判,"重新调整日华关系,及时地结束这次事变"。同时,将主要作战任务转向确保占领地区的安全,采取措施利用占据地资源,谋求侵华军队的自给自足,以改变国内不容乐观的经济形势。

1938 年 11 月 3 日,日本政府发表声明(即第二次近卫声明),威胁说,中国政府若不放弃"抗日容共政策",日本则"决不收兵,一直打到它崩溃为止"。接着宣布,日本此次"征战之最后目的",就是要按日本的"建国精神",确立"以日满华三国合作,在政治、经济、文化等各方面建立连环互助的关系为根本"的"东亚新秩序"。"如果国民政府抛弃以前的一贯政策,更换人事组织,取得新生的成果,参加新秩序的建设,我方并不予以拒绝"。这个声明

修改了"不以国民政府为对手"的策略。这是日本对华政策的一个变化,但是要国民政府投降的方针未变。接着日本军政当局制定了一系列适应这一变化的方针和办法。基本内容分为促使国民政府屈服和确保占领区两个方面。促使国民政府屈服方面,采取建立伪中央政权,促进占领区的治安和建设,断绝外援等办法,使国民政府崩溃。议和的条件是:重庆政府放弃抗日容共政策,实行必要的人事改组;重庆政府作为一个成员与"临时""维新"政府合作,建立新中央政府;蒋介石在进行停战交涉后,马上离开负责地位;承认"满洲国";"日满华要实现善邻友好、共同防共、经济提携";签订"日华防共协定",承认日军驻兵权;"蒙疆"为防共特别区,华北和长江下游地区实行密切的经济合作;中国须聘请日籍顾问;承认并保证日本人在中国内地有居住经商的自由,补偿日本侨民的损失等。确保占领区方面:将占领区从包头连接黄河下游、新黄河、庐州、芜湖、杭州一线以东的地区,划分为以确保治安为主的治安地区。其中华北为特别重要地区,要保证物质的供应。为此,进行武汉作战的部队,除留下6个师团外,其余部队主要调往华北,华南的作战部队也主要调往华北,进行"扫荡"作战。上述以外的占领区,划为作战地区。在武汉和广州地区各置一支部队,使之在政治上和战略上压制正面战场。

由此可见,日本侵华政策发生了变化。这样,日本在占领武汉后,基本上停止了对正面战场大规模的战略进攻,集中大量兵力进攻敌后的抗日根据地。抗日战争转入敌我战略相持阶段。

日本在考虑改变侵华策略的同时,大力进行拉拢汪精卫集团投降的工作。汪精卫是著名的亲日派。全国性抗战开始后,他说:"我们是弱国之民,我们所谓抵抗,无他内容,其内容只是牺牲。"要避免因抗战而遭悲惨灭亡,只有对日"和平"。以他为中心,形成了一个有周佛海等国民党高级官员参加的"低调俱乐部",宣传"战必大败,和未必大乱",积极酝酿对日"和平运动"。

汪精卫集团的"和平运动",由周佛海在汉口指导进行。在周授意下,1938年1月,原外交部亚洲司司长高宗武派其属下原第一科(日本科)科长董道宁到上海,会见日本有关人员,企图从幕后推进陶德曼的"调停"工作。第一次近卫声明发表后,董于2月中旬秘密到东京。在证实了日方愿意迅速实现对华"和平"的意图后,回上海与被周佛海派出的高宗武会合,然后两人同到香港和日方会谈。7月初,高宗武去东京,会见陆相板垣征四郎和参谋次长多田骏等人,就由汪精卫出面进行"和平运动"达成谅解。8月底至9月初,高宗武指派梅思平与日方在香港继续会谈,双方在承认"伪满"、日本在华北和"蒙疆"驻军、取消抗日政策以及汪精卫的具体行动等问题取得口头协议。10月下旬,梅思平到重庆同汪精卫、周佛海密商。汪、周授权高宗武和梅思平为代表到上海与日本代表举行谈判。

11月中旬,高宗武、梅思平和日本代表影佐祯昭、今井武夫在上海会谈。中心议题是第二次近卫声明及日方所提出的原则。20日,双方签署了一个所谓《日华协议记录》。汪精卫集团表示参加"建设东亚新秩序",同意与日本缔结防共协定、承认"伪满"、承认日本人在中国本土有居住营业的自由、日本有开发利用中国资源的特权、赔偿日本侨民损失、与日本共谋实现"善邻友好、共同防共以及经济提携的成果"。日本方面同意汪精卫集团提出的成立伪政府等行动计划。双方商定,协议内容由日本作为第三次近卫声明发表,然后由汪声明响应并开始行动。

12月19日,国民党副总裁、中央政治委员会主席、国防最高会议副主席、国民参政会议长汪精卫,国民党中委、宣传部副部长、军委第二部副部长周佛海,国民党候补中委、国防最高会议主任秘书曾仲鸣,国民党监察委员、中央政治委员会委员陈璧君,国民参政会参政员陶希圣等经昆明叛逃至河内。21日,国民党中央委员、国民党四川省党部主任委员陈公博也叛逃至河内与汪会合。22日,日本照预定步骤发表第三次近卫声明。29日,汪精卫在河内发表"艳电"响应,无耻地说,依照近卫声明,不仅可用和平方法保全北方各省,且可收复沦陷区,使主权及行政之独立完整得以保持。宣称中国政府应以此声明与日本进行"和平之谈判"。

汪精卫汉奸集团的叛国投敌,激起中国人民的极大愤怒。敌后根据地军民举行讨汪集会,国内许多团体、报刊、知名人士、前方将领、海外华侨,纷纷发表谈话、文章和通电,声讨汪精卫集团的叛国罪行,要求给予制裁。

汪精卫等叛逃至河内后,国民党中央曾派人去劝阻,但被拒绝。12月26日,蒋介石在纪念周上发表训话,驳斥第三次近卫声明,指出这是"敌人整个的吞灭中国,独霸东亚,进而企图征服世界的一切妄想阴谋的总自白,也是敌人整个亡我国家,灭我民族的一切计划内容的总暴露"。表示要为中国的独立而战,要为恢复九国公约的"尊严"而战。这表明了蒋介石继续依靠美英进行抗战的立场。但蒋在此次训话后,又说汪精卫叛逃河内"纯粹为私人养病而往","纯系个人行动,毫无政治意味"。"汪先生爱党爱国,终始一贯,必以共赴国难精神,贯彻抗战目的"。在全国舆论的压力下,1939年1月1日,国民党中央常务委员会决议永远开除汪精卫党籍,并撤销一切职务。但直至6月,国民政府才对汪下通缉令。

二、相持阶段前期正面战场的作战　敌后战场成为重要战场

日军占领武汉后,一部沿粤汉路南进,11月12日攻陷岳阳。次日蒋介石电令湖南省主席张治中:"长沙如失陷,务将全城焚毁"。13日凌晨,军警事前未作任何通告,纵火烧城,大火烧了两昼夜,全城化为焦土,人民生命财产损失惨重。

11月25日至28日,在湖南南岳蒋介石主持召开军事会议。蒋在多次讲话中说,从卢沟桥事变到岳阳失陷为抗战第一期,此后为第二期,即"转守为攻转败为胜的时期"。他提出"整理军队建立军队"的任务,决定分三期轮流整训全国军队。会议重新调整了战区,将全国划分为第一至第五战区、第八至第十战区以及鲁苏、冀察战区。会后,军事委员会根据会议精神制定了第二期作战指导方针,其中说:"连续发动有限度之攻势与反击,以牵制消耗敌人,策应敌后之游击部队,加强敌后方之控制与扰袭,化敌人后方为前方,迫敌局促于点线,阻止其全面统治与物资掠夺,粉碎其以华制华以战养战之企图,同时,抽出部队轮流整训,强化战力,准备总反攻。"方针规定以敌后游击部队作战为主,大量的国民党正规军只作策应游击部队的有限度之攻势与反击,而把整训和加强战力作为重要任务。这样,在武汉失守以后,根据战争形势的变化,日本和国民党都把敌后战场摆到抗日战争重要战场的地位。

从1939年至太平洋战争爆发前,日军对正面战场作战的指导方针是,确保占据地区治安,建立长期围攻态势,消耗中国的战斗力,加强对中国的封锁,对中国后方进行轰炸。用这种作战配合对重庆政府的政治进攻。

为完全切断中国外来战争物资补给的通道,加强对中国海岸线的封锁,1939年2月,日军攻占海南岛,3—4月间攻占江门地区,6月攻占汕头、潮州,10月攻占宝安(今深圳)。

华中方面,日军为占领南昌,切断浙赣路,阻断浙皖方面中国军队的主要联络线,从1939年2月下旬起,以3个多师团兵力在空军配合下发动南昌战役。中国第九战区和第三战区部队,在外围与市区同进犯之敌激战,3月27日南昌失陷。4月下旬,中国第九战区部队反攻南昌,一度进至城郊,但日军全力死守,中国军队退回原地。第三十九军军长陈安宝于是役殉国。为拱卫武汉,5月,日军3个多师团在空军配合下发动随(县)枣(阳)战役。中国第五战区部队与自应山、信阳西进,从钟祥北犯之敌激战十余天,敌先后占领枣阳、新野、唐河、南阳、桐柏等地。中旬,中国部队反攻,收复失地。

9月,日本陆军中央为了统一侵华的政治、军事领导,尤其是为了从政治上促进汪伪政权的建立和统一进行对重庆的"和平"工作,在南京设立中国派遣军总司令部,统率全部侵华陆军,并负责对中国"实施谋略工作"。中国派遣军下辖华北方面军、第十一军、第十三军（华中）、第二十一军（华南），共约25个师团、20个旅团，并有航空部队328架飞机。另外还指挥负责"政治谋略"的4个特务机关。

1939年9月14日至10月10日，日军用十万余兵力在海空军配合下第一次进攻长沙，企图消灭粤汉路方面中国军队的主力。敌军分三路进攻。赣北、鄂南两路被中国军队击退。主战场湘北方面，中国军队利用地形节节抵抗。日军曾进抵长沙外围，但因粮弹消耗已尽，于10月初撤回原阵地。1941年9月，日军为给中国第九战区部队一大打击，又以十余万兵力第二次进攻长沙。中国军队在新墙河等处与敌激战，月底敌到达长沙外围。日军达到击溃第九战区主力的预定目标后，于10月初撤回原阵地。

1939年11月，日军为切断中国经越南的补给路线，以陆海空军十余万人，在钦州湾登陆，占领南宁、昆仑关等地。12月中旬，中国集中兵力反攻，于月底收复昆仑关等地。1940年，敌我继续在桂南的宾阳、灵山、龙州一带战斗，至11月中国军队收复南宁，日军退出桂南。

1939年冬，中国各战区部队按统一部署发动冬季攻势。自11月下旬至1940年3月底，各部陆续发动攻击。其中第八战区傅作义部在包头、绥西、五原三次战役中，击毙日军水川伊夫中将，歼敌1万余人，缴获大批物资。但各战区未能按计划完成任务，没有获得预期效果。

为消灭中国第五战区主力，削弱中国军队，推动"政治谋略"工作，1940年5月，日军约6个师团，在海空军协同下，向枣阳、襄阳、宜昌等地发动进攻。第五战区各部在枣阳、随县、襄阳、宜昌等地与敌激战50余天，宜昌等地失守。第一七三师师长钟毅、三十三集团军总司令张自忠壮烈殉国。

与地面作战同时，日军加强了对中国内地的空中攻击，企图挫败中国继续抗战的意志，以配合其"政治谋略"的进攻。从1938

年冬至1941年冬,敌机对重庆、成都、兰州、西安、贵阳、昆明等主要城市进行持续轰炸。仅1940年被日军称为101号作战的空袭中,对中国后方进行轰炸的敌机就达4 500余架次,共投弹2 950余吨。其中对重庆轰炸的敌机占2 000多架次,投弹1 400多吨,给重庆等地造成极大的生命财产损失。但是,敌军的地面和空中进攻,并未使中国屈服。

在日军停止了战略进攻,中日战争进入相持阶段以后,日本大本营采取了确保占领地区"安定"的作战新方针。华北方面军的任务为:确保已占领地区的安定,首先恢复河北、山东、山西省北部和"蒙疆"地区重要地点的治安,并确保主要交通线。华中派遣军的任务为:确保庐州、芜湖、杭州线以东占领地区的"安定",首先恢复沪、杭、宁地区的治安,并确保主要交通线。为了掠夺华北丰富的资源,形成所谓"日华高度结合"地区,日军将打击的重点放到华北,陆续抽调部队增援华北方面军。1939年9月,华北日军共有10个师团、11个独立混成旅团、1个骑兵集团和1个飞行集团,约占关内侵华日军总兵力的一半。1939年1月至1940年3月,日军先后在华北进行了3次"治安肃正"作战。华北方面军认为"华北治安的对象是共军",因此用很大的兵力向八路军进攻。

中共中央扩大的六届六中全会以后,按照巩固华北,发展华中和华南的方针,八路军、新四军和华南抗日武装,广泛开展游击战争,打击日本侵略者。1938年12月,八路军3个师的主力,分别进入冀中、冀南、冀鲁豫边平原地区和山东。并于1939年春至1940年夏,粉碎日军的连续"扫荡",巩固和扩大了各抗日根据地。

晋察冀根据地 1939年1月,第一二〇师主力进抵冀中,协同当地军民反击日军的3次"扫荡",进行了齐会歼灭战等160多次战斗,歼敌4 900余人。同年夏,日军转向北岳山区"扫荡",企图彻底摧毁抗日根据地。晋察冀军区部队和第一二〇师配合,先后进行了上下细腰涧、大龙华、陈庄等战斗,共歼敌2 100余人。从10月起,晋察冀军区部队进行了粉碎日军冬季"扫荡"的战斗,共进行大小战斗108次,歼敌3 600余人。其中雁宿崖战斗,歼敌大佐以下500余人。黄土岭战斗,击毙日军独立混成第二旅团长阿部规秀中将。1940年,平西和冀中军民,又粉碎了日军的春季和夏季"扫荡",共歼敌2 900余人。反"扫荡"作战的胜利,使根据地得到巩固和扩大。到1940年,根据地发展到正太路以北、长城以南、山海关以西、同蒲路以东,地跨晋、察、冀、热4省的广大地区。

晋冀豫根据地 1938年12月,第一二九师主力一部进入冀南地区。1939年1月至3月,粉碎日军对冀南的春季"扫荡",共作战百余次,歼敌3 000余人。7月,日军5万余人对晋冀豫根据地太行山区进行大规模"扫荡"。第一二九师进行了云簇镇等战斗,歼敌2 000余人,收复了榆社等4座县城。为击破日军对根据地实行分割封锁的"囚笼"政策,晋冀豫军民从1939年冬至1940年6月,先后进行了邯长公路、平汉铁路、白晋铁路、武(安)沙(河)公路的破击战,共歼敌1 700余人,破坏了敌人的交通干线和设备。1940年4月,成立了冀鲁豫军区和鲁西军区,6月,反击了日军的"扫荡",歼敌400余人。1940年底,晋冀豫根据地发展到西起同蒲路,东至津浦路,南临黄河,北抵石太、石德路的广大地区。1941年7月,鲁西区和冀鲁豫区合并,改称晋冀鲁豫根据地。

晋西北根据地 第一二〇师挺进冀中后,当地部队继续坚持晋西北的抗日斗争。1939年春,打击了"扫荡"的日军,保卫了根据地。大青山地区的游击战争也得到发展。1940年2月,第一二〇师主力返回晋西北。6月,晋西北部队进行了一个多月的反"扫荡"战斗,共作战250余次,歼日伪军4 500余人,收复了兴县等5座县城。11月,晋西北军区成立,贺龙任司令员,关向应任政治委员。至此,晋西北根据地发展到北起大青山、南至汾离公路、东起同蒲路、西到黄河的广大地区。

山东根据地 1938年12月至1939年3月,第一一五师先后开赴山东,统一领导山东各地抗日武装,开展游击战争。1939年3

月初,第一一五师一部在郓城西北之樊坝歼灭伪军1个团800余人。5月和8月,第一一五师和当地部队配合先后进行了陆房突围战斗和梁山战斗,歼敌1 900余人。6月至7月,山东纵队粉碎了日军对鲁中根据地的"扫荡",歼敌千余人。9月,第一一五师创建了以抱犊崮山区为中心的根据地。1940年4月至5月,鲁南军民粉碎了敌人的"扫荡",歼日伪军2 200余人。3月至9月,鲁中军民经过半年多的战斗,打退了日军的多次进攻,巩固了鲁中根据地。与此同时,胶东、清河、冀鲁边、湖西等地军民也先后打击了多次进犯的日军,巩固和扩大了根据地。至1940年底,山东已有70多个县建立了抗日政权,并成立了山东战时行动委员会,作为根据地最高行政机关。

在"治安肃正"期间,受到日军打击后,华北敌后的国民党军力量减小,而共产党领导的抗日根据地日益巩固发展,抗日武装迅速发展。因此,敌华北方面军决定,1940年的"讨伐重点,必须全面指向共军"。为了反击日军的进攻,打破其对根据地的"囚笼"政策,并促进全国的团结抗战,八路军总部于8月20日至1941年1月发动了百团大战,对敌占交通线和据点进行大规模的反击作战。参战兵力共105个团,约20余万人,还有许多游击队和民兵参战。战役分为三个阶段:第一阶段(8月20日至9月10日)的中心任务是进行交通破击战,重点摧毁正太铁路。第二阶段(9月22日至10月上旬)继续扩大上阶段的成果,重点进攻交通线两侧和深入根据地内之敌军据点。第三阶段(10月6日至1941年1月)是反击敌人的报复"扫荡"。总计作战1 824次,歼敌4.63万余人(其中日军2.09万余人),破坏铁路474公里,公路1 500余公里,桥梁、隧道等260多处,缴获大量枪炮弹药。八路军在这次战役中伤亡1.7万余人。百团大战是抗战期间八路军发动的最大战役,沉重地打击了敌人,鼓舞了全国人民抗战胜利的信心,提高了共产党及其领导下的抗日武装的威望,但是八路军也遭受了极大损失。

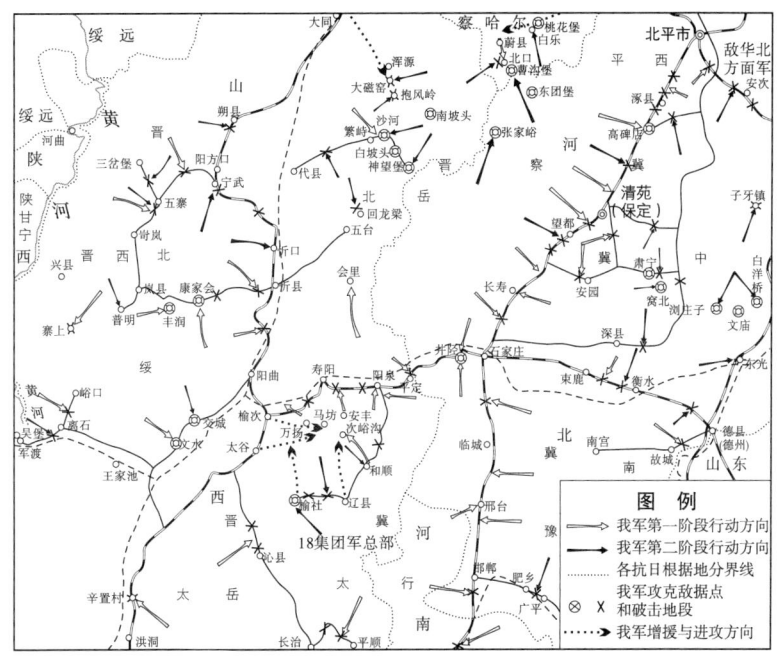

百团大战示意图（1940年8月20日—10月上旬）

新四军挺进华中后，经过一年的艰苦奋战，打开了华中的抗战局面，为发展华中根据地创造了条件。1938年11月，建立以刘少奇为书记的中共中央中原局，统一领导华中根据地的工作。1939年3月，周恩来代表中共中央来到新四军军部，和新四军领导人商定向南巩固、向东作战、向北发展的战略方针。5月，建立新四军江北指挥部，张云逸、徐海东任正副指挥，辖第四第五支队和江北游击纵队等部。11月，建立新四军江南指挥部，陈毅、粟裕任正副指挥，辖第一、第二支队和挺进纵队等部。两个指挥部所属部队坚决贯彻东进北上、发展华中的方针。除进行了黄桥等反对国民党军摩擦的战斗外，从1938年10月至1940年底，和日伪军共作战2 400多次，歼敌5.13万余人，先后建立了皖东、皖东北、豫皖苏边、苏北等抗日根据地,扩大了苏南、皖中根据地,部队也由2万余人发展到9万余人。

在此期间,豫鄂边区的抗日游击战争迅速发展起来。1939年11月,边区各地的抗日武装统一整编为新四军豫鄂挺进支队,李先念任司令员。豫鄂边区武装在1938年夏至1940年夏的两年中,共对日伪作战280余次,歼敌1.4万余人,还击退了国民党军的多次进攻,创建了鄂中、鄂东和豫南根据地,部队发展至1.5万余人。

广州失陷后,共产党领导东江地区人民,在增城、东莞、惠阳、宝安等地开展游击战争。1940年9月,东江抗日武装突破国民党军的围攻,成立广东人民抗日游击队,在东莞、宝安创建抗日根据地。1941年夏,在东、宝两地打击进犯的日军,歼敌一批。与此同时,共产党还建立了广州市郊游击第二支队等武装,在珠江三角洲进行游击战争。1941年10月,粉碎了伪军1 000余人的围攻。

1938年冬,中共琼崖特委将红军游击队改编为广东省第十四统率区民众自卫团独立队,特委书记冯白驹任队长。日军进占海南岛时,独立队在琼山、文昌和海口袭击敌人。1939年春夏间,改称独立总(纵)队。1940年夏,建立了美合根据地。

至此,八路军、新四军有了很大的发展,在敌后建立了大面积的抗日根据地,牵制了大量日军。敌后战场成为抗日的重要战场。

三、国民党独裁统治的加强和国共摩擦的激化

全面抗战开始以后,国民党一方面有比较积极的抗战,另一方面在对内政策上仍然拒绝实行发动全民族抗战所必须的民主改革,坚持一党专政、防共限共和压迫人民的基本立场。抗战以来中国共产党领导的人民力量的迅猛发展,使国民党统治集团感到恐惧。当日本改变对国民党政府的策略,正面战场的战线大致稳定时,国民党的政策也出现了变化。1939年1月,国民党召开五届

五中全会。全会虽然仍旧标榜"抗战必胜,建国必成",但对这个口号的解释已和临时全国代表大会时有很大的不同了。

关于抗战,蒋介石在开会词中强调的方面是,内外情势对抗战"日趋有利","国家危险已经过去","前途非常乐观","敌国目前已经失败","确信战局必然是一天天顺利"。这表示国民党不再需要努力对日作战了。这是日本侵华策略变化对蒋介石集团产生的影响。

"确立后期抗战方略",是这次全会的中心议题。全会宣言提出"加强团结""积极奋斗"和"努力建设"三项努力目标。所谓"加强团结"是指必须"保持中国民族真诚纯一之精神",使"国家之基础……永固",不能让"中国实行三民主义完成革命建国一贯之志业,因信仰不笃与意志不坚,致生顿挫"。所谓"积极奋斗"是要求前方后方,尤其是"被占区域或邻近战区之军民",对一切思想行动,"严加反省,严加检举,严加改正,以其能力自由生命完全贡献于国家"。所谓"努力建设"即建设"坚如金石之国军"以为"建国之主力"。同时进行"使全国同胞无一不为三民主义"之信徒的"心理建设",和"统一党政军之指挥"的"政治建设"等。这就是说,加强国民党自身,强化一党专政机构及其对前方后方和敌后的控制,是"建国"的基本内容。

全会按照这个精神,通过了相应的决议。关于党务的决议案提出,今后应力谋"本党新力量之增加与培养",而"亟应以乡村为发展组织与宣传之主要对象,于乡村中深植本党之势力",防止农民"为邪说所乘"。同时应"力谋党的下层组织之健全","力求党员之切实训练",力求"理论之领导"以统一国民思想。关于政治方面的决议案,主要是决定成立国防最高委员会并通过了组织大纲。国防最高委员会指挥党政军各机关,蒋介石任委员长,委员由国民党中央执监委员会常委、国民政府五院正副院长、军委会委员及由委员长提出的人员担任。委员长有极大权力,"对于党政军一切事务,得不依平时程序,以命令为便宜之措施"。基层方面,则要彻底清查与整理户籍、保甲,健全保甲制度。规定要以保甲为单位,强制民众推行"国民抗敌公约",宣誓"服从最高领袖蒋委员长之领导,尽心尽力,报效国家"等。关于国共关系,会议确定了防共限共的方针,设立"防共委员会"。

国民党五届五中全会决定的方针政策,表明抗战期间国民党反动性的一面在上升,表明它的抗战由比较积极到消极的转变。但由于日蒋之间的矛盾无法解决和人民的压力,国民党仍在抗战,也不敢公然破裂国共合作。既抗日又不放弃妥协,既反共又不敢彻底决裂,是五届五中全会后国民党两面性政策的基本特点。

五届五中全会以后,国民党大力加强一党专政的统治。2月20日,国防最高委员会正式成立,蒋介石任委员长,集党政军大权于一身。3月,成立军事委员会战地党政委员会,蒋介石为主任委员。内设总务、党务、机要、军事、政务五组。该会于各战区司令长官部设立分会,于战区之省政府内设立办事处,以加强对战区的控制。1940年春,为加强统治效能,在国防最高委员会之下成立中央设计局,由蒋介石兼任总裁。该局负责审议全国政治、经济、建设计划和预算,党政制度机构及重要法规的调整等。同时成立党政工作考核委员会,由蒋介石兼任委员长,负责考核中央及地方的党政工作,以加强对党务政务的监督。1941年4月,国民党五届八中全会决议加强政府机关内国民党的组织和活动,决定在各政府机关内普遍设置区党部或区分部,稽核同级政府之施政方针,监督下一级政权机关实施中央政令。

为加强对基层政权的控制,国民政府于1939年9月公布《县各级组织纲要》,实行"新县制"。规定"县为地方自治单位","县以下为乡(镇),乡(镇)内之编制为保甲"。县与乡(镇)之间设区署,代表县政府督导各乡(镇)的行政事务。县设参议会,但不能选举县长。县长只对上级负责,不受县参议会监督。区长委任"甄选训练合格"者担任。乡(镇)长、保长虽规定由乡(镇)民、保民代表会议从具有训练、考试及格等资格者中选举,但未公布实施日期,实际仍由上级委任。县长、乡(镇)长、保长掌握辖区的民政、军事(警卫)、经济、文化等权力。人民毫无民主权利。新县制的推行,是假借地方自治之名,强化国民党政府对地方的统治。

这时国民党还开展了一场国民精神总动员运动。1939年3月,国民政府颁布《国民精神总动员纲领》和《国民精神总动员实施办法》。5月举行全国国民精神总动员。国民精神总动员的目标是:"(一)国家至上民族至上,(二)军事第一胜利第一,(三)意志集中力量集中。""精神力量之所由表现为道德,而其所由发挥则必归着于信仰"。救国之道德即"忠孝仁爱信义和平"。共同之信仰是"完成建设三民主义的国家"。卫护国家的先决条件为"军令政令之绝对统一"。因此,"纷歧错杂之思想必须纠正",不准"违反"三民主义,不准"鼓吹超越民族之理想与损害国家绝对性之言论",不准"破坏军政军令及行政系统之统一",不准有"利用抗战形势以达成国家民族利益以外之任何企图"。否则,"一体纠绳,共同摈绝"。

国民党的国民精神总动员具有两面性。一方面是抗日的,另一方面是反共反人民的。中共中央发表文告,对它标榜抗日的方面予以支持,对它反动的错误的方面进行实质性的批判。共产党认为,国家和民族是全体中国人,尤其是占90%的绝大多数劳动人民的国家和民族,只有在这个认识的基础上,"国家至上民族至上"才是根本正确的。"企图以个人或少数人的私利,来代替和掩盖全国家全民族的最高利益,认为个人或少数人的私利,就等于全国家全民族的利益",是根本错误的。"军事第一胜利第一",只能是动员一切力量,打到鸭绿江边,收复一切失地,争取抗战的最后胜利。"意志集中力量集中",唯有巩固与扩大抗日民族统一战线,才能达到这个目的。而集中最大力量的办法,只能用民主方式。关于民族道德问题,共产党认为只有忠于大多数与孝于大多数,才是真正的忠孝,仅仅忠孝于少数,违背了大多数人的利益,是忠孝的叛逆。仁义也是一样,"有益于大多数人的思想行为谓之仁,处理关系于大多数人利益的事务而得其当谓之义",否则就不是真正的仁义。①

全面抗战开始后,共产党提出"召集真正人民代表的国民大会,制定真正的民主宪法,成立民族民主的统一战线的政府,决定抗日救国方针,选举国防政府"的主张。民主党派和民主人士积极进行抗日民主运动。全国人民争取民主的热情十分高昂。1939年9月,国民参政会第一届第四次会议召开。这时中共和民主党派、民主人士的参政员积极进行实施宪政的活动。国民党迫于这种压力,于是"抢先一步",命令它的参政员在会上提出一个"实施宪政"的提案。各党派和民主人士参政员纷纷提出要求政府召集国民大会实行宪政的提案。于是出现了一个热闹一时、但毫无成果的宪政运动。除国民党参政员的提案外,普遍要求"结束党治,实行宪政"。还提出,政府应明令保障各抗日党派之合法权利,取消各种所谓防止异党活动办法。经过激烈的辩论后,以国民党参政员为主的审查委员会将各种提案合并为《召集国民大会实行宪政决议案》,提交会议通过。决议案只空洞地提出"请政府明令定期召集国民大会,制定宪法,实行宪政",不提结束党治和保障各抗日党派合法权利等实质性问题。各党派、各界人士为促进宪政的实施展开了积极的活动。除国民参政会组织的宪政期成会外,重庆、成都、桂林、上海等地先后组织了宪政座谈会和宪政促进会,纷纷发表关于宪政的言论。延安也成立了各界宪政促进会。全国涌起了宪政运动的浪潮。

正当国民参政会讨论宪政问题时,《中央日报》发表社论,断言今天时局的重心,国事的中心,不是宪政问题。训政时期约法就是国家最高的"宪典",国民能崇法守法,就是实施宪政。② 当人民

---

① 《中央关于开展国民精神总动员运动告全党同志书》,《中共中央文件选集》第13册,第58页。
② 《中央日报》1939年9月14日。

宪政运动浪潮不断高涨时,11月,国民党五届六中全会通过了《定期召集国民大会并限期办竣选举案》,定于1940年11月12日召集国民大会。但是,国民党所要召集的是由它一手包办的、由1936年产生的国大代表参加的国民大会,代表中已有不少人当了汉奸。它所要通过的宪法是1936年公布的"五五宪草"。人民要求彻底修改国民大会代表选举法,重新选举代表,召开真正代表民意的国民大会,并使国民大会成为国家最高权力机关,制定民主的新宪法。但是,国民党人说这些有关政府法令,禁止讨论。宪政运动的发展危及了国民党一党专政的政治体制。1940年9月18日,国民党中央五届157次常会,借口因受战事影响,交通不便,决定国民大会之召集日期另行决定。

五届五中全会以后,国民党在各地加剧反共摩擦活动。1939年3月至11月,先后制造了博山、深县、平江、确山等惨案,惨杀共产党军政人员1 600余人。4月,国民党密订《限制异党活动办法》,6月,制定《共党问题处置办法》,规定:由党政军协同一致,"处置各地共党问题"。"共党在各地不得有任何公开或秘密之组织",不得单独设立机关报与杂志及书店,不得进行"统一战线""民主政治问题"的活动及共产主义思想的宣传,"共产党员非经中央特许,绝对不准服务于各部队机关及军事性质之学校交通及产业机构中"。八路军与新四军应统一编制限制兵额,"不得擅自补充或扩编",不得越出指定区域作战,"不得与地方发生关系,并不得作民众运动"。"绝对否认"陕甘宁边区,"严令解散"晋察冀边区政府及其所组织之各县地方政权,"共党在华北各省游击区内组织之地方政权,应即令移交冀察战区党政委员会分会"。还提出"加派有力部队或忠实精干之游击干部,前往冀鲁,俾加强本党在华北之武力,以压制共党之发展"。在这些反动文件指导下,国民党的反共活动愈演愈烈。

与国民党反动性增长同时,在国民党上层酝酿着一种对日妥协的气氛。第二和第三次近卫声明发表后,日本加紧对国民政府的诱降,极力离间国共合作,破坏中国抗战。还企图利用英美的"远东慕尼黑"活动,以早日解决"中国事变"。英美也有意于此,打算召开太平洋国际会议,解决"中日冲突"。这些活动在国民党领导集团中引起强烈反应,主和空气笼罩一时。五中全会上决定了依靠国际压力和平解决中日问题的方针。许多刊物发表提倡依赖英美制裁日本的文章,行政院长孔祥熙、外交部长王宠惠发表讲话,希望英美调停中日战争。如果日蒋之间的妥协实现,中国的抗日阵营就要分裂,中国的民族解放事业就要受到极大挫折。

共产党对国民党的对日妥协可能、反共限共活动和军事摩擦,进行两方面的斗争。对它的妥协可能和反共图谋予以揭露和批判,表明团结抗战的立场;对它的军事摩擦予以坚决的回击,但以不破裂联合抗战为限。

1939年6月7日,中共中央及时地向党内发出关于反对投降危险的指示。指出:"目前最大的危险就是国民党投降的可能,新的慕尼黑的可能。""党应当用全力来进行反对投降分子、反共分子的斗争,党应当在思想上、组织上准备自己,并准备舆论、准备群众,来给一切投降阴谋和叛变行为以适时的、坚决的反抗"。7月7日,中共中央发表《为抗战两周年纪念对时局宣言》,提出"坚持抗战到底——反对中途妥协","巩固国内团结——反对内部分裂","力求全国进步——反对向后倒退"三大政治口号,作为全国同胞的行动纲领。八路军总司令朱德、副总司令彭德怀及其他将领,致电国民政府主席林森和蒋介石等人,要求制止摩擦,坚持团结抗战。

1939年12月中旬,国民党军胡宗南等部袭占陕甘宁边区的淳化、栒邑(今旬邑)、正宁、宁县、镇原等五县城,并袭击驻合水等地的八路军。边区军民实行自卫反击,击败了顽军的进攻。1940年春,国民党绥德专员集合五个保安大队,袭击八路军河防部队。八路军进行反击,并乘胜收复了绥德地区,将边区与晋西北根据地连成一片。此后,国民党军队对边区实行长期的封锁和围困。

在山西,1939年11月,阎锡山的部队制造了"晋西事变",向山西青年抗敌决死队第二纵队和八路军第一一五师晋西独立支队发动进攻。决死队和独立支队配合作战,多次打击阎军后,转移至晋西北地区,晋西南地区被阎军占领。从12月起,阎军在蒋介石的中央军配合下,向晋西北和晋东南的八路军、决死队进攻。八路军和决死队合作反击,给阎军以沉重打击,使晋西北地区成为八路军完整的抗日根据地,粉碎了蒋、阎军夺取太南、太岳根据地的企图。粉碎阎锡山部队的进攻后,为争取阎部继续合作抗日,八路军主动休战。1940年2月,中共中央派代表与阎谈判。双方代表达成协议,确定以汾阳经离石至军渡的公路为界,以南为阎军防区,以北为八路军和新军防区。

在晋冀鲁豫地区,国民党冀察战区所属朱怀冰、石友三部,于1939年11月和1940年1月,先后向冀西和冀南的八路军进攻。八路军在两地展开反击,歼灭和击溃其大部,取得反顽战役的胜利。1940年2月,朱、石等部再次向太行、冀南的八路军进攻。八路军在取得驱逐石友三部的卫(河)东战役胜利后,3月,由刘伯承、邓小平指挥第一二九师和晋察冀军区兵力各一部,进行磁(县)武(安)涉(县)林(县)战役,歼灭朱怀冰部万余人,收复一部地区。取得上述胜利后,八路军主动停战,并与第一战区司令长官卫立煌谈判,商定以临屯公路和长治、平顺、磁县为界,以南为国民党军防区,以北为八路军防区。至此,国民党发动的这次激烈的反共摩擦平息了下来。

四、共产党对新民主主义革命理论的阐发　毛泽东思想的成熟

全民族抗日战争期间,中共在抛弃了"左"倾错误政策,确定了符合国情的方针政策,指导抗日战争和中国革命获得了极大的进展,取得了丰富的经验,这些为党的理论发展与创造,提供了很好的条件。同时,在全民族抗日战争开始后,共产党的组织得到迅速扩大,成为全国性的大党。在大发展之后,思想上政治上组织上的巩固和提高,成了十分迫切的任务。

1939年7月,刘少奇在延安马克思列宁学院作了《论共产党员的修养》的演讲。指出:共产党员"是近代历史上最先进的革命者,是改造社会、改造世界的现代担当者和推动者。"一个共产党员要变成一个成熟地掌握革命规律的革命家,必须认真地学习马克思列宁主义,参加革命实践。在学习和实践的过程中改造自己,"建立自己的共产主义的世界观,建立自己的党和无产阶级的坚定立场"。只有这样,才能"担负实现共产主义这种人类历史上空前伟大而艰难的任务"。他强调"党的利益高于一切"。为了党的事业,共产党员应该毫不犹豫地牺牲个人利益甚至生命。《论共产党员的修养》是加强党的思想建设的重要文件。

1939年10月,毛泽东发表了《〈共产党人〉发刊词》。他说:为了中国革命的胜利,迫切地需要建设一个全国范围的、广大群众性的、思想上政治上组织上完全巩固的马克思列宁主义的中国共产党。他深刻地揭示了中国新民主主义革命的两个基本特点:(一)无产阶级同资产阶级建立革命的民族统一战线或者被迫分裂这个统一战线;(二)主要的革命形式是武装斗争。共产党的建设过程,党的马克思主义化过程,总是同党的政治路线、同党对于统一战线和武装斗争问题之正确处理或不正确处理密切地联系着的。毛泽东总结了共产党18年斗争的经验,指出统一战线、武装斗争、党的建设,是中国共产党在中国革命中战胜敌人的"三个主要的法宝"。掌握了这三个法宝就正确地解决了中国革命的基本问题。

当国民党的妥协空气和反共声浪上升的时候,全国人民迫切地希望了解中国向何处去的问题。为了回答这个问题,为了回击国民党顽固派在政治思想战线上的进攻,共产党人做了大量理论研究工作。1939年冬,毛泽东和几位同志合作写了《中国革命和中国共产党》一书。1940年1月,毛泽东发表了《新民主主义论》这一著名著作,对新民主主义革命理论作了全面的深刻的阐述。

毛泽东指出:中国是殖民地、半殖民地、半封建社会。帝国主义和中华民族的矛盾、封建主义和人民大众的矛盾,是这个社会的主要矛盾,而帝国主义和中华民族的矛盾,是最主要的矛盾。因此,中国现阶段革命的主要对象,是帝国主义和封建主义。中国的革命就是对外推翻帝国主义压迫的民族革命和对内推翻封建地主压迫的民主革命。总名之曰民主革命。中国的民主革命,在"五四"以后发生了性质上的变化。第一次世界大战和俄国十月革命的胜利,改变了世界历史的方向。五四运动中中国无产阶级作为一个开始觉悟的阶级登上政治舞台。此后不久,中国的马克思主义者组织了工人阶级政党中国共产党。中国共产党提出了打倒帝国主义、封建军阀的口号和彻底的民主革命纲领。无产阶级和共产党就成为中国民主革命的领导者。由于无产阶级的领导,中国民主革命由旧民主主义革命转变为新民主主义革命,即无产阶级领导的人民大众的反帝反封建的革命。这个革命就世界反帝统一战线来说,属于世界无产阶级社会主义革命的一部分。

毛泽东提出了新民主主义革命的纲领。新民主主义的政治纲领是:建立由无产阶级领导的、工农联盟为基础的、几个革命阶级联合专政的新民主主义共和国。新民主主义的经济纲领是:没收属于帝国主义和官僚买办资本的大银行、大工业、大商业,归新民主主义共和国所有;不禁止不能操纵国计民生的资本主义生产的发展;没收地主的土地,分配给无地少地的农民。新民主主义的文化纲领是:发展无产阶级文化思想领导的人民大众的反帝反封建的文化,即民族的科学的大众的文化。"新民主主义的政治、新民主主义的经济和新民主主义的文化相结合,这就是新民主主义共和国"[①]。

[①] 《毛泽东选集》第 2 卷,人民出版社 1991 年版,第 709 页。

毛泽东指出:"中国共产党领导的整个中国革命运动,是包括民主主义革命和社会主义革命两个阶段在内的全部革命运动。"两个革命之间的关系如何呢?毛泽东既反对"一次革命论",又反对两个革命之间横插一个资产阶级共和国的说法。他说:"民主主义革命是社会主义革命的必要准备,社会主义革命是民主主义革命的必然趋势。而一切共产主义者的最后目的,则是在于力争社会主义社会和共产主义社会的最后的完成。"①

毛泽东提出了扩大和巩固抗日民族统一战线的策略总方针:发展进步势力,争取中间势力,反对顽固势力。发展进步势力,就是发展无产阶级、农民和城市小资产阶级的力量,就是放手扩大八路军新四军,就是广泛地创立抗日根据地,就是发展共产党的组织到全国,就是发展全国的民众运动,就是争取全国的知识分子,就是扩大民主宪政运动。要发展进步势力,必须同日本帝国主义作斗争,必须同顽固派作斗争。争取中间势力,就是争取中等资产阶级,争取开明绅士,争取地方实力派。中间势力有很大的力量,往往可以成为我们同顽固派斗争时决定胜负的因素。争取中间势力要有一定的条件,这就是:我们有充足的力量,尊重他们的利益,我们对顽固派作坚决的斗争,并能一步一步地取得胜利。反对顽固势力,就是孤立和降日派有区别的大地主大资产阶级势力。他们一面还愿团结抗日,一面又执行摧残进步势力的极端反动的政策。所以一方面要争取他们留在抗日统一战线里面,另一方面又必须对他们的反动政策作坚决斗争。同顽固派的斗争,必须采取"有理""有利""有节"的原则。有理就是自卫原则,人不犯我,我不犯人,人若犯我,我必犯人。有利就是胜利原则,不斗则已,斗则必胜。有节就是休战原则,在一定时期内同顽固派作斗争要有一定的限度,不可无止境地斗下去。

上述毛泽东著作的发表,表明共产党关于新民主主义革命的

---

① 《毛泽东选集》第2卷,人民出版社1991年版,第651页。

理论、路线和相应的一整套策略方针及具体政策已经形成了完整的体系,标志着马克思列宁主义同中国革命实践相结合的毛泽东思想的发展和成熟。这对于争取抗日战争的胜利和中国革命的发展,具有伟大的意义。

五、汪伪政权的成立　日本帝国主义在沦陷区的统治

1939年5月,汪精卫由上海到东京,向日本乞求组织"中央"政权。日本内阁为此决定了《建立新中央政府的方针》。规定在维持日军占领的情况下,由汪按"分治合作"原则,联合各个伪政府组织中央政权。在"放弃容共抗日,改为亲日满防共的方针"的前提下,允许汪记国民党存在,允许打着"三民主义"旗号。

按照日本的意旨,汪精卫回到上海后,加紧筹组伪中央政权。为证明继承国民党的法统,汪精卫于6月在上海秘密召开伪国民党第六次全国代表大会。大会承认第三次近卫声明提出的"善邻友好、共同防共和经济合作"三原则。声称"自今而后,当易抗战建国为和平建国","以反共为和平建国之必要工作"。9月中下旬,汪精卫在南京和王克敏、梁鸿志就建立伪中央政权问题进行会谈。

12月31日,汪精卫集团与日本秘密订立《日支新关系调整要纲》。主要内容是:(一)承认"满洲国"。设立华北政务委员会,继承"临时政府"之政务。承认"蒙古联合自治政府"的高度防共自治权。"维新政府"所办事项,当前维持现状。长江下游地域为日、华经济上"强度结合地带"。日本在华南沿海特定之岛屿有"特殊地位"。(二)日本在"华北及蒙疆之要地""长江沿岸之特定地点"及华南沿海之特定岛屿驻军,并控制驻地之铁道、航空、通讯及主要港湾水路。(三)日本有开发华北、"蒙疆"及其他地域资源的特权,并控制伪政权的财政、经济、交通、农业、贸易及海关。(四)政府中必须配置日本顾问和职员。

1940年3月下旬,汪精卫在南京召开伪中央政治会议。决定伪政权名称为"国民政府",用"青天白日满地红"国旗。由汪精卫任"国民政府"代主席兼行政院长,陈公博任立法院长,温宗尧任司法院长,梁鸿志任监察院长,王揖唐任考试院长。王克敏任"华北政务委员会"委员长。30日,在南京宣告伪国民政府成立。11月中旬,日本承认汪伪政权。30日,日本特命全权大使阿部和汪精卫签订日汪基本关系条约,将日汪1939年订立的秘密协定改为正式条约。同时,日、汪和"伪满"签署了《日满华宣言》。

汪伪政权的成立和卖国条约的签订,激起全国人民的极大义愤。中共中央号召全国人民团结起来,打倒汉奸汪精卫,打倒汪伪政权,抗战到底。延安和各根据地相继举行讨汪大会。全国各界人民、民主党派和民主人士、群众团体、国民党内的爱国人士、海外华侨,也纷纷以各种方式声讨汪精卫集团的卖国罪行。国民政府外交部长照会各国,否认汪伪政权,要求各国不予承认。12月1日,外交部长声明,日汪非法签订的条约全然无效。

日本在沦陷区建立伪政权,目的是实行殖民统治,进行经济掠夺。日本统治的基本方式是武力镇压。对抗日军民活动的地区,实行"治安肃正""治安强化运动""清乡运动"。在所谓"治安区",依靠军、警、宪、特,对人民严密监视,稍有反抗立即进行屠杀镇压。

日本帝国主义在沦陷区大力进行奴化教育和欺骗宣传。日军占领初期,肆意破坏中国原有的文化教育机关,抢掠文物图书资料。在转入巩固占领区时,就尽力推行奴化教育。主要的做法是:改编教科书,以"中日亲善""共存共荣""大东亚新秩序"等谬论为主要内容。设立师资训练班,训练奴化教员。强制学习日语。企图以此泯灭中国人的民族意识。在社会教育和宣传方面,利用报刊、广播、影剧等手段,广泛宣传奴化思想。提倡"振兴儒教",尊孔读经,利用封建伦理道德为其服务。在"伪满"、华北和华中,分别组织了协和会、新民会和大民会等团体,协助进行奴化宣传,加强对沦陷区人民的控制。

经济掠夺是日本帝国主义侵华的主要目的。它的掠夺是多方面的：

工矿业 日军掠夺了沦陷区的工厂矿山。将矿山、钢铁工业、公用事业、交通运输业等,定为"统制事业",交由日本国家资本与财阀资本相结合的华北开发公司、华中振兴公司经营。华北开发公司垄断了华北的煤、铁、盐、电力与交通等主要企业,到1944年已发展到64个附属公司。华中振兴公司控制了华中地区的煤、铁、盐、蚕丝、水产、水电、煤气等方面的生产和销售,到1944年拥有16个附属公司。这两个公司所属企业的产品,大部为日本所攫取,尤其是煤和铁矿石。从1941年起,日军规定,华北每年必须向日本输送原煤(主要是炼焦用煤)800万吨。出口加上日军的用煤占去所产原煤的极大部分。从1939年到1942年,每年对日本及"伪满"输出的铁矿石,分别占当年产量的75.5%、91%、75.3%、82.8%。"统制事业"以外的工业,由日军委托日本公司经营或由日本公司直接攫取经营。这些公司加上所谓中日合办企业在内,共有298个工厂,包括纺织、面粉、造纸、火柴、烟草、制糖、机械、水泥和肥料等工业。

农业 沦陷区农村的土地,凡日本"需要"的,就武装霸占、没收或低价强行收买,用于建筑公路、封锁沟、飞机场、兵营及仓库等,或供给"农业会社""实业公司"、农场及移民使用。如"中日实业公司"就通过伪政权没收了军粮城、茶淀两个农场的5.6亿亩土地。又在冀东、沧州和山东、山西、河南等处强占土地3 400余万亩。日本还用低价强制收购或直接抢掠等方式,夺取粮食等农产品。

金融 日伪先后在华北和华中设立了中国联合准备银行、中央储备银行等20多家银行。除经营一般业务外,有的银行大量发行没有准备金的钞票。日军还印发军用票在沦陷区流通。日本利用这些纸币,掠取中国的资财。

日本在沦陷区大量掠夺劳动力。据伪满统计,从 1937 年到 1943 年,从华北驱赶到伪满去的工人和农民共有 389 万余人。太平洋战争爆发后,大量中国工人和被俘的士兵,被送到日本从事各种繁重的劳动。据极不完全的统计,有十六七万人。这些劳工,绝大部分被虐杀。

日本帝国主义在沦陷区的军事统治和经济掠夺,给中国造成了极大的破坏,更加激起中国人民同仇敌忾坚决抗敌的怒火。

六、皖南事变 中国民主政团同盟成立

华北反共摩擦被挫败以后,国民党顽固派并未放弃它的反共政策,而是将反共活动的重点由华北转到华中。1940 年 7 月中,国民党向共产党提出一个"中央提示案",中心内容是:削减八路军新四军人数的 4/5,并限得到命令后一个月内,全部集中到冀察及鲁北、晋北,此后不得越境作战。共产党拒绝了这个无理要求。蒋介石坚持既定方针,并于 1940 年 6 月下旬至 10 月上旬,发动"苏北战争"。此役失败后,10 月 19 日蒋指使正副参谋总长何应钦、白崇禧向朱德、彭德怀、叶挺、项英发出"皓电",再次限令黄河以南的八路军新四军一个月内开到指定的作战地区。

在严重的局势下,共产党一面强调团结抗战,极力争取时局好转,一面准备应付国民党顽军的进攻。11 月 9 日,朱、彭、叶、项发出致何、白的"佳电",驳斥"皓电"的攻击中伤,婉言拒绝强令华中部队北移的要求。但为顾全大局,坚持团结抗敌,表示江南正规部队可以北移。11 月中旬,叶挺军长等,数次同第三战区负责人商谈新四军北移的路线和部署。

12 月 7 日,经蒋介石同意,军令部下达《剿灭黄河以南匪军作战计划》,要求有关部队执行:令第三战区所部兵力,于 1941 年 1 月底以前"肃清"江南新四军,然后进兵"肃清"苏北的八路军和新四军;令第五战区的四支部队,于 1941 年 2 月底以前,"肃清"黄河以南的八路军和新四军。8 日,何、白发出复朱、彭、叶、项的"齐

电",仍然强令黄河以南的八路军新四军开到黄河以北。9日,蒋介石发布命令,限长江以南的新四军于12月31日前开到黄河以北地区;黄河以南的八路军、新四军于1941年1月30日开到黄河以北地区。10日,蒋介石密令第三战区司令长官顾祝同,按前述计划妥为部署,如江南新四军至限期(12月31日)仍不北移,即将其解决。顾即调集7个师8万余人的兵力,在皖南泾县茂林一带布置阵地。

1941年1月4日,新四军皖南部队9 000余人奉命北移,由泾县云岭出发绕道前进。6日在茂林地区遭到国民党军的包围袭击。叶挺军长指挥部队,苦战七昼夜,终因众寡悬殊,弹尽粮绝,陷于危殆之中。为挽救危局,叶挺到国民党军中进行停战谈判,被扣押。14日,新四军阵地完全被占领。全军除约2 000人分别突围外,大部壮烈牺牲。政治部主任袁国平突围中阵亡,副军长项英、副参谋长周子昆被叛徒杀害。

1月17日,蒋介石以国民政府军事委员会名义通令宣布新四军为"叛军",取消新四军番号,将叶挺军长交付"军法审判"。至此,国民党发动的这次反共高潮达到了顶点。

皖南事变发生后,共产党对国民党的反共活动进行坚决的斗争。1月18日,中共中央发出《关于皖南事变的指示》,决定在各根据地以各种方式向国民党顽固派提出严重抗议,揭露他们自抗战以来的倒行逆施。指示八路军新四军做好反击顽固派的充分准备。在国统区用不同方式动员舆论和群众,为坚持抗战争取民主而斗争。同日,中共中央发言人发表谈话,揭露皖南事变的真相,呼吁全国一切爱国军民同胞,为制止国民党的反共活动、肃清亲日分子、坚持抗日而共同奋斗。20日,中共中央革命军事委员会发布重建新四军军部的命令,任命陈毅为代理军长,刘少奇为政治委员,张云逸为副军长,赖传珠为参谋长,邓子恢为政治部主任。22日,中共中央军委发言人发表谈话,痛斥重庆军委会的命令,提出停止挑衅、取消1月17日反动命令、惩办祸首等12条解决皖南事变的办法,和国民党当局进行了针锋相对的斗争。23日,新四军代军长陈毅等通电就职。接着在盐城正式成立了新的军部,将部队统一编为7个师和1个独立旅。由粟裕、张云逸、黄克诚、彭雪枫、李先念、谭震林、张鼎丞分任师长。

国民党的反共行动,遭到全国人民和海外华侨的反对,纷纷通电谴责制造皖南事变的活动。宋庆龄、柳亚子、何香凝、彭泽民致电国民党中央,要求当局"撤销剿共部署,解决联共方案,发展各种抗日实力,保障各种抗日党派"。国际舆论也对国民党提出责难,主张国共两党继续合作抗日。蒋介石陷于十分孤立的境地。

3月,国民参政会召开第二届第一次会议。共产党参政员提出解决皖南事变的12条办法,作为出席会议的条件。后来再次提出立即停止对共产党的军事进攻、承认中共及各党派之合法地位、释放皖南事变被捕干部、发还所有人枪等12条临时办法。国民党拒绝答复。共产党参政员拒绝出席参政会,以示抗议。3月8日,蒋介石虽然操纵会议通过反共决议,但也表示皖南事变"不牵涉党派政治","保证""以后决无剿共军事"。此次参政会仍选举董必武为常驻会员。这实际上是蒋介石被迫退兵。至此,第二次反共高潮被打退了。毛泽东指出:"这次斗争表现了国民党地位的降低和共产党地位的提高,形成了国共力量对比发生某种变化的关键。"①国民党顽固派发动这次反共高潮和它的被打退,以及此后国民党统治的更加黑暗,使国内阶级关系发生重大变化。中国人民逐渐加强了反对国民党一党专政争取民主的斗争。

宪政运动期间,中间党派和一些无党派民主人士,为了组成一个介于国共两党之间的重要政治力量,由黄炎培、梁漱溟、张君劢等人发起组织统一建国同志会。1939年11月23日,中国青年党

---

① 《毛泽东选集》第2卷,人民出版社1991年版,第778页。

的左舜生、李璜、曾琦,国家社会党的罗隆基(后退出该党),第三党的章伯钧,救国会的沈钧儒、邹韬奋、章乃器,中华职业教育社的黄炎培、江恒源、冷遹,乡村建设派的梁漱溟,以及无党派的张澜等,在重庆集会,拟订《统一建国同志会信约》和《简章》,正式成立了统一建国同志会。《信约》主张:"宪法颁布后,立即实施宪政,成立宪政政府";"凡尊重宪法之各党派,一律以平等地位公开存在";"要求吏治之清明";"尊重学术之自由"。同时提出:"拥护蒋先生为中华民国领袖,并力促其领袖地位之法律化";"一切军队属于国家,统一指挥、统一编制";"一切国内之暴力斗争及破坏行动,无复必要,在所反对"。统一建国同志会的建立,是中间政派在组织上结合起来开展政治活动的开始。

皖南事变后,国民党加强了对中间党派和民主人士的压迫。1940年5月,军政部长何应钦诬陷救国会领导人沈钧儒、邹韬奋、沙千里要在重庆领导暴动,派军警特务加以严密监视。10月,国民党在新疆逮捕了民主人士杜重远。12月,又在重庆秘密关押了经济学家马寅初。从1939年2月至1940年6月,国民党查封了积极宣传抗战救国的生活书店支店44处,至1941年6月,又查封了仅存的6处支店中的5处。生活书店总经理、救国会领导人之一、参政员邹韬奋被迫出走香港。皖南事变及其后国民党的高压政策,使中间党派和民主人士对国民党大为失望。共产党对中间势力的积极争取和对皖南事变的正确处理,使中间党派和民主人士,一面要求与共产党积极合作以抵抗国民党的压迫,一面深感联合起来进行争取自由民主、反对内战,维护自身的生存与发展的必要。1940年12月下旬,黄炎培、梁漱溟、张君劢、左舜生等人,在重庆多次集会密议,将统一建国同志会改组为中国民主政团同盟。1941年2月下旬至3月中旬,黄炎培、梁漱溟、张澜、罗隆基、章伯钧等连续召开筹备会议,起草中国民主政团同盟的纲领、宣言和章程,酝酿领导人。19日,召开成立大会,通过了《中国民主政团同盟政纲》《敬告政府与国人》和《中国民主政团同盟简章》,选举黄炎培、张澜、左舜生、张君劢、梁漱溟、章伯钧、罗隆基、李璜等为中央执行委员,黄炎培、左舜生、张君劢、梁漱溟、章伯钧为中央常务委员,并推选黄炎培为中央常务委员会主席,左舜生为总书记,章伯钧为组织部长,罗隆基为宣传部长。中国民主政团同盟正式秘密成立。沈钧儒原是同盟的创议人之一,但有部分发起人认为他和救国会其他成员与共产党关系密切,不同意他们参加。到1942年他们才入盟。

《中国民主政团同盟政纲》共12条,1941年10月正式发表时改称《中国民主政团同盟对时局主张纲领》,删去原政纲中"反对一切暴力斗争与破坏行动""消除阶级斗争"等条文,缩减为十条。主要内容是:"贯彻抗日主张,恢复领土主权之完整,反对中途妥协";"实践民主精神,结束党治,在宪政实施以前,设置各党派国事协议机关";"加强国内团结,所有党派间最近不协调之点,亟应根本调整,使进于正常关系";"督促并协助中国国民党切实执行抗战建国纲领";"确立国权统一,反对地方分裂";"军队属于国家,军人忠于国家,反对军队中之党团组织,并反对以武力从事党争";"厉行法治,保障人民生命财产及身体之自由","尊重思想学术之自由,保护合法之言论出版集会结社"。1941年9月18日,中国民主政团同盟在香港出版机关报——《光明报》。10月10日,《光明报》发表同盟业已在重庆成立的"启事"及纲领和成立宣言。11月16日,新任同盟主席张澜及其他领导人,邀请国共两党的代表和国民参政会中部分民主人士,在重庆举行茶会,公开宣布了中国民主政团同盟的成立。

中国民主政团同盟,是一个代表民族资产阶级、上层小资产阶级及其知识分子的松散的政治联盟。它是一个国共两党势力之外的具有代表性的中间性的政党。同盟的成立是中间派政治势力发展中的一件大事。它的成立加强了中国抗日和争取民主的力量。1944年9月19日取消"政团"二字,改称中国民主同盟。

第三节 太平洋战争的爆发 抗战中期的国民党统治区和解放区

一、太平洋战争爆发 世界反法西斯阵营正式形成

1939年9月1日,德国进攻波兰,欧洲大战爆发。日本阿部内阁发表声明:日本"不介入,专注于解决中国事变。"但是,日本采取的对中国正面战场的多次进攻,对重庆等大后方城市的轰炸,对敌后战场的大规模"扫荡",扶植汪伪政权等措施,都未能使中国屈服。1940年八路军在华北进行的百团大战,更使日本受到极大的震动。日本在中国战场实行的战略和政略进攻,都没有奏效。日本帝国主义的对华政策陷入进退维谷的境地。

此前,1938年7月日军在张鼓峰,1939年5月在诺门坎,发动对苏联的进攻,均以惨败告终。日本不敢轻易北进。在此期间,美日之间为争夺以中国为中心的东亚势力范围,矛盾逐渐尖锐。为迫使日本妥协,美国于1939年7月26日通知日本废除日美通商航海条约。该约遂于1940年1月26日失效。这就使日本失去很大一部分战略物资和工业设备的来源。

在中国战场一筹莫展,北进受挫,战略资源供应受到极大威胁,这些情况迫使日本对侵略扩张的主攻方向进行重新研究。1940年7月,刚登台的第二届近卫内阁,接连订出了《基本国策纲要》和《适应世界形势演变的时局处理纲要》,确定利用德国几乎席卷欧洲大陆的有利时机,集中政略的综合力量,尽一切手段"迅速迫使重庆政权屈服"。同时,掌握时机,行使武力,"解决南方问题",建立以日"满"华为中心,包括印度以东、澳大利亚和新西兰以北地区的"大东亚共荣圈"。日本把侵略的范围由中国扩展到东南亚和西南太平洋地区。

按照这个决策,1940年9月23日,日军进驻法属越南北部,切断中国对外通道滇越铁路,并取得南进的基地。27日,《德意日三国同盟条约》在柏林签字。日本企图借三国军事同盟的力量,迫使美国停止援助中国和不干涉它南进。1941年4月30日,在莫斯科签订了《日苏中立条约》,以解除南进的后顾之忧。该条约附件声明,日本尊重蒙古人民共和国,苏联尊重"满洲国"领土的完整及不可侵犯性。对此,中国政府于4月14日发表声明:东北为中国领土,中国决不承认第三国所订妨害中国领土与行政完整之任何决定。为适应外交方针的变化,第二届近卫内阁在内政方面实行"国防"国家的新体制。在国民中宣传效忠国家第一的国民道德。解散政党,建立一切国政集中统一的法西斯统治。经济方面,为准备新战争而大力加强军需生产。为此,解散工会,建立大日本产业报国会,对工人实行强迫劳动和灌输侵略思想。

尽管日本采取了各种措施,但是未能如它设想的那样在1940年底解决中国问题。于是,决定对中国在战略上转入长期作战,加紧南进的准备。从1941年春开始进行日美交涉。日美之间谈判的焦点是中国问题。美国坚持日本必须从中国全面撤兵,放弃在华各种特权。日本则坚持按近卫三原则解决中国问题,不许美国干预,并保留在太平洋地区行使武力、称霸这一地区的权利,双方的矛盾难以调和,谈判最后破裂。日本的政策是独占中国,建立"大东亚共荣圈"。中国的坚持抗战,打破了日本先占中国,再实行南进的设想。它被迫背着中国战场的沉重包袱,铤而走险,决定对美国开战。1941年12月8日,日军偷袭美国重要海军基地珍珠港,美国太平洋舰队受到毁灭性打击。在偷袭得手的同时,日本天皇发布"诏书""向美国及英国宣战"。次日美英对日宣战。太平洋战争爆发。

太平洋战争爆发后,中国战场与世界反法西斯战场连成一个整体。12月9日,中国政府正式对日本宣战,同时对德、意宣战。1942年元旦,美英苏中等26国代表在华盛顿签署了《联合国家宣言》,约定加盟各国应各尽其兵力与资源以打击共同的敌人,不得与任何敌人单独媾和。1942年1月2日,根据罗斯福建议,成立了中国战区盟军最高统帅部,由蒋介石担任最高统帅,美国的史迪威任统帅部参谋长。战区范围包括中国、泰国、越南。中国战区与东亚战区(英国魏菲尔任统帅)、太平洋战区(美国尼米兹任统帅)、西南太平洋战区(美国麦克阿瑟任统帅)共同对日作战。并与欧洲战场、苏联战场配合,进行反法西斯的世界大战。世界反法西斯阵营正式形成。

太平洋战争爆发后的第二天,中共中央发表《中国共产党为太平洋战争的宣言》。指出:太平洋战争"是日本法西斯为了侵略美国、英国及其他各国而发动的非正义的掠夺的战争,而美国、英国及其他各国起而抵抗的一方面,则是为了保卫独立自由与民主的正义的解放的战争"。全世界一切国家一切民族已划分为举行侵略战争的法西斯阵线与举行解放战争的反法西斯阵线。呼吁中国政府与中国人民继续过去五年的光荣战争,坚决站在反法西斯国家方面,与英美及其他抗日友邦缔结军事同盟,实行配合作战,为最后打倒日本法西斯而斗争。

二、敌伪的"治安强化运动"和"清乡运动" 敌后军民的艰苦奋斗 根据地的政权建设、整风和大生产运动

全民族抗战以来,共产党领导的人民军队迅速扩大,敌后军民开辟了广大的抗日民主根据地。人民军队和根据政权已成为巨大的抗日力量。但是另一方面,由于日军逐渐集中兵力到敌后进行不断的"扫荡","敌人在占领区的统治已经较为稳定,伪军伪政权相当普遍地建立起来,加以交通运输线、军事据点及封锁线的筑成,都使敌军的地位较过去增强了,军事上处于更为有利的地位。"这就使敌后的形势,"进入敌我双方依托相当巩固的阵地,进行持久争夺战的局面。"①

---

① 《朱德选集》,人民出版社1983年版,第79~80页。

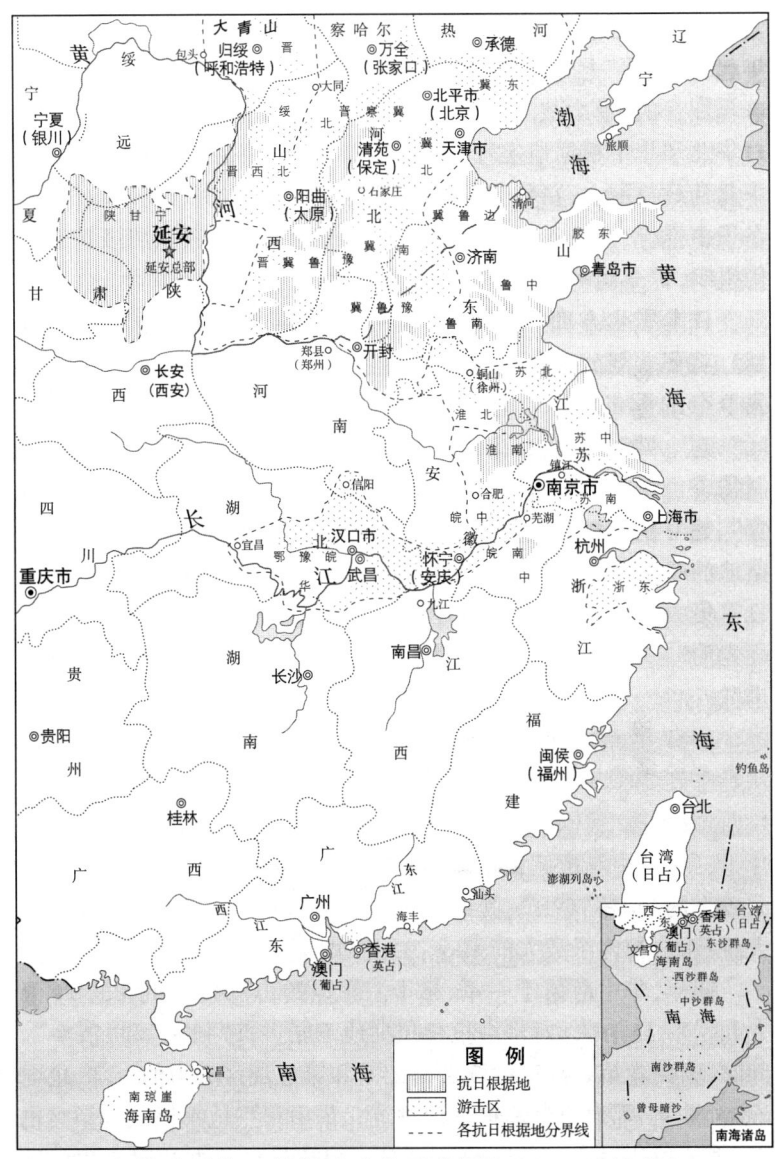

坚持敌后抗日根据地斗争示意图(1941—1942年)

为了把沦陷区变成日本进行太平洋战争的兵站基地,从1941年起,日军按"七分政治、三分军事"的原则,对敌后实行政治和军事相配合的"总力战"方针。日军集中它在关内半数以上的兵力,对华北和华中根据地实行大规模的持续的"扫荡"和"蚕食",并由华北伪政权配合,在华北推行"治安强化运动",由汪伪政权配合,在华中推行"清乡运动"。在日军"扫荡"地区整顿和加强伪政权伪组织,扩充伪军,清查户口,实行保甲制,掠夺各种物资。

日本华北方面军于1941年夏天制定了《肃正建设三年计划》,将华北划分为"治安地区"(即敌占区)、"准治安地区"(即敌我争夺的游击区)、"非治安地区"(即抗日根据地)。在"治安区",建立城乡伪政权,由伪军警承担治安工作,强化保甲制度,统制物资。在"准治安区",部署固定的日军主力,进行"扫荡"和"蚕食",建立伪政权和伪军警武装,修筑据点和封锁沟墙,隔绝与根据地的联系。日伪势力步步进逼,扩大占领面。在"非治安区",日军集中大量兵力,进行有计划的连续的"扫荡",用杀光、抢光、烧光的"三光"政策,彻底摧毁抗日军民的生存条件,然后由日军进驻。

1941年,敌华北方面军以约30万兵力,加上伪军10万余人,从春季到冬季对华北各抗日根据地的平原和山区进行"扫荡"。鲁西、冀鲁豫、冀东、冀中等平原根据地的军民,和北岳、平西、太岳、太行、鲁中等山区根据地的军民,苦战经年,分别粉碎了日军千人以上的"扫荡"69次,其中万人至7万人的"扫荡"9次,歼灭了大量敌人,粉碎了敌人的第一、二、三次"治安强化运动"。

同年,华中敌第十一军、第十三军以约占总兵力45%的11万人和伪军15万人,对华中抗日根据地不断进行"扫荡"和"清乡"。同时,国民党第五战区的3个集团军和第三战区兵力的一部,也向淮南、淮北、鄂豫边区等根据地进攻。华中根据地军民在敌顽夹击下,艰苦战斗,粉碎了日伪军的"扫荡"和"清乡",并拦阻东犯的国民党军于津浦路西,巩固了津浦路东的抗日根据地,发展了浙东、皖中和鄂豫边区根据地。

太平洋战争爆发后,日军继续对抗日根据地进行"扫荡"和"清乡"。敌华北方面军仍有25万人,同时将伪军扩大至30万人。从1942年2月起到年底,日军持续向华北各抗日根据地进攻。太行、太岳、晋西北、冀东、北岳、冀南、冀中、冀鲁豫和山东等地军民,连续作战,粉碎了敌人的"扫荡"。并广泛组织武装工作队,深入敌占区开展斗争,打击敌人。同时,发挥各抗日根据地党政军民的整体力量,用"把敌人挤出去"的办法,开展反"蚕食"斗争。全年共粉碎日军千人以上的"扫荡"77次,其中万人至5万人的大"扫荡"15次,粉碎了敌人的第四、第五次"治安强化运动"。根据地军民基本上制止了日军的"蚕食",扭转了不利的局面。

在华中,1942年日军共有29万兵力,伪军也增至16万人。从2月到12月日伪集中大批兵力,继续向抗日根据地进行"清乡""扫荡",重点指向苏中、苏南地区。这两个地区的军民经过半年的战斗,取得了反"清乡"斗争的胜利。在淮海、淮北和淮南区,粉碎了日军的冬季"扫荡"。在浙东区和鄂豫皖区,粉碎了日伪军的"扫荡"和"清乡",坚持和发展了敌后游击战争。

由于日军的残酷"扫荡",加上国民党军的包围封锁和严重的自然灾害,敌后抗日根据地出现了严重困难的局面。根据地的面积缩小。八路军和新四军由50万人减少到近40万人。根据地人口由1亿减少到5 000万以下。财政经济十分困难。

在敌后抗战处于严重困难的时期,中共中央制定了克服困难、坚持抗战的各项政策和措施,其中主要是:整风运动、大生产运动、减租减息、精兵简政和三三制政权建设。

整风运动 为了加强共产党的政治建设和思想建设,争取抗日战争和中国革命的胜利,共产党于1942年开始进行整风运动。整风运动的内容是:反对主观主义以整顿学风,反对宗派主义以整顿党风,反对党八股以整顿文风。整风的步骤是,首先认真学习研究文件,掌握思想武器,然后联系实际检查思想、检查工作,开展自我批评和互相批评。在此基础上,写出个人思想总结。接着开展对于自己所在地区和部门的工作的检查。以后又发展为以实事求是的态度正确地研究和总结党的历史上的、特别是第三次"左"倾机会主义错误的经验教训,分析错误的内容和产生错误的环境及社会根源、历史根源,从而提高领导干部的思想水平、理论水平。在整风过程中,贯彻了"知无不言,言无不尽""言者无罪,闻者足戒""有则改之,无则加勉"的原则,广泛地发扬了民主。整风运动是一次普遍的马克思列宁主义的思想教育运动。通过整风,实现了共产党在政治上思想上和组织上的高度统一,确立了马克思列宁主义原理与中国革命具体实践相结合的根本原则。整风运动是克服困难、争取抗战胜利的重要条件。在整风运动中,各抗日根据地调整了领导机构,加强了共产党对根据地的领导。

大生产运动 为战胜严重的经济困难,以求在物质基础上立于不败之地,各抗日根据地先后开展了大生产运动。陕甘宁边区的部队、机关、学校和民众团体首先行动起来,掀起了大生产高潮。1940年到1942年,全边区共开垦荒地180万亩,增产粮食47万担。1943年,边区生产粮食184万担,除消费外,尚有节余。工业也有较大发展。其他根据地在紧张的战斗环境中,都因地制宜地开展了生产运动,以减轻人民的负担。大生产运动为战胜日本帝国主义提供了物质上的保证。

减租减息 各抗日根据地建立以后,曾领导农民进行减租减息,但进行得不彻底。1942年1月,中共中央决定在根据地普遍深入地开展减租减息运动,并规定了减租减息的具体政策。减租,即按抗战前租额减低25%,大致以全民族抗战前后为界限,只减今后的,不减过去的。多年欠租,应予免交。减息则是减过去的,不是减今后的。以1.5分为计息标准,如付息超过原本1倍者,停利还本,超过原本2倍者,本利停付。全民族抗战后的息额,听任民间自由处理,不作规定。地主必须实行减租减息,农民则必须交租交息。按照这些政策,1942年以后,各抗日根据地普遍深入地发动群众,开展了减租减息运动,取得巨大成果。减租减息运动削弱和限制了农村中的封建剥削,调动了广大农民抗日和生产的积极性,促进了农村生产力的发展。

精兵简政 为了节约财政开支,减轻人民负担,中共中央于1941年12月决定实行精兵简政。要求各根据地的脱产人员不得超过人口总数的3%。精兵方面,规定主力军与地方军的比例,在山区为2∶1,在平原为1∶1,在某些最困难的地区,主力军全部地方化。简政方面,要求裁并重叠机构,裁减冗员,实行合署办公。各根据地按照规定,整编部队,紧缩行政机构,减少人员。经过精兵简政,提高了主力部队的战斗力,增强了政府机关的行政效率,减轻了人民的负担,对克服严重的物质困难起了很大作用。

三三制政权建设 1940年3月中共中央发出《抗日根据地的政权问题》的指示,指出:"这种政权,是一切赞成抗日又赞成民主的人们的政权,是几个革命阶级联合起来对于汉奸和反动派的民主专政。"在政权的人员构成上实行"三三制",即共产党员占1/3,非党的左派进步分子占1/3,中间派占1/3。凡是年满18岁的赞成抗日和民主的中国人,不分阶级、民族、性别、信仰、党派、文化程度,都有选举权和被选举权。1941年陕甘宁边区各级政府按"三三制"的原则进行了改造。华北和华中各根据地也先后按"三三制"原则选出了各地的参议会和政府。

由于上述各项政策的贯彻执行和解放区军民的艰苦奋斗,各抗日根据地克服了严重困难,敌后抗战形势逐渐好转。

1943年,华北各抗日根据地军民继续进行反"扫荡"和反"蚕食"战斗,同日军作战2.48万余次,歼灭日伪军18.1万余人,攻克据点740多处。其间,冀鲁豫军区和太行军区,于7月底和8月,先后发动卫(河)南、林(县)南战役,歼灭伪军1.2万余人,开辟了卫南、豫北根据地。经过一年的战斗,使山区根据地得到发展,平原根据地也得到恢复,战争形势发生了有利于我方的显著变化。华中根据地军民全年共进行了4 500余次反"扫荡"、反"清乡"、反

"蚕食"战斗,歼灭日伪军3.6万余人,扭转了困难局面,为转入攻势作战创造了条件。

太平洋战争爆发后,广东人民抗日武装保护和帮助被困在香港的许多国内知名人士和国际友人安全转移。1942年春,成立广东人民抗日游击总队,统一领导东江地区和珠江三角洲的游击武装。1943年1月至11月,广东人民游击总队共作战70多次,歼灭日伪军1 000余人。恢复和发展了惠、东、宝抗日根据地。12月,抗日游击总队改为广东人民抗日游击队东江纵队,曾生任司令员。与此同时,琼崖地区的抗日游击战争也有新的发展。1941年,成立了琼崖抗日独立游击纵队和琼崖东北抗日民主政府。1942年秋,在反击敌人"蚕食"的战斗中,部队受到一定损失。11月,部队总结了反"蚕食"斗争的经验教训,一面继续战斗,一面整理队伍,加强中心根据地的建设。1943年2—3月,在三宿、田头等地打击敌人。1944年3月,部队改称广东省琼崖人民抗日游击独立纵队(即琼崖纵队),冯白驹任司令员兼政治委员。在琼山、文昌等八县建立了抗日民主政权。

三、太平洋战争爆发后的正面战场　国民党统治日趋腐朽大后方经济由发展到衰落

为进行太平洋战争,日本从中国调出5个师团。经过扩编,敌华北方面军仍有10个师团、10个独立混成旅团和2个骑兵旅团,华中和华南的3个军共有11个师团和7个独立混成旅团,另外还有1个飞行团。敌大本营规定,中国派遣军应确保大概从西苏尼特王府、百灵庙、安北、黄河、黄泛区、庐州、芜湖、杭州一线以东地区及宁波附近的稳定;特别要首先迅速恢复"蒙疆"地区、山西省北部、河北与山东两省各要地以及上海、南京、杭州地带的治安。

1941年12月8日,日军从广东对香港发动进攻。25日,攻占香港。与此同时,日军接管了英美等国在华的租界和各种权益。

为策应香港方面作战,打通粤汉铁路,12月24日,日军以3

个多师团的兵力,在空军掩护下,第三次进攻长沙。另以1个多师团在南浔铁路发动攻势,进行牵制作战。中国第九战区以约14个军参战。先在长沙外线层层阻击进攻之敌,以消耗敌军力量。1942年元旦,日军猛攻长沙,守军顽强抗击,苦战4天,敌未得逞。4日,中国军队全线反击。日军随即北撤,中国军队追击歼敌。15日,残余敌军返回原防区。此役日军伤亡惨重。

1942年4月19日,美国军队舰载飞机首次轰炸东京、横滨、名古屋和神户等地,然后在中国浙江的空军基地降落。美机的轰炸使日本受到很大震动。为摧毁浙江的主要空军基地,解除对日本本土空袭的威胁,日军发动了浙赣战役。5月15日,日军4个多师团从余杭、奉化向西南方向进攻,经过和中国军队的激烈战斗,于5月底和6月中下旬先后占领了金华、兰溪、衢州、玉山、上饶和丽水等地。5月31日,江西之敌2个师团自南昌方面向东进攻,6月上中旬先后占领临川、鹰潭、贵溪等地。7月1日在横峰与由浙江西进之敌会师,打通了浙赣铁路。15日,日军又攻占温州。在占领上述地区后,日军即按原计划彻底破坏了玉山、衢州、丽水等地的飞机场,并抢运浙赣铁路沿线的物资。8月下旬,除一部日军留驻金华一带外,其余都大体撤回原驻地。

1943年5月初,华中日军4个多师团发动了鄂西战役。日军一部由华容、藕池口等地向洞庭湖北岸进攻,占领南县、安乡等地后,主力向西北进犯,攻占渔洋关、长阳等地。宜昌西岸的日军于下旬发动进攻。中国军队据守石牌要塞等阵地,与敌军作战。6月中旬,日军撤回原防区。

8月,同盟军在太平洋战场转入反攻,日本处境不利。日军为牵制可能转用到云南去的中国兵力,以策应南洋方面的作战,用约5个师团的兵力,在伪军4个师的配合下,于11月初发动了常德战役。日军由华容、石首、沙市、江陵等地开始进攻,连陷南县、公安、松滋、桃源等地,12月初日军一度攻占常德。随后中国军队增援反攻,收复常德。日军被迫撤退,于12月底返回原驻地。

太平洋战争爆发后,日军自泰国进攻缅甸,仰光失陷。英国要求中国派兵入缅作战。为协助盟国作战并保卫中国接受美援的唯一通道滇缅公路,中国政府于1942年2月以第五军、第六军、暂编第六十六军编组成远征军,先后入缅作战。1942年3月,第五军在同古与日军苦战12天,歼敌5 000余人,给敌人以重大杀伤,但因联络和给养被切断,于月底向北撤退。4月,暂编第六十六军驰援被日军包围于仁安羌的英军,经两昼夜激战,克复仁安羌,解救英军7 000余人。同月,第六军先后在棠吉、腊戌等地与日军激战。但由于英军作战不力,不配合作战,加之对远征军的指挥混乱,致使远征军作战失利。5月中旬,远征军陆续退出缅甸,大部经过野人山和高黎贡山撤回滇西。回撤路途异常艰险,气候十分恶劣,士兵伤病死亡的很多。第二○○师师长戴安澜在后撤途中遭日军伏击受伤后殉国。另一部撤往印度。远征军此次入缅作战,伤亡过半,装备大部丢失,损失惨重。滇缅公路也被日军切断。

日军一度进到怒江东岸,被中国军队打退,形成两国军队隔怒江对峙的局面。

退往印度的远征军,加上后来从国内运去的部队,编为中国驻印军。退回滇西的远征军和新增加的部队,于1943年春重建中国远征军司令长官部。

1943年春,驻印军掩护中美工兵修筑中印公路。从10月底起,驻印军先后在胡康河谷及孟关、孟拱河谷等地进行了多次战斗。1944年8月初攻占密支那,11月中旬占领八莫。1945年春又先后攻占南坎、腊戌等地。滇西远征军为策应驻印军在缅北作战,于1944年5月西渡怒江向日军进攻。9月先后攻克松山、腾冲,11月进占龙陵、芒市。1945年1月中旬攻占畹町。27日,远征军和驻印军在芒友会师,打通了中印公路。不久驻印军被调回国内。

皖南事变以后,国民党进一步加强了一党专政、个人独裁的反动统治。蒋介石在国民党五届八中全会的开幕词中说:"党务和政治,是国民党的根本所在"。要求"党员人人都要为实行主义而作最基本的、最实际的奋斗"。会议决定:要在三年之内,"极力发展党的力量"。在各政府机关内普遍加强国民党的组织,领导对所有公职人员的训练。加强国民党在人民团体内的组织与活动,使之成为拥护国民党实行三民主义的组织。按照这种全国"党化"的要求,在各地大量征收党员,在机关、军队、学校等部门实行"集团入党"。加强国民党对军队、机关、学校、工厂、群众团体和人民群众的控制和监视。"绝对统制"中央与地方所有的书报审检机构,防止"邪说谬论"乘隙而入。

1942年3月,国民政府公布了《国家总动员法》。其中规定:政府"严行禁止"封锁工厂、罢工、怠工及其他妨碍生产之行为。"政府于必要时""得对报馆及通信社之设立,报纸通讯稿及其他印刷物之记载,加以限制、停止或令其为一定之记载"。政府"得对人民之言论、出版、著作、通讯、集会、结社加以限制"。国民党用法律形式把人民的民主权利剥夺净尽。

与此同时,蒋介石的个人独裁进一步加强。蒋本已身兼国民党总裁、国民政府行政院长、军事委员会委员长等要职。1943年8月,国民政府主席林森去世,蒋又接任这一职务,并随即在国民党五届十一中全会上修正了国民政府组织法,规定:"国民政府主席为中华民国元首,对外代表中华民国";"国民政府主席为海、陆、空军大元帅";"国民政府公布法律,发布命令,由国民政府主席依法署名行之";五院正副院长由国民政府主席提名,由国民党中央执行委员会批准;五院院长对国民政府主席负责。这就使蒋介石的个人独裁体制大大加强。

国民党大力加强特务统治,发展特务组织。如军统特务组织由成立时的4个处2个室,内勤100多人、外勤不到2 000人,扩充到10个处和十多个与处相等的室、区、组,还有几个委员会,内勤增到1 000多人,外勤达到5万多人。在国统区,特务横行,集中营林立。1943年4月,军统局与美国海军参谋部情报署合作建立中美特种技术合作所。由美国提供特工器材和各种装备,并为军统训练特务。

国民党在皖南事变后继续执行反共政策,以几十万军队包围和封锁陕甘宁根据地,在国统区限制共产党的活动。在"曲线救国"谬论掩盖下,国民党官兵大批投敌。到1943年8月,投敌的中央委员20人、高级将领58人、军队约50万人。国民党官兵投敌后成为伪军的主力,积极协助日军进攻敌后各抗日根据地。

全国性抗日战争前期,由于特殊的机遇,大后方的经济一度出现了很快的增长。中国的工业集中在沿海和长江中下游各城市。全国性抗战爆发后,上海等地的不少民族资本家出于爱国热情和使企业免遭日本掠夺,向国民政府申请将工厂迁往内地。国民政府为适应战时的军事和民用需求,除将一些国营工厂内迁外,对自愿迁移的民族工业给予贷款和运输的便利,同时还强制一批政府所需要的工厂内迁。于是有大批战区工厂迁往内地。

迁往内地的工业,以上海的工厂为最多。先后迁移的共有152家,包括机器五金厂、电器厂、化工厂、造船业、纺织业、文化印刷业、食品厂等。此外还有天津、南京、郑州、焦作、太原、青岛、济南、苏州、芜湖等地的许多厂矿企业内迁。许多工厂起初迁往武汉,并有一部分在那里恢复生产。武汉危急时又和当地的工厂一起再次内迁。由于国民党军队迅速败退,有的原计划拆迁的工厂未及迁出。到1940年6月底止,迁入内地各省的民营厂共452家,技工1.2万余人,其中迁到四川的250家。内迁设备12万多吨,其中迁川的约9万吨。迁川的工业大部分集中于重庆一带。

中国西南内地包括川云贵等省,原来工业十分落后。战区工矿企业的内迁,对这些地区工业的发展,特别是对四川工业的发展起了极大的促进作用。这表现在以下几个方面:(一)迁川的250多个工矿企业单位,包括矿业、冶金、机器、造船、电器、化工、建材、纺织、面粉、食品等行业,门类比较齐全,填补了四川工业的大部分空白。(二)钢铁、机械、电器等重工业工厂为发展工业制造了相当数量的机器设备,包括动力机、各种机械、各种车床、电器等。靠这些工厂制造的纺织机械,在后方各省建立了小型纱厂 20 余个,纱锭共 3 万余枚。(三)给后方工业的发展带来了先进的技术和大批管理人才,如著名化工企业家范旭东、李烛尘、侯德榜率领永利、久大两厂的 200 多名高级技术和管理人员入川。著名的企业家胡厥文、刘鸿生等都入川办厂。(四)带来了发展工业的资本,包括国家资本、官僚资本和民族资本。由于这些条件和战时需求的大量增加与外货输入的断绝,使大后方主要是四川的工业一度出现了蓬勃兴旺的景象。

工业方面 1937 年后方只有工厂 63 家,1938 年增至 219 家,1940 年为 571 家,1941 年达到 1 138 家,1942 年为 1 049 家。实缴资本在 1942 年以前也连年增加,1937 年为 2 230 多万元,1941 年增至 70 900 多万元。战时的实缴资本较战前增加了 34 倍,每年平均速度提高了 22 倍。以币值资本计算,前者增加了 3 倍多,后者也增高了 2 倍多。后方工业中属于重工业的工厂占工厂总数 35% 左右,以资本计约占 50% 左右,改变了战前轻工业占优势的状况。在工业布局上,重庆是最大的工业中心,加上四川其他地区,占厂数的 45% 以上、资金的 53%。其余工业分布于湘、桂、陕、甘、黔、滇等省的主要城市。这样就使战前工业布局严重不合理的状况有所改变。战时工业另一个值得注意的新情况是,"公营"工业的比例大为增高,1942 年统计,它在厂数上只占 17.5%,而实缴资本额却占 69.6%,工人数占 32%。资源委员会及其他国家机关主办的企业以重工业为主。轻工业方面,纺织业的资本几乎和私营工业相等。

交通运输业 后方地区交通闭塞,成为军事、经济活动的极大障碍。政府西迁后,由国库拨款加上部分外援,在西南地区进行交通建设。公路方面主要有,修建云南下关至畹町的公路 548 公里,打通滇缅公路全线,成为太平洋战争爆发前主要国际通道之一。1942 年 5 月至 1945 年 1 月,修通了中印公路。在内地,通过改善旧路和修新路,形成了以贵阳、重庆为中心的西南公路网,并与西北公路连接起来。到1943年,西南五省通车里程为1.7万多公里。水运方面主要扩展和开辟长江、嘉陵江等航线,开展水陆联运。到1943年底,航线达到1.2万多公里。西南的空运在全国性抗战期间有很大发展,1937年飞行里程为267万多公里,1943年增至884万公里。

农业方面 后方农业建设的基本目的是增加粮食和棉花的生产。主要采取垦荒、提倡冬耕、减种非必要农作物等办法,以扩大粮棉的种植面积,增加产量。川、桂、滇、黔四省,1937年的谷麦产量为26 570多万市担,1942年增至37 300多万市担。同时棉产量由64.4万市担增至152.9万市担。

广大的后方民众以及沦陷区内迁的工人、技术人员和民族资产阶级,为改变后方的经济状况进行了艰苦的努力,取得了重要成就。这就从经济上支持了中国的抗战,打破了日本帝国主义以为侵占我国经济发达地区之后就可以逼使中国屈服的幻想。这对于改变国内生产力的不合理布局,对于西南近代工业基础的形成,也有积极意义。

战时后方的经济虽有较大发展,但与战前全国相比却是相差很远的,就工业而论,战时工业的规模远不如战前,既缺少大型的重工业,轻工业的规模也大为缩小。如战前全国纺织业的纱锭总数为380余万锭,而战时后方各省纱锭总数仅达战前的6%强。1942年以后,后方的经济转入停滞衰退阶段。

国民党统治的腐败、财政开支的猛增和官僚资本的大发国难财,造成了大后方经济的凋敝。日本的侵略,使中国的经济受到极大破坏,国家的财政收入只及战前的46%,而军费等开支却巨额增长。西南地区经济虽有发展,但远不足弥补浩大的支出。国民政府为保护大地主大资产阶级的利益,拒绝实行有钱出钱的战时财政政策。以上原因使财政赤字越来越大,经济状况日益恶化。为应付庞大的开支,国民政府采取了如下几项措施:

（一）多发钞票。1937年底钞票发行额为16.4亿元,1941年底增至151亿元,1944年底达到1 895亿元,1945年底高达10 300余亿元。大量印发钞票造成的通货膨胀,从1940年起,愈演愈烈。

（二）发行公债,举借外债。1937年9月至1944年7月,国民政府共发行法币和外币公债18种,共计法币151亿多元,关金1亿元,美金2.1亿元,英金2 000万镑。此外还发行了四次粮食库券,共计粮食7 580多万市担。从1937年至1944年,中国政府向美、苏、英、法等国所借的外债约计10.478亿美元、1.5亿英镑、10.3亿法郎。

（三）改革税制,扩增捐税。1941年国民政府进行了两项重大的税制改革。一是将间接税由从利计税改为从值计税。二是将征收田赋权由各省集中于中央,并由征收货币改为征收实物,即所谓"田赋征实"。同时将原来的粮食征购办法,统一改为随赋征购。1943年,粮食征借停止搭付现金,全部付给粮食库券。1944年,废除粮食库券,一律改征购为征借,只在交粮票上加以注明,作为借粮凭据。既不付息,还本也是一句空话。此外还不断扩大征税范围,提高税率。从1943年起,对部分货物税改征实物。

（四）实行专卖制度。全国性抗战开始后,国民政府就对重要出口农产品和矿产品实行统购统销。1942年对棉纱实行统购。同年,又对食盐、糖、烟、火柴、茶叶、酒等产品,实行专卖制度。由专卖事业管理局统一收购和批发销售。

上述措施,虽然对增加收入缓解财政困难起过某些作用,但没有解决通货恶性膨胀、物价急剧上升的根本问题。大后方的经济日益凋敝。

通货膨胀、物价上涨使人民的生活痛苦更甚。工人、教师和一般职员的实际工资大幅度下降,生活费用却迅速上升。农民由于沉重的捐税、地租和兵役等负担,生活十分痛苦。民族工业在通货膨胀和沉重捐税的压迫下,加上官僚资本对原料、市场、运输等方面的统制,从1941年以后就开始衰退,到抗战后期已有许多工厂破产、停业或减产。

在此期间,国家垄断资本和官僚资本,借助于政治特权,迅速膨胀起来。在金融方面,中央银行、中国银行、交通银行、中国农业银行四行在全国性抗战的头四年存款额增加了 6 倍,占全部银行存款的 80%～90%,而战前的 1936 年只占 59%。四行掌握了大批外汇和黄金。它们在金融业中居于垄断地位。商业方面,二者控制着专卖机构,设立了不少公司。它们利用政治特权和金融势力,垄断了国内外贸易。工业方面,二者利用所控制中央和各省的官营工业机构,和由他们开办的工业,控制了轻重工业和交通运输业。在农村,国家垄断资本掌握农业贷款,用来剥削农民,掌管对粮食的征购、征借和对重要农产品的统购统销。此外,还设立各种农业公司,占有大量农村土地。财政支出的日益扩大,国家垄断资本和官僚资本对国民经济各方面的垄断,以及大批贪官污吏的为非作歹,使大后方的经济在抗战后期已濒于崩溃的境地。

四、不平等条约的废除和中国国际地位的提高 《中国之命运》的发表和中共对它的批判

1941 年,当太平洋被战争阴云笼罩的时候,美国为利用中国的力量抗击日本,减轻太平洋上的压力,5 月下旬,国务卿赫尔在致中国外交部长的信中表示:"希望在和平状态恢复的时候,能和中国政府以有步骤谈判和订立协定的程序,迅速地做到取消一切有特殊性质的权利。"美国和英国磋商,取消在华领事裁判权,"以增强中国对日作战的效能"。在得到英国的同意后,1942 年 10 月 9 日,美国副国务卿将取消在华领事裁判权和有关特权的文告,面交中国驻美大使。此后,中、美、英就订立新约问题,在重庆举行谈判。

正在此时,在太平洋战争中已处于不利局面的日本,于 12 月 21 日御前会议上决定了《为完成大东亚战争所需要的对华处理根本方针》,其中一项内容是:将除九龙香港以外的租界、治外法权以及其他各种特殊事项,予以迅速调整以至废除。日本的用意在于加强汪伪政权的欺骗作用。1943年1月9日,日本与汪伪政府签订参加"大东亚战争"共同宣言的同时,签订了《关于交还租界及撤销和废除治外法权之协定》。

日本的举动促使美英加速了与中国谈判的进程。1943年1月11日,中美在华盛顿签署《关于取消美国在华治外法权及处理有关问题之条约》,中英在重庆签署《关于取消英国在华治外法权及其有关特权条约》。美英取消1901年中国政府与他国政府,包括美国英国政府,在北京签订的议定书,"放弃在中国治外法权及其有关特权之条约",交还在中国的租界,放弃在中国领水内关于沿海贸易及内河航行之特权。随后其他各国如巴西、比利时、挪威、加拿大、瑞典、荷兰、丹麦、葡萄牙等国相继宣布放弃在华特权,与中国签订了平等的新条约。

中英、中美旧约的废除,是中国人民长期斗争的结果,是中国政府和人民坚持抗战,使中国国际地位提高的结果。但是,新约也并非完全平等的条约。如英国拒绝交回九龙和香港。又如,同年5月在中美关于处理在华美军人员刑事案件换文中,仍然规定美军人员在中国触犯刑律时,应由美国军事法庭及军事当局单独裁判。

太平洋战争爆发后,特别是第二次世界大战胜败的形势已见分晓的时候,美国总统罗斯福出于对战时和战后国际战略的考虑,有意提升中国的国际地位。苏联和英国则由于自身利益的关系,阻挠中国国际地位的提升。但由于美国的坚持和中国在第二次世界大战中的地位和作用,它们的阻挠未能奏效。这时中国以大国的积极的姿态参与了重大的国际事务。

1943年10月30日,美英苏中四国在莫斯科签署了《关于普遍安全的宣言》。其主要内容有:四国一致对轴心国继续作战,直至各轴心国放下武器为止。四国承认有必要在尽速可行的日期,根据一切爱好和平国家主权平等的原则,建立一个普遍性的国际组织，这些爱好和平国家无论大小，均得加入为会员国，以维持国际和平与安全。11月3日蒋介石发电报给罗斯福说，"中国以参加会商此项宣言为荣"。

1943年11月22日至26日蒋介石率领一个庞大的代表团赴开罗，与美国总统罗斯福、英国首相丘吉尔举行会议，商讨对日作战和远东战后和平问题。26日准备发表的《开罗宣言》最后定稿，12月1日正式发表。宣言主要内容是：三国"将坚持进行为获得日本无条件投降所必要之重大的长期作战"。"三国之宗旨在剥夺日本自1914年第一次世界大战开始以后在太平洋所夺得的或占领之一切岛屿，在使日本所窃于中国之领土，例如东北、台湾、澎湖列岛等，归还中华民国"。中国参加开罗会议和签署《开罗宣言》表明了中国国际地位的极大提高。

1944年至1945年中国参加了创建联合国的工作。1945年4月25日50个国家的代表在美国旧金山开联合国制宪会议。中国代表团参加了会议。首席代表宋子文，成员有顾维钧、王宠惠、魏道明、胡适、李璜、董必武、王云五等共10人。会议一致通过了《联合国宪章》。宪章规定联合国的宗旨是：维持国际和平及安全，发展国际间以尊重人民平等权利及自决原则为根据之友好关系；促进国际合作，以解决国际间属于经济、社会、文化及人类福利性质之国际问题等。联合国及其会员国所应遵循的基本原则是：各会员主权平等；以和平方法解决国际争端；在国际上不得使用武力威胁或武力，或以与联合国宗旨不符之其他方法，侵害任何会员国或国家之领土完整或政治独立；不干涉任何国家之内政等。规定设立大会、安全理事会、经济及社会理事会、国际法院、秘书处等机构。中国为安全理事会五个常任理事国之一。1946年1月10日至2月14日，第一届联合国大会在伦敦举行，联合国正式成立，其各机构开始工作。联合国的成立是人类进步的表现，是世界历史上的大事。它的作用的发挥虽然受到种种阻碍，但这个超国家的机构是符合人类历史发展需要的。

1943年世界反法西斯战争向着对同盟国有利的方向发展,这些是对国民党有利的形势。这时共产党领导的敌后抗日根据地已渡过最困难的阶段,转向恢复和发展,这又使他们感到恐惧。于是,国民党决定再发动一次大规模的反共行动。3月,蒋介石发表《中国之命运》,比较完整地表述了蒋介石集团的立场、观点、哲学思想和内外政策的原则,为这次反共活动做思想动员。该书攻击的矛头主要指向共产党和共产主义思想,也反对资产阶级民主主义,从理论上为法西斯统治辩护。蒋说共产党"破坏抗战""妨碍统一",必须铲除。他宣布了反共反人民的决心,宣称中国命运的决定,"不出于这二年之中"。同时,调动华中的国民党军队,向新四军的豫皖苏和淮北抗日根据地进攻,并准备进犯山东根据地。陕西的国民党军连续召开作战会议,订出进攻陕甘宁边区的作战计划,并大量抽调河防部队,准备进占边区。

5月15日,共产国际执委主席团作出关于提议解散共产国际的决定。原因是这个团结世界工人的组织形式已不适合当时的需要。5月26日中国共产党作出决定,宣布"解除对于共产国际的章程和历次大会决议所规定的义务"。国民党乘机发动了一场反共的舆论攻势。6月中,西安复兴社特务张涤非召开所谓西安文化团体座谈会,要求"解散共产党,交出边区"。国民党指使一些地方"人民团体"通电响应。国民党的报刊喧叫中国"应放弃共产主义","取消陕北'特区',重新改编各地之'红军'"。军统特务机关拟定了《解决中共问题之方案》,提出利用共产国际解散的时机,施加极大的军事压力,"以使中共将军权、政权交还中央",达到"解散中国共产党","取消边区政府",使八路军"完全国军化",编遣其他部队之目的。

针对国民党发动新的反共举动,共产党首先指示新四军彻底打击侵入淮北根据地的国民党军,命令陕甘宁边区的八路军做好充分的战斗准备。同时,中共中央南方局,向大后方人民和美英苏等国驻华使团揭露国民党挑动内战的行为。朱德总司令致电蒋介石等人,对他们发动内战的行径提出严正抗议和警告。延安军民举行大规模的紧急动员大会,向全国发出"呼吁团结反对内战"的通电。共产党的正义呼声,得到广大人民和国际上的响应和同情。大后方人民和爱国人士纷纷集会和发表通电,反对内战,反对分裂。美英苏等国也表示不赞成蒋介石发动反共内战。

在此期间,《解放日报》发表了许多社论、中国共产党人发表了大量文章,对蒋介石的《中国之命运》进行批判,从政治思想上反击国民党制造反共高潮。批判的要点是:第一,明确指出:"中国思想界现在的中心任务,就是从思想上彻底打垮和消灭法西斯主义。"我们要建立的新中国,不是法西斯或类似法西斯的中国。必须清除误国害民的法西斯主义思想毒素。第二,揭露蒋介石"中国式的法西斯主义"是中国封建思想糟粕和外国法西斯主义的"杂种"。这种法西斯主义是"中国式买办封建的法西斯主义"。蒋介石的法西斯主义,继承了中外文化中的丑恶的东西,排斥了中外文化中一切优良的成分。第三,批判了法西斯主义的哲学基础"诚"的哲学。"诚"的哲学宣扬法西斯主义,反对理性主义。它是极端唯心主义的愚民哲学,是欺骗和奴役人民的思想工具。第四,驳斥了国民党对共产党的"变相的军阀和新式的封建""割据地方""破坏抗战""奸党""奸军"之类的诬蔑,说明了中国共产党及其领导下的根据地和人民军队在抗战中的伟大作用。指出"如果今日的中国,没有中国共产党,那就是没有了中国。如果中国共产党革命失败了,那亦就是整个中国国家的失败。简单地说,中国的命运完全寄托在中国共产党"。

在国民党发动反共高潮期间,共产党在军事上做好了应付事变的充分准备,在政治思想上向国民党顽固派发动了浩大的攻势。共产党的行动得到了广大人民的同情和支持。国民党处境十分孤立。7月10日,蒋介石被迫命令准备进攻陕甘宁边区的部队停止行动,并复电朱德,声称无进攻边区之意。国民党的这一次反共举动被制止了。为了坚持统一战线、坚持抗战,共产党表示愿意随时恢复国共两党的谈判。随后两党恢复了谈判。

五、少数民族地区的抗日、争取民主和维护国家统一的斗争

中国的抗日战争是中国各民族的解放战争。中国共产党很注意发动少数民族抗日,《抗日救国十大纲领》中提出:"动员蒙民回民及其他一切少数民族,在民族自决和民族自治的原则下,共同抗日"。洛甫在中共六届六中全会上的报告中明确指出党的少数民族工作的方针是:"争取少数民族,在平等的原则下同少数民族联合,共同抗日"。少数民族人民在中国共产党的抗日民族统一战线旗帜下,和汉族人民一起积极投入反抗日本帝国主义的斗争。

东北的满族、朝鲜族、达斡尔族、鄂伦春族等少数民族,在九一八事变后就积极参加抗日斗争。卢沟桥事变后,他们和汉族人民一起,在十分艰苦的条件下,继续坚持抗日,牵制了大量日军,有力地支援了关内的抗日战争。满族人民的优秀代表关向应,抗战时期任八路军第一二〇师政委兼晋西北军区政委、陕甘宁晋绥联防军政委。他和贺龙一起领导了晋绥部队的抗日斗争。

蒙古族人民从1933年起就参加了抗日斗争。1937年10月,在共产党领导下,成立了蒙汉抗日游击队,在归绥和大青山一带开展抗日武装斗争。1938年9月,与八路军大青山支队会合,编成八路军察绥支队,开辟了大青山抗日根据地。1939年夏,在大青山建立了抗日政府,粉碎了日伪军的多次进攻。1941年,根据地扩大到9个县,共有五六十万人口,部队发展到4 000多人。

全民族抗日战争爆发后,回族人民在八路军和新四军的帮助下,在河北、山东、冀鲁豫边区、山西、安徽、陕甘宁边区,组织了数十支抗日武装,投入抗日游击战争。其中由马本斋率领的冀中回民支队,先后转战冀中平原、冀鲁边区和冀鲁豫边区。从建立到1944年的六年中,共进行战斗870余次,歼灭日伪军3.6万余人,立下了辉煌战功。冀中军区曾授予回民支队"无攻不克、无坚不摧、打不垮、拖不烂的铁军"的光荣称号。全民族抗战期间,在回族聚居地区,先后建立起各种救亡团体,如冀中区回民抗战建国会、晋察冀边区各界回民抗日救国联合会、冀鲁边回民抗日救国总会、延安回教救国协会等。

海南岛的黎族和苗族,在日军进攻该岛时,纷纷参加共产党领导的琼崖抗日游击队,在抗日战争和根据地建设中,作出积极贡献。

广西的壮族等少数民族在日军进攻广西后,在中共广西省委和各地党组织的领导下,和汉族人民一起组织各种抗日武装,在临桂、阳朔、灵川、武鸣、宾阳、钦县、防城等地进行游击战争,不断打击敌人。

与日本帝国主义进行长期斗争的台湾高山族和汉族人民,在全民族全面抗日战争爆发后,发动了1937年的枋寮暴动、1938年的雾社高山族暴动、1941年的台东高山族反劳役起义等。

1937年底到1938年,修筑滇缅公路时,西南边陲的各族数十万民工,作出了很大贡献。1942年5月日军侵入怒江以西的国土时,当地的傣族、景颇族、傈僳族人民,用仅有的简陋武器抗击日军,同时和其他兄弟民族一起,支援守卫滇西的军队。

全民族抗战开始后,新疆成立了各族人民反帝联合会。各族人民开展大规模的献金活动,购买了10架新疆号战斗机,开往抗日前线。募捐了8万件皮衣、1万架马鞍和一批药材,运往延安。1938年,青海各族人民捐献银元21万多元、羊皮10万张和大量军粮,资助抗战。

全民族抗战初期,由热振呼图克图摄政的西藏地方政府,拥护抗战,并努力促进西藏和祖国的联系。英帝国主义和西藏上层反动分子对热振的爱国活动十分仇视。他们秘密策划举行政变,推翻热振。英国陆续占领了西藏的罗坝、满丹、阳却等地。在热振的主持下,1938年11月和1939年2月,西藏两次派代表赴重庆,要求国民政府保护西藏,驱逐英国侵略势力。以后国民政府虽然派蒙藏委员会委员长赴拉萨,并在拉萨设立了驻藏办事处,仍没有采取阻止英国侵略和亲英派活动的有效措施。1941年1月,热振被迫辞职。从此,西藏政权落入亲英派手中。此后,英国的侵略活动日益加紧。1944年,英国公然威胁西藏地方政府割让提朗宗领土,并正式承认白马岗和门达旺两地以南为英国属地。英国的侵略活动遭到西藏人民的强烈反对,当西藏地方政府召集僧俗大会讨论这个问题时,大会坚决拒绝英国的无理要求,决定:"藏地决不割让英国,并全体签字,如有祸患,僧俗共之。"英国的侵略阴谋未能得逞。

新疆地处我国西部边疆,向来是一个对外关系和内部民族关系十分复杂的地区。1933年盛世才掌握了新疆政权,采取亲苏联共政策,和中国共产党取得联系。中共派一批干部到新疆,帮助盛世才推行了一些进步改革措施,中共党员毛泽民担任财政厅长,帮助新疆发展了经济。中共影响的扩大引起盛世才的不安,他改变了联共政策。1942年盛以"阴谋暴动"为借口,将中共党员陈潭秋等逮捕。1943年9月将陈潭秋、毛泽民等杀害。在一段时间之内,杀害了许多中共党员、民主人士和各族进步领袖人物。1942年秋盛世才到重庆向国民政府"述职"。国民党改组了省政府,成立了省党部,将一批国民党人安排在省政府各部门,中央政府的军队开入新疆。这些对以后处理新疆问题是有利的。

第四节　抗战后期的政治斗争　抗日战争的胜利

一、日本太平洋战线的崩溃　缅北滇西作战的胜利　敌后战场转入局部反攻

1943年2月初,苏联红军取得了斯大林格勒大会战的重大胜利。斯大林格勒会战的胜利是苏德战争的转折点。之后,苏军在

1943年夏季又取得库尔斯克战役的重大胜利。到1943年底,苏军解放了2/3的被占国土。1944年底,苏军收复了全部被占国土,并先后攻入罗马尼亚、保加利亚、南斯拉夫、匈牙利和捷克斯洛伐克。各国的人民武装配合苏军作战,把德国侵略者赶出自己的国土。1945年1月,苏军攻下华沙。

与此同时,美英盟军的作战也不断取得重大进展。1942年11月,英军在北非取得阿拉曼之战的胜利。同月,美英盟军在北非登陆,接着向东挺进,在突尼斯包围了德意联军。1943年5月,陷于绝境的德意联军全部投降,北非战事结束。斯大林格勒会战、中途岛战役和盟军在北非的胜利成为第二次世界大战的转折点。1943年7月,盟军在意大利的西西里岛登陆,接着占领了意大利南部。意大利发生政变,墨索里尼政府垮台,原意军参谋长巴多里奥组织了新政府,于当年9月与盟军签订了停战协定,并于10月对德国宣战。轴心国侵略集团瓦解了。1944年6月6日,盟军在法国诺曼底成功登陆,开辟了欧洲第二战场。盟军和苏军的强大攻势,使德国法西斯陷入即将溃灭的境地。

在此期间,太平洋战局发生了重大变化。日本在发动太平洋战争后的半年内,先后侵占了中国香港、马来亚、新加坡、缅甸、菲律宾、印度尼西亚和西南太平洋上的许多岛屿,一直推进到澳大利亚附近。但是,好景不长,1942年6月,中途岛一战,美军击毁了日本4艘航空母舰、2艘重巡洋舰、3艘驱逐舰和300多架飞机。日军遭到惨败。中途岛海空大战是太平洋战争的转折点,日军由攻势转为守势,美军由守势转为攻势。8月,美军在瓜达尔卡纳尔岛登陆,经过半年的争夺,终于夺取了全岛。日军损失各种舰艇30余艘,飞机1 900架,官兵2.4万多人。1943年5月,美军在阿图岛登陆,接着,美澳军在西南太平洋上展开攻势。日本失去了太平洋上的制空权。9月,日军被迫缩短防线。1944年2月美军在马绍尔群岛登陆,夺取了中部太平洋的战略要点。欧洲第二战场开辟后,美军在太平洋上实行越岛进攻,在塞班岛和关岛登陆。10

月,美军进攻菲律宾群岛,日军惨败。日本的战况急剧恶化。

当美军在太平洋上对日军进行反攻的时候,中国军队在美军、英军配合下,在缅北滇西向日军举行反攻。中国军队第一次入缅作战失败后,退往印度的军队和由国内空运去的官兵,在兰姆伽整编和进行训练。1943年6月成立了中国驻印军总指挥部,史迪威任总指挥。退至滇西的部队在1943年4月成立了中国远征军司令长官部。两支部队接受了美国的训练和装备,战斗力大为增强。

1943年10月中国驻印军由印度利多进入缅甸,向新平洋、孟关、密支那方向进攻,取得了重大胜利。1944年6月25日攻克孟拱,8月4日攻克密支那,12月15日攻占八莫,1945年1月15日攻下南坎。1944年5月中国远征军强渡怒江越过高黎贡山向日军进攻。经浴血苦战,9月8日终将松山攻克。9月14日攻下腾冲,11月3日攻克龙陵,1945年1月20日攻克畹町。1月27日远征军和驻印军在芒友会师。2、3月间驻印军攻克新维、腊戍、细包等地。此时英军也攻下曼德勒。驻印军与英军在乔梅会师。按照事先中国与英美的约定,中国军队在缅甸的作战区域限于缅北。至1945年3月中国军队的作战任务胜利完成。

在滇西缅北作战中,中国军队把日军全部赶出云南,收复缅北城镇50余座,驻印军前进2 400多公里,歼灭日军4.8万余人,打通了中印公路。中国军队也遭受了重大损失。此战意义重大。

在中国战场,日本原拟利用太平洋战争初期胜利的声势,向重庆发动进攻,后来由于太平洋战事吃紧而作罢。1943年1月,日本为加强对沦陷区资源的掠夺,以支持太平洋和中国战场的战争,让汪伪政权对英美宣战。同时,与汪伪政府签订所谓"交还租界"和"废除治外法权"的协定。3月,日本首相东条"访问"南京。10月,签订日汪同盟协定。日本借此表示对汪伪政权的支持,提高汪伪政权的地位。但日本帝国主义在扶植汪伪政权的同时,并没有放弃对重庆的诱和工作。1943年9月,日本制定了对重庆进行政治诱和的工作方案。日本提出:"如重庆政权表示有与美、英断绝关系的诚意",即"解除在华美、英军队的武装,并使其撤出中国","断绝同美、英的交通联系"并"对帝国实行的大东亚战争,作实质上的协助",日本就可以同重庆政权"达成全面和平"。根据这些条件,指使汪伪对重庆进行诱和工作,但没有取得什么效果。

1944年初,日本从华北方面军调出近9个师团的兵力,参加打通大陆交通线的作战和支援太平洋战场。这就给华北敌后军民提供了向敌伪军发动反攻的有利时机。这时中共中央指示八路军、新四军和其他抗日武装:集中力量打击日伪军,巩固与扩大抗日根据地。根据这一指示,敌后战场军民积极主动地向敌人发动攻势作战,进行局部反攻。

1944年八路军同日伪军的作战取得了重大战果,收复了大片失地。山东部队共歼灭日军4 800人,伪军5.4万人,争取伪军1.1万人反正,收复县城9座,解放国土4万余平方公里,人口930万,根据地比1943年扩大了1.5倍。晋冀鲁豫部队共歼灭日伪军7.6万人,收复县城11座,收复国土6万余平方公里,解放人口500余万。晋察冀部队共歼灭日伪军4.5万余人,拔除据点、碉堡1 600多处,解放人口758万,收复了广大地区。晋西北部队共收复据点106处,解放村庄3 100余个,人口40余万,根据地得到了恢复和发展。

与华北敌后战场开展局部反攻同时,华中新四军进行了积极的反攻。1944年,华中日军调出8个师团参加湘桂作战,日军的总兵力减至17万人。为弥补兵力的不足,华中日军一面收缩防区,一面将伪军由1943年的22万人增加到35万人,并继续对根据地实行"清乡""治安肃正"。根据这些情况,新四军军部按照中共中央的指示,决定进一步恢复原有地区,争取新的发展,主动地有重点地对敌展开攻势作战。在一年对敌作战中,华中部队共歼敌5万余人,解放国土7 400多平方公里,人口160余万,基本上制止了日伪军对根据地的进攻,沟通了津浦路东各根据地的联系,改善了各地区的斗争局面。

华南战场的东江纵队、中山人民抗日义勇游击大队、琼崖纵队、潮汕地区和雷州半岛的抗日武装,在1944年广泛地向敌出击,巩固和扩大了根据地。

1944年,敌后战场取得了重大胜利,在局部反攻中共作战2万多次,毙伤日伪军22万余人,俘日伪军6万余人,争取伪军反正近3万人,收复县城16座,攻克据点5 000多处,收复国土8万多平方公里,解放人口1 200余万。至年底,敌后根据地的人口已达9 150万,部队发展到近78万人,民兵增加到170万人,使敌我力量的对比发生了很大变化。敌后战场在这一年的作战中,大量消耗和牵制了敌军,有力地配合了正面战场的作战,并使日军难以继续抽调兵力、掠夺物资去支援太平洋战场。

在1944年局部反攻的基础上,1945年春、夏,敌后战场继续加强攻势作战,猛烈扩大根据地。晋冀鲁豫部队在春季先后进行了道(口)清(化)和南乐战役、沁源围困战,5月中旬起,又连续发动东平、安阳、阳谷等战役。山东部队从2月开始,先后进行了6次讨伐伪军的作战,以及以胶济铁路东段为重点的攻势作战。晋察冀部队先后进行了任河、文新、安饶战役,和雁北、察南、热辽等战役。晋西北部队在春、夏两季,先后在离岚、忻(县)静(乐)、神(池)义(井)公路沿线,对敌发动进攻。新四军从1月起,相继进行了阜宁战役、三垛伏击战,以及宿南、睢宁战役,淮北、淮南、鄂豫皖湘赣和皖江的部队,也发动了攻势作战。华南部队在春季和夏季也不断对敌作战。在春季和夏季的攻势作战中,敌后军民取得了重大的胜利,共歼灭日伪军16万余人,攻克县城61座,扩大根据地24万多平方公里,解放人口近千万,把敌军压缩到大中城市周围和主要交通线上及沿海重要地区,为以后的大反攻创造了条件。同时,有力地配合了盟军在太平洋战场上的反攻。

二、国民党军队在豫湘桂的大溃败　民主运动的新发展

1943年,日军在太平洋战场节节败退。在中国战场,由于美国在华空军的加强,日本在中国东海的船只损失急剧增多,海路交通有被切断的可能。国内在经济上和政治上也是困难重重。日本已陷于内外交困的境地。根据这种形势,9月,日本大本营提出新的作战设想:东面在太平洋各岛屿尽力阻止美军的进攻;西面在中国战场打通被分割的华北、华中和华南占领区,确保对南方的交通线。最后决定进行打通大陆交通线的作战,作战目的为:"击败敌军,占领并确保湘桂、粤汉及京汉铁路南部沿线的要冲,以摧毁敌空军之主要基地,制止敌军空袭帝国本土以及破坏海上交通等企图,同时摧毁重庆政权继续抗战的意图。"

日本大本营于1944年1月24日向中国派遣军下达豫湘桂作战命令。随即进行调集部队和作战物资的准备。日本用于此次作战的总兵力50余万人。战役分为三个阶段,第一阶段为河南会战,主战场在河南,主力军为华北方面军;第二阶段为湖南会战,第三阶段为广西会战,主战场在湖南、广西,主力军为第十一军和第十三军。

4月17日夜,日军一部在开封方面渡过黄河,突破中牟附近中国军队的阵地,19日占领郑州,并攻陷尉氏、新郑。同时豫北方面之敌突破中国军队的河防阵地,攻陷广武、汜水、荥阳、密县等地。5月1日,攻陷许昌。接着又连陷临颍、襄城等地。7日,许昌之敌南下,连占郾城、漯河。同时,由信阳北攻之敌连续攻占确山、遂平、西平等地。8日,南北之敌在西平会师,打通了平汉线南段。在此期间,日军5月25日攻占洛阳。

河南会战,日军参战兵力约10万人,而中国第一战区属下的部队,有18个军,约30万人。但是在一个多月里,却丢失30多座城市,损失5万多人,使河南大部地区沦于敌手。失败的根本原因在于国民党当局的政治腐败,避战观战,高级将领弃战弃守。对此,河南人民极端愤怒。何应钦承认:"此次会战,战区指挥失当,一部分部队之作战不力,无可讳言。"

5月下旬,日军以14个师团的兵力发动湖南会战。27日,日军从岳阳附近出发,分3路向长沙方向进攻。长沙于6月19日被攻陷。衡阳是粤汉和湘桂铁路的交汇点,衡阳飞机场是美国空军在华的重要基地。日军占领长沙后,先后攻占株洲、湘潭等地。27日,日军对衡阳展开攻击。守军利用阵地沉着应战,给敌人以重大杀伤。敌被迫于7月初停止攻击。15日,日军开始第二次攻击,守军顽强抵抗,击毙敌旅团长1名,日军被迫再次停止进攻。8月3日,日军增调3个师团发动第三次进攻,守军与敌苦战6天,8日,衡阳失守。

为打通湘桂铁路,连接与越南的铁路交通,日军以9个师团又2个旅团共约11万兵力,发动广西会战。8月底,衡阳方面的日军沿湘桂路向西南前进。10月中旬,突破桂林外围阵地。同时,由广东出发的日军进抵平南、桂平。11月9日,桂林失守。12月10日,南宁日军与由驻越南日军派出的一个支队在绥渌(今扶绥)会师。至此,日军打通了由华北到越南的通道。这时,由桂柳方面沿桂黔公路追击的日军,于12月2日占领贵州的独山,重庆为之震动。日军以作战目的已完成,于4日自独山撤退。

广西会战期间,日军为防止盟军在东南沿海登陆,于10月4日攻占福州。

1945年1月,日军在粤湘赣边继续进攻。沿铁路进攻之敌,先后占领乐昌、坪石、曲江、郴县等地,打通了粤汉路。

豫湘桂战役期间,国民党损失了五六十万军队,丢失了豫、湘、桂、粤、闽等省20多万平方公里的国土、146个城市、30多个飞机场,使6 000多万同胞沦于日寇铁蹄之下。这次大溃败,激起了全国人民的强烈不满,也使盟国感到失望。

国民党统治的腐朽,经济和军事的危机,引起人民大众日益强烈的不满。他们一致要求结束一党专政和个人独裁,实行民主宪政。从1943年起,一度被国民党压制的宪政运动,又逐渐兴起。7月,中共中央在《为抗战六周年纪念宣言》中提出:应该加强抗战,加强团结,改良政治,发展生产,才能克服困难,争取抗战最后胜利。关于改良政治,指出:由于"中国没有民主政治,因而没有发动全国人民的抗战积极性"。抗战第一、二年中蓬蓬勃勃的新气象,在后来的四年中逐渐看不见了。"这种政治上壅蔽抑塞的情形,如不实行必要的改革,则其对于抗战的妨碍将是不可计量的"。

9月,国民党五届十一中全会,决定于战争结束后一年内召集国民大会,制定和颁布宪法。但仍然坚持战前"依法产生"的国民大会代表除因背叛国家或死亡及因他故而丧失其资格者外,一律有效。国民党五届十一中全会的决定表明,全国人民对于民主政治的强烈要求,使国民党不能等闲视之了。

1943年9月18日,民主政团同盟主席张澜发表《中国需要真正民主政治》一文,揭露了国民党"党治"的真相。他说:"年来言政治,则官吏公开贪污,上行下效,法令皆成具文;言财政,则专卖统制,各种税收机关繁重苛扰,大利归于中饱;言粮政,则无谷者必须缴谷;言役政,则有人者不肯出人,不平的现象,到处皆有。""党外人才,多遭摒弃,而党外的各党各派,更受压迫,不容其公开活动"。"中国今天需要从速实行真正民主政治"。他还以民盟主席的名义,写信给蒋介石,指出:"人才未能集中,民意未能伸展,党争未能消弭……察其症结,皆在政治之未能实行民主。"只有"举全国之才智贤能,共同尽力于国事,而后可以挽救危局……如或昧于大势,迁延不决,徒貌民主之名,而不践民主之实,内不见信于国人,外不见重于盟邦,则国家前途,必更有陷于不幸之境者。"

1944年,民主运动在国民党统治区广泛开展起来。3月1日,中共中央发出《关于宪政问题的指示》,指出:为了把民主运动推进一步,共产党应参加这一运动,并团结一切民主分子在自己的周围,以达到战胜日本帝国主义,建立民主国家的目的。12日,周恩来在延安各界纪念孙中山逝世十九周年大会上发表演说,提出实行宪政的三个先决条件:"一是保障人民的民主自由;二是开放党禁;三是实行地方自治。"他表示愿同全国人民各党各派一致呼吁和争取其实现。周恩来指出:国民大会的选举法和组织法,应彻底修正。国大代表,应重新选举。关于时间问题,如果国民党有决心和诚意实施宪政,就应该在抗战中提前实行。

4月,重庆各民主党派负责人,联合举行文化界招待会,要求国民党实行言论自由、思想自由、学术自由,要求进行民主改革。5月,中国民主政团同盟发表《对目前时局的看法与主张》,抨击国民党十余年来实行训政的恶果,要求结束训政,给人民以各项基本自由。指出:"民主体系的形成已刻不容缓,万万不可向战后推宕。"重庆、成都、昆明等地先后组织起民主宪政实施协进会、民主宪政促进会、民主宪政座谈会、宪政研究会,多次开会座谈宪政问题。6月,成都民主宪政促进会提出切实实行民主、刷新政治、实施全民动员等十项主张。在广西的国民党民主派李济深、柳亚子等发起成立了抗战动员宣传工作委员会和桂林文化界工作协会,呼吁铲除失败主义,立刻动员广大民众,组织起来,并使一部分民众武装起来。昆明、成都、桂林等地的大学生,纷纷举行讲演会、座谈会,反对国民党的专制统治,强烈要求实行政治民主。民族资产阶级的团体和代表人物,也以各种方式要求政治民主、生产自由、取消经济统制。

与此同时,河南、湘鄂川边、贵州、陕南、四川等地的农民,不断发生反对国民党残暴统治的斗争。1945年2月,重庆工人为反对国民党特务枪杀电力公司工人胡世合,进行了大规模的斗争。

1944年9月15日,共产党参政员林祖涵(林伯渠)在三届三次国民参政会上提出:"希望国民党立即结束一党统治的局面,由国民政府召集各党各派、各抗日部队、各地方政府、各人民团体的代表,开国事会议,组织各抗日党派联合政府。"10月10日,周恩来发表《如何解决》的讲演,提出成立联合政府的具体步骤:第一,各方代表由各方自己推选,人数应按各方所代表的实际力量比例规定。第二,国事会议应于最近期间召开。第三,国事会议根据革命三民主义的原则,必须通过切合时要、挽救危机的施政纲领,以彻底改变国民党所执行的错误政策。第四,在共同施政纲领的基础之上,成立各党派的联合政府,以代替目前的一党专政的政府。第五,联合政府有权改组统帅部,成立联合统帅部。第六,联合政府成立后,应即准备于最短期间内召开真正人民普选的国民大会,以保证宪政的实施。这样,就把民主宪政运动集中到建立民主联合政府的目标上来了。

共产党的主张,得到全国人民的热烈响应。9月24日,在重庆的一次集会上,与会的各民主党派领导人、民主人士、工商界代表和国民党民主派人士,大都主张实行民主、建立联合政府。10月,民盟在《对抗战最后阶段的政治主张》中,要求召集各党派会议,建立联合政府。其他党派和民主人士在发表的宣言、文章和谈话中,也拥护建立统一的民主联合政府。昆明的学生在游行中,高呼"召开国事会议,组织联合政府"等口号。民主运动出现了新的高潮,发展到新的阶段。

三、美国对华政策的变化　国民党第六次全国代表大会　共产党第七次全国代表大会

太平洋战争爆发以后,由于中国抗战与美国对日战争有共同的利害关系,美国在经济和军事上积极援助中国,并希望中国统一武装力量,加强对日军的打击。国民党军在豫湘桂战役中的溃败,使美国失望。为挽救中国正面战场的军事危机,1944年6月,罗斯福总统派副总统华莱士赶来重庆,向蒋介石传达罗斯福有意调解国共关系,希望国民党进行一些改革,对共产党问题寻求和平解决的办法,缓和人民的不满情绪,加强抵御日本的军事能力。7月,罗斯福要求蒋介石同意委派史迪威全权统率中国军队。蒋介石由于不愿大权旁落,并因蒋史之间在控制美国租借物资等方面有矛盾,对罗斯福的提议表面赞成,实际反对,并要求派一全权代表来华调整他和史迪威的关系。8月,罗斯福派赫尔利作为他的私人代表来华。行前,罗斯福指示赫尔利,美国政府的政策是支持

蒋介石及其领导下的国民政府。此行的主要任务是增进蒋介石和史迪威之间的有效与和睦的关系,以便利史迪威对他指挥的中国陆军颁发命令。并和赫尔利商定,除非等到中共承认国民党政府及蒋介石的领导以后,不能以租借物资武装中共。9月,赫尔利抵重庆,同蒋介石等人进行会谈。由于太平洋战争中美军的迅速进展,蒋介石感到无须再作努力,对日战争就可取得胜利,此时必须加强对军队和政权的控制,没有必要承认中共的地位,更不能让美国人来统率中国军队。他借口史迪威无意合作,电请罗斯福调回史迪威,另派一将领来华任职。罗斯福放弃由美国军官统率中国陆军的前议,同意解除史迪威中国战区参谋长职务,但要求仍由他指挥中国驻印军和远征军。蒋坚持史迪威必须离华。罗斯福最后同意将史迪威召回,派魏德迈接任中国战区参谋长。

赫尔利到重庆后,着手"调处"国共两党关系。11月7日,他飞往延安,和毛泽东、周恩来、朱德等举行会谈,双方达成五点协议草案。主要内容有:(一)中国政府、中国国民党及中国共产党应通力合作,为击败日本而统一国内所有武力,并共同致力于中国的复兴工作。(二)国民政府应即改组为一联合政府,军事委员会改组为联合军事委员会。(三)联合政府应为民治、民享、民有之政府。(四)一切抗日武力应遵守并实施联合政府及联合军事委员会之命令,并由政府及联合军事委员会予以承认,所有获自友邦之军事装备,应予公平分配。(五)联合政府承认中国国民党、中国共产党及一切抗日政党的合法地位。共产党为表明解决国共关系及建立联合政府的诚意,派周恩来和赫尔利同机回重庆,同国民党进行谈判。11月22日,蒋介石针对五点协议提出三点反建议。内容是:共产党将武力交由国民政府"收编"为"国军"之一部分,在"竭诚拥护国民政府"的前提下,政府将承认共产党之合法地位,并在共产党之高级军官中,"遴员参加军事委员会"。这时,赫尔利已被任命为美国驻华大使。美国政府给他的使命是:(一)防止国民政府的崩溃;(二)支持蒋介石做中华民国的主席与军队的委员长；(三)使蒋介石与美国司令官间的关系和谐；(四)增进中国境内战争物资的生产并防止经济崩溃；(五)为击败日本,统一中国境内一切军事力量。为实现上述方针,赫尔利力图说服共产党接受蒋介石的三点反建议,并要求两党再次举行谈判。12月28日,周恩来代表中共中央致函赫尔利,拒绝了国民党的反建议,提出如果国民党决心实行民主和团结,愿意进行真心的谈判,必须首先做到：(一)释放一切政治犯；(二)撤退包围边区及袭击新四军的国民党军队；(三)废止一切限制人民自由之压迫性的法令；(四)停止一切特务活动。国民党拒绝这些最低限度的措施。蒋介石在1945年元旦演说中,又一次抛出召集国民大会的空头支票,抵制共产党和全国人民立即建立联合政府的主张。1945年1月24日,周恩来到重庆和国民党代表谈判。共产党坚持五点协议的立场,表示决不将军队的指挥权交给国民党一党专政的政府；要求统一改编全国军队,而不是单独改编共产党军队。并重申由国民政府召集党派会议,讨论结束党治,成立民主政府的提议。由于国民党和赫尔利拒绝共产党的建议,周恩来于2月16日返回延安。3月1日,蒋介石在宪政实施协进会上演讲,公开反对废除一党专政、召开党派会议及建立联合政府,主张召开由国民党控制的所谓国民大会。坚持共产党只有同意"改编"军队、"交还"地方政权以后,才承认其"合法的地位"。4月2日赫尔利在华盛顿的记者招待会上表示,美国只同蒋介石合作,不同共产党合作。上述情况表明,美国政府的对华政策由调节国共分歧转变为扶蒋抑共。

第二次世界大战进行到1945年的时候,联合国家必胜、法西斯国家必败的形势已经确定了。这时中国各派政治势力都在考虑和争取自己在胜利后的中国的有利政治地位,拿出自己对战后中国的主张。国民党于1945年5月5日至21日,在重庆召开了第六次全国代表大会。拒绝联合政府,坚持一党专政,是这次大会的中心议题之一。蒋介石在开幕词中诬称共产党成立联合政府的主张,是"假借民主名义,僭窃民权,便利私图,陷国事于紊乱无法的状态"。他说:国民党"切不可轻忽放弃其对国家的责任心和义务",决不"轻易诿卸我们应负的责任",即使宪政实施以后,"本党的责任不但不因之减轻,而无宁更为加重"。大会通过了《关于国民大会召集日期案》和《关于宪法草案案》。决定于本年11月12日召集国民大会。"国民大会开会时,仍应以国民政府公布之五五宪法草案为讨论基础"。这就是说,国民党将通过它包办的所谓国民大会,给一党专政的国民政府,披上合法的外衣。

在大会通过的《本党政纲政策案》以及有关土地、农民、工业等方面的决议中,提出要保障人民的各项自由;实行耕者有其田;将独占性之企业收归国营或公营;进行经济建设等。同时强调绝对禁止违背政府法令,禁止妨碍抗战危害国家、破坏统一。关于经济方面的种种措施,事实上有利于统制着国家经济的国家垄断资本和官僚资本在工业、农业等方面增强其垄断地位。对于人民迫切的要求如减租减息、救济民营工业等,未作明确的规定。

加强反共力量,准备内战,是这次大会的另一个议题。会上所作的关于中共问题的报告说:"与中共之斗争无法妥协,今日之急务,在于团结本党,建立对中共斗争的体系,即创造斗争的优势条件与环境。"会议通过的《对于中共问题之决议案》说:"频年以来,中共仍坚持其武装割据之局,不奉中央之军令政令"。又说"在不妨碍抗战危害国家之范围内,一切问题可以商谈解决"。在《本党同志对中共问题之工作方针》的决议案中,攻击中共提出联合政府口号,是"企图颠覆政府,危害国家"。国民党的政治解决的方针,实际上是消灭共产党,消灭八路军、新四军和解放区政权的方针。

国民党第六次全国代表大会决定的是坚持独裁、制造分裂的路线。这种路线是违背世界潮流和全国人民公意的。

在世界反法西斯战争和中国抗日战争即将取得最后胜利的前夜,在全国抗日民主运动日益高涨的形势下,1945年4月23日至6月11日,中国共产党在延安召开第七次全国代表大会。大会的方针是:"团结一致,争取胜利。"出席大会的代表547人,候补代表208人,代表着全党121万党员。大会听取并讨论了毛泽东的政治报告《论联合政府》、朱德的军事报告《论解放区战场》和刘少奇的《关于修改党章的报告》。周恩来等在会上作了重要发言。

毛泽东在《论联合政府》报告中,分析了国际和国内形势。指出:世界反法西斯战争的胜利,已经为时不远了。中国人民实现其具有伟大历史意义的基本要求的时机,已经到来了。但是,国际和平实现以后,反法西斯的人民大众和法西斯残余势力之争,民主和反民主之争,民族解放和民族压迫之争仍将充满世界的大部分地方。在中国,则存在着一个独立、自由、民主、统一、富强的光明前途,和另一个半殖民地半封建的、分裂的、贫弱的黑暗前途的斗争。共产党和中国人民的任务就是争取实现第一种前途。为实现这一伟大任务,大会制定的政治路线是:"放手发动群众,壮大人民力量,在我党的领导下,打败日本侵略者,解放全国人民,建立一个新民主主义的中国。"

这条政治路线的奋斗目标是建立新民主主义的中国。实现这个目标,必须实行如下的具体纲领:(一)彻底消灭日本侵略者,不许中途妥协。(二)废止国民党一党专政,建立民主的联合政府。(三)取消镇压人民自由的法令、制度,保障人民的言论、出版、集会、结社、思想、信仰和身体等项自由权利。(四)反对国民党的独裁专制统一,实行人民的统一。(五)建立一支站在人民立场上的军队,改造国民党的军队。(六)实行土地制度的改革,解放农民。(七)发展工业。(八)建立新民主主义文化教育。(九)实行对外自求解放、对内各民族一律平等的民族政策。(十)实行互相尊重国家独立和平等地位的外交政策。

加强共产党的领导是实现上述革命目标的根本保证。要加强党的领导必须发扬党的优良作风。这主要的就是理论和实践相结合的作风,和人民群众紧密地联系在一起的作风以及批评和自我批评的作风。

朱德《论解放区战场》的报告，总结了八路军、新四军、华南抗日纵队进行人民战争和军队建设的基本经验。指出："人民的军队、人民的战争、人民的战略战术，三者是一致的东西，这三者一致的东西造成了各解放区战场，又恰是各解放区战场作战的特点。"解放区的军事任务是：扩大解放区，缩小敌占区；扩大人民武装，消灭与瓦解敌军；加强正规兵团、地方兵团与民兵自卫军的训练；提高军事技术；加强指挥机关；准备大反攻的物质基础等。

大会听取了刘少奇《关于修改党章的报告》，通过了新党章。新党章一个最大的特点，就是确定以毛泽东思想作为全党一切工作的指针。"毛泽东思想，就是马克思列宁主义的理论与中国革命的实践之统一的思想"，"就是马克思主义在目前时代的殖民地、半殖民地、半封建国家民族民主革命中的继续发展，就是马克思主义民族化的优秀典型"。新党章的另一个特点是特别强调党的群众路线，指出党的群众路线是党的根本的政治路线和根本的组织路线。新党章指出党的民主集中制，是在民主基础上的集中和在集中指导下的民主。

大会选出中央委员44人，候补中央委员33人，组成了第七届中央委员会。6月19日，在延安召开了中国共产党七届一中全会，选举毛泽东、朱德、刘少奇、周恩来、任弼时、陈云、康生、高岗、彭真、董必武、林伯渠、张闻天、彭德怀为政治局委员。毛泽东、朱德、刘少奇、周恩来、任弼时为中央书记处书记。毛泽东为中央委员会、中央政治局和中央书记处主席。

中国共产党第七次全国代表大会向全国人民指明了建立新民主主义新中国的明确目标。大会总结了我国民主革命的历史经验，制定了更为具体的纲领和政策。经过这次大会，全党在毛泽东思想旗帜下，在思想上、政治上和组织上达到了空前的团结和统一。这就为争取抗日战争的胜利和实现中国的光明前途，提供了可靠的保证。

四、雅尔塔会议　日本帝国主义的最后挣扎和投降　中国抗日战争的胜利

1945年初,盟军和苏军在欧洲战场开始了对法西斯德国的总攻击。在太平洋战场,美军已在接近日本本土的硫黄岛登陆。中国的敌后战场已开始了局部反攻。当法西斯侵略者临近失败的时候,2月4日至12日,斯大林、罗斯福和丘吉尔在雅尔塔举行三国首脑会议。会议期间讨论了苏联参加对日作战问题。此前,在德黑兰三国首脑会议时,曾商谈过这个问题。斯大林当时表示,希望在远东得到一个不冻港,赞成罗斯福使大连成为自由港的主意;还表示要拥有一条连接西伯利亚地区和大连的铁路。1944年12月中旬,斯大林对美驻苏大使哈里曼表示,苏联参加对日作战的政治条件是:租借大连、旅顺和中东铁路;承认外蒙古的现状——保持外蒙古作为一个独立的实体。在雅尔塔会议上,斯大林重申了上述条件。经过谈判,三国首脑秘密签署了《雅尔塔协定》。主要内容是:三国首脑同意,"在德国投降及欧洲战争结束后两个月或三个月内,苏联将参加同盟国方面对日作战,其条件为:(一)外蒙古(蒙古人民共和国)的现状须予维持。(二)由日本1904年背信弃义进攻所破坏的俄国以前权益须予恢复,即:(甲)库页岛南部及邻近一切岛屿须交还苏联;(乙)大连商港须国际化,苏联在该港的优越权益须予保证,苏联之租用旅顺港为海军基地须予恢复;(丙)对担任通往大连之出路的中东铁路和南满铁路,应设立一苏中合办的公司以共同经营之。经谅解,苏联的优越权益须予保证,而中国须保持在满洲的全部主权"。"三大国首脑同意,苏联的这些要求须在日本被击溃后,毫无问题地予以实现"。苏联表示,"准备和中国国民政府签订一项苏中友好同盟协定,俾以其武力帮助中国达成自日本枷锁下解放中国之目的"。严重损害中国主权的《雅尔塔协定》,是背着中国签订的。同年6月由美国通知中国政府,并要求予以同意。

按照《雅尔塔协定》，中国和苏联于6月底到8月中旬在莫斯科进行谈判。8月14日签订了《中苏友好同盟条约》及《中苏关于中国长春铁路之协定》《中苏关于大连之协定》《中苏关于旅顺口之协定》《关于中苏此次共同对日作战苏联军队进入东三省后苏联军总司令与中国行政当局关系之协定》。同盟条约及其他协定的主要内容有：（一）中苏两国协同其他联合国对日作战，直至获得最后胜利为止。在战争中和战后，彼此互给一切可能之援助。（二）中国长春铁路（由满洲里至绥芬河及由哈尔滨至大连、旅顺之干线），归中苏共有，并共同经营。（三）大连为自由港。港口主任由苏方担任。港口工事及设备之一半，无偿租与苏方。苏联经该港出入口货物，均免除关税。（四）中苏两国共同使用旅顺口为海军根据地。由苏联担任防护。苏联有权驻扎陆、海、空军。旅顺市之民事行政属于中国，但主要民事行政人员之任免须征得苏联军事指挥当局之同意。（五）苏军进入东北作战后，有关作战一切事务之最高权力与责任，属于苏军总司令。所有在中国领土内属于苏联军队之人员，均归苏军总司令部管辖。在双方来往的照会中，苏联保证给予中国道义上与军需品及其他物资之援助，当完全供给中国中央政府。并表示对新疆最近事变，苏联无干涉中国内政之意。中国政府声明，日本战败后，如外蒙古之公民投票证实其独立之愿望，中国政府当予承认，即以其现在之边界为边界。8月25日，中苏两国政府批准了上述条约和有关协定，并于次日公布。12月5日，双方在重庆举行了换文仪式。这些协定和条约极大地损害了中国的权益。

雅尔塔会议以后，欧洲的战争进展迅速。4月，盟军进抵易北河一线。苏军于16日在东线对柏林发动总攻。5月8日，德国政府的代表签署了无条件投降书。欧洲战场的反法西斯战争胜利结束。

中国和太平洋战场的对日作战也进展顺利。中国敌后战场的军民，在中共七大以后，继续展开攻势，歼灭了大量日伪军，收复了大片国土,已将敌人逼退到铁路沿线和主要公路线的一些城镇。缅甸战场的英印军队在中国驻印军和远征军的策应下,攻占了曼德勒,又在缅甸人民抗日武装配合下,于5月收复了仰光。在太平洋上作战的美军,于6月下旬占领冲绳岛,随即对东京、大阪、横滨等地进行连续轰炸。战争已进展至日本本土。

濒临绝境的日本帝国主义,仍然企图进行垂死挣扎。德国投降后,日本政府声明:欧洲战局的急遽变化,对日本的战争目的不会发生丝毫变化。决定集中主要战斗力量,进行本土决战。为强化国内战备体制,还颁布了"军事特别措置法""义勇兵役法""战时紧急措置法"等法令,紧急动员构筑阵地工事,组织国民义勇队,增强军需生产,管制粮食和生活必需品的供应,实行地方行政组织的战时化等。日本为阻止苏联参加对日作战,企图和苏联进行确定两国间互不侵犯关系的谈判,并希望通过苏联进行停战谈判,以避免无条件投降,被苏联拒绝。

7月17日至8月2日,斯大林、丘吉尔、杜鲁门举行波茨坦会议。会议期间,于7月26日发表《中美英三国促令日本投降之波茨坦公告》,通告日本政府立即宣布无条件投降。28日,日本首相声明,对波茨坦公告"置之不理"。8月6日和9日,美国空军在广岛和长崎各投下一颗原子弹,造成了重大伤亡。

8月8日,苏联对日本宣战,并参加波茨坦公告。9日,百万苏联红军分东、北、西三路对日本关东军展开猛烈攻击,向哈尔滨、长春、沈阳等地挺进。经过20多天作战,解放了我国东北,歼灭日军67万余人。

8月9日,毛泽东发表《对日寇的最后一战》,指出:"对日战争已处在最后阶段,最后地战胜日本侵略者及其一切走狗的时间已经到来了。""中国人民的一切抗日力量应举行全国规模的反攻,密切而有效力地配合苏联及其他同盟国作战。八路军、新四军及其他人民军队,应在一切可能条件下,对于一切不愿投降的侵略者及其走狗实行广泛的进攻。"①10日和11日,朱德总司令连续发布命令,命令各解放区抗日武装部队,向其附近各城镇交通要道之敌军及伪军伪政权送出通牒,限期向我军投降。如遇敌伪军拒绝投降,即予以坚决消灭。为配合苏军作战,接受日、"满"、"蒙"敌伪军投降,命令原东北军吕正操、张学诗、万毅所部,及冀热辽边之李运昌部,向察哈尔、热河、辽宁、吉林进发;贺龙、聂荣臻所部向北行动。

这时,退踞我国西南的国民党军队,远离东北和华北前线,要进入华中和华南前线是很困难的。为了阻止包围了日军的八路军、新四军和华南人民抗日武装接收胜利果实,国民党和美国进行了勾结。赫尔利和魏德迈向美国政府建议:日本投降的条件应规定,不准把日本人及伪军的武装交给中国共产党武装部队,而须交给中国国民政府。美国总统杜鲁门批准了由美国国防部和国务院联合决定的办法:命令日本人守着他们的岗位和维持秩序。等到蒋介石的军队一到,日本军队便向他们投降。蒋介石于8月11日发布三道命令,令第十八集团军所属部队"就地驻防待命",不许向敌人收缴枪械;令伪军"负责维持地方治安",等待国民党军收编;令国民党军"积极推进,勿稍松懈"。其后,中国陆军总司令何应钦在给日本中国派遣军司令官的备忘录中规定:非蒋介石、何应钦"所指定之部队指挥官,日本陆海空军不得向其投降缴械,及接洽交出地区,与交出任何物资"。所有日军"应就现驻地,负责维持地方良好秩序",直至"所指定之部队,及负责长官到达接收为止,在此期间内,绝对不得将行政机关,移交非蒋委员长或本总司令所指定之行政或代表人员"。

与此同时,美国调动运输力量,把国民党军队送到日本占领区,抢夺胜利果实。日本投降时,国民党军主力远在西南西北的后方。驻华美军总司令魏德迈动用美国在远东的海空军的军舰和飞

---

① 《毛泽东选集》第3卷,人民出版社1991年版,第1119页。

机,帮蒋介石调兵遣将,抢占大城市和战略要点。美国将新六军由缅甸空运到南京,将九十四军由柳州、靖远空运到上海,将九十三军由武汉空运到北平。美国帮助蒋介石海运13个军共47万余人。美军在塘沽、秦皇岛、青岛登陆,并进驻北平、天津、唐山等地,最多时达11万多人,直接支持蒋介石。

中共中央坚决拒绝蒋介石的命令,并揭露美国扶蒋反共的真相。各根据地部队积极展开强大的反攻。晋察冀部队进逼平津,攻占张家口。山东部队进军济南、青岛和徐州。晋冀鲁豫部队进攻边区内主要交通线之敌。晋西北部队进逼太原,攻入归绥。新四军各部队向苏浙皖地区敌占城镇进攻。河南部队及新四军第五师向豫西和鄂皖边之敌进攻。华南各抗日游击队攻歼盘踞于本地区之敌。8月中旬以后,由于美蒋日伪加紧勾结,中共中央和中央军委指示各部队,由于形势变化,今后应着重于夺取小城市及广大乡村,并尽可能夺取华北的一些铁路线,切断全国的主要铁路线。各部队根据指示,向所在地区的小城镇和广大乡村进军。9月初,虽然抗日战争作为一个历史阶段已经结束,但是被各根据地军民包围的日伪军,仍拒绝投降。于是各根据地军队继续作战,扩大反攻战果。山东部队进行了临沂、平度、平(原)禹(城)等战役。晋察冀部队进行了藁城战斗,和肃清热河、察哈尔残敌的蔚(县)广(灵)暖(泉)战役。晋西北部队进行了离石等战斗。晋冀鲁豫部队发动了滑县、磁县等战斗。新四军各部队先后进行了两淮、盐城、高邮等战役。在此期间,晋察冀所属的冀热辽部队、山东部队主力6万余人和新四军第三师主力3.2万余人,先后开赴东北,收复了大片国土。从8月9日至年底,各根据地部队在作战中,共歼灭日军1.37万余人,伪军38.5万余人,缴获大批武器,收复县以上城市250多座,并一度攻入天津、石家庄、上海等城市,切断了北宁、同蒲、平汉、津浦、正太、陇海、胶济等十条铁路线,取得了反攻的重大胜利。

在中国抗日军民、苏军和美军的打击下,日本政府于8月10

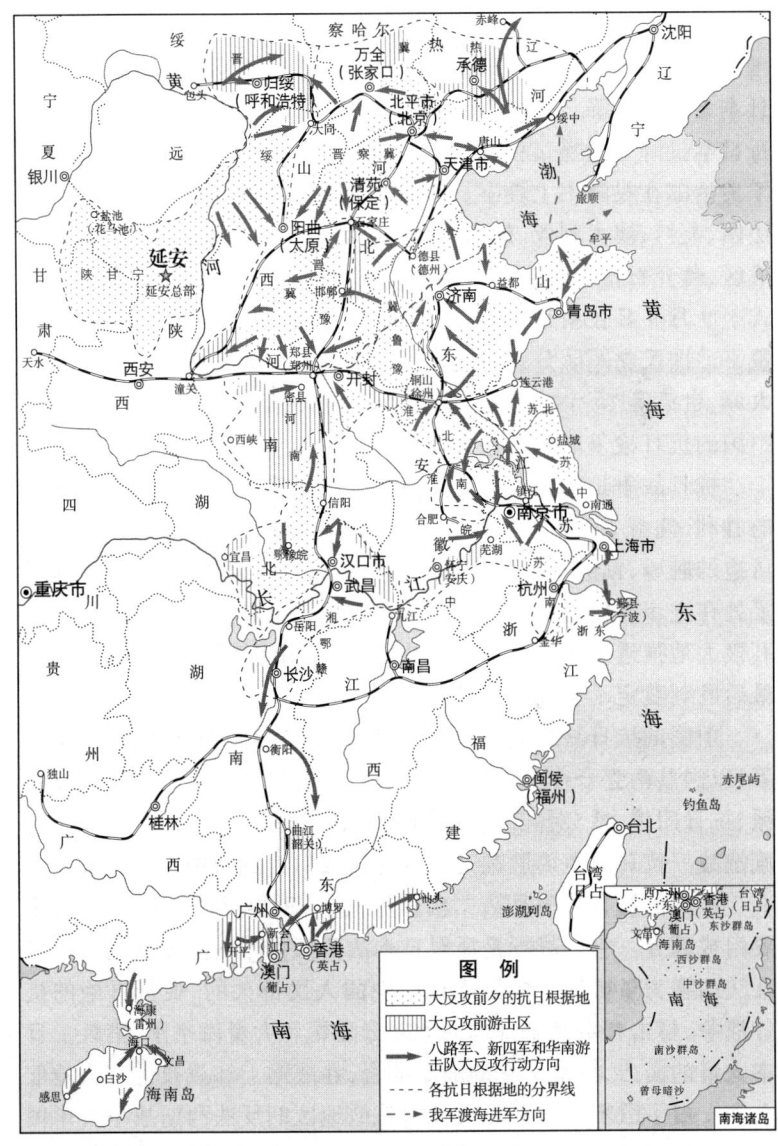

敌后战场军民大反攻示意图(1945年8月9日—9月2日)

日宣告接受波茨坦公告,但由于主战派的反对,延迟到14日才作出了最后决定。15日,日本天皇向全国广播了《停战诏书》,宣布日本无条件投降。9月2日,在东京湾的美国军舰密苏里号上举行日本投降书的签字仪式。日本政府代表重光葵、大本营代表梅津美治郎在投降书上签字。盟军的代表和中国、苏联、美国、英国、法国、荷兰、澳大利亚、加拿大、新西兰等国代表也签了字。在中国战区,蒋介石指派何应钦为代表,接受日本投降。日本投降签字仪式于9月9日在南京举行。冈村宁次代表日本大本营在投降书上签字。国民党军队分别在越南河内、广州、南京、上海、北平、济南、太原、台湾等15个区,接受日军投降。投降日军共计128万多人。中国的抗日战争取得了伟大胜利。

抗日战争是中国近代史上最伟大的民族解放战争。抗日战争的胜利,洗雪了19世纪40年代以来中国人民受帝国主义奴役和压迫的耻辱,创造了半殖民地弱国打败帝国主义强国的奇迹,显示了处在进步时代的中国民族觉醒和民族团结的巨大力量。这个胜利极大地推进了中国革命的历史进程,为中国新民主主义革命的最后胜利奠定了坚实的基础。

中国的抗日战争是在中国共产党的抗日民族统一战线旗帜下,以国共两党合作为基础,工农商学兵各界、各族人民、各民主党派、抗日团体、社会各阶层、爱国人士和海外侨胞广泛参加的全民族抗战。抗日战争的胜利是所有为抗战出力的中国人的光荣。

中国的抗日战争是第二次世界大战、世界反法西斯战争的重要组成部分。中国战场是反对日本法西斯侵略的主要战场。世界反法西斯力量援助了中国人民。中国人民持久的、艰苦卓绝的抗日战争,打击和牵制了日本的大部分陆军和大量海空军,消耗了日本大量的实力,打乱了它的战略部署,在战略上和战役上有力地配合和支援了欧洲和太平洋及亚洲其他地区的反法西斯战争。中国人民为世界反法西斯战争的胜利承受了巨大的民族牺牲,作出了不可磨灭的贡献。

复习思考题

1. 概述抗日民族统一战线的正式形成及其重大意义。
2. 为什么中国的抗战是持久战？中共进行持久战的战略和战术原则是什么？
3. 简述中国共产党新民主主义革命理论的主要内容。
4. 抗日战争进入相持阶段后，日本帝国主义的侵华政策有什么变化？
5. 试论中间势力在抗日战争中的主张、地位和作用。
6. 概述正面战场和敌后战场在抗日战争中的作用。
7. 概述太平洋战争爆发后美国的对华政策。
8. 简述中共七大、国民党六大和抗战后期两种中国命运的斗争。
9. 试论中国共产党是全民族抗日战争的中流砥柱。
10. 简论抗日战争胜利的伟大意义。

第六章 国民党在全国统治的崩溃 中华人民共和国的成立

(1945年9月—1949年10月)

学习提示

这个时期是中国共产党领导中国人民通过政治斗争和革命战争,推翻国民党反动统治,驱逐美国帝国主义在中国的侵略势力,建立中华人民共和国的时期。这四年历史可分为三个阶段:

(一)过渡阶段(1945年9月—1946年6月),即由抗日战争向国内战争过渡的阶段。抗战胜利后,国内阶级矛盾成为主要矛盾。各派政治势力的斗争主要表现为三种建国主张的斗争。国共两党的重庆谈判、政治协商会议、各民主党派的活跃,是这个阶段的重大政治事件。争取和平民主、反对内战独裁是中国人民的中心任务,但同时也潜伏着内战危机。

(二)国民党发动全面内战和人民解放军的战略防御阶段(1946年6月—1947年6月)。国民党依恃其军事优势和美国政府的援助,于1946年6月发动了对各解放区的军事进攻。人民解放军经八个月作战打败了国民党军的全面进攻,继而又打败了对解放区的重点进攻。同时,国民党统治区人民的抗议美军暴行,反饥饿、反内战、反迫害的正义斗争迅速发展,形成了反蒋的第二条战线。

(三)人民解放军的战略进攻、国民党统治崩溃和中华人民共和国成立阶段(1947年7月—1949年10月)。1947年下半年,人民解放军由战略防御转入战略进攻。10月10日中共中央提出"打倒蒋介石,解放全中国"的口号。"十二月会议"制定了夺取全国胜利的政治、经济、军事纲领。同时期,蒋介石政府实行了"戡乱总动员",却未能挽救国民党统治走向总崩溃的局面。1948年9月至次年1月,人民解放军进行了辽沈、淮海、平津三大战役。4月发起渡江战役,解放了南京,宣告了国民党统治在中国大陆的崩溃。同时对中间派政治势力进行了政治上的争取和思想上的批判,使他们归属到新民主主义革命的旗帜之下。9月召开中国人民政治协商会议,制定了《共同纲领》。10

月1日中华人民共和国宣告成立,从此开辟了中国历史的新纪元。

学习重点是:三种建国方针的内容、共产党打败蒋介石的战略战术、国民党召开的伪"国大"和"戡乱总动员"、共产党建立新中国的政治主张和经济政策、《共同纲领》的内容和新中国建立的伟大意义。

第一节　国民党坚持独裁内战 中国人民力争和平民主

一、战后国际国内形势　各党派的建国主张

第二次世界大战结束和抗日战争胜利后,中国面临着复杂的国际形势:一方面,世界和平、民主、民族解放和社会主义的力量获得极大发展;另一方面,"反法西斯的人民大众和法西斯残余势力之争,民主和反民主之争,民族解放和民族压迫之争仍将充满世界的大部分地方"①。第二次世界大战之后,世界上形成了美苏两强主宰世界而又相互对立的基本格局。但是,最现实、最尖锐的矛盾并不直接存在于美苏之间,而是表现在美苏之外的广大中间地带。美国以所谓"反对共产主义威胁""第三次世界大战不可避免"②为借口和烟幕,加紧对这些国家和地区进行侵略、干涉和控制,支持各国反动派;在亚洲首先把干涉的矛头指向中国,企图变中国为它的附庸和对抗苏联、称霸世界的基地。苏联则希望在远东与美国达成妥协,以便重点争取其在欧洲和中东的利益。美苏两国从各自的战略利益出发所制定的对华政策,严重地影响着中国政局。

战后美国对华政策面临三种抉择:"(一)完全摆脱一切牵连;(二)大规模地在军事方面加以干涉,援助国民党击毁共产党;(三)一方面援助国民党尽可能广大地在中国确立其权力,一方面鼓励双方从事协商,尽力避免内战的发生。"③美国政府不肯放弃

---

① 《毛泽东选集》第2卷,人民出版社1991年版,第1031页。
② 《建党以来重要文献选编》第24册,中央文献出版社2011年版,第11~12页。
③ 《中美关系资料汇编》第1辑,世界知识出版社1957年版,第35页。

在中国的利益,但顾及中国、英国和世界其他国家(特别是苏联)的反对,以及自身力量的限制,最终选择了第三条途径。在这条途径上,美国政府领导人"企图协助安排一个既可避免内战又可保持甚至增加国民政府势力的临时办法"。为此,美国一面将唯一受降权赋予国民党政府,并为其提供大量军事援助与支持,一面由驻华大使赫尔利继续推动国共谈判,企图以和平方式吃掉中共的军队。但这一自相矛盾的政策受到了来自中共、苏联甚至是美国国内的广泛批评,国共双方的军事冲突不断发生,迫使赫尔利于11月26日辞职。

为此,1945年12月15日,美国总统杜鲁门发表了对华政策声明。马歇尔作为总统特使被派来华,对国共军事冲突进行"调停"。12月27日,苏美英三国外长在莫斯科会议上发表公报,表示希望中国"安定和统一"。美国政府相信这种政策是可能实现的。但是,形势的演变,使美国政府的企图落空。美国的对华政策最终走上了由美国出钱、出枪、出顾问人员帮助蒋介石打内战的道路。

苏联政府是支持蒋介石统一中国的。继《雅尔塔协定》之后,1945年8月14日,苏联同中国政府签订了《中苏友好同盟条约》和几个协定。国民党为了换取苏联的支持,承认了苏联在中国的权益。在此前后,苏联领导人一再向美国政府领导人表示,愿与美国一道支持蒋介石统一中国的军队,支持国民政府。8月下旬,斯大林还致电中共中央,要中共交出军队并参加蒋介石的政府,并说"如果打内战,中华民族有毁灭的危险"[①]尽管如此,苏联领导人也不愿中国完全受美国的支配,十分警惕美国对中国(尤其是东北)的渗透。因此,苏联对在东北的中国共产党及其领导的人民革命力量给予了一定的支持。

在国内,抗战胜利后阶级力量的对比发生了重大变化。通过

---

① 《毛泽东文集》第7卷,人民出版社1999年版,第42页。

抗战,国民党保存并扩充了一支庞大的军队,战后又接收了日伪大量的军事装备。至1946年6月,总兵力达430万人,正规军248个旅(整编前的师)约200万人。其中一部完全由美国训练与装备。这时,国民党政府还接收了日伪大量的产业,单是由财政部、经济部接收的日伪银行、工矿企业即达2846个单位。国民党政府控制着全国人口、领土面积、城市的各3/4左右。通过接收,国家垄断资本即官僚资本空前膨胀,骤增至200亿美元之多。所有这些,再加上美国政府的援助,构成了国民党发动内战的军事经济基础。保护国家垄断资本及建立于其上的政治制度,是国民党制定政策的主要出发点。

抗战胜利后,国民党坚持内战、独裁方针,提出了"国家统一,政治民主"的口号。这个口号的实质是:一面逼迫或引诱共产党交出军队和解放区政权,实行"军令政令统一";一面继续玩弄召开"国大""还政于民"的把戏,给国民党反动统治披上合法和民主的外衣。蒋介石一再声称实行宪政和与各党派平等协商要有先决条件,即国民党政府的"法统"不致紊乱,"根本大法"不容变更,政府"基础"不容动摇,"军令政令"必须统一;此外,"无不可以协商"。这是国民党统治集团对于战后中国政治问题的基本方针。

战后,中国共产党已成为拥有120万党员的大党,领导着一支120万人的军队、220万人的民兵。共产党领导中国人民建立起来的大小19块解放区约占全国总面积的1/4,总人口的1/4。中国共产党在全国人民心目中享有崇高的威信,已经成为决定中国前途的举足轻重的力量。共产党在清醒估计战后国内外形势的前提下,制定了正确的方针和策略。早在1945年8月13日,毛泽东在延安干部会议上所作的《抗日战争胜利后的时局和我们的方针》讲演中,就指出了战后国内斗争的实质,提醒全党要认清蒋介石的反动本质,要在自力更生基础上,同蒋介石进行针锋相对的斗争。8月25日,中共中央发表《对目前时局的宣言》,依据中共七大确定的废止国民党一党专政成立民主联合政府的主张,提出了新时期中国人民的任务,即"巩固国内团结,保证国内和平,实现民主,改善民生,以便在和平民主团结的基础上,实现全国的统一,建设独立自由与富强的新中国"。

这个时期,中间阶级的政治积极性大为提高,各民主党派空前活跃。1945年8月15日,民盟《在抗战胜利声中的紧急呼吁》中提出了"民主统一,和平建国"的口号。10月,在重庆召开了临时全国代表大会(民盟历史上第一次全国代表大会),通过了纲领和对时局主张,制定了建立"中国型的民主"的方案。会后以第三大党的身份参加了政治协商会议。12月,全国各界救国联合会改名为中国人民救国会。1945—1946年,三民主义同志联合会(简称民联)、中国民主建国会(民建)、中国民主促进会(民进)、中国国民党民主促进会(民促)、九三学社先后宣告成立。民建在成立宣言中提出:对美苏两国采取平衡政策,国内各党派相忍相让,通过政治民主化达到军队国家化,经济上要有在国家统一计划下的充分企业自由,用合理手段解决土地问题等主张;并表示"愿以纯洁平民的协力,不右倾,不左袒,替中国建立起来一个和平奋斗的典型"。1947年1月,中华民族解放行动委员会在上海召开第四次全国干部会议,更名为中国农工民主党。1947年5月,中国致公党在香港召开第三次全国代表大会,确定了新的政治路线。其他党派也都提出了自己的建国主张。这些以民族资产阶级、小资产阶级及其知识分子为主要社会基础的民主党派,在反对内战独裁、促进政协召开、维护政协路线的政治行动上,同中国共产党结成同盟,成为战后时局中不可忽视的力量。

上述情况表明:随着中华民族同日本帝国主义的矛盾的解决,中国人民同国民党反动派的矛盾成了国内的主要矛盾。这个矛盾的政治表现就是建什么国的斗争,是恢复和巩固大地主大资产阶级专政的国家呢?还是建立无产阶级领导的新民主主义国家,或是建立资产阶级共和国?斗争的焦点是要不要和如何废止国民党一党专政与蒋介石个人独裁,成立民主联合政府。在这个关系中国前途命运的问题上,各阶级、各党派都提出了自己的方针和政治方案,并为此而积极开展活动。

二、重庆谈判　国民党挑动内战和解放区的自卫反击　国统区人民的反内战运动

1945年8月14日、20日、23日,国民党政府主席蒋介石连发三电邀请中共中央主席毛泽东赴渝面商"国家大计"。28日下午,毛泽东应邀偕周恩来、王若飞,在前来迎接的国民党政府军委会政治部部长张治中、美国驻华大使赫尔利陪同下从延安飞抵重庆。

在毛泽东等临行前,中共中央发出《关于同国民党进行和平谈判的通知》,告诉全党:在内外压力下,可能"造成两党合作(加上民主同盟等)、和平发展的新阶段"。在谈判中,我党将做一些以不损害人民根本利益为原则的让步。在我党这样做了之后,"如果国民党还要发动内战,它就在全国全世界面前输了理,我党就有理由采取自卫战争,击破其进攻"。全党绝不要因为谈判而放松对反动派内战阴谋的警惕。毛泽东离开延安期间,由政治局委员、书记处书记刘少奇代理主席职务。

毛泽东抵渝后,同蒋介石有过几次面商。国民党政府派出王世杰、张群、张治中、邵力子,同周恩来、王若飞进行具体谈判。起初双方意见分歧很大,但经过40多天商谈,终于在10月10日由双方代表签署了《政府与中共代表会谈纪要》(通称"双十协定")。有些未获协议的问题未列入《纪要》。列入《纪要》的12个问题中,有的达成了协议,有的只是各自陈述自己的意见,同意以后继续商谈或提交政治协商会议讨论决定。谈判中争论最多的是解放区的军队和政权问题。在这两个问题上尽管中共做了重大让步,主动提出过几种解决方案,但由于国民党坚持"你交出军队我给你民主"的一贯方针,未能达成协议。这次谈判的主要成果,一是确定了和平建国的基本方针和途径,即"必须共同努力,以和平、民主、团结、统一为基础,并在蒋主席领导之下,长期合作,坚决

避免内战,建设独立、自由和富强的新中国,彻底实行三民主义";并以"政治民主化、军队国家化及党派平等合法,为达到和平建国必由之途径"。二是确认国民党应"迅速结束训政,实施宪政,并应先采必要步骤,由国民政府召开政治协商会议,邀集各党派代表及社会贤达协商国是,讨论和平建国方案及召开国民大会各项问题"。10月11日,毛泽东返回延安。周恩来、王若飞留重庆继续同政府代表商谈召开政协等问题。11月25日,周恩来返回延安。

准备内战是蒋介石的既定方针。早在8月中旬,蒋介石就利用受降之机开始把军队运往内战前线,并下达不准八路军新四军接受日军投降的命令,要十八集团军所属部队"原地驻防待命","勿再擅自行动"。在两党谈判期间和"双十协定"签订后,国民党一再下达"剿匪"密令,大量印发蒋介石1933年编印的反共小册子《剿匪手本》。蒋介石一再告诫其部下将领,要他们不要忘记国民党二十年来的"唯一敌人"是共产党,不消灭共产党就无"立身之地"和"葬身之所"。并调动各战区、各方面军部队80余万人,进犯解放区。第十二战区傅作义部早在8月18日就攻击正在包围归绥伪军的八路军,接着在平绥路上进攻已被八路军解放的集宁、丰镇等城,并向张家口进犯。第二战区阎锡山部调集3个军10多个师从浮山、翼城地区向山西东南部的上党地区进攻。第一战区胡宗南部、第五战区刘峙部、第十一战区孙连仲部除抢占陇海、平汉线战略要点外,集中进攻晋冀鲁豫解放区。各路国民党军进攻的战略目的,是试探解放区虚实和为进军东北扫清道路。

鉴于内战难以避免,为了制止内战和为夺取最后胜利作准备,中共中央从8月下旬开始采取了一系列战略措施。主要是:(一)及时改变了8月11日提出的占领"大小城市及交通要道"的指示,改取小城市及广大乡村,切实巩固扩大解放区。同时迅速集中部队,编组野战兵团。(二)调集兵力控制热、察,挺进东北。8月间延安总部命令人民军队向热河、察哈尔敌伪进攻,并派遣冀热辽边区李运昌部首先向辽吉进发。9月19日,刘少奇在为中共中央起草的《目前任务和战略部署》的指示中,正式提出了"向北发展,向南防御"的战略方针。在这一方针指导下,毛泽东等在重庆谈判中作了让步,主动提出将"散布在广东、浙江、苏南、皖南、皖中、湖南、湖北、河南(豫北不在内)八个地区的抗日军队着手复员,并从上述地区逐步撤退应整编的部队至陇海路以北及苏北、皖北的解放区集中",并同国民党进行了关于撤退问题的具体谈判;中共中央调整了军事部署和领导机构,陆续从关内各解放区抽调部队和干部(主要是罗荣桓领导的八路军一一五师及山东军区部队、黄克诚领导的新四军第三师)13万余人进入东北,并派去彭真、陈云、高岗、李富春、林彪、张闻天等中央委员20名。进入东北的军队,与原抗日联军一起组成了以林彪为总司令的东北人民自治军(1946年1月改称东北民主联军)。11月,国民党军进入东北后,东北人民自治军依据中共中央提出的"让开大路,占领两厢"的方针,开始离开大城市,在背靠朝、苏、蒙的东满、北满、西满地区建立根据地。9月15日,中共中央决定成立以彭真为书记的东北局。1945年还对其他中央局和军区作了调整:成立了晋冀鲁豫中央局和军区;晋察冀中央分局改为中央局;山东中央分局改为华东局,陈毅率新四军军部及一部分主力到山东组成山东军区和山东野战军,原华中局改为分局受华东局领导;成立华中军区和华中野战军;王震率领的八路军南下支队(三五九旅主力)由粤北返至鄂豫边界与新四军五师李先念会合,成立中原局和中原军区。

(三)人民军队在关内进行了三次自卫反击战,即在上党地区,歼灭阎锡山部3.5万余人,击毙第七集团军副总司令彭毓斌,生俘第十九军军长史泽波以下军官多人;在平绥路上,击退了傅作义部对张家口的进犯,并歼其一部;在平汉线上,在邯郸地区歼灭了进犯军2万余人。上党、平绥、邯郸三次战役共歼灭进犯军近10万人,打破了蒋介石从陆上进军东北的计划,掩护了人民军队在东北的战略展开。邯郸战役中争取了国民党第十一战区副司令长官兼新八军军长高树勋率部近万人在战场起义。

在抗战胜利后的初期,在国统区,还有相当多的人存在着对蒋介石和美国的幻想。渴望和平民主的人们对国共之间的谈判也抱有希望。但是,战后国民党政府的种种丧失民心的政策,特别是蒋介石派数十万大军进攻解放区,挑动内战的事实,激起了人民普遍的不满。于是,国统区人民掀起了反内战运动。11月2日,民盟发言人发表谈话呼吁停止军事冲突,并提出"谁要发动内战,谁就是全国的公敌"。11月19日,由沈钧儒、黄炎培等人发起的陪都各界反内战联合会在重庆成立。这种反内战呼声,迅速传遍了各大城市。在昆明,11月25日,西南联合大学、云南大学、英语专科学校等校学生、教职工6 000余人在西南联大校园举行反内战时事晚会。国民党云南当局竟采取野蛮手段,派特务混进校内捣乱,派军警包围学校,并鸣枪进行威胁。从次日起,昆明大中学校学生开始罢课。28日,发表《为反对内战及抗议武装干涉集会告全国同胞书》,并上街宣传。12月1日上午,国民党云南当局指派大批军警、特务分头闯入西南联大、云大等校,大打出手,并向校内投掷手榴弹。联大师院学生潘琰、李鲁连,昆华工业学校学生张华昌,南菁中学教员于再被炸死和打死,另有25人被殴打成重伤。这就是震动全国的"一二·一"惨案。惨案发生后,昆明各界人士继续以悼念死者、送挽联、安葬四烈士等方式表达了他们对反动派的抗议和争取和平民主的意愿。重庆各界反内战联合会的成立和昆明惨案的发生,成了国统区人民反内战运动的起点。

三、停战协定和政治协商会议

民主势力同反民主势力、革命同反革命的斗争发展到1946年春,出现了暂时的均衡状态。国民党武力进攻解放区的尝试失败了,但他们不甘心就此罢休;人民革命力量要想在两种中国命运的决战中取得胜利,也必须在物质和精神两方面作更充分的准备。双方都在审时度势,努力创造条件,力求使均衡的局势朝着有利于自己的方向转化。抗战胜利后的整个国内国际形势,加上这种具体的历史条件,使政治斗争、和平谈判暂时居于主要地位。停战协定的签订,政治协商会议的召开,就是在这种情况下实现的。

1945年12月16日,周恩来率中共出席政协会议的代表团抵渝。27日,正式向国民党政府提出了先行无条件停战,然后再开政协的三项建议。陪都各界反内战联合会和民盟主席张澜先后致电国共双方,呼吁立即停火。31日,国民党政府派张群、邵力子、王世杰同中共代表周恩来、董必武、王若飞、叶剑英进行具体商谈。经几次商谈,1946年1月5日,达成了《关于停止国内军事冲突的协定》。依据协定,1月7日,成立了马歇尔、周恩来、张群(后为张治中、徐永昌)三人军事小组,负责指导停战和谈判整军问题。1月10日,在马歇尔参与下,张群、周恩来签署了《关于停止国内冲突的命令和声明》及《建立军事调处执行部的协议》。双方商定停战令于1月13日午夜开始生效。蒋介石、毛泽东向各自所属部队发布了停战命令。上述停止冲突的办法、命令和声明,构成了停战协定的全部内容。其要点是:(一)国内一切部队立即停止战斗行动,恢复一切交通。(二)一律停止军事调动。但在国民政府代表坚持下,将下述声明载入会议记录。即声明此项规定,"对国民政府在扬子江以南整军计划之继续实施","对国民政府军队为恢复中国主权而开入东北九省,①或在东北九省境内调动,并不影响"。实际是把东北排除在停战之外。这就为以后东北乃至全国的内战埋下了祸根。(三)由国民参政会和政协各推国共两党以外公正人士8人组成军事考察团,赴冲突地区调查真相,随时提出报告并公布。(四)在北平设立实施停战的机构军事调处执行部。军调部三委员由国民党、共产党、美国各1人担任,分别为军令部第二厅厅长郑介民、十八集团军参谋长叶剑英、美国驻华使馆代办罗伯逊。执行部下属机构均由三方同等数量的人员组成,并有同等权

---

① 1945年日本投降后,国民政府将原东北的辽宁、吉林、黑龙江三省划分为辽宁、辽北、安东、吉林、松江、合江、黑龙江、嫩江、兴安九省。

利。1月14日,军调部在北平开始办公。

和发布停战令同一天,1946年1月10日,政治协商会议在重庆开幕。会议的参加单位及代表名额,经过一番斗争,最后确定为5个方面38名代表。即国民党8名:孙科、吴铁城、陈布雷、陈立夫、张厉生、王世杰、邵力子、张群;共产党7名:周恩来、董必武、王若飞、叶剑英、吴玉章、陆定一、邓颖超;青年党5名:曾琦、陈启天、杨永浚、余家菊、常乃德;民盟9名:张澜、罗隆基、张君劢、张东荪、沈钧儒、张申府、黄炎培、梁漱溟、章伯钧;社会贤达9名:莫德惠、邵从恩、王云五、傅斯年、胡霖、郭沫若、钱永铭、缪嘉铭、李烛尘。蒋介石为会议召集人和当然主席。1月31日,会议闭幕。

政协基本上是在和平环境中召开的。停战令生效前后,蒋介石秘密下达作战命令,在热察等地抢占战略要点,但在全国范围内基本上实现了和平局面。会议期间,国民党反动派曾假手特务制造沧白堂打人等反民主事件,但会上坚持了平等协商。协商中有激烈的争辩,也有互谅互让;有各自的鲜明立场与观点,也有求同存异的态度。会上的斗争是紧紧围绕一个中心展开的,即要不要和如何结束国民党一党专政和蒋介石个人独裁,成立民主联合政府。这种斗争,在蒋介石、周恩来等的开会词、闭会词中有反映。蒋介石在开会词中强调政协的"使命与任务"就是"努力促成国民大会的如期召集",并说要"清除足以妨碍意志统一,影响安宁秩序和延迟复兴建设的因素"。在闭会词中强调"政令与军令统一"。周恩来则强调在举国一致要求结束训政、筹备宪政的过渡期中,政协"负有严重的历史任务",应该"去掉一切落伍陈腐不合时宜的制度和办法,信赖人民,依靠人民,实现民有民治民享的政治"。但是,意见的分歧、对立和争辩集中地表现在各项议案的讨论过程中。从14日起,会议依次讨论政府组织、施政纲领、军事、国民大会、宪法草案五项议案。1月25日至31日,各项议案相继达成协议。

首先讨论的是政府改组问题。国民党代表在讨论中竭力回避

"改组""联合政府"的字眼。1月14日,国民党提出《关于扩大政府组织之意见》。王世杰在说明制订《意见》的"原则"和要点时,强调"政府容纳党外人士","不要根本动摇法律的系统";主席提请选任党外人士充任国府委员时,要由主席提经国民党中央执行委员会通过;国府委员会不应有用人权;应该给主席紧急处分之权;国民党人在国府委员会中应占"某特定程度多数"。这个说明,带有明显的维护国民党一党专政和个人独裁的性质。因此它一提出,立刻引起争论。董必武在发言中指出:(一)现政府应在共同纲领基础上进行改组;(二)国府委员会应是最高决策机关,必须有用人权;(三)我们承认蒋介石的领导和国民党的第一大党地位,但国民党在府委中的席位最好不要超过三分之一;(四)要防止手令制,主席的命令应由会议通过,还应有人副署;(五)政府改组应包括各院部会的改组。罗隆基主张改组政府要有共同纲领,决策机关要真能决策,执行机关要真能执行。他针对国民党的方案及王的说明提出了一连串询问,旨在揭露其反民主的性质。例如他问道:府委由主席选任党外人士充任,但又须经国民党机关通过,这些人是否要向国民党机关负责?经过争辩于1月28日达成协议,否定了府委由国民党机关通过和国民党要占"特定程度多数"的意见,但也承认了国民党的大党地位。纠正了国民党方案中关于府委名额的笼统规定,明确规定府委40名,其中一半由国民党人充任,另一半由其他四方面人士充任,"其分配另行商定"。鉴于协议中有"国民政府委员会所讨论之议案,其性质涉及施政纲领之变更者,须有出席委员2/3之赞成始得议决某一议案"的规定,中共与民盟于会后要求联合保有14名府委,以便获得超过1/3的席位,取得否决权。但国民党始终只给中共和民盟12个名额,不足1/3。

1月15日,开始讨论施政纲领。中共代表团首先提出了《和平建国纲领草案》。讨论中多数人主张应有共同纲领并同意叫和平建国纲领。只是在制定纲领的根据问题上有不同主张。罗隆基认为中共的提案可作为讨论基础。常乃德主张制定纲领应"除弊重于兴利"。吴铁城提出的"政协无法律根据",是"各党派分赃"的说法,受到其他代表的批评。罗隆基还以1215年英国大宪章的产生为例论证说,"政协虽非人民代表,只要能订一好纲领,真正适合人民的需要,就应看成是法的根据"。1月26日,通过了以中共的草案为基础的《和平建国纲领》。

关于军事问题的讨论。1月16日,青年党、民盟各提出一个方案,分别由陈启天、梁漱溟作了说明。两案均主张军党分立、军民分治、公平编遣。梁漱溟指出,"全国任何党派的军队都要整编,不是只要一个党交出军队,也不应把其他军队都看成就是国家的军队"。青年党的方案主张"军队国家化实为政治民主化之必要条件,政治民主化复为军队国家化之必要保障","必须二者并重,同时实行",而在陈启天的说明中强调前者。周恩来重申了中共的主张,他说我们同意军队国家化,但是不能先有军队国家化,然后才能政治民主化,必须二者同时并进。经过争论,达成了协议,通过了"军队属于国家""军党分立""军民分治""以政治军"等原则规定,但没有解决实际问题。

争论最多的是国民大会问题。争论集中在十年前的代表是否有效的问题上。1月17日,国民党提出一个方案,主张1936年选出的国大代表仍然有效,另外"合理增加"名额。这种意见遭到中共、民盟和进步的无党派代表的强烈反对。最后于1月31日达成协议。协议承认依选举法规定之区域及职业代表1 200名照旧。对国民党的方案作了两点修改:(一)宪法之通过须经出席代表3/4之同意为之。(二)在国大代表总名额2 050名中新增党派及社会贤达代表700名,"其分配另定之"。这个"另定之"同府委名额分配上的"另行商定"一样。国民党始终未同意给中共、民盟以超过代表总额1/4的名额。

宪草问题上,没有激烈的争辩,只有各自的说理。1月19日,孙科对"五五宪草"作了说明。他企图把这个草案在形式上做些修改就变成政协决议。代表们就宪草修改原则和如何防止个人独裁问题进行了讨论。吴玉章主张修改宪法要依据三民主义建国原则,顺应世界民主潮流,适合中国当前情况和人民要求,还必须规定民主的国策。沈钧儒主张国民政府应保障而不要限制人民权利。他还认为,国民政府应承认中共抗战的历史性和解放区设施的进步性。多数代表认为"五五宪草"中规定的总统权力太大,主张实行内阁制;中央与地方权限划分上采均权制;省为地方自治最高单位,省长民选,省得制定省宪。1月25日,达成协议。协议规定由政协五方面各推5人另请会外专家10人组织宪草审议委员会,负责根据政协通过的宪草修改原则制定"五五宪草"修正案,准备交国大采纳。

政治协商会议是中国现代政治史上特殊的一幕。经过中共、民盟及其他民主分子的共同努力,通过了有利于人民、有利于民主的五项协议。这五项协议,继"双十协定"之后,再一次确认了避免内战、和平建国的方针和以政治民主化、军队国家化、党派平等合法为和平建国途径,否定了国民党的内战独裁方针;确认了国民政府必须改组为联合政府,否定了国民党只请几个人到政府做官而且还要经国民党中央认可的主张;设计了国家实行议会制、内阁制、省自治制的政治方案,否定了国民党大地主大资产阶级专政的制度。同时,政协及其协议所体现的党派平等协商精神在人民心目中留下了不可磨灭的印象。但是,政协协议很快被国民党反动派撕毁,使这次实现民主统一和平建国的机会成为泡影。

四、国民党破坏政协协议和准备发动全面内战　解放区准备自卫战争

同各党派一起协商国是,本非国民党反动派的本意。所以政协协议一经签订,他们马上就对它进行破坏。继沧白堂等事件之后,2月10日,他们假手特务暴徒冲散了陪都各界在较场口举行的庆祝政协成功大会,打伤了大会主持人李公朴、章乃器、施复亮和政协代表郭沫若等人,马寅初及与会群众60余人也被打伤,造成了较场口惨案。2月20日,国民党北平当局策动所谓还乡请愿团游行示威,闯入军调部捣乱,侮辱军调部中共办事人员。2月22日,国民党又在重庆煽动万余学生进行反苏反共游行,并指派暴徒乘机捣毁《新华日报》营业部和民盟机关报《民主报》营业部。在其他城市也发生了类似的反民主的暴行。这就使蒋介石在政协开会词中亲口说的给人民自由、政党平等合法等四项诺言成了骗人的空话。这就破坏了刚刚出现的和平局面。

接着,国民党反动派就破坏政协协议本身。3月1日至17日,国民党召开了六届二中全会。会上,反动分子叫嚣政协协议的通过"等于党国自杀","决不能把统治权交给多党政府"。蒋介石一面要这些人"认识环境和遵循政策",一面支持他们修改政协协议的要求,宣称政协关于宪草问题的协议"有若干点实在与五权宪法的精神相违背","要把握住重要之点多方设法来补救,务使宪草内容能够不违背五权宪法和建国大纲的要旨"。3月16日,全会通过了《对政协报告之决议案》,提出五条宪草修改原则:(一)制定宪法应以建国大纲为最基本之依据。(二)国大应为有形之组织,用集中开会之方法行使建国大纲所规定之职权。(三)立法院对行政院不应有同意权及不信任权。行政院亦不应有提请解散立法院之权。(四)监察院不应有同意权。(五)省无须制定省宪。这就推翻了政协通过的民主宪政原则。二中全会还决定撤销国防最高委员会,恢复中央政治委员会。决定把各党派推选的国府委员拿到国民党中常会去选任,推翻了政协关于改组政府问题的协议。4月1日,蒋介石在国民参政会四届二次会议上发表的长篇演说中声称:政协"在本质上不是制宪会议,政协关于政府组织的协议案,在本质上不能够代替约法"。又说:在"主权接收"完成以前,在东北"没有什么内政问题可言"。这实际上就是公开撕毁政协协议和刚刚签订的东北停战协定,拒绝中共、民盟一再提出的将东北的外交与内政分开的建议,继续以"接收主权"为借口扩大东北的内战。

1945年10月18日,蒋介石任命杜聿明为东北保安司令长官。11月上旬,杜聿明率国民党第十三、五十二两个军由秦皇岛登陆,当即向人民军队发动进攻。11月16日,侵占山海关,12月26日侵占锦州。此后,国民党军转攻辽西、热河各地,直指承德,连续侵占义县、阜新、朝阳、北票、凌源、平原、建平等城。1946年1月中旬,国民党军进驻沈阳后,在美国帮助下,陆续将新一、新六、七十一、六十、九十三等五个军运进东北,扩大内战。5月22日,中共撤出长春,当即被国民党侵占。5月下旬,蒋介石亲飞沈阳、长春督战,国民党军大举向东北进攻,直抵松花江南岸,达到了国民党军在东北进攻的顶点。

在关内,蒋介石更加紧了内战部署。1946年1月至5月,国民党违背停战协定,调动了40多个军130余万人,向各解放区发动大小进攻达3 675次,强占解放区村镇达2 077个、县城26座。先后使用兵力达258万余人。对地处鄂豫边界战略地位重要的中原解放区,蒋介石命令武汉行营程潜部队30万人予以重重包围。5月中旬至6月下旬发动了更猛烈的进攻。中原军区6万余指战员被压缩在以军区司令部所在地宣化店为中心、东西不过100公里南北只有20多公里的狭小地区内。国民党军已经做好了最后"围歼"的一切准备。这期间,国民党进行了军队整编和军事机构的改组。5月15日,国民党中常会、国防最高委员会决定以白崇禧为国防部长,陈诚为参谋总长。6月1日,国防部正式成立。顾祝同为陆军总司令,陈诚兼海军总司令,周至柔为空军总司令,薛岳为徐州绥靖公署主任。

国民党的内战部署是在美国政府支持下进行和在马歇尔"调处"过程中完成的。美军不但帮助国民党将军队运到大城市和交通要道,还直接在中国港口登陆,进驻中国的大城市。1945年9月30日,美国海军陆战队第一师在塘沽登陆。此后美军陆续进驻青岛、北平等市。至11月底,驻华美军达11.3万余人。这些美军在中国土地上肆意横行,配合国民党军向解放区进攻。马歇尔"调处"期间,美国政府把国民党14个军、8个交通警察总队共约54万余人运到内战前线,为蒋介石训练了军队、特务、军需人员等15万人,给了国民党政府价值13亿美元的物资援助。全面内战爆发后,这种援助进一步扩大。6月28日,美国政府决定延长对中国租借法案的期限。移让给国民党政府7.81亿美元的物资。7月16日,美国国会通过决议,授权总统以总数不超过271艘的舰艇及船坞器材赠给国民党政府。8月31日,美国将其在西太平洋的价值8.25亿美元的战时物资以1.75亿美元的低价售给国民党政府。这批物资的实际价值估计在20亿美元以上。美国政府的经济、军事援助,是蒋介石敢于发动内战的重要原因之一。

中国共产党在力争用和平方法实现中国的社会政治改革的时候,没有放弃人民的武装和对蒋介石发动内战的警惕性。在1946年上半年,领导解放区军民,加紧准备自卫。(一)建立东北军事政治根据地。除东满、北满、西满根据地外,四平战役后又建立了以通化、临江为中心的南满根据地。1946年8月在哈尔滨召开了各省市代表会议,成立了东北各省市行政联合办事处行政委员会,为尔后统一的东北人民政府的建立打下了基础。(二)各解放区开始解决农民土地问题。在普遍进行清算、减租的基础上,1946年5月4日中共中央发出了《关于土地问题的指示》,通称"五四指示",及时地将抗日战争时期的减租减息政策改变为没收地主土地分配给农民的政策。土地政策上的这一转变,为解放战争的胜利奠定了基础。(三)放手发动群众,发展生产。(四)各野战军、地方兵团和民兵开展了练兵运动。练兵以练攻城、守城、夜战三大军事战术和政治上提高战胜敌军保卫解放区之决心与信心为主要内容。开始建立炮兵和工兵。这些工作的开展,使解放区军民有了应付全面内战的物质和精神上的准备。

蒋介石完成内战部署之后,于6月17日向中共提出了无理要求:要解放军退出陇海路以南地区、胶济线全线、承德及其以南地区、东北大部地区、6月7日以后在山东和山西解放的地区；同时提议在军事三人小组及军调部三方代表中给美方代表最后决定权。这些无理要求和提议，被中共拒绝。这时，国统区人民再一次掀起要和平反内战的浪潮。中国民主促进会提议由上海人民团体联合会发起召开反内战大会并派代表到南京直接向蒋介石请愿。6月23日上午，上海300多个团体和单位约10万人在北火车站召开反内战大会，热烈欢送他们推出的马叙伦、雷洁琼、阎宝航、吴耀宗等9名代表及两名学生代表赴京。会后举行了示威游行。当以马叙伦为首的和平请愿团到达南京下关车站时，遭到冒充"苏北难民"的特务暴徒的围攻与殴打。马叙伦、阎宝航、雷洁琼等被殴伤。

第二节　全面内战爆发　人民解放军的战略防御

一、国民党的军事进攻　解放区军民的自卫战争

1946年6月底，蒋介石以围攻中原解放区为起点，发动了全国规模的内战。

6月26日，国民党以刘峙、程潜、胡宗南所属约12个整编师（整编前的军）20余万人的兵力发动了对中原解放军的围攻，妄图在48小时内将其一举歼灭，造成"惊人的胜利与奇迹"。接着，从7月开始，陆续发动了对其他解放区的进攻。蒋介石的军事部署是：以徐州绥靖公署薛岳所属58个旅46万余人进攻山东及苏皖解放区；以郑州绥靖公署刘峙所属及徐州绥靖公署一部28个旅24万余人进攻冀鲁豫解放区；以第十一战区司令长官孙连仲及第十二战区傅作义所属18个旅16万余人进攻晋察冀解放区；以第一战区司令长官（后改为西安绥靖公署）胡宗南所属19个旅15

万余人进攻陕甘宁解放区;以第二战区司令长官(后改为太原绥靖公署)阎锡山所属20个旅9万余人与傅作义、胡宗南军各一部进攻晋绥解放区;以9个旅7万余人进攻广东各游击区及海南岛琼崖解放区。10月,杜聿明所属16个旅16万余人发动对东北解放区新的进攻。总计,蒋介石用于进攻解放区的总兵力达193个旅160余万人,约占其正规军总兵力的80%。蒋介石依恃其众多的兵力、精良的武器装备,全面向解放区突袭。7月至10月的四个月内,接连占领解放区的菏泽、淮安等153座城镇。10月11日,占领张家口后达到了进攻的最高峰。当日下午蒋介石被胜利冲昏头脑,宣布如期召开"国民大会"。10月17日,陈诚在北平向中外记者吹嘘:同共军作战,"也许三个月至多五个月便能解决",国内铁路"任何一线,均可于两周内打通"。国民党反动派气焰嚣张,不可一世。

当时,敌我兵力对比悬殊,人民解放军的装备基本上是"小米加步枪"。解放区还处于被分割状态。人民解放军能否战胜国民党军的进攻,国内外不少人,甚至解放区内亦有人抱怀疑态度,或为解放区担心。中国共产党在清醒估计国内外形势的基础上,对上述问题作出了明确的回答,并制定了打败蒋军进攻的正确方针。中共中央认为,蒋介石的进攻不但必须打败,而且能够打败。"蒋介石虽有美国援助,但是人心不顺,士气不高,经济困难。我们虽无外国援助,但是人心归向,士气高涨,经济亦有办法。因此,我们是能够战胜蒋介石的。全党对此应当有充分的信心。"为了增强人民战胜反动派的信心,1946年8月,毛泽东在同美国记者安娜·路易斯·斯特朗谈话中,提出了"一切反动派都是纸老虎"的著名论断。实际上,概括出了"战略上藐视敌人,战术上重视敌人"的战略思想。中共中央在《以自卫战争粉碎蒋介石的进攻》(1946年7月20日)、《集中优势兵力,各个歼灭敌人》(1946年9月16日)等指示中,提出了和人民群众亲密合作、争取一切可能争取的人的政治方针,做持久打算和依靠自力更生的经济方针,以歼灭敌人有生力量为主要目标、不以保守或夺取地方为主要目标和集中优势兵力在运动中各个歼敌的作战方针。这些方针和作战方法,在解放战争中显示了它的正确性。

在国民党军的疯狂进攻面前,解放区军民同仇敌忾,奋起自卫。各战略区的野战军,在人民支持下,展开了大规模的运动战。中原军区部队遵照中共中央关于"立即突围,愈快愈好"的指示,在李先念等统一指挥下,除留部分地方部队在原地坚持斗争,以一个旅伪装主力向东转移迷惑国民党军队外,主力分南北两路于6月26日晚向西突围转移。北路约1.5万人,冲破国民党军队重重截击合围,终于到达陕南,于8月初开辟鄂豫陕游击根据地。其中第三五九旅根据中央军委指示继续北进,于8月底进入陕甘宁解放区。南路约1万余人,冲破国民党军队的围追堵截,进入武当山区,于8月下旬开辟鄂西北游击根据地。担负迷惑和牵制国民党军队任务向东转移的一个旅,转战20余天,跋涉千里,进入苏皖解放区。中原解放军英勇突围,完成战略转移任务,保存了主力,建立了两块游击根据地,并留下小部分兵力,坚持原地斗争,牵制了国民党军队30个旅的兵力,有力地配合了其他战场的作战。粟裕、谭震林领导的华中野战军,以15个团3万人的兵力对敌12万余人,从7月13日至8月27日,在苏中的泰兴、如皋、海安、邵伯一带七战七捷,共歼敌5.3万余人。此后边打边向北撤。12月中旬,在宿迁以北的沭阳战役中击毙国民党第六十九师中将师长戴之奇。而后即与山东野战军会师,组成了华东野战军,在陈毅、粟裕等领导下展开了更大规模的运动战。1947年1月底,陈诚指挥30万人,从东海、临城一线分三路北犯,调济南王耀武部李仙洲集团的第七十二、十二、九十六军由淄博、明水地区南犯,企图南北夹击歼灭华东野战军于临沂地区。华东野战军针对南线之敌谨慎稳进而北线之敌大胆深入的特点,毅然放弃临沂,以小部钳制南线之敌,主力七个纵队挥戈北上,一举将北线之敌包围。经2月20日至23日三天多激战,全歼敌7个旅6万余人于新泰、莱芜地区,俘敌徐州绥靖公署第二绥靖区副司令长官中将李仙洲,创自卫战争以来一次歼敌7个旅的空前大捷。莱芜战役的胜利,给进攻山东的国民党军以沉重打击。徐州绥靖公署正副主任因此被蒋介石撤职。

刘伯承、邓小平领导的晋冀鲁豫野战军,为策应山东及苏皖解放军的作战,于8月中旬主动出击汴(开封)徐(徐州)段,截断了陇海路,歼敌1.6万余人。9月3日至10月底,先后在鲁西南之菏泽、定陶、曹县及郓城一带歼敌2.6万余人。1947年1月底,又由金乡南下豫皖苏地区,歼敌近万人。同一时期,陈赓指挥的太岳军区部队,先在晋南歼灭胡宗南、阎锡山5个旅,后又同晋绥野战军一起进行了汾(阳)孝(义)战役,共歼敌1.1万余人。晋察冀野战军在平绥路东西两段抗击国民党军的进攻,歼敌一部后于10月上旬主动撤出张家口。晋绥野战军于8月间攻克朔、崞两县。9月,在集宁歼灭傅作义军队8 000余人。东北民主联军于10月26日至11月2日在新开岭地区全歼五十二军之第二十五师8 000余人。1946年12月至1947年4月,发动冬季攻势,进行了三下江南四保临江的作战,歼敌3.5万余人,扼制了国民党军在东北的攻势。

这样,经八个月①作战,人民解放军共歼敌71万余人。虽然解放区失去了105座中小城市,但国民党每占一座城市都要付出伤亡近3 000人的代价,而且还都要派兵驻守。这就加剧了敌人战线太长和兵力不足之间的矛盾。至此,国民党军的全面进攻被迫停止,改为对山东和陕北的重点进攻。

蒋介石实行的重点进攻,是企图将解放军堵在黄河以北,使战争继续在解放区内进行,进一步消耗解放区的人力物力财力。进攻陕北和延安,还在于企图首先解决西北问题,割断中国共产党的右臂,驱逐中共中央和解放军总部出西北,然后调动兵力进攻华北,达到各个击破之目的。针对蒋介石的政治军事意图,中共中央

---

① 指1946年7月—1947年2月。

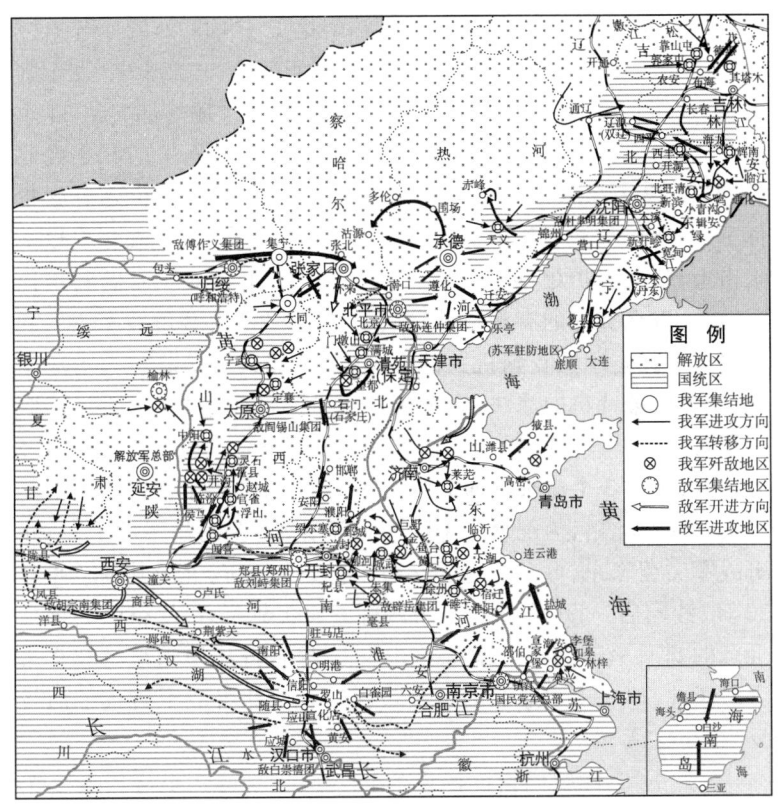

人民解放军挫败国民党军全面进攻示意图(1946年7月—1947年2月)

于3月18日主动撤离延安。3月29日,在清涧枣林沟作出了中共中央和解放军总部留在陕北坚持斗争和组织前方委员会、后方委员会、工作委员会的决定。会后,由毛泽东、周恩来、任弼时等组成的前委转战陕北,领导全国的工作并直接指挥西北的作战;由刘少奇、朱德、董必武组成工委,进行中央委托的工作,5月经晋绥抵河北平山县西柏坡,7月12日,工委正式成立;由叶剑英等赴山西临县组织后委。

1947年3月13日,胡宗南以整编第二十九军刘戡所部第三十六、十七、七十六师和整编第一军董钊所部第一、二十七、九十师为主力,纠合宁夏马鸿逵、青海马步芳、榆林邓宝珊等部共约34个旅23万余人,开始进犯延安。刘戡、董钊分别从洛川、宜川出发北进。只有2万余人的西北野战军,在中共中央和彭德怀、习仲勋指挥下,采取诱敌深入集中优势兵力各个歼敌的方针,先在延安以南阻击七昼夜,掩护中共中央转移后,19日撤出延安。而后利用地形熟悉、群众拥护的有利条件,抓住胡宗南急于寻找解放军主力进行决战和打击中共首脑机关的心理,以一部兵力伪装主力诱敌跟进、主力隐蔽待机的战法,先后于3月25日、4月14日、5月初取得了青化砭、羊马河、蟠龙三次歼灭战的胜利,歼敌3个旅共1.5万余人,生俘3个旅长。西北野战军三战三捷,给了骄横的胡宗南当头一棒。此后,为配合刘邓大军南下作战,调动胡军北上,西北野战军突袭陇东,收复三边(安边、定边、靖边),北攻榆林。8月20日,沙家店一役,全歼敌三十六师6 000余人,迫使企图与该师会合的刘戡率部南逃。南逃途中又被西北野战军追歼4 000余人。至此,胡宗南对陕北的进攻被粉碎。西北野战军转入了内线反攻。

3月下旬,顾祝同指挥汤恩伯、王敬久、欧震3个兵团及2个绥区部队共60个旅45万余人,开始进攻山东解放区。4、5、6三个月内接连发动三次攻势,妄图将华东野战军歼灭在胶东狭窄地区或沂蒙山区,但均被击破。在第二次进攻时,汤恩伯兵团所属整编第七十四师3.2万余人,于5月中旬被全歼于蒙阴东南的孟良崮山区。中将师长张灵甫被击毙。七十四师是国民党军五大主力之一,全部美械装备。它的被歼灭是对国民党军的沉重打击。孟良崮战役的胜利,为华东野战军由防御转入进攻奠定了基础。6月底,当敌人发动第三次攻势时,华东野战军分头向鲁西、鲁南突击,迫使深入鲁中之敌西调。7月上旬,敌人对山东的重点进攻被打败了。

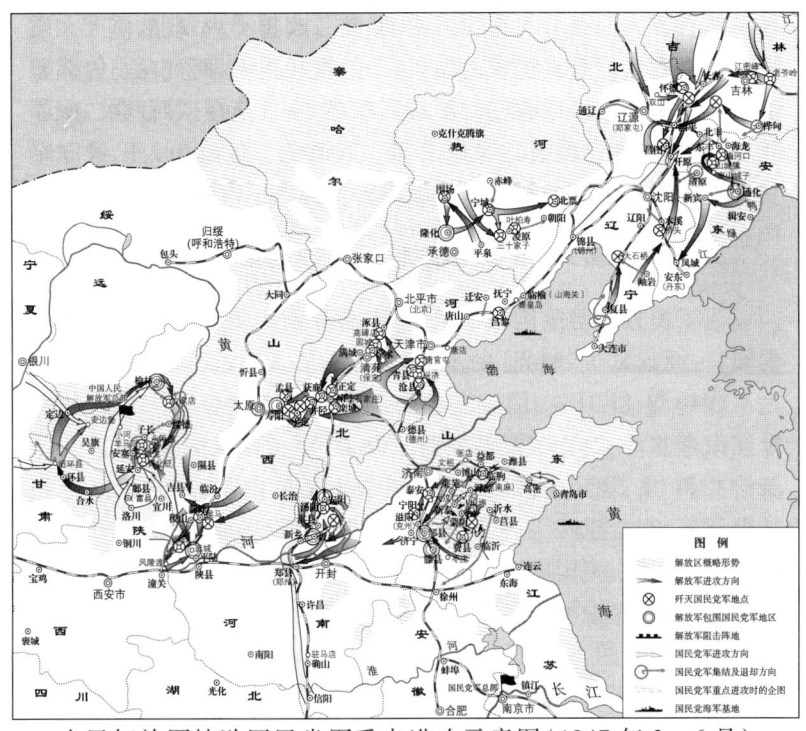

人民解放军挫败国民党军重点进攻示意图(1947年3—6月)

同时期,其他战场的野战军展开了战略性反攻。东北野战军于5月13日至6月20日发动夏季攻势,歼敌8万余人,扭转了东北战局。晋察冀野战军出击石家庄外围和津浦线北段,歼敌5万余人。晋冀鲁豫野战军主力出击豫北,两个月内歼敌4.5万人,俘暂编第三纵队司令孙殿英。陈赓所部在晋南大量歼敌,解放了除临汾、运城等少数据点以外的广大地区。

人民解放军经过一年内线作战,共歼敌112万人。其中正规军97个半旅78万人,平均每月歼敌约八个旅。国民党军的总兵力由430万人下降至373万人,机动兵力只剩下40个旅左右。人民解放军损失35.8万人,总兵力由120万增至195万人,其中正规军达百万人。百万大军均可机动,装备改善了,军政素质大大增强。蒋介石实行重点进攻的结果,不但损兵折将,而且在军力部署上造成了短期内难以改变的哑铃形态势:重兵拖在东西两翼,中原薄弱,江南空虚。国民党又缺乏第二线部队。这就为人民解放军实行由内线作战到外线作战的战略转变提供了有利条件。

二、"制宪国大"和"改组政府" 反蒋的第二条战线形成

为了挽救统治危机和争取美援,蒋介石一面同美国帝国主义勾结,一面加紧了"制宪"的步骤。

1946年11月4日,外交部长王世杰同美国驻华大使司徒雷登在南京签订了《中美友好通商航海条约》,通称《中美商约》。该条约共30条,规定美国人在中国"领土全境内",有居住、旅行和从事商务、制造、加工、科学、教育、宗教、慈善事业、勘探与开发矿产资源的权利;美国的法人及团体与中国的法人及团体之待遇相同,美国商品在中国征税、销售、分配和使用,享有不低于任何第三国和中国商品的待遇,中国对美货的输入以及由中国运往美国的任何物品"不得加以任何禁止或限制";美国船舶,包括军舰在内,可以在中国开放的任何口岸、地方或领水内自由航行,其人员和物品有经由"最便捷之途径"通过中国领土的自由;美国船舶可以在"遇到危难"时开入不开放的口岸、地方或领水内。该条约以"平等""互惠"的形式掩盖着侵略的实质。因此,它的签订,受到了各界爱国人士的强烈谴责。1947年2月1日,中共中央郑重声明:对于1946年1月10日以后,由国民党政府单独成立或单独进行的一切对外借款、条约、协定、外交谈判,本党均不承认并决不担负任何义务。上海人民团体联合会发表声明说:"《中美商约》是绝对不利于中国的片面独惠的丧权辱国的新的不平等条约。"这个条约的签订大大有利于美国商品在中国倾销,加深了国统区的经济危机。

《中美商约》签订后10天,国民党操纵的"国民大会"在南京

召开。这次"国大"是要制定宪法,所以称为"制宪国大"。按照政协协议及其所规定的"国大"召开程序,必须是在内战完全停止、政府已经改组、宪草修正案完成之后才能召开,而且要各党派共同参加。但蒋介石不经与各方协商,就于7月3日宣布当年11月12日召开"国大"。9月间,国民党一面进攻张家口,一面催促各党派提交参加"国大"的代表名单。10月16日,蒋介石发表声明,提出就地停战、恢复交通等八条意见,声称在共产党同意这些条件后,他就下停战令,但在下令同时共产党必须宣布参加"国大"并提交代表名单。10月17日,中共中央发表声明,严正指出:"今日一切会谈如欲其有真实结果,必须承认停战、政协两协定的神圣效力,即承认恢复1月13日国共双方军事位置为一切军事商谈的准则,承认实行政协一切决议为一切政治商谈的准则。"但蒋介石一意孤行,在中共、民盟及其他民主分子拒绝参加的情况下,拉着青年党、民社党①及一些所谓社会贤达,在南京召开了非法的"国大"。11月15日开幕,12月25日通过《中华民国宪法》后闭幕。1947年1月1日,国民党政府公布了这个宪法,并宣布1947年12月25日起开始实施。对于这个非法的、分裂的"国大"及其所通过的宪法,中共、民盟及其他民主党派都表示了严正的反对态度。11月16日,周恩来发表声明,并于19日率中共代表团部分成员返回延安。

国民党的这部宪法,抄袭了资产阶级宪法中一些关于自由平等的条款,加进了一些政协宪草协议的词句,但实质上是1936年"五五宪草"的翻版。它以根本大法的形式确认了蒋介石独裁统治的国家制度。国民党的制宪,是中国反动统治阶级的最后一次制宪。

1947年春,国民党又拉着民社党、青年党两党进行了所谓"政

---

① 1946年8月15日张君劢的国社党与伍宪子领导的民主宪政党在上海宣布合并,称民主社会党。

府改组"。4月17日，国防最高委员会和国民党中常会联席会议决定了政府人选，4月18日，国民党政府将名单公布。4月23日，宣布改组后的政府成立。主席蒋介石，副主席兼立法院院长孙科，行政院院长张群，司法院院长居正，监察院院长于右任，考试院院长戴传贤。29名政府委员中国民党占17名，民青两党各4名。国民党宣称这次改组是"划时代之创举"，已经实现了"还政于民"的诺言，"多党过渡政府"已经成立。4月25日，民盟发表宣言指出：这个政府既不是主张和平的政府，也不是民主政府，不过是国、民、青三党"共同负责与共产党作战之政府而已"。

国民党反动派在开"国大"、打延安、"改组政府"的同时，还采取了一系列破裂国内团结的步骤。1947年2月，国民党迫令中共驻军调部人员撤退（1月，美国政府撤退军调部人员。马歇尔亦离华返美），强迫中共在京、沪、渝担任谈判联络的代表团及工作人员于3月5日前撤回延安。3月9日，撤退完毕。行前董必武发表书面谈话表示继续为和平民主而奋斗的决心和信心，并委托民盟保管中共代表团在京、沪、渝和昆明、桂林的财产。3月15日至24日，国民党召开六届三中全会。蒋介石在会上宣告"政治解决的途径已经绝望"，公开破裂国共合作关系。6月25日，国民党政府最高法院检察署下令"通缉毛泽东"。7月，发布"戡乱总动员令"后将中共参政员除名，取消中共"国大代表"和国民政府委员保留名额。至此，国共十年的合作完全破裂。

蒋介石在发动内战的同时，对国统区的民主运动一直采取高压政策。1946年，继"六二三"下关惨案发生之后，7月中旬，国民党特务又在昆明制造了骇人听闻的暗杀李公朴、闻一多的血案。李公朴和闻一多都是民盟中央委员，在战后争和平民主、反内战独裁的斗争中始终站在前列。7月11日晚，李公朴外出回家时遭特务狙击，翌日晨逝世。7月15日下午，闻一多又被暗杀。一城之中，五天之内连发两大血案，国民党法西斯的狰狞面目暴露无遗。国民党以卑鄙的暗杀手段对付民主人士，非但没有把人民吓倒，相反,更激起了人民的愤怒和民主人士的觉醒。在白色恐怖中,人们以各种方式发出了抗议的呼声。各大城市人民纷纷集会悼念李、闻二烈士。10月4日,上海5 000余人召开悼念会。邓颖超在会上宣读了周恩来亲笔书写的悼词:"今天在此追悼李公朴、闻一多两先生,时局极端险恶,人心异常悲愤。但此时此地,有何话可说?我谨以最虔诚的信念,向殉道者默誓:心不死,志不绝,和平可期,民主有望,杀人者终必覆灭。"她每读一句誓词,全场都报以一阵热烈的掌声。

蒋介石的内战和法西斯统治政策,招致了严重的政治经济危机,各阶层人民除了团结自救,已经没有别的出路;驻华美军在平津京沪等大城市制造的肆意侮辱和残杀中国人的暴行,激起了中国人民极大的义愤;国民党军在前线失败的消息传来,国统区人民受到鼓舞,看到了希望。因此,从1946年冬起,国民党统治区的人民运动又掀起了新高潮。12月24日晚,在北平东单发生了美军强奸中国女大学生的暴行。这一事件激起了北平和各城市学生及工人、市民的抗议运动。站在最前列的是全国数十个城市的大约50万学生。他们响亮地喊出了"美军滚出中国"的口号。1947年3月8日,在上海成立了全国学生抗议美军暴行联合总会。这时,全国还有9个省38个城市发生了饥民抢米风潮。同时,学生的抗暴斗争逐渐同要饭吃、要和平、要自由,反饥饿、反内战、反迫害的运动相结合,掀起了规模更大的学潮。5月4日,上海各校学生游行示威,反对内战。5月9日,上海工人、学生8 000余人包围市政府,反对冻结工资。从5月中旬开始,上海、北平、南京等城市学生举行罢课、游行,要求改革学制、改善生活,反对内战。国民党反动派对学生的爱国运动采取野蛮的镇压手段。5月18日,国民党政府颁布《维持社会秩序临时办法》,规定严禁人民10人以上的请愿和一切罢工、罢课、游行示威。此法一公布,立即遭到广大学生的反对。第二天,上海复旦、交大、同济等15个专科以上学校5 000余人游行示威,平津各大学罢课。5月20日,北平各校1.5

万余名学生上街进行反饥饿反内战宣传,在西单遭特务袭击。京沪苏杭地区6 000余学生在南京联合举行挽救教育危机请愿示威,提出了增加教育经费、学生副食费,改善教职员待遇等要求。当队伍准备到国民参政会请愿,行至珠江路口时遭到军警、特务镇压,被殴伤100余人,被捕20余人,造成了震动全国的"五二○血案"。

国统区以学生为主力的人民运动,形成了与人民解放军相配合的反美反蒋斗争的第二条战线。这条战线的形成,标志着新的人民大革命高潮即将到来,蒋介石政府已经处在全国各阶层人民的政治围困之中。

三、中间路线的宣传及其破灭

中间路线或第三条道路的内容是资产阶级民主政治思想,对这种思想的大力宣传,是战后十分引人注目的事情。这种思潮的兴起是随着国共两党谈判的恢复及随之而来的中间党派的活跃而出现的,在政协会议前后达到高潮。全面内战爆发后的一段时期内,还有人积极宣传,而且更系统化更理论化了。在民盟临时全国代表大会提出建立"中国型的民主"以后,1945年12月15日,施复亮在《国讯》上发表了《论中间派》一文,提出了中国应走什么道路的问题。他认为中国社会中有左中右的分野,左派要走的是社会主义道路,右派要走的是殖民地资本主义道路,这都不是中国所应走和能走的,只有代表民族资产阶级和小资产阶级利益的中间派,"一面虽然要走民族资本主义的道路,但同时决不妨碍社会主义的前途,而且要尽可能地提高工农的地位,增进工农的利益,与工农一起去完成政治民主化和经济的工业化,造成自立的经济和独立的国家"。在这里,虽然还未出现"中间路线"一词,但已经对它的内容和实质作了说明。

1946年6月22日,张东荪在《再生》第118期发表的《一个中间性的政治路线》一文中,从"把国际方面的外交与国内方面的政制冶于一炉以求解决"的观点出发,设计了中国应实行的政治路线。他主张于内政上建立一个"资本主义与共产主义中间的政治制度"。这种制度,"在政治方面比较上多采取英美式的自由主义与民主主义;同时在经济方面比较上多采取苏联式的计划经济与社会主义"。从消极方面说,采民主主义而不要资本主义,不要资本家垄断。采社会主义而不要无产专政的革命,不要阶级斗争。如果以此"为立国之基础",英美与苏联都可放心。他认为"这条唯一的路可泛名之曰民主"。这种"民主"既不是英美式的也不是苏联式的。1947年3月20日,他在《观察》2卷6期发表的《追述我们努力建立"联合政府"的用意》一文中,对此作了进一步说明:"中国的出路本来最理想的是:一、以整个的中国作为美苏的桥梁。在亚东方面把美苏的冲突调和下来,借以谋世界的安定。二、以广大与强盛并富有独立性的第三者人们作为国共的桥梁。将国共两党各迫使其趋于正轨,同时把他们拉拢起来,得到大合作"。他认为"联合政府"的办法就可以逐步改变国共两党的性质。张东荪的这个认识和主张,在中间党派中有一定的代表性。这也是民盟努力调解国共两党关系的出发点之一。

宣传论述中间路线最有力的还是施复亮。1946年7月至1947年5月,他先后发表了《何谓中间派?》《两条道路,一个动力》《"第三方面"的组织问题》《论"第三方面"与民主阵线》《中间派的政治路线》《中间派在政治上的地位与作用》《再论中间派的政治路线》《中间路线与挽救危局》等文章,对中间路线的内容、地位、作用作了反复的论述。他的论述可以归纳为下列几点:(一)中间派有广泛的社会基础,国共两党的政策都不能代表他们的利益,只有中间路线才代表他们的利益。(二)中间路线的核心内容是实行新民主主义的政治和新资本主义的经济。新民主主义的政治"在形式上是英美式的民主政治,但决不许它成为少数特权阶级所独占的民主政治,必须把它变成为多数平民所共治的民主政治,进一步且须变成为全体人民所共治的民主政治"。新资本主义的经济,"在发展生产力方面,主张尽量利用资本主义生产方式的各种优点以促进整个国民经济的迅速工业化,在调整生产关系方面,主张尽量革除资本主义生产方式的种种弊端,采用进步的社会政策以保障劳动大众的职业和生活。同时,为着提高农业的生产力和农民的购买力,主张立即实施进步的土地改革"。(三)对外主张"兼亲美苏",做美苏合作的桥梁,不做美苏冲突的牺牲品。对内主张"调和国共","跟左翼党派合作,共同制止右翼党派的反动政策,但须保持自己的独立的政治立场,不可无原则的附和左翼党派的主张"。他强调"中间派绝不是中立派,在民主与反民主之间决不能中立。中间派也不是调和派,在是与非之间也无法调和"。(四)中间派在思想上应当是自由主义的,反对任何思想上的统制和清一色。在行动上应当是和平的、改良的,不赞成暴力的革命的行动。(五)政协路线在本质上是中间派的政治路线。政协路线是一条企图用和平合作的方式来实现政治民主化、军队国家化、经济工业化的路线,完全跟中间派所代表的中间阶层的历史任务相符合,也跟中间派的政治斗争方式和态度相一致。他认为当时的形势是"国民党既不能用武力消灭共产党,共产党也不能用武力推翻国民党;而国际形势也不许可有一个完全右倾的国民党政权或完全左倾的共产党政权。在这种客观的情势之下,唯一可能的正确的道路,就是恢复中间性的政协路线"。(六)呼吁国共以外的一切民主党派组成强大的中间党派以发挥在政治斗争中举足轻重的作用。他认为民盟应成为整个"第三方面"公共的组织,各党派在民盟的旗帜下,分别组织,联合行动。施复亮等人的以建立资产阶级民主共和国为目标的中间路线,在中国是行不通的。随着历史的发展它所起的作用也发生了变化。当中国共产党领导中国人民力争和平民主、采取孤立蒋介石的方针的时候,它的反对国民党一党专政和蒋介石独裁,冲击封建买办法西斯统治的进步作用是主要的。当中国人民用武力推翻国民党反动统治已成定局的时候,它的不利于革命的消极的甚至反动的作用,就是主要的了。到这时,坚持和继续鼓吹中间路线的,就剩下极少数人了。

1947年下半年,中国的历史出现了根本的转折。人民解放军由战略防御转入战略进攻。国民党因为战局不利而对人民采取更加野蛮的反动措施。这时中间路线失去了活动的天地,而国民党反动派也因民主党派起了共产党同盟者的作用而向它们开刀了。早在1947年5月,国民党中央社就发表了捏造的所谓《中共地下斗争路线纲领》及某观察家谈话,诬蔑民盟、民建等民主党派已成了"暴乱工具",这是国民党发出的打击民主党派的信号。5月31日夜,国民党政府在成都重庆实行大搜捕,逮捕了数十名民盟盟员。10月7日,在西安杀害了民盟中央常委西北总支部负责人杜斌丞。10月27日,国民党政府内政部发言人以所谓"勾结共匪参加叛乱"的罪名宣布民盟为"非法团体"。11月5日,民盟在上海的一部分领导人被迫同意民盟解散,次日以张澜的名义发表了《中国民主同盟总部解散公告》,宣布自即日起民盟总部负责人辞职,总部解散,盟员一律停止政治活动。这样,存在了七年的民盟被非法解散。从此,其他民主党派也不能公开活动了。民盟的被镇压,宣告了"第三大党"运动的失败和中间路线的破灭。民盟被迫宣布解散,是民盟史上一大挫折。但是这也正是民盟转变的起点。

四、少数民族的政治斗争

抗日战争胜利后,作为整个民族民主革命组成部分的少数民族争取民族自治和人民解放的斗争,有了新的发展。

内蒙古人民的民族自治运动逐步实现了统一。在中国共产党的领导和影响下,1945年11月25日,由云泽(乌兰夫)等主持在张家口召开了西蒙(锡林郭勒、伊克昭等盟)各盟旗人民代表大会。会议决定成立内蒙古自治运动联合会,作为内蒙古自治运动统一的领导机关,各盟设立分会。1946年4月3日,在承德召开了东西盟自治运动代表联席会议,经过协商和争论,一致决定:民族解放的方针应确定为平等自治而不是"独立自治";接受中国共产党的领导和帮助,目前以联合会为公开领导机关;东盟自治政府(1946年1月16日成立)撤销,建立联合会东盟分会;改造内蒙古武装,分别直属人民解放军各军区领导与指挥。会议选举乌兰夫为自治运动联合会执行委员会主席。从此,内蒙古人民的革命力量实现了统一领导。经过一年筹备,1947年4月24日至5月6日,在王爷庙(今乌兰浩特)召开了有298名代表参加的内蒙古人民代表会议,讨论通过了《内蒙古自治政府施政纲领》《内蒙古自治政府暂行组织大纲》,确定了政府的性质和任务以及组织机构;选出了临时参议会,由参议会选出了内蒙古自治政府委员21名,组成自治政府,以乌兰夫为政府主席。5月1日,内蒙古自治政府正式宣告成立。内蒙古自治政府直辖呼纳、兴安、哲里木、昭乌达、锡林郭勒、察哈尔六个盟,面积60余万平方公里,人口230余万,包括蒙古、汉、回等民族。这是内蒙古人民自治运动的丰硕成果,中国共产党民族平等、民族区域自治政策的第一个胜利。7月9日,中共内蒙工作委员会成立。从此,内蒙古人民在中国共产党和自治政府领导下,积极参加了人民解放战争。内蒙古人民骑兵1947年5月至1950年4月共对敌作战650余次,歼敌2.1万余人,为内蒙古、华北乃至全国的解放贡献了力量。

1944年爆发了新疆伊犁、塔城、阿山三区人民的反国民党政府事件。1945年4月8日,三区的临时政府将各地游击队编组成约万人的民族军,并分路进攻国民党政府在新疆的军队,很快统一了三区,连占精河、乌苏,9月,抵玛纳斯河西岸,威逼迪化(今乌鲁木齐市)。国民党政府新疆省主席吴忠信、第八战区司令长官朱绍良,迭电重庆告急。蒋介石即派张治中赴新考察,其任务是"振奋士气,安定人心,考查这次事变的实在情况,提出报告,作为解决问题的参考"[①]。9月13日,张治中到达迪化。经苏联驻迪化总

---

① 《张治中回忆录》下册,中国文史出版社1985年版,第418页。

领事从中斡旋,10月中旬,三区临时政府派出赖希木江·沙比里、阿希都哈衣尔·吐烈、阿合买提江三人代表团同张治中率领的国民党政府代表开始在迪化谈判。1946年1月2日,达成协议,签署了《中央政府代表与新疆暴动区域代表之间以和平方式解决武装冲突之条款》。

和平条款及附文,使新疆各族人民争得了选举当地人士为行政官吏之选举权及保荐行政督察专员、副专员之权,获得了宗教信仰、使用本民族语言文字、对内对外贸易自由等权利。但最主要的是国民党政府答应改组新疆省政府和准予组织民族军。协议规定:省府委员25人,其中10人由中央直接派定,15人由各区人民代表保荐经中央任命;民族军总人数以1.1万至1.2万为限,驻地以三区为限。由三区保荐一人为指挥官,该指挥官须服从省警备总司令及保安司令之命令,并由政府派为全省保安副司令。依据协议,省政府于6月进行了改组。国民政府主席西北行辕主任张治中兼理新疆省主席,阿合买提江和包尔汉任副主席。7月1日,新疆民族民主联合政府宣告成立。7月18日,省府通过了施政纲领。从此,新疆一度出现了和平局面。双方开释了政治犯。张治中还实践向周恩来许下的诺言,释放了被盛世才囚禁的131名共产党员,并派人将他们安全送到延安。

张治中虽然愿意保持新疆的和平,但他无力制止国民党内部的反动势力在联合政府内外的破坏活动。他们一面破坏在南疆各地进行的县参议员和县长的选举,一面在迪化制造流血事件。1947年2月25日,他们唆使一伙暴徒闯入省政府内,妄图杀害阿合买提江等三区领导人,打死了包尔汉副主席的警卫员。接着在市内进行戒严和大搜查,一夜之间逮捕50余人,还有些人被打死。5月,张治中辞职,国民党政府于5月19日任命原新疆监察使麦斯武德为主席,并免去了包尔汉的副主席职务。这一措施不但遭到以三区领导人为代表的各族进步人士的抵制,而且引起了各地群众的激烈反对。各地群众游行示威,表示抗议。在吐鲁番、鄯善、托克逊等3县更发展为武装反抗,国民党反动派对反抗者进行了血腥屠杀,3 000余人被杀害。与此同时,在喀什等地也逮捕、杀害革命人士。至此,联合政府无法维持下去了。从8月开始,阿合买提江等返回伊犁,开始了以玛纳斯河为界的武装对峙局面。包尔汉亦离开迪化到南山小渠子疗养。后经张治中建议,蒋介石调包尔汉到南京任国民政府委员(1948年5月以后为总统府顾问)。

1947年秋后,三区形势进入困难阶段。但是,三区的领导者认识并纠正了狭隘民族主义的错误,改变了无区别地对待一切汉人的政策,提出了包括汉族在内的各族劳动人民团结一致争取民主的口号,并于1948年8月1日在伊宁成立了新疆保卫和平民主同盟,以阿合买提江为主席。这是新疆各族人民统一战线的组织。一年之后,成员发展到8万余人。

1948年夏,由于新疆人民的反对,经张治中(这时任西北长官公署长官,住兰州)建议,蒋介石将宋希濂调回内地。警备总司令一职由公署副长官陶峙岳兼任。1948年底南京行政院决定撤换麦斯武德,以包尔汉为新疆省政府主席。1949年1月10日明令公布。这一决定无形中为新疆的和平解放提供了有利条件。

1949年8月,中国共产党的联络员到达伊宁,会见了三区革命领导人,并转交了8月18日毛泽东以新政协筹备会主任名义写给阿合买提江的信。信中说:"你们多年来的奋斗,是我全中国人民民主革命运动的一部分,随着西北人民解放战争的胜利发展,新疆的全部解放已为期不远。你们的奋斗即将取得最后的成功。我们衷心地欢迎你们派出自己的代表五人前来参加全国人民政治协商会议的全体会议。"8月20日,阿合买提江给毛主席写了回信,并决定了出席会议的代表团人选。8月22日,代表团离开伊宁,经苏联飞北平。不幸,8月27日,飞机在苏联贝加尔地区失事,机上阿合买提江等17人全部遇难。9月,改由赛福鼎·艾则孜、徐治、阿里木江等3人代表新疆人民出席了会议。

内蒙古、新疆以外的其他少数民族也以不同方式展开了争取解放的斗争。解放区的少数民族人民踊跃参军、支前,发展壮大自己的武装。在解放东北的战争过程中,朝鲜族有5万青年参军,延边地区有22万余青壮年组成担架队、运输队随军前进。国统区的各族人民或自动起来反对国民党的"三征"(征兵、征粮、征税),或发动武装起义,配合解放军的胜利进军。在中国共产党组织的华南各地的游击队(琼崖独立纵队、桂滇黔边纵队等)中都有少数民族人民参加。中国人民政协召开时,南方许多少数民族聚居的省区尚未解放,不能派出更多的代表。但仍有12名代表出席会议。还有一些少数民族人士以其他的名义出席了会议。各少数民族人民为解放全中国、建立人民的新国家作出了巨大贡献。

第三节　国民党南京政权的覆灭　中华人民共和国的成立

一、人民解放军转入战略进攻　国民党政府的"戡乱总动员"

内战打了一年之后,敌我力量对比发生了重大变化。国民党不但在军事上丧失了大量有生力量,政治上也日益孤立。中共中央不失时机地作出了人民解放军实行战略转变的决策:举行全国性反攻,由内线作战转入外线作战,由战略防御转入战略进攻。决定以中原地区作为突破口,把战略进攻矛头直指鄂豫皖三省交界处的大别山区。为了实现这一战略计划,毛泽东作了三军配合、两翼牵制的部署,即以晋冀鲁豫野战军主力实施中央突破,渡黄河南进,直趋大别山。以华东野战军外线兵团为左后一军挺进豫皖苏,以晋冀鲁豫野战军太岳兵团为右后一军,由晋南渡黄河挺进豫西。在三路大军布成"品"字形阵势,互为犄角,逐鹿中原时,西北野战军出击榆林,调动胡宗南部北上,华东野战军内线兵团在胶东发动

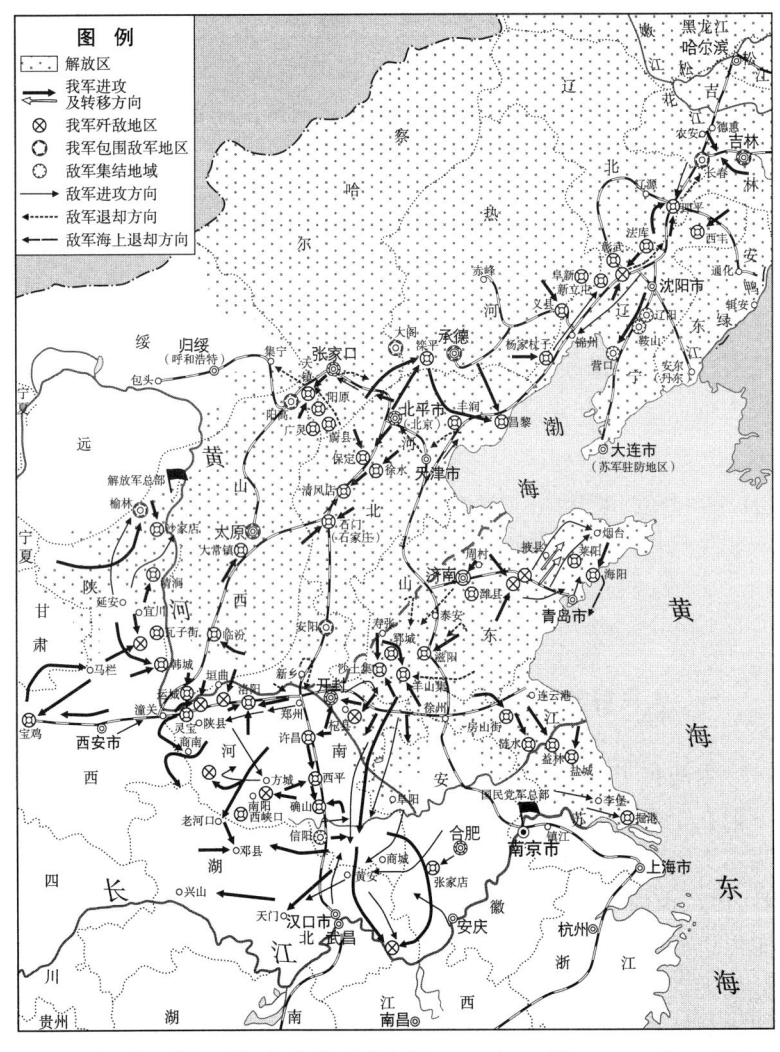

人民解放军转入战略进攻示意图（1947年7月—1948年7月）

攻势,将进攻山东的敌人引向胶东。这种周密的部署,保证了战略转变的实现。

1947年6月30日,刘伯承、邓小平率晋冀鲁豫野战军主力一、二、三、六4个纵队12万余人在张秋镇至临濮集之间300里地段上,一举突破黄河天险,进入鲁西南地区。蒋介石急忙调兵驰援,企图将刘邓大军聚歼于黄河、运河三角地带,或逼其回渡。刘邓大军乘机于7月7日至28日发动鲁西南战役,连续在郓城、定陶、六营集、独山集、羊山集等战役中歼敌4个整编师部九个半旅共5.6万余人。巧妙地调动和迷惑了敌人。接着又根据毛泽东的不要与前来合击的敌人纠缠,"下决心不要后方,以半月行程直出大别山"的指示,于8月8日突然甩开约30个旅的敌人,分三路跨越陇海路,向南疾驰,开始了千里跃进的壮举。刘邓大军涉越黄泛区,渡过沙河,8月27日,渡过淮河进入大别山区。8月22日、23日陈赓、谢富治率四、九两个纵队及三十八军等部于晋南之济源、平陆间强渡黄河挺进豫西,连克新安、渑池、宜阳、洛宁。东慑洛阳,西逼潼关。10月在伏牛山区展开,开辟了豫鄂陕解放区。9月初陈毅、粟裕率8个纵队突入鲁西南,沙土集一战歼敌9 500余人。9月下旬越陇海路进入豫皖苏平原。至10月底解放了洪泽湖以西、平汉路以东、淮河以北广大地区,威震徐州。

三路大军南下之初,国民党当局误以为刘邓大军是"北渡不成而南窜",认为陈谢兵团之进击豫西是为接应刘邓北返。及至发现解放军的战略意图后,蒋介石慌忙调兵"围剿"。11月23日,国防部长白崇禧组成国防部九江指挥所,纠集33个旅的兵力围攻大别山。刘邓大军在远离根据地、无后方作战的艰苦条件下,依靠群众,多次打破敌人围攻,在大别山立足生根。同时从9月起,与陈谢、陈粟两支大军密切协同,在江淮河汉之间辗转歼敌。12月底,三路大军在豫南的确山地区会师。至此,共歼敌近20万人,解放县城100余座。不但使鄂豫皖、豫皖苏、豫西三块新解放区连成一片,而且开辟了桐柏、江汉解放区。三路大军挺进中原,吸引和调动了国民党军南线全部兵力160个旅中的90个旅于自己周围,打破了蒋介石在中原的防御体系,也极大地支持了其他战场解放军的反攻。这样就迫使国民党军处于被动地位,对扭转全国战局起了决定性作用。

与三路大军转入外线作战的同时,其他战场的人民解放军也转入外线作战或内线反攻。在西北,彭德怀领导的西北野战军和贺龙、习仲勋领导的陕甘宁晋绥联防军区部队,继沙家店战役后,9—10月间发动了黄龙战役和延长、延川、清涧战役,歼灭七十六师8 000余人。10月26日至11月10日,第二次攻打榆林,歼敌八十六师一部2 400余人。随后转入新式整军运动。至1948年初,西北野战军发展为5个纵队12个旅7.5万余人。在华东,谭震林、许世友等领导的华东野战军内线兵团(后称山东兵团)接连在胶东的莱阳、平度、掖县(今莱州)地区发动攻势,歼敌6万余人。苏中军区部队先后进行了李堡战役和盐南战役,歼敌1.6万余人。在华北,晋察冀军区野战部队在杨得志、罗瑞卿、杨成武、耿飚指挥下先后进行了大清河北战役、清风店战役、石家庄战役,共歼敌近5万人,全歼罗历戎的第三军。石家庄得到解放。华北重镇石家庄的解放具有重大的政治、军事影响。12月下旬,晋冀鲁豫野战军的第八纵队与西北野战军一部解放运城,晋南地区全获解放。在东北,民主联军发动秋季攻势,在北宁、中长两路沿线歼敌6.9万余人,迫使东北之敌龟缩于长春、吉林、四平、沈阳、营口、锦州及其附近地区。民主联军发展至12个步兵纵队和铁道、炮兵各一个纵队。1948年1月1日,正式改名为东北人民解放军。

人民解放军半年的反攻共歼灭国民党军75万余人,不但完全打破了国民党在中原的防御体系,而且迫使其在全国处于防御地位。人民革命战争则结束了多年来的战略防御局面,主动向敌人进攻了。这是人民革命战争的根本转折。"这是一个历史的转折点。这是蒋介石的二十年反革命统治由发展到消灭的转折点。这是一百多年以来帝国主义在中国的统治由发展到消灭的转折点。

这是一个伟大的事变。"①

在这个伟大的历史转折关头,中国共产党于1947年10月10日发表了《中国人民解放军宣言》,宣布了成立民主联合政府、没收官僚资本、实行耕者有其田、废除一切卖国条约等项基本政策,正式提出了"打倒蒋介石,解放全中国"的口号。

正当中国人民解放军转入进攻的时候,国民党反动派开始实行所谓"戡乱总动员"和党务"改革"。7月4日,国民党政府第六次国务会议通过了蒋介石交议的《厉行全国总动员,以戡平共匪叛乱,扫除民主障碍,如期实施宪政,贯彻和平建国方针案》,并于次日颁布了"全国总动员令"。7月7日,蒋介石发表"戡乱建国"演说。7月18日,国民党政府发布《动员戡乱完成宪政实施纲要》。此后又陆续发布了一系列旨在搜刮国统区人民、镇压民主运动的法令。各省市参议会及"人民团体"纷纷通电表示拥护,并召开"戡乱建国动员大会"。在国民党统治区掀起了反共反人民的狂浪。

在"总动员"中,蒋介石一面要他的部属提高"自强自立与独立自主的信心",警惕"覆巢"的危险,一面妄图"改革党务",给腐败不堪的国民党打一针强心剂。9月9日至13日,召开了国民党六届四中全会及国民党、三青团中央联席会议,通过了《中国国民党当前组织纲领》《统一中央党部团部组织案》和会议宣言。这种党团合并的办法未能给国民党带来生机。

为了实行"总动员",蒋介石在战略上实行所谓分区防御,并调整了各大区军事指挥机构及兵力部署。在北线(东北、华北)固守沈阳、锦州、四平、吉林、长春等战略要地及锦榆段关内外通道,和平、津、保、张、塘诸点及平绥、平汉、北宁、津浦线。1947年11月下旬,蒋介石决定撤销保定、张垣两绥靖公署,设立华北"剿匪"总司令部,以傅作义为总司令,统一指挥晋察冀热绥五省军事(太

---

① 《毛泽东选集》第4卷,人民出版社1991年版,第1244页。

原绥靖公署仍存在,由阎锡山指挥孙楚、王靖国两个集团军)。1948年5月,正式撤销国民政府主席北平行辕。1947年8月,撤销东北保安司令长官部,由东北行辕负军政全责,参谋总长陈诚兼行辕主任。1948年1月17日,任命卫立煌为行辕副主任兼东北"剿匪"总司令。在南线(包括西北、华中、华东)则划分为20个绥靖区,实行所谓经济、政治、军事三位一体的"总体战"。在指挥机构上,白崇禧坐镇九江统一指挥华中军事并指导鄂豫皖赣湘五省政务。撤销徐州、郑州两绥靖公署,改设陆军总司令部徐州司令部(后改为徐州"剿匪"总司令部),由顾祝同统一指挥苏鲁豫皖四省军事。蒋介石想用这些措施挽救危局,但仍无济于事。

目睹国民党政府的危机,美国政府于1947年7月派魏德迈来华"调查",目的是找出加强美援的效能和进一步控制国民党政府的办法。7月22日,魏德迈到南京,而后赴各地"视察"。8月22日,他在南京出席国民政府委员和部长联席会议,并在会上讲话指责国民党官吏的贪污及低效率,对国民党的腐败大发雷霆。8月24日,魏德迈离华返美。在发表的离华声明中,他要求国民党政府进行"改革",说"光靠军事力量是消灭不了共产主义的"。9月19日,魏德迈向杜鲁门提出长篇报告,建议给国民党军事经济援助和促使国民党政府进行"改革",还提出了由联合国托管中国东北的问题。此后,美国政府加紧了从经济、财政、军事上对国民党政府的控制和监督。从魏德迈来华调查开始,美国政府还策划了于必要时找其他人代替蒋介石和扶助"第三种势力"在革命阵营内部组织反对派的阴谋。

二、解放区的土地改革和中共十二月会议

随着人民解放军的胜利进军,解放区的土地改革运动出现了新高潮。广大农村掀起了轰轰烈烈的"前方打老蒋,后方挖蒋根"的反封建运动。"五四指示"发布后,各解放区的土地改革运动取得了很大成绩。但约有1/3的地区尚未实行土改。已经实行土改

的地区,有的在没收和分配土地上不彻底。为了彻底消灭封建剥削制度,充分满足农民的土地要求,纠正运动中右的倾向,1947年7月17日至9月13日,中共中央工委在河北平山县西柏坡召开中国共产党全国土地会议。会议由刘少奇主持,首先讨论了党内状况、农民组织和民主问题。最后讨论了土地改革政策,9月13日,通过了《中国土地法大纲》。这个大纲经中共中央批准于10月10日公布。大纲规定:废除封建性及半封建性剥削的土地制度,实行耕者有其田的土地制度;乡村中一切土地实行按人口统一平均分配,使全乡村人民均获得同等的土地并归各人所有;各级农民代表大会及其选出的委员会,无地少地的农民所组织的贫农团及其选出的委员会为实行土改的合法执行机关;保护工商业者的财产及其合法经营,不受侵犯;组织人民法庭,以保障土改的实施。这次会议是成功的。但也有不足和不正确之处,主要是有些政策规定不具体,没有讨论和制定一个统一的划分阶级成分的标准,在规定平分土地方针时没有注意区别老区、半老区和新区的不同情况,对错误倾向的批评不够全面,忽视了对"左"的现象的注意,对党内成分不纯的情况估计过于严重。这些问题的存在,是此后的实际工作中产生"左"的错误的重要原因。

《中国土地法大纲》公布后,各解放区普遍深入地展开了斗争恶霸地主和没收、分配地主土地的斗争。至1948年底,经过暴风骤雨般的群众运动,大约在有1.5亿人口的地区完成了土地改革任务,使1亿无地少地的农民获得了土地。这就大大激发了农民革命和生产的积极性,巩固了人民民主政权,鼓舞了解放军指战员的士气。据统计,1946年至1948年内,华北、东北解放区有200余万人参军。山东有580万人、冀中有480万人随军出征,抬担架、运粮弹。广大民兵还直接参战。人民解放军的兵源、粮源、战争勤务主要来自翻身的农民。农民的支持是解放战争取得胜利的可靠保证。

结合土地改革,中国共产党在农村组织中进行了以三查(查阶级、查思想、查作风)三整(整顿组织、思想、作风)为主要内容的整党运动。人民解放军进行了以诉苦(诉旧社会和国民党反动派给予劳动人民之苦)三查(查阶级、查工作、查斗志)为主要内容的整军运动。通过整军运动，大大提高了全军指战员的政治军事素质，有效地加速了将大批俘虏的国民党军士兵改造为解放军战士的进程。

在以战争和土改的胜利为主要标志的中国人民大革命高潮到来的时候，中共中央于1947年12月25日至28日在陕北米脂县杨家沟召开会议，通称"十二月会议"。会议主要是讨论通过了毛泽东作的报告《目前形势和我们的任务》，还通过了毛泽东1946年4月写的《关于目前国际形势的几点估计》，讨论了党内倾向以及土改、群众运动中的政策性问题，讨论结果由毛泽东写在1948年1月18日发出的《关于目前党的政策中的几个重要问题》的指示中。会议还决定：中国人民革命战争应该力争不间断地发展到完全胜利，应该不让敌人用缓兵之计(谈判)获得休整时间；组织中央政府的时机目前尚未成熟，颁布宪法更是将来的事。

毛泽东的报告，分析了形势，充分估计了人民解放军转入战略进攻的伟大历史意义，指明了战胜蒋介石的政治基础；全面总结了解放战争开始以来的经验，阐明了中国共产党夺取全国胜利的军事、经济、政治纲领及各项政策。军事方面，提出了著名的十大军事原则。经济方面，阐明了中国共产党在民主革命中的三大经济纲领，即"没收封建阶级的土地归农民所有，没收蒋介石、宋子文、孔祥熙、陈立夫为首的垄断资本归新民主主义的国家所有，保护民族工商业"。他论述了官僚资本的性质，指出：四大家族为代表的资本是垄断资本，"这个垄断资本，和国家政权结合在一起，成为国家垄断资本主义。这个垄断资本主义，同外国帝国主义、本国地主阶级和旧式富农密切地结合着，成为买办的封建的国家垄断资本主义。这就是蒋介石反动政权的经济基础"。他指出了保护民族工商业的必要性，即"由于中国经济的落后性，广大的上层小资产阶级和中等资产阶级所代表的资本主义经济,即使革命在全国胜利以后,在一个长时期内,还是必须允许它们存在;并且按照国民经济的分工,还需要它们中一切有益于国民经济的部分有一个发展;它们在整个国民经济中,还是不可缺少的一部分。""新民主主义国民经济的指导方针,必须紧紧地追随着发展生产、繁荣经济、公私兼顾、劳资两利这个总目标。"政治方面,重申了现阶段中国共产党的基本政治纲领,即"联合工农兵学商各被压迫阶级、各人民团体、各民主党派、各少数民族、各地华侨和其他爱国分子,组成民族统一战线,打倒蒋介石独裁政府,成立民主联合政府"①。毛泽东的报告,是整个打倒蒋介石反动统治集团建立新民主主义中国的时期内,中国共产党在政治、军事、经济各方面的纲领性文件。

在以土改为中心的群众运动发展过程中,发生了一些右的和"左"的错误。全国土地会议后,"左"的错误发展为主要错误倾向。在宣传上,许多地方宣传了一些诸如"贫雇农打江山坐江山"一类的错误口号。在行动上,侵犯中农利益;侵犯民族工商业;对地主富农及地主的大中小、恶霸非恶霸不讲区别,打击开明绅士;镇压反革命问题上越出某些政策界限,乱打乱杀;整党中采用一脚踢开党支部和基层干部的"搬石头"办法;等等。这些错误,搅乱了农村阶级阵线,在实际工作中造成了严重危害。由于错划阶级成分,侵犯了中农利益,致使一些地区的翻身农民产生了怕"富"的思想,怕一旦富裕了挨斗、被"割韭菜"。

对于群众运动中的这些错误,中共中央在十二月会议上已经发现,并开始纠正。会后更以极大的精力纠正"左"的错误,全面贯彻各项政策。除了明确规定若干具体政策外,主要着眼于提高广大党员和干部的理论水平和政策水平,从党的民主革命总路线的高度,阐明基本的理论和原则问题,同时强调把党的政策原原本

---

① 《毛泽东选集》第4卷,人民出版社1991年版,第1253、1254、1256页。

本地交给人民群众。中共中央和毛泽东在一系列指示和文章中,第一,强调了正确执行党的政策和党实现政策领导的极端重要性,提出了"政策和策略是党的生命"的论断。第二,要求全党正确认识总路线和具体工作路线的关系,紧紧掌握总路线。4月1日,毛泽东在晋绥干部会议上的讲话中说:"无产阶级领导的,人民大众的,反对帝国主义、封建主义和官僚资本主义的革命,这就是中国的新民主主义的革命,这就是中国共产党在当前历史阶段的总路线和总政策。""依靠贫农,团结中农,有步骤地、有分别地消灭封建剥削制度,发展农业生产,这就是中国共产党在新民主主义的革命时期,在土地改革工作中的总路线和总政策。"[①]第三,指出了无产阶级政党实现对同盟者领导的必要条件,并由此出发规定了若干对待同盟者的具体政策。毛泽东指出:领导的阶级和政党要实现对同盟者的领导必须具备两个条件,即率领同盟者向着共同敌人作坚决斗争并取得胜利,给同盟者以物质福利并给以政治教育。第四,重申了马克思列宁主义关于划分阶级的标准。任弼时在西北野战军前委扩大会议上的讲话《土地改革中的几个问题》(1948年1月12日)中,强调指出:应该"依据人们对于生产资料的关系的不同,来确定各种不同的阶级。由于对生产资料占有与否,占有多少,占有什么,如何使用而产生的各种不同的剥削被剥削关系,就是划分阶级的唯一标准"。过去许多地方"以剥削、历史、生活及政治态度等这样许多项目来作为定成分的标准",这就打乱了阶级阵线,扩大了打击面。上述问题的阐明及若干具体政策的规定,使党的各项政策走上了正确轨道,从而为革命的胜利提供了重要保证。

在宣传党的总路线和贯彻各项政策的过程中,一些共产党人在深入地进行调查研究的基础上,对新中国的国家性质、社会经济构成、经济建设方针作了理论上的探讨和概括。在这方面,1948

[①] 《毛泽东选集》第4卷,人民出版社1991年版,第1316~1317页。

年9月15日,张闻天为东北局起草的《关于东北经济构成及经济建设基本方针的提纲》,是一个很重要的文件。他在文件中对东北的国营经济、合作社经济、国家资本主义经济、私人资本主义经济、小商品经济等五种经济成分的性质、地位、发展方向及它们的相互关系作了分析,并在此基础上提出了明确的在经济政策上实行一条明确的无产阶级的领导路线,即"以发展国营经济为主体,普遍地发展并紧紧地依靠群众的合作社经济,扶助与改造小商品经济,容许与鼓励有利于国计民生的私人资本主义经济,尤其是国家资本主义经济,防止与反对商品的资本主义经济所固有的投机性与破坏性,禁止与打击一切有害于国计民生的投机操纵的经营"①。这个文件得到中共中央肯定。它为此后中共中央分析新中国的经济结构和制定经济政策打下了基础。

三、国民党召开"行宪国大" 国统区民主运动的深刻演变

1947年7月,国民党发布"戡乱总动员令"后,加紧准备实行所谓"普选"和召开"行宪国大"。11月,国民党政府成立了以孙科为主任的"国大"筹委会,开始进行"国大"代表的选举。

根据选举法,"国大"代表候选人由两种办法产生,一是由政党提名,一是由选举人提名,经500名以上选举人签署即可登记为候选人,公开参加竞选。国民党既要保持实际上的一党操纵,又要标榜"多党共同执政"的民主政治,便作出了关于国民党员参加竞选和"以党让党"(国民党让一些名额给民社党、青年党)的若干规定。9月13日,蒋介石在国民党六届四中全会上宣布"党员参加竞选,必须由党提名,绝对禁止自由竞选。任何党员如不听命令自由竞选,党部即开除其党籍。"12月2日,国民党政府通过了由张群、曾琦、于右任等12人提出的《政党提名补充办法》,规定国、民、青三党党员参加竞选"须由各所属政党提名","用选民签署手

---

① 《张闻天选集》,人民出版社1985年版,第415~416页。

续登记提名者,以无党派者为限"。虽有这些规定,但若干想当代表的国民党员纷纷以"国法"对抗"党纪",以种种手段,争取当选。结果不但国民党中央提名者有许多人落选,原拟分给民、青两党的名额也多被挤占。于是,1948年1月30日,国民党中常会又作出决议:原定民、青党员为正式代表,选举结果系无党派人士当选者,维持原选举;系国民党员当选者,一律让给民、青两党党员。原由中央提名而未当选,当选者如为原定候补者或由选民签署提名者,须自行退让给中央提名者。以上各条如不执行,以党纪论处。由选民签署提名而当选者因不同意退让给民、青两党和退让给中央提名者群起抗争,成立了"国大代表签署提名当选人联谊会",赴南京请愿,要求发给当选证书。由中央提名而落选者也成立了"国大代表中央提名当选人联谊会",亦向国民党中央请愿,要求出席大会。两者之争一直闹到国大开幕前夕。3月28日上午,由选民签署提名当选的代表颜泽滋等10人因未得到当选证书而进占会场并进行绝食,至29日晨国大开幕前几个小时才得到解决,"由警士护送出国民大会堂至第五招待所休息"。

按照《国民大会组织法》,共应选出代表3 045人,至3月28日共选出2 908人。报到者只1 694人,尚不足总额的2/3。3月29日,"行宪国大"在南京开幕。名为"实施宪法"的"国民大会",只是选举总统副总统而已。

关于总统的选举,4月4日,蒋介石在国民党六届中委临时全会上虚伪地表示不做总统候选人,提议由一党外人士担任。这实际是嫌总统权力不够大。在4月5日国民党中常会通过了张群提出的赋予总统紧急处置权的提议之后,蒋介石又表示"尊重"和"接受"中央的决定,做总统候选人。4月18日,"国民大会"在迅速完成了二读三读手续后以1 624票(出席2 045人)通过了《动员戡乱时期临时条款》,赋予总统在"动员戡乱时期"紧急处置之权。4月19日由居正陪选,蒋介石以2 430票(出席2 765人)当选为总统。

在副总统的选举中,蒋系和桂系展开了激烈的角逐。早在1947年冬,李宗仁在美国支持下定下了竞选副总统的决心,并派人在南京、上海展开活动。1948年3月11日,李宗仁在北平发表竞选谈话。3月16日,孙科在蒋介石支持下也公开表示竞选副总统。从此斗争表面化。4月3日,蒋对李说:总统副总统候选人,由中央提名。副总统候选人中央内定孙科。他要李退出竞选。李当即表示决不退出,并由黄绍竑出面与另两位候选人于右任、程潜结成了竞选联盟,共同反对由中央提名和内定孙科。4月6日,国民党中常会否决了由党提名的意见,决定由党内联署提名。4月20日,"国大"主席团公布李宗仁、孙科、程潜、莫德惠、于右任、徐傅霖六人为候选人。由于竞争激烈,经过4月23日、24日、28日、29日四次投票才选出来。李宗仁以1 438票对孙科1 295票的多数战胜了孙科当选为副总统。5月1日"国大"闭幕。

5月17日,孙科、陈立夫当选为立法院正副院长。5月19日,国民政府宣布结束。5月20日,总统、副总统就职。5月24日,蒋介石任命翁文灏为行政院长,何应钦为国防部长。6月1日,公布白崇禧为战略顾问委员会主任兼华中"剿总"总司令。但蒋介石又分设一个徐州"剿总"以分其权。这是蒋桂矛盾的又一个表现。

正当蒋介石加紧"戡乱"和"行宪"的时候,国统区各阶层人民掀起了反蒋斗争的新浪潮。1947年10月下旬,国民党浙江省保安司令部非法逮捕浙江大学学生自治会主席于子三,并把他杀害于狱中。这一暴行首先激起了浙大学生和教职工的愤怒,他们举行罢课和抗议。浙大校长竺可桢挺身而出,向反动当局抗争,支持学生们的正义斗争。这一事件成了全国反迫害运动的新起点。11月6日,北大、清华、中法、燕京、辅仁等校学生5 000余人在北大民主广场举行于子三追悼会,并在校内示威。北平各大学163位教授联名发表宣言,同情和支持学生们的罢课斗争。接着平津京沪汉等12个城市的学生约10万余人卷入罢课、示威的反迫害运动。1948年初,上海申新九厂工人为生活所迫举行罢工,遭到军警镇压,3名工人被打死,造成"申九血案"。1月29日,上海同济大学学生为抗议反动当局大批开除进步学生而罢课,并齐赴北火车站准备赴南京请愿,遭军警镇压,数百人受伤,造成"同济血案"。"行宪国大"开会期间,上海清寒学生挽救教育危机联合会、上海中小学教师联合进修会等团体,发出了按生活指数调整教师待遇的呼吁书。4月11日,南京中央大学100多学生进行反迫害反饥饿的绝食斗争。4月初,北大、清华、师院等十所大学为反对查禁学生联合会实行总罢课。接着,各大学教职工、北平研究院研究人员、北大医院的医师护士实行罢教、罢职、罢工、罢研、罢诊,形成震动全社会的六罢。4月9日夜,反动军警特务闯进师院学生宿舍打人捕人,造成"四九血案"。5月间,南京全市大中学生联合举行纪念"五四"宣传周和"五二〇"周年纪念活动,表现了反迫害的坚强意志。

1948年夏,在南北各大城市爆发了声势浩大的反对美国扶植日本侵略势力再起的爱国运动。投入这一运动的不但有学生和教职员,还有大批其他各界人士。6月4日,司徒雷登出面为美国政策辩护并对中国人民进行威胁,更激起中国人的民族义愤。6月5日,上海大中学校5 000余学生在外滩游行示威,反对美国干涉爱国运动。北平437位大学教授联名向司徒雷登发出抗议书。清华教授朱自清、金岳霖、张奚若、吴晗等百余人发表声明,拒绝购买美援平价面粉。轰轰烈烈的反美运动,有力地团结了广大人民群众,进一步孤立了美帝国主义和国民党反动派。此后,国统区人民停止大规模的群众运动,转入护厂护校、配合人民解放军解放大城市的工作。

在整个中国革命深入发展的过程中,中国各民主党派实行了政治路线和斗争方式上的转变。1947年2月,李济深出走香港,与蔡廷锴等结合,加紧联络国民党内各反蒋派系和民主分子,准备同蒋介石集团彻底决裂。1947年冬,国民党民主促进会、三民主义同志联合会和其他民主分子在香港召开国民党民主派联席会议,决定成立中国国民党革命委员会。1948年1月1日,公开发表成立宣言、行动纲领等文件,宣告正式成立。民革公开提出反对美国助长中国内战、反对蒋介石独裁统治、坚持孙中山三大政策、成立联合政府的政治主张。作为民革组成部分的民促、民联仍单独存在,至1949年11月完全合并到民革中。

民盟遭到镇压后,沈钧儒、章伯钧等由上海秘密赴香港,筹备恢复民盟总部。1948年1月5日至19日,沈钧儒、章伯钧主持召开了一届三中全会。会议通过了紧急声明、政治报告和宣言,否认国民党政府内政部宣布民盟为非法团体的无理决定,否认未经合法会议而公布的解散总部的公告,宣布恢复民盟的组织,重建领导机关。全会确定了支持人民革命武装反对反人民武装、反对美帝国主义的援蒋政策、彻底摧毁南京反动政府、实行耕者有其田、与共产党密切合作的新的政治路线,批判了过去的"中立""中间"的说法。三中全会路线的确定是民盟的根本转变。

同时期,以谢雪红为首的台湾民主自治同盟在香港宣布成立,并投入了支持人民解放战争和反对美蒋反动政策的斗争。

1948年4月30日,中共中央在纪念五一国际劳动节口号中,发出了"各民主党派、各人民团体、各社会贤达迅速召开政治协商会议,讨论并实现召集人民代表大会,成立民主联合政府"的号召,立刻得到各阶层人民的拥护。5月1日,毛泽东致电李济深、沈钧儒就政协召开诸问题与之相商。5月5日,在香港的沈钧儒、章伯钧(代表民盟)、李济深、何香凝(代表民革)、马叙伦、王绍鏊(代表民进)、陈其尤(代表致公党)、彭泽民(代表农工民主党)、李章达(代表救国会)、蔡廷锴(代表民促)、谭平山(代表民联)、郭沫若(代表无党派人士)联名发出响应号召的通电,并展开新政协运动。从8月起,各民主党派和无党派民主人士陆续北上进入东北、华北解放区,同中共代表一起共商建立新中国的大计。

四、解放军的战略决战 中共七届二中全会

1948年上半年,人民解放军继续发动攻势,在各个战场上进一步改变了敌我力量对比和战争形势。在中原,豫东(开封、睢县、杞县地区)战役和襄樊战役的胜利,完全打乱了蒋介石在中原的防御体系。在华东,向胶济线两端和津浦中段出击,解放了除济南、青岛、临沂等少数据点以外的山东全境。在陕北,宜川、瓦子街一战,全歼二十九军,击毙军长刘戡,为西北的解放奠定了基础。3月23日,毛泽东、中共中央和人民解放军总部在吴堡川口东渡黄河,5月下旬,转至西柏坡。中央工委与之会合。4月22日,收复延安。在华北,分别出击察绥、保定以北和晋中,孤立了平津保之敌,包围了太原。东北野战军在冬季攻势中歼敌新五军等部15万余人,解放四平。人民解放军经两年作战,共歼敌264万余人。解放军总兵力增至280余万人,其中正规军近160万人。解放军在军政素质、战术技术水平、装备方面有较大提高,有了炮兵和工兵,并在攻克石家庄、开封、四平等战役中学会了攻坚战术。解放军不但基本形成了野战军、地方军、游击部队三者相结合的完整体系,有了陕甘宁晋绥联防军区(1949年2月改称西北军区)、中原军区(1948年5月9日重建)、华东军区、东北军区、华北军区(1948年5月成立)五大军区及其所属部队,而且有了既能打运动战又能打阵地战和进行大兵团作战的五大野战军:西北野战军5个纵队7.5万余人;华北野战军至1948年8月有3个兵团11个纵队20余万人;中原野战军7个纵队和1个军(三十八军)20余万人;华东野战军4个兵团12个纵队40余万人;东北野战军(1948年9月改称)2个兵团12个步兵纵队1个炮兵纵队1个铁道兵纵队约70万人。同时期,国民党军总兵力下降至365万人,其中正规军198万余人,用于第一线者174万余人。虽然在数量上还占优势,精锐尚存,但是,固有的矛盾日益加深,士气更加低落。它在战略上已没有完整的战线,主力已被解放军分割为五个孤立的集团:东

北"剿总"4个兵团14个军44个师55万人,被隔离在沈阳、长春、锦州三个地区,靠北宁路锦榆段与华北联系。卫立煌坐镇沈阳,两个副总司令郑洞国、范汉杰分守长、锦。华北"剿总"4个兵团12个军44个师55万人,分布于平绥、北宁线上归绥至山海关诸点,南据保定,北据承德。傅作义坐镇北平统一指挥。徐州"剿总"4个兵团4个绥区部队共27个军61个师60余万人,分布于以徐州为交叉点的津浦、陇海线十字架上,由刘峙统一指挥。华中"剿匪总司令"白崇禧坐镇汉口。西北的胡宗南坐镇西安。蒋介石企图以重兵集团固守战略据点和交通线作重点防御,来支撑危局。

随着解放战争的胜利,解放区日益扩大并相继连成一片。至1948年6月,东北解放区的面积和人口已占全区的97%和86%。8月,在石家庄成立了解放区最大的一个大区政府——华北人民政府。它既全面领导有5 000万人口的华北地区,又统一管理华北、华东、西北三区的经济、财贸、金融、交通、军事工业等事业。整个解放区的面积和人口已占全国的24.5%和35.3%。解放区的巩固扩大和统一,不但成为解放军的可靠后方,而且为新中国的建立打下了基础。

上述军事政治形势表明,解放军同国民党军进行战略决战的条件已经成熟。敢不敢进行决战,能否把握战机,决战首先从哪里开始,成为战略决策上的一些关键问题。经过讨论磋商,中共中央和毛泽东作出了5年左右(从1946年7月算起)从根本上打倒国民党反动统治的规划和歼敌主力于长江以北的决策。决定把决战的初战放在东北战场,并确定了东北野战军主力南下北宁线封闭蒋军在东北加以各个歼灭的方针。

同时蒋介石集团也在急筹出路。8月的南京军事会议决定实行重点防御,并议论过东北是撤还是守的问题,但一直举棋不定。蒋介石要卫立煌将部队撤至北宁线,确保与华北的通道,必要时撤往华北。但卫始终以长途行军有被歼灭的危险为理由未撤离沈阳。

1948年9月12日,东北野战军发动辽沈战役。1个纵队和9个独立师围困长春;5个纵队配置于沈阳以西和以北,以对付沈阳之敌和阻止长春敌人突围;6个纵队和3个独立师南下北宁线。南下部队连克昌黎、滦县、绥中、义县,至10月1日完全包围了锦州、锦西、山海关,切断了北宁线,关上了东北大门。为保证辽沈战役的顺利进行,华北野战军第二第三兵团发起察绥战役。华东野战军发动济南战役。9月16日至24日,攻克济南,歼敌11万余人,俘第二绥靖区司令长官兼山东省主席王耀武。济南战役的胜利既配合了辽沈战役的进行,又为即将进行的淮海战役创造了条件。1948年10月2日,蒋介石飞至沈阳,急忙调集华北、山东的一部分兵力组成东进兵团,并以沈阳主要兵力组成西进兵团,两路增援锦州。东北野战军以两个纵队在锦州西南塔山地区顽强阻击东进之敌,主力于15日一举攻克锦州,俘东北"剿总"中将副总司令兼锦州指挥所主任范汉杰。在解放军的威慑与政治争取下,被困长春的第六十军军长曾泽生率部起义,东北"剿总"中将副总司令兼第一兵团司令官、吉林省政府主席郑洞国投诚,10月19日,长春解放。这时蒋介石令廖耀湘西进兵团猛攻黑山,妄图重占锦州。东北野战军以一部在黑山进行阻击并吸住敌人,主力迅速回师,包抄廖耀湘兵团。10月28日将其全歼于辽西地区。接着乘胜前进,11月2日,解放沈阳、营口。11月9日,东北"剿总"副总司令兼冀热辽边区司令官杜聿明率残部从锦西、葫芦岛逃走。东北全境解放。全战役历时52天,歼敌47万余人。辽沈战役及同时期其他战场的胜利,使中国的军事形势发生了根本变化,人民解放军在数量上也超过了国民党军队。

为了便于作战和夺取最后胜利,从11月1日起,人民解放军进行统一编制,至1949年初完成。其中五大野战军依西北、中原、华东、东北的次序编为第一、二、三、四野战军,华北三个兵团直属中共中央军委总部。全军共16个兵团。

1948年11月6日至1949年1月10日,华东、中原两大野战军及其他部队共约60万人,在邓小平、刘伯承、陈毅、粟裕、谭震林组成的总前委领导下,在以徐州为中心,东起海州、西至商丘、北起临城、南达淮河的地区内,同约80万国民党军进行了淮海战役。战役分三个阶段进行。第一阶段,华东野战军在徐州以东的新安镇、碾庄地区全歼国民党军第七兵团,击毙兵团司令黄百韬。第三绥区副司令何基沣、张克侠率2.3万余人起义。同时,中原野战军攻克宿县,完成了对徐州之敌的战略包围。第二阶段,中原野战军在宿县西南双堆集地区全歼由华中来援的第十二兵团,争取了廖运周率1个师起义,生俘兵团司令黄维。同时,华东野战军在永城东北的陈官庄地区包围了由徐州逃至该地的敌徐州"剿总"副总司令兼前进指挥部主任杜聿明率领的第二、十三、十六3个兵团。歼灭了企图突围的第十六兵团。第三阶段,华东野战军歼灭了杜聿明集团,击毙第二兵团司令邱清泉,生俘杜聿明。全战役共歼敌5个兵团22个军56个师55.5万余人。

淮海战役期间,东北野战军80万人入关,同华北2个兵团联合发起平津战役。在林彪、罗荣桓、聂荣臻组成的总前委领导下,依据毛泽东制定的作战方针,首先将敌军分割包围,有的围而不打,有的隔而不围。目的是防止已成惊弓之鸟的敌人南逃和西窜。至12月中旬,完全斩断了傅作义的一字长蛇阵,将敌包围于张家口、新保安、平、津、塘诸点。接着,以"先打两头,后取中间"的战法,12月22日,歼灭三十五军,解放新保安。12月24日,解放张家口。1949年1月15日,解放天津。然后百万大军层层围住北平。1月21日,傅作义被迫接受和平改编。1月31日,国民党军开出城外接受改编,人民解放军入城接防。古都北平宣告和平解放。平津战役从1948年11月29日开始,至1949年1月31日结束,共歼灭国民党军52万余人。

三大战役历时4个月零19天,共歼灭国民党军173个师154万余人。国民党的精锐部队几乎丧失殆尽。东北全境解放。华北及长江中下游以北地区除归绥、太原、安阳、新乡等孤立据点外,全部解放。人民解放军兵临长江。国民党统治中心南京暴露在解放军面前。

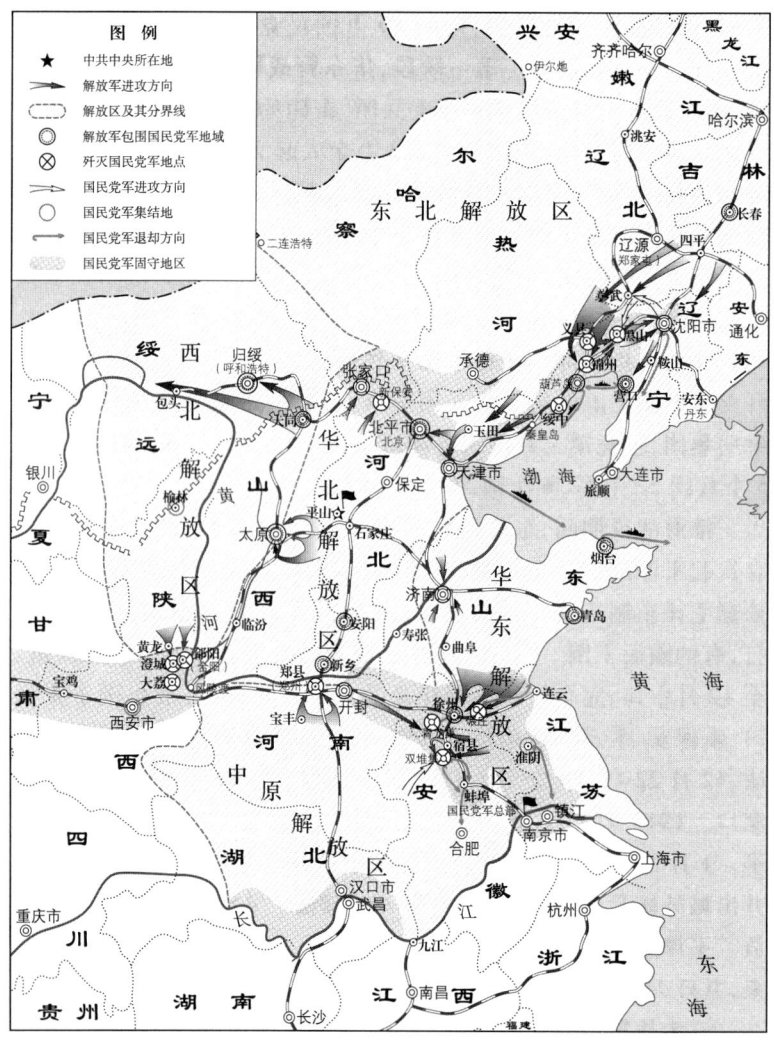

人民解放军战略决战示意图(1948年8月—1949年1月)

在这即将取得全国胜利的时刻,中共中央于1949年1月6日至8日召开了政治局会议,通过了《目前形势和党在一九四九年的任务》,研究和部署了将革命进行到底、粉碎美蒋新的和平阴谋和向全国进军的问题。3月5日至13日,在西柏坡召开了七届二中全会。毛泽东向全会作了报告。会议经过讨论,作出了相应的决议。毛泽东的报告,说明了在全国胜利的局面下,党的工作重心必须由乡村转移到城市,在城市工作中必须贯彻党的政治方针,必须以恢复和发展生产事业为一切工作的中心。毛泽东在报告中着重分析了全国胜利以后中国社会的基本矛盾和新民主主义的经济结构,规定了党在政治、经济、外交等方面应采取的基本政策和由农业国转变为工业国、建设伟大社会主义国家的目标。他指出:中国的工业和农业在国民经济中的比重,就全国范围来说,大约是现代性的工业占10%左右,农业和手工业占90%左右。"这是旧中国半殖民地和半封建社会性质在经济上的表现,这也是在中国革命的时期内和在革命胜利以后一个相当长的时期内一切问题的基本出发点。从这一点出发,产生了我党一系列的战略上、策略上和政策上的问题。对于这些问题的进一步的明确的认识和解决,是我党当前的重要任务"①。毛泽东在报告中,还考虑到阶级斗争形势的变化和中国共产党地位的变化,及时提醒全党要警惕骄傲自满、以功臣自居情绪的滋长和资产阶级"糖衣炮弹"的袭击,继续保持谦虚谨慎、不骄不躁和艰苦奋斗的作风。会议根据毛泽东的提议,决定禁止给党的领导者祝寿,禁止用党的领导者的名字作地名、街名和企业的名字,以防止对个人歌功颂德的现象。全会还通过了《关于军旗的决议》,规定中国人民解放军的军旗为红地加五角星加"八一"二字。

这次具有重大历史意义的全会后不久,3月25日,中共中央由西柏坡移到北平。

---

① 《毛泽东选集》第4卷,人民出版社1991年版,第1431页。

五、国民党南京政权的全面崩溃

国民党在发布"戡乱"令和"行宪"之后,不但政治上完全失去民心,军事上遭到致命打击,而且国统区的财政经济也陷入总崩溃的境地。国民党政府的财政收入连年入不抵出,出现巨额赤字,1947年度约为27万亿元,1948年达900万亿元。南京政府负债累累。仅1948年即负内债1.75亿多美元、外债8.66亿多美元。为了弥补赤字,除加重对人民的盘剥外,就是大量发行纸币。法币发行额猛增。至1948年8月21日已达6 636 946亿元,比1937年6月的发行额增加了47万余倍。法币与美元的比价急剧下降,1948年1月,17.8万元换1美元,8月,即达1 108.8万元换1美元。法币贬值到已经不抵自身纸张和印刷的费用了。法币贬值,物价随之飞涨。1948年1月,上海每市担米售价150万元,8月,即涨至6 500万元。恶性通货膨胀,官僚资本的侵吞,再加上美国货倾销,使民族工商业纷纷停产或倒闭。1948年,上海3 000家大工厂的开工率仅有20%。天津有布机8 867台,开工的只有4 867台。1949年4月,上海1 000余家机器厂开工者不到100家。民营工厂停产、减产,"国营"企业也一蹶不振。1949年和1936年相比,重工业产品产量下降70%,轻工产品下降30%。全国钢产量只有15.8万吨,原煤3 243万吨,棉纱180万件。农村破产的情况相当严重。1949年的粮食产量只有2 263.6亿斤,较1936年下降了约24%以上,棉产降低47%以上。

为了挽救经济崩溃,1948年8月19日,国民党政府开始实行所谓"币制改革"和"限价政策",颁布了《财政经济紧急处分令》及四项办法。四项办法是:(一)《金圆券发行办法》,即发行总额为20亿元的金圆券作为本位币,限期以300万元折合金圆券1元的比价收兑法币。(二)《人民所有金银外币处理办法》,即人民所有金银外币限期收兑,逾期任何人不得持有,不在限期内兑换或存储者,一律没收。(三)《中华民国人民存放国外外汇资产登记管理办法》,即中国人存放在国外的外汇资产限期登记,违者予以制裁。(四)《整理财政及加强管制经济办法》,即全国各地各种物品及劳务价格,应照8月19日各该地价格依兑换率折合金圆券出售,由当地主管官署严格监督执行;在上海等都市实行仓库检查并登记其进出货品;所有按生活指数发给薪资办法一律废止;禁止封锁工厂、罢工、怠工;上海、天津证券交易所暂停营业。为了推行这些法令,蒋介石设了上海、天津、广州管理区,派俞鸿钧、张厉生、宋子文分别为沪津穗经济管制督导员,蒋经国等为协助督导员。上海实际由蒋经国负责。蒋介石使用政治和警察手段强力推行这些法令,处死了某些以权勒索的官员和囤积居奇的商人,将数十名巨商大户逮捕入狱。在上海喊出了"只打老虎,不拍苍蝇"的口号,实际上并不去触动豪门。强制推行这种办法,表面上是要"稳定物价,安定民生",实际是对民族资产阶级和广大人民的一次大掠夺大洗劫。据翁文灏1948年10月向立法院的报告所说,共收兑金银外币价值2亿美元。

经济崩溃局面是无法扭转的。依靠暴力造成的"平价"售货的市场情况,不到两个月就维持不下去了。10月初,由上海开始的抢购风潮波及国统区各大城市。11月10日,宣布取消限价。12日,公布了《修正金圆券发行办法》等法令,宣布金圆券贬值,并撤销金圆券发行20亿元的限额。"币制改革"的失败,导致了刚刚存在半年的翁文灏内阁倒台。孙科组阁后,金圆券的发行如决堤洪水,11月发行量为33.94亿元,1949年1月,达208.22亿元,5月,达679 458亿元。金圆券同法币一样,也成了废纸。同时物价狂涨。上海物价1949年1月和1948年8月相比,上涨了128倍。上海解放前夕的物价与1937年比,上涨了36 807亿倍。1949年7月,阎锡山内阁在广州发行银元券也同金圆券一样为人民唾弃。

随着杜聿明率领的蒋介石嫡系部队的被包围,国民党统治集团分裂了,分出了以李宗仁、张治中为首的主和派。美国迫使蒋介石下野支持李宗仁出面进行和谈的秘密策划公开化了。美援求不来,美国政府反要求蒋介石下野;桂系又抢先打起了同共产党"和谈"的旗子。在美国和桂系的逼迫下,蒋介石于1949年元旦发表"求和"声明,宣称愿意同共产党"商讨停止战事恢复和平的具体办法",但必须保存法统、宪法和军队,还说如和平实现他个人的"进退出处"唯"国民的公意是从"。对于蒋介石这个旨在从桂系手中夺回"和平"旗子和作为缓兵之计的虚伪声明,毛泽东于1月14日发表了严正声明,指出:"虽然中国人民解放军具有充足的力量和充足的理由,确有把握,在不要很久的时间之内,全部地消灭国民党反动政府的残余军事力量;但是,为了迅速结束战争,实现真正的和平,减少人民的痛苦,中国共产党愿意和南京国民党反动政府及其他任何国民党地方政府和军事集团,在下列条件的基础之上进行和平谈判。这些条件是:(一)惩办战争罪犯;(二)废除伪宪法;(三)废除伪法统;(四)依据民主原则改编一切反动军队;(五)没收官僚资本;(六)改革土地制度;(七)废除卖国条约;(八)召开没有反动分子参加的政治协商会议,成立民主联合政府,接收南京国民党反动政府及其所属各级政府的一切权力。"①毛泽东这个声明击中了蒋介石的要害,使他不得不于1月21日宣告"引退",总统职务交李宗仁"代理"。

李宗仁于1月22日上台后,采取了一些"培养国内和平空气"的措施。如电邀李济深等共同策进和平运动,取消戒严令,将"剿总"改名为军政长官公署,宣布释放政治犯等。1月27日,李宗仁正式致电毛泽东表示愿以八条作为和谈的基础。3月23日,何应钦接替3月8日辞职的孙科任行政院长。3月24日,李宗仁、何应钦派定张治中(主和派中心人物)、邵力子、黄绍竑、章士钊、李蒸为和谈代表(后又加派刘斐为代表),以"就地停战"和"划江而治"为腹案,准备同共产党谈判。中国共产党对李何政府采

---

① 《毛泽东选集》第4卷,人民出版社1991年版,第1389页。

取了宽容与争取的态度。依据七届二中全会制定的和谈方针,3月26日,正式决定4月1日开始在北平谈判,派定周恩来、林伯渠、林彪、叶剑英、李维汉为和谈代表(4月1日加派聂荣臻为代表),周恩来为首席代表。4月1日,张治中率南京政府和平商谈代表团抵北平,当即开始谈判。经半月协商,4月15日,达成了《国内和平协定》(最后修正案)8条24款。中共代表团宣布4月20日为最后签字日期。16日,南京代表团派黄绍竑回南京劝李宗仁签字,但李、何政府未能下决心同蒋介石集团决裂,拒绝签字。迟至20日夜签字最后限期已到,李、何还致电张治中要他向中共提出"成立临时停战协定"。当21日上午9时,张将电文交给中共代表团时,人民解放军已经渡过长江。4月23日,解放南京。以张治中为首的南京代表团成员顺应了历史发展趋势,留在北平并参加了中国人民政治协商会议。同年8月,由黄绍竑领衔44名国民党军政人员在香港发表的声明《我们对于现阶段中国革命的认识与主张》上签名,宣布脱离国民党反动集团,参加了人民政协。

南京的解放,标志着早已四分五裂的南京国民党政权的彻底崩溃。当天,总统府和行政院逃往广州。代总统李宗仁逃到桂林,不听中共和民主党派人士的劝告,于5月8日到广州。后又跑到重庆、昆明、南宁。11月20日,抵香港住进医院。12月5日,赴美国纽约。5月30日,何应钦内阁总辞职。6月3日,任阎锡山为行政院长兼国防部长。6月12日,阎组成所谓"战斗内阁"。10月12日,由广州迁重庆,后去成都,12月7日,决定迁往台北。蒋介石"引退"后,由杭州转溪口,仍以总裁身份掌握着党政军大权。早在1948年12月29日蒋介石已任命陈诚为台湾省主席,蒋经国为省党部主任。1949年1月将50万盎司黄金、25万件文物运到台湾。4月25日,离开溪口赴上海。5月7日,到台湾高雄。6月24日,定居台北市郊草山。7月14日,蒋到广州,16日,组织国民党中央非常委员会,任主席,李宗仁为副主席,阎锡山、何应钦、张群、孙科、陈立夫等为委员。这个机构的成立,是蒋介石由幕后操纵过渡到前台指挥的一个阶梯。8月1日,在草山成立总裁办公室。11月14日,蒋到重庆,妄图在西南组织力量进行顽抗。11月30日,飞成都。12月10日,离开成都飞台北。1950年3月1日,在台北复"总统"职。

坚持内战独裁的国民党政权,军事上一败涂地,政治上失尽民心,经济上全面崩溃,被中国人民赶出大陆是不可避免的。

六、中国人民政治协商会议召开和中华人民共和国成立

淮海战役结束后,人民解放军二、三两大野战军7个兵团集结江北待命。退居幕后的蒋介石加紧布置江防。在宜昌至上海的1 800多公里防线上,蒋介石调集了陆军115个师、海军第二舰队、280多架飞机进行防守。以九江为界划为东西两段,分别由汤恩伯、白崇禧指挥,汤恩伯任京沪杭警备司令兼江防总司令。蒋介石还计划利用李宗仁的"备战言和"之机,在江南重新编练一支200个师400万人的部队,妄图重整旗鼓,卷土重来。李宗仁虽然受制于蒋的操纵,也还在做着"划江而治"的迷梦。国内外还有些人也希望革命就此止步,不要再前进。针对这种形势,毛泽东发出了"将革命进行到底"的号召。表明中国要统一,人民要解放,谈判与否,谈判成功与否,人民解放军都要过江。4月21日,中国人民革命军事委员会主席毛泽东、解放军总司令朱德向人民解放军指战员发出向全国进军的命令:"奋勇前进,坚决、彻底、干净、全部地歼灭中国境内一切敢于抵抗的国民党反动派,解放全国人民,保卫中国领土主权的独立和完整。"①进军令下,淮海战役总前委当即指挥百万雄师在西起湖口东至江阴长达500公里的战线上发起渡江战役。中路军三野七、九2个兵团在安庆、芜湖间,西路军二野三、四、五3个兵团在贵池、湖口间,先后突破敌人防线。东路军

---

① 《毛泽东选集》第4卷,人民出版社1991年版,第1451页。

三野八、十2个兵团亦占领扬中、镇江,并争取了江阴要塞国民党官兵的起义,占领江阴,封锁了长江。4月23日,解放南京。至此,国民党苦心经营三个半月的千里江防全线崩溃。南京解放后,各路大军猛追穷寇,横扫残敌。三野直插浙江,5月3日,解放杭州。二野进军浙赣边,5月上旬控制了浙赣路。5月12日至27日,三野主力进行淞沪战役,歼敌15万余人,解放了全国经济中心上海。汤恩伯率残敌5万余人从海上逃走。与此同时,四野主力浩浩荡荡地由华北南下。5月14日,四野先遣部队第十二兵团在武汉以东之团风、武穴间强渡长江。至17日武汉三镇全部解放。二野为配合四野渡江于17日、22日解放九江、南昌。历时50天的渡江战役,共歼敌40余万人,解放武汉、南京、上海、南昌、杭州等城市120座,为解放华南、西南创造了有利条件。同时期,华北野战军肃清了太原、大同、安阳等据点的敌人,解放了华北全境。5月20日,一野解放了西安。6月开始,各路大军展开了向西北、西南、华南的大进军。

在西北,一野和西北军区部队及改归一野建制的华北十八、十九兵团,在彭德怀、贺龙领导下,6月打败胡宗南和马鸿逵、马步芳部向西安的反扑,接着以"牵马打胡,先胡后马"的方针发起扶眉战役,打破了胡、马的联合作战,攻克宝鸡等城。8月进行秦岭战役,打开了南进大门。此后,贺龙率一野一部监视在秦岭地区的胡宗南部三个军,待命入川;彭德怀率主力西进。8月26日、9月5日、19日接连解放兰州、西宁、宁夏。9月19日,国民党西北军政长官公署副长官兼绥远省主席董其武宣布起义,归绥和平解放。9月25日、26日新疆省警备总司令陶峙岳、省主席包尔汉先后通电起义。10月20日,一野第一兵团进驻迪化。

在华东,三野七兵团解放浙江除定海及沿海岛屿以外的全部地区。十兵团接替二野的任务,8月17日,解放福州。10月17日,解放厦门。

解放军渡江战役胜利后,国民党的主要残余军事力量是华南的白崇禧和余汉谋两个集团,西南的胡宗南集团及川滇康的地方势力。根据毛泽东制定的大迂回大包围,断其退路,先完成包围然后再聚歼的方针和总的作战部署,从7月起,四野主力向白崇禧集团展开攻势。8月4日,湖南省主席程潜、第一兵团司令陈明仁宣布起义,长沙和平解放。9—10月间发动衡宝战役,白崇禧逃往广西。二野四兵团和四野十五兵团自赣粤边南下,10月14日,解放广州,26日,歼灭余汉谋集团于阳江、阳春地区,并切断了白崇禧南逃之路。11月初,四野主力及二野四兵团分三路进攻广西。22日,解放桂林。12月4日,解放南宁。白崇禧的部队及其指挥下的蒋军一部,除少数经十万大山逃入越南外,全部被歼。至此,除海南岛(1950年6月解放)外,华南全境解放。从11月1日起,第四、二、一野战军展开了大西南围歼战。早在夏秋之间,二野主力即秘密集结湘西。此时,五兵团及三兵团一部由湘西入贵州,15日,解放贵阳,继续向川南兜击。三兵团及四野一部由川鄂边进击川东南。两路大军于11月30日解放重庆。接着一部迂回乐山、邛崃一线,切断胡宗南向西康的退路,一部进军成都。与此同时屯兵秦岭的十八兵团,兵分三路入川。胡宗南及其指挥的残敌数十万人被压缩在成都平原。在重兵包围及政治争取下,乱成一团的国民党军走投无路,纷纷投降或起义。12月9日,云南省主席卢汉,西南军政长官公署副长官邓锡侯、潘文华,西康省主席刘文辉分别在昆明、彭县宣布起义。云南、西康和平解放。23日,胡宗南只身乘飞机逃走。27日,成都解放。除西藏外,全部大陆获得解放。

从1946年7月至1949年9月人民解放军共歼敌625万余人。至1950年6月共歼敌807万余人。人民解放军在进军过程中,摧毁了国民党政府各级地方政权,建立了人民民主政权,为新中国的建立奠定了基础。

与人民解放军发动三大战役和向全国进军的同时,中国共产党与到达解放区的各民主党派、民主人士的代表,加紧进行建立新国家的筹备工作。1948年11月25日中共代表高岗、李富春与到达哈尔滨的沈钧儒、谭平山、章伯钧、蔡廷锴、王绍鏊、朱学范、高崇民、李德全达成了《关于召开新的政治协商会议诸问题的协议》。1949年1月22日李济深等55位民主人士联名发表《我们对于时局的意见》,表示愿在中共领导下为人民民主革命迅速成功和新中国早日成立而斗争。6月15日至19日,在北平中南海勤政殿,召开了有23个单位134位代表参加的新政治协商会议筹备会第一次会议,通过了《新政协筹备会组织条例》《关于参加新政协的单位及其代表名额的规定》,选出了新政协筹备会常务委员会,以毛泽东等21人为常务委员,毛泽东为主任,周恩来、李济深、沈钧儒、郭沫若、陈叔通为副主任,李维汉为秘书长。在常委会下设立6个小组,分别以李维汉、谭平山、周恩来、董必武、郭沫若、马叙伦为组长,负责完成参加单位及代表名额的拟定,政协组织法、共同纲领、政府组织法、宣言的起草、国旗国徽国歌方案的拟订等具体任务。会后,各小组加紧进行工作。

新政协筹备期间,国内各人民团体纷纷建立、扩大或统一。1948年8月在哈尔滨召开第六次全国劳动大会,决定恢复中华全国总工会。1949年1月1日,中共中央作出了《关于建立中国新民主主义青年团的决议》。4月11日至17日,在北平召开中国新民主主义青年团第一次全国代表大会。3月至5月,成立了全国学联、妇联、青联。7月,在北平召开中华全国文艺工作者第一次代表大会,成立了中华全国文学艺术界联合会。自然科学、社会科学、教育工作者召开了有关会议,酝酿成立各自的全国性组织。这些团体的建立及其工作的开展,促进了新政协的召集。

一个新国家就要诞生了。它是什么性质的国家?各阶级各党派在国家中的地位、作用及其相互关系是怎样的?这个国家的基本政治、经济制度和对内对外的基本政策是怎样的?这些重大问题,虽然过去中国共产党有过论述,但在新的历史条件下,在它们已经成为迫切的实践问题的时候,作为领导的阶级和政党有必要做进一步的阐述,也有必要领导各党各派各界人民展开一次大讨论。1949年6月30日,毛泽东发表了《论人民民主专政》一文,文章总结了28年中国新民主主义革命的经验,阐明了即将成立的新中国的国家性质,各个阶级在国家政权中的地位和相互关系,以及新中国对内对外的基本政策。指出:"总结我们的经验,集中到一点,就是工人阶级(经过共产党)领导的以工农联盟为基础的人民民主专政。这个专政必须和国际革命力量团结一致。这就是我们的主要经验,这就是我们的主要纲领。"①毛泽东的这篇文章为这些问题的讨论和国家制度的确立,提供了指导思想和理论根据。同时期,刘少奇在党内做了《关于新中国的经济建设方针》的报告,论述了新中国的国民经济构成及其内部存在的矛盾与斗争。他认为,在新民主主义经济内部的社会主义因素和趋势与资本主义因素和趋势之间的斗争,就是无产阶级和资产阶级的斗争,就是消灭帝国主义、封建主义势力以后新中国内部的基本矛盾。这种矛盾和斗争,将决定中国将来的前途是过渡到社会主义社会还是过渡到资本主义社会。"新民主主义经济是一种过渡性质的经济。这种过渡所需要的时间,将比东欧、中欧各人民民主国家长得多"。因此在经济建设中要反对两种倾向:既要反对放弃无产阶级领导地位的资产阶级或小资产阶级路线,又要反对冒险主义倾向,即反对在计划和措施上超出实际的可能性,过早地、过多地、没有准备地去采取社会主义的步骤的倾向。在各筹备小组内和政协会议上,还对国家的名称、属性,政府的组织原则,政协的性质、任务等问题进行了广泛、深入的讨论。

恰在这时,美国统治集团争吵"谁丢掉中国"的问题,因而在8月5日发表了《美国与中国的关系》白皮书。该书正文八章和233个附件,叙述了从1844年至1949年的中美关系,着重叙述了抗日

---

① 《毛泽东选集》第4卷,人民出版社1991年版,第1480页。

战争和解放战争时期美国干涉中国内政遭到失败的经过。这样,白皮书就在客观上成了美国侵略中国罪行的自供状,成了中国人民认识美帝国主义本质的难得的材料。8月12日,新华社发表了《无可奈何的供状》,开始了对它的评论。毛泽东抓住这个时机,领导各民主党派、人民团体和知识界展开了对白皮书的批判。毛泽东从8月14日至9月16日为新华社写了5篇评论。这些评论和这次讨论,揭露了美国对华政策的帝国主义本质,扫除了一些人的亲美崇美思想,又一次清算了资产阶级共和国道路,使中国人民在精神上、思想上为之一振。在为建立人民民主专政国家扫清障碍方面起了一定的作用。

经过三个月筹备和认真协商,建立新中国的条件完全成熟了。9月17日召开了新政协筹备会第二次会议,基本通过了各项草案,并决定将新政协改名为中国人民政治协商会议。

9月21日下午7时,中国人民政治协商会议第一届全体会议在北平中南海怀仁堂隆重开幕。会议代表共有党派、区域、军队、团体、特邀五个方面662人,广泛代表了各阶级、阶层、党派、民族及海外华侨的意志和愿望,具有代表全国人民的性质。它充分显示了中国人民在中国共产党和毛泽东主席领导下的大团结。毛泽东致开幕词。他说:"我们的工作将写在人类的历史上,它将表明:占人类总数四分之一的中国人从此站立起来了。""我们的民族将从此列入爱好和平自由的世界各民族的大家庭,以勇敢而勤劳的姿态工作着,创造自己的文明和幸福,同时也促进世界的和平和自由。""中国人被人认为不文明的时代已经过去了,我们将以一个具有高度文化的民族出现于世界。"[①]会议经过充分讨论,于9月27日、29日通过了《中国人民政治协商会议组织法》《中华人民共和国中央人民政府组织法》《中国人民政治协商会议共同纲领》三个文献。《中国人民政治协商会议组织法》规定人民政协是

---

① 《毛泽东文集》第5卷,人民出版社1996年版,第343、344、345页。

中国共产党领导的人民民主统一战线的组织形式。在普选的全国人民代表大会召开以前,执行全国人民代表大会的职权,由它的全体会议选举中央人民政府并付之以行使国家权力的职权。在普选的全国人民代表大会召开以后,就成为协商机关,就有关国家建设事业的根本大计或重要措施,向全国人民代表大会或中央人民政府委员会提出建议案。《中国人民政治协商会议共同纲领》具有临时宪法的性质。它规定了中华人民共和国是人民民主专政的国家,国家政权属于人民,实行工人阶级领导的、以工农联盟为基础的、团结各民主阶级和国内各民族的人民民主专政。它还规定了国家政权机关,军事制度,经济、文教、民族、外交等各方面的基本政策。国家社会经济包括国营经济、合作社经济、农民和手工业者的个体经济、私人资本主义经济、国家资本主义经济5种成分;"各种经济成分在国营经济领导之下,分工合作,各得其所,以促进整个社会经济的发展"。文化教育政策规定"提倡用科学的历史观点,研究和解释历史、经济、政治、文化及国际事务。"少数民族聚居地区实行民族区域自治。9月27日,通过了四项决定:(一)中华人民共和国国都定于北平,自即日起将北平改名为北京。(二)采用公元纪年,当年为1949年。(三)在国歌未正式制定前,以《义勇军进行曲》为国歌。(四)国旗为红地五星旗,象征中国革命人民大团结。9月30日下午,举行两项选举,选出了由180名委员组成的中国人民政协第一届全国委员会,毛泽东为主席。选出了由63名委员组成的中央人民政府委员会,毛泽东当选为中央人民政府主席,朱德、刘少奇、宋庆龄、李济深、张澜、高岗当选为副主席。会议还通过了宣言、向解放军致敬电、在天安门广场竖立人民英雄纪念碑办法及毛泽东起草的碑文。下午6时,全体代表到天安门广场举行人民英雄纪念碑奠基礼。礼成,代表们回到会场举行闭幕式。朱德副主席致闭幕词。

  10月1日下午2时,中央人民政府委员会宣布就职。委员会推选林伯渠为中央人民政府秘书长,任命周恩来为政务院总理兼外交部长、毛泽东为革命军事委员会主席、朱德为解放军总司令、沈钧儒为最高人民法院院长、罗荣桓为最高人民检察署检察长,并责成他们迅速组成政府机关。会议决定接受中国人民政协共同纲领为政府施政方针,向全世界宣告:中央人民政府为代表中华人民共和国全国人民的唯一合法政府。下午3时,首都30万人在天安门广场举行庆祝中华人民共和国中央人民政府成立典礼。林伯渠宣布典礼开始,第一面五星红旗冉冉升起。军乐队奏国歌,54门礼炮齐鸣28响。毛泽东宣布:"中华人民共和国中央人民政府已于本日成立了。"随即宣读了《中华人民共和国中央人民政府公告》。接着举行阅兵式和群众游行。首都200万人民同全国人民一道沉浸在狂欢之中。

中华人民共和国的成立,标志着新民主主义革命的胜利和半殖民地半封建时代的结束,人民当家作主的新时代开始;标志着买办封建的专政、资产阶级共和国、人民共和国三种政治路线的较量有了结果。工人阶级(经过共产党)领导的以工农联盟为基础的人民民主专政是适合中国国情的唯一正确的路线和政治方案。它为实现中国的现代化创造了前提条件,开辟了通向社会主义的道路。

中国新民主主义革命的胜利,震动了东亚和世界,严重打击了世界殖民体系,大大削弱了帝国主义的力量,促进了世界民族解放运动的发展。中国成为保卫世界和平的一支强大力量。

100多年以来,特别是1919年以来,中国人民为争取民族独立和人民民主而进行的伟大斗争,是人类历史上极其光辉灿烂的篇章。

第四节 哲学 科学 文学

一、哲学

中国是一个哲学思想很发达的国家,有悠久的哲学发展史。清朝末期以来,中国人和西方接触日多,西方学术陆续被介绍到中国来,这其中也有哲学。从此中国哲学的发展就和西方哲学的影响分不开了。中国什么时候开始有介绍西方哲学的专门文章还说不清楚,但从20世纪初开始报刊上就陆续刊登这类文章,如1901年《万国公报》上发表了《培根新学格致论》一文。1903年出版的《新民丛报》上刊登了《近世第一大哲康德之学说》(梁启超)和《唯心派钜子黑智儿学说》(马君武),1904年《教育世界》上发表了王国维的《叔本华与尼采》,1916年《寰球学生报》上发表了严复的《述黑格尔唯心论》(该文写于1906年)。"五四"时期介绍西方哲学的文章多了起来。西方主要哲学流派的学说差不多在中国都有介绍,如尼采的哲学、杜威的实用主义哲学、罗素的哲学、康德的哲学、黑格尔的哲学、柏格森的哲学、马克思主义哲学等。其中影响最大的是马克思主义哲学。

中国早期共产主义者在宣传马克思主义的时候,也介绍了马克思主义哲学,重要文章有李大钊的《我的马克思主义观》《物质变动与道德变动》《唯物史观在现代史学上的价值》《唯物史观在现代社会学上的价值》,陈独秀的《马克思学说》等。北京高等师范学校史地部师生办的刊物《史地丛刊》1920年第1期上登有一篇长文,题目是《唯物的历史观与科学的历史》,可见唯物史观已被相当多的知识分子所知晓和接受。1924年1月印行的瞿秋白的《社会哲学概论》比较系统地介绍了辩证唯物主义和历史唯物主义。这是最早地比较全面地阐述马克思主义哲学的一本书。当时介绍马克思主义哲学的书文中有不少不准确的地方,甚至有非马克思主义的东西混杂其中,这是不可避免的现象。

20世纪20年代后半期和30年代,马克思主义哲学原著和国外阐述马克思主义哲学的著作,被大量翻译出版,如《费尔巴哈论》《反杜林论》《自然辩证法》《唯物主义和经验批判主义》《论一元论历史观之发展》《马克思主义哲学底根本问题》《辩证法的唯物论》《史的唯物主义》《唯物辩证法入门》等,连同国内编著的马克思主义哲学著作一起,达数十种之多。一时间辩证唯物论和唯物辩证法风行全国。

1927年大革命失败后,文化思想领域的革命更加深入。当时的文化革命战士介绍研究阐述辩证唯物论和唯物辩证法是为了指导革命实践,批判资产阶级思想。他们提出:"现在我们的任务是把握这个方法(按:指唯物辩证法)来分析中国现实的社会以达到真理,以建立指导行动的理论。""确立辩证法的唯物论以清算一切反动的思想,应用唯物的辩证法以解决一切紧迫的问题"①。辩证唯物论和唯物辩证法的风行以及这种哲学的战斗性引起某些资产阶级学者和唯心主义者的反对,于是自1931年起三四年间发生了关于新哲学和唯物辩证法问题的论战。

著文直接反对辩证法挑起争论的是张东荪。从1931年9月起他写了一系列书籍和文章反对唯物论和辩证法,阐述自己的哲学思想。他的主要书文有:《我亦谈谈辩证的唯物论》(1931年9月)、《辩证法的各种问题》(1932年9月)、《动的逻辑是可能的么?》(1933年9月)、《唯物辩证法之总检讨》(1934年10月)、《哲学是有党派的吗?》(1934年)、《认识论》(1934年)、《现代哲学》(1934年)等。张东荪的哲学可名之曰"泛架构主义"。他认为:"我们这个宇宙并无本质,只是一套架构。""就是有物理而无物质;有生理而无生命;有心理而无心灵。这亦就是说一切都是架

---

① 彭康:《前奏曲》,上海江南书店1929年版,第152页。

构,而不是实质。而架构却不能离开我们的认识。就好像镜中的花,虽然花的形态颜色未必有大亏,然而却是在镜中"。张东荪的哲学是唯心主义的。张东荪是反对辩证法最起劲的一个人,同时也反对唯物论。他说辩证法是"过时的古董",马克思的辩证法更是"错误到不可救药"。他认为:辩证现象并不是天下万物所共有的,天下万物也并非无不具有内在的矛盾。所谓奥伏赫变的变,只是"逻辑的变,而不是空间上的变,时间上的变,与事物的变"。马克思主义哲学工作者和其他一些人反对张东荪的说法,哲学界的争论由此展开了。

哲学界的争论正在进行时,发生了这样一件事:中国哲学界知名人士李石岑,由唯心主义方面转到辩证唯物主义方面来了。他在1933年初发表《未来的哲学》和《相对的真理与绝对的真理》,在9月出版的《哲学概论》一书中写了"新唯物论"一编,阐述了他的新的哲学思想,即辩证唯物论和唯物辩证法思想。他并说:新唯物论"在现在和最近的未来,将有一个光华灿烂的发展"。这标志着马克思主义哲学领域的扩大。但唯心主义者却因此而"为学术界前途担忧",写文章批判《未来的哲学》,《论〈未来的哲学〉——新唯物论》是有代表性的一篇。该文的主要论点是:(1)现象与本体是分离的,因此不能由现象知本体。(2)"科学上之物质乃是概念",否认世界的物质性。(3)"物之变化纯由外物的影响",反对事物内在矛盾说。这样又发生了关于新哲学的争论。这两场争论实际上是一回事。

当时由于种种具体历史条件,首先起来并发表大量文章批判张东荪等人的是叶青及其他一些人。叶青写的书和文章主要有《哲学到何处去?》《张东荪哲学批判》《论哲学的消灭》等。当时叶青以马克思主义哲学家自居,以捍卫新唯物论和辩证法自任。叶青的一个重要论点是哲学消灭论。他说"世界底认识则是由宗教而哲学而科学"。宗教早已消灭了,现在哲学在消灭中,因此"企图任何哲学体系底建立,都是反动的行为"。这样辩证唯物主义也就被取消了。叶青把辩证法的对立统一规律视为"吸收论"。他说:"统一是辩证法的综合,承认有主导的东西之存在。同此统一对立物是站在某一方面上吸收它一方面的意思。所以统一就是吸收。"①

30年代哲学上的争论成为马克思主义哲学发展的重要条件。从1934年11月起,艾思奇在上海《读书生活》杂志上连续发表"哲学讲话"。他以通俗易懂生动活泼的言语,阐明辩证唯物论及其认识论的基本原理和唯物辩证法的基本规律。"讲话"的单行本在1936年出第四版时,改名《大众哲学》,此后至1948年共印行32版。它对普及马克思主义哲学起了很大作用。他还写了《民族解放与哲学》《抽象作用与辩证法》《认识论上的问题》等。邓云特写了《形式逻辑还是唯物辩证法》,直接参加了关于哲学问题的争论。1935年李达印行《社会学大纲》一书(实际上是一本哲学书),1937年5月出增订版。这是中国人写的一部系统阐述马克思主义哲学的著作。李达在苏联学者研究的基础上,阐明"对立统一的法则,是辩证法的根本法则,是它的核心"。这个法则是"认识任何事物"的根本法则。他提出和阐述了"拮抗的矛盾"和"不带拮抗的矛盾",即对抗性矛盾和非对抗性矛盾的观点。在马克思列宁主义的认识论问题上,李达阐述了能动的反映论和认识的"圆运动",即肯定、否定、否定之否定的螺旋形发展的认识运动。他强调实践对认识的决定意义。《社会学大纲》在中国马克思主义哲学发展史上占有十分重要的地位。长征到达陕北以后,毛泽东用很大精力从事哲学研究。他的哲学思想的特点是把马克思主义的原理同中国革命的实践紧密结合起来。1937年写的《实践论》《矛盾论》阐释了马克思主义的认识论和辩证法的核心矛盾学说。《实践论》强调认识对实践的依赖关系,指出"实践的观点是辩证唯物论的认识论之第一的和基本的观点"。他更科学地概

---

① 叶青:《观念论不可吸收吗?》,《研究与批判》第2卷第7期,1937年1月1日。

括地论证和表述了认识的过程,指出:"实践、认识、再实践、再认识,这种形式,循环往复以至无穷,而实践和认识之每一循环的内容,都比较地进到了高一级的程度。这就是辩证唯物论的全部认识论,这就是辩证唯物论的知行统一观。"①

20世纪三四十年代,当权的国民党蒋介石集团,出于强化其反动统治的需要,大力宣扬"力行哲学"或叫"诚的哲学"和"唯生论"。"力行哲学"是蒋介石歪曲孙中山的知行学说,利用外国法西斯主义的哲学观点,糅合王阳明的"知行合一"说,而提出来的。他说:"古今来宇宙之间,只有一个'行'字才能创造一切"。行是"天的本性,也是人的本性"。他把"行"说成哲学上的本体和实在。他说"'行'的哲学,为唯一的人生哲学"。而"力行的起点在于'诚'","诚是行的原动力"。"事之不成者,由于心之不诚也"。这种力行哲学,就是法西斯的反理性的行动主义,是愚民哲学。大力宣扬唯生论的是陈立夫。他借用孙中山使用过的"生元"一词,按自己的意思加以发挥,写成《唯生论》《生之原理》两书,提出一套唯心主义哲学。陈立夫既反对"唯心一元论"也反对"唯物一元论","而主张唯生一元论"。他说:"宇宙一切皆由有生命的元子构成,所以宇宙一切皆生命。"宇宙的本体是"生元","生元""具有精妙的知慧与伟大的能力",是"宇宙间有生无息大智万能的主宰",即"西洋人所谓'上帝',我们之所谓'造物者'"。

除上述马克思主义哲学和法西斯主义哲学以外,建立自己的哲学体系、阐述自己的哲学见解的哲学家,主要有冯友兰、金岳霖、熊十力、贺麟等。冯友兰的代表作是关于"新理学"的六本书:《新理学》《新事论》《新世训》《新原人》《新原道》《新知言》。新理学是程朱理学的继承和发挥,同时采纳了一些佛道思想和西方哲学。新理学把世界划分为二,一个是此岸的现实世界,一个是彼岸的"理世界"。现实世界中的实际的物,是"相对的料",它是第二性

---

① 《毛泽东选集》第1卷,人民出版社1991年版,第284、296页。

的。"理世界"那里是"万理俱备","万理不生不灭、不增不减",则是第一性的。"必须先有飞机之理,然后才有飞机"。物不过是"理之实现"。这是客观唯心主义。在讲到人生观问题时,冯友兰区分人的四种境界,最高境界是"天地境界"。"天地境界"的人,"体与物冥","万物皆备于我",我成了"大全(按即"众理之全",即理世界)的主宰"。这里冯友兰又从客观唯心主义倒向主观唯心主义了。金岳霖的代表作是《论道》和《知识论》。他在《论道》中提出和论述了"道""式""能"的概念。他说:"式类似理与形","能类似气与质"。理与气是理学家的用词。式是形式,质是质料。这是亚里士多德的用词。"虽有能而能不能单独地有,虽有式而式也不能单独地有"。"无无能的式,无无式的能"。"式与能无所谓孰先孰后"。"它们底综合就是道"。他认为"能"是不可感觉也不可言说的。熊十力的代表作是《新唯识论》《破〈破新唯识论〉》《十力语要》等。熊十力的主要哲学命题是:"体用不二"和"翕辟成变"。所谓"体用不二"就是说,本体即是功用,即是现象,二者不可分离。什么是"翕辟成变"呢?"翕"是摄聚成物的能力,而"辟"是与"翕"同时而起的另一种势用,它刚健自胜而不肯物化。翕辟同时存在于实体之中,是实体的内在矛盾,是实体的功用。实体依赖一翕一辟的相反相成而流行不息,这就是"翕辟成变"。而创造一切促成实体变动的主动者是"辟",而"辟"就是心。熊十力的哲学是一种具有辩证法因素的唯心主义哲学。贺麟的代表作有《当代中国哲学》《近代唯心论简释》等。他的哲学思想是陆王心学与西方新黑格尔主义相结合的产物。他认为"不可离心而言物"。"心是主宰部分,物是工具部分"。"心为物之体,物为心之用。心为物之本质,物为心的表现"。在知行关系上,他主张"知行合一",二者"同时发动","无先无后"。而知为本质,行为现象,知为主,行为从。贺麟又说唯物史观只研究"外表现象",是"外观法",而唯心史观的"内观法",才注重本质。冯友兰、贺麟的唯心主义哲学受到马克思主义者的批评,陈家康、杜国庠、胡绳等著文批评了他们的哲学观点和在当时所起的作用。

二、史学

五四运动后,中国史学发展进入一个新的阶段。随着马克思主义传入中国,中国的马克思主义史学开始出现。中国共产主义运动的先驱李大钊,是我国马克思主义史学的开创者、奠基人。他发表了一系列史学论文,并在高等学校讲授唯物史观和史学思想史等课程,把马克思主义引入史学领域。他的《史学要论》(1924年5月出版)是我国最早用马克思主义观点写成的史学概论。李大钊说:"历史是人类生活的行程","是"社会的变革"。过去遗留下来书籍,是历史的材料。历史学"是研究在不断的变革中的人生及为其产物的文化的学问"。历史学能否真实地反映历史,关键在于治史学者具备什么样的历史观。他主张用新史观即唯物史观把中国的旧历史进行"改作"。李大钊关于改革旧史学创造新史学的主张,指明了中国史学研究的新方向。

20世纪20年代疑古辨伪的风气在史学界盛行。这种学风主要是胡适、钱玄同、顾颉刚等倡导的。胡适提倡"大胆的假设,小心的求证";强调"尊重事实,尊重证据",不受以往儒学经典的束缚。疑古精神表现得最激烈的是钱玄同。他说:"我们是决心要对于圣人和圣经干'裂冠毁冕'、'撕袍子'、'剥裤子'的勾当的。"我们对于《六经》,"应当持'志疑''纠谬'的态度,断不可无条件的信任它"。顾颉刚提出了一个"层累地造成的中国古史"的观点。这种观点反对把古代看成黄金世界,对有关古史的传说起了廓清作用。在疑古辨伪精神激发下,顾颉刚等进行了大量考证辨伪工作,取得了相当可观的成绩。但是他们的考辨古史也存在着很大的片面性,例如有人说:"东周以上只好说无史。现在所谓很灿烂的古史,所谓很有荣誉的四千年的历史……精密的考来都是伪书的结晶。"这就失之偏颇不合实际了。

在20世纪30年代,中国理论界和史学界,展开过关于中国社会性质和中国社会史问题的论战。争论的范围很广,涉及当时的中国究竟是资本主义社会还是半殖民地半封建社会、中国历史上有没有奴隶制社会、秦汉以后的中国是封建社会还是商业资本主义社会或其他什么性质的社会、中国为什么未能进入资本主义时代以及亚细亚生产方式等一系列重大问题。论战的参加者,有马克思主义的理论工作者和史学工作者,有中国托派分子,有"新生命"派,还有其他一些人。通过论战,广泛宣传了唯物史观的基本原理,讨论了各种历史问题,推动了中国史学的发展。在争论中,马克思主义的史学工作者和理论工作者,批驳了各种不符合马克思主义的和中国历史实际的观点,论证了近百年来的中国社会是半殖民地半封建社会,肯定了中国奴隶制社会的存在,初步理出中国从原始社会经奴隶社会封建社会到半殖民地半封建社会的历史脉络,对中国封建社会"长期停滞"问题和亚细亚生产方式问题进行了探讨,等等。

李大钊的《史学要论》的发表,标志着中国马克思主义史学的诞生。而1930年郭沫若《中国古代社会研究》的出版,则标志着中国马克思主义史学开始形成。在这本书中郭沫若用马克思主义理论做指导,通过对许多第一手资料的分析,得出中国历史经过原始社会、奴隶制社会、封建社会几个阶段,体现了人类历史发展的共同规律。他对甲骨文、金文做了大量研究,先后发表了《甲骨文字研究》《两周金文辞大系》《金文丛考》《卜辞通纂》等著作,使甲骨文、金文的研究发展到新的水平。另一个马克思主义史学家吕振羽在30年代写成《史前期中国社会研究》《殷周时代的中国社会》《中国政治思想史》等著作,对中国社会史和政治思想史的研究作出了贡献。1939年冬毛泽东主持编写了《中国革命和中国共产党》。该书对中国封建社会、半殖民地半封建社会、近百年来的革命运动,做了概括的科学的论述。它对中国历史研究有重要指导意义。

20世纪40年代,马克思主义史学得到很大发展,取得了突出的成就。主要成就有几个方面：一是完成了一批中国通史著作,其中有吕振羽的《简明中国通史》,范文澜的《中国通史简编》,翦伯赞的《中国史纲》(第1、2卷)。二是中国思想史的研究有很大进展,成绩显著。其中主要有郭沫若的《青铜时代》《十批判书》,侯外庐的《中国古代思想学说史》《中国近世思想学说史》,侯外庐、杜国庠、赵纪彬合著的《中国思想通史》(第1卷),杜国庠的《先秦诸子的若干研究》《先秦诸子思想概要》等。在中国思想史的研究上先秦诸子的研究更为充分。三是中国近代史的研究,主要成果有范文澜的《中国近代史》(上编第1分册)、中国历史研究会编的《中国现代革命运动史》、胡绳的《帝国主义与中国政治》等。四是中国社会史的研究,主要成果有邓初民的《中国社会史教程》、侯外庐的《中国古代社会史论》等。范文澜的《中国经学史的演变》第一次用马克思主义观点研究了中国经学,这是一项开创性的工作。

"五四"以后的30年间,中国史学的发展和研究成就,除上述以外,还有许多历史学者,在他们从事的研究领域作出了重要贡献,使中国史学的研究蔚为大观。梁启超是中国新史学理论的奠基人。早在20世纪初年他就写了《中国史叙论》《新史学》等著作。以上两文是这一时期史学思想上的代表作。20年代著有《清代学术概论》《先秦政治思想史》《中国历史研究法》及其补编、《中国近三百年学术史》等。梁启超的史学思想前后有很大变化。早先他曾号召"史界革命",主张新史学要叙述人群进化现象而求得其"公理公例";后来他又认为"我们既承认历史为人类自由意志的创造品,当然不能又认他受因果必然法则的支配",否认了人类历史有"公理公例"。梁启超研究的领域颇为广泛,涉及了中国历史和史学理论的一些重要方面。他还提出了编著中国通史和中国文化史的设想。

王国维是在历史考据方面有很大成绩的史学家。他治史的最大特点是把新发现的材料跟古史记载结合起来,从而获得对古史的新解。他学识广博,在古文字、古器物、汉简、汉魏碑刻、敦煌文献、商周史、汉唐史、蒙古史、西北史地等方面,均有研究成果。他的重要著作有:《戬寿堂所藏殷墟文字考释》《殷卜辞中所见先公先王考》及《续考》《殷周制度论》《鬼方昆夷獫狁考》《鞑靼考》及《宋元戏曲史》等。他开创甲骨学,最早把甲骨文字资料用于商代历史和典章制度的研究。他在《殷卜辞中所见先公先王考》中,考证出卜辞中所见殷王室世系与《史记·殷本纪》所记基本相同。这就使《殷本纪》作为历史资料的可靠性得到证明,从而使中国古代的信史上推到商朝之初。他的文章在中国考据学史上有重要价值。《殷周制度论》也是一篇受到重视的文章。

陈寅恪通晓古代和现今的多种文字,熟悉佛典,从事周边民族史、魏晋南北朝史、隋唐史、明清间史事的研究和考订,开创了以诗文证史的治学途径。他的主要著作有:《隋唐制度渊源略论稿》《唐代政治史述论稿》《秦妇吟校笺》《元白诗笺证稿》《论〈再生缘〉》等。他在前一书中论述了从汉魏到隋唐某些制度的演变,指明了隋唐制度的渊源。在第二本书中主要以统治集团的升降转移为中心来探索唐代政治史发展的基本线索。这两本书在中国很受重视,在国外也有影响。陈寅恪认为文艺作品的作者的行事离不开他生活的那个时代,因此不可避免地或间接或直接对那个时代有所反映,其所反映的内容,往往是历史记载中所没有的,善于利用这些材料,不仅可以补充史书的缺漏、改正史书的内容,而且可以得到新的见解。他开拓了历史研究的新视野。

陈垣的贡献主要在中国宗教史和历史文献学。后者包括目录学、年代学、史讳学、校勘学等方面。重史源讲类例是他在学风上的特点。他的重要著作有:《元也里可温教考》《元西域人华化考》《中国佛教史籍概论》《南宋初河北新道教考》《二十史朔闰表》《中西回史日历》《史讳举例》《校勘学释例》等。他关于宗教史的叙述和考证有许多是补充了中国宗教史的空白。《中国佛教史籍概论》论述了佛教重要史籍流传的大概情况,是研究佛教史的必备目录书。史讳是中国历史上的一个特殊现象,他在这方面的研究超过了前人。他认为"校勘为读史先务"。他的《校勘学释例》是我国校勘学史上带总结性的著作。陈垣的类例法就是在一个专题下搜集许多材料,区分类别,找出一定范围内的通例,然后组织成文。他治史的许多成果和运用这种方法是分不开的。以上几位史学家在中国史学史上占有重要地位。

在从1919年到1949年的30年中,中国史学有很大发展。中国是一个有长远历史传统和丰富历史遗产的国家,历史上出过许多著名的史学家。马克思主义传入中国之后,马克思主义史学的产生和发展,使中国史学发展到一个新的阶段。马克思主义史学家和非马克思主义史学家的共同努力和创造性研究,使中国史学成为我国社会科学中最发达最有成就的门类之一。中国向来把史学看成关系国家兴衰、世道好坏、人心善恶的大事,十分重视它的政治功能和教育功能。马克思主义史学家继承了这个传统。这一时期的马克思主义史学是从政治思想上推进新民主主义革命的一种动力。

三、经济学

中国近代学术史上的经济学或政治经济学,是从外国输入的。鸦片战争以后,在中国人向西方学习的过程中,把西方资产阶级的经济学也介绍到中国来了。大约从1880年以后中国开始出版外国经济学著作的中译本。严复译的亚当·斯密的《原富》于1902年出版,这是中国经济学史上的一件大事。此后用汉文翻译出版的外国经济著作日多。大约在1905年以后开始有中国人自著的经济学书籍出版,但都是根据外文书籍编译的,或是外国人的思想观点方法的重述。有人统计,在"五四"以前的40年中,大约出版了40种经济学书籍。这时还没有马克思主义政治经济学著作的译本。

"五四"以后,翻译的和中国人自著的经济学著作大量增加,马克思主义政治经济学著作也介绍到中国来了。从1919年到1949年这30年中,粗略估计,出版的经济学著作有2 000余种,经济杂志100多种。发表的论文是很多的。

这个时期翻译出版的马克思主义经济学著作,主要的有:马克思《雇佣劳动与资本》全译文刊登在《晨报·副刊》上;李季译马克思《价值价格及利润》(1924年),陈寿增译卢森堡《新经济学》(1927年),陈豹隐译河上肇《经济学大纲》(1929年),郭沫若译马克思《政治经济学批判》(1931年),吴理屏译恩格斯《反杜林论》(1932年),施存统译波格达诺夫《经济科学大纲》(1929年),潘怀素译布哈林《转型期的经济学》(1930年),吴清友译列宁《帝国主义论》(1937年),郭大力、王亚南译马克思《资本论》全译本(1938年),张仲实译列昂捷也夫《政治经济学教程》(1938年),郭大力译马克思《剩余价值学说史》(1948年),等等。从以上可见许多重要的马克思主义经济学著作都有了中译本。

中国人翻译出版的外国资产阶级经济学著作是很多的,其中重要的有:王开化译李斯特《国家经济学》(1925年),郭大力、王亚南译李嘉图《政治经济学及赋税原理》(1932年),刘君穆译马歇尔《经济学原理》(1932年),王亚南译克赖士《经济学绪论》(1933年),郑学稼译萨伊《经济学精意》(1933年),郭大力译杰文斯《经济学理论》(1936年),曾迪先译庞巴维克《资本肯定论》(1937年),郭平叔译庇古《社会主义与资本主义》(1947年),等等。这些著作大多是资产阶级经济学理论方面的名著。此外应用经济学和经济史方面的译本还有很多。

在这三十年中,中国人写了不少经济学著作,但在经济理论方面,不管是马克思主义经济学者写的还是资产阶级经济学者写的,一般都是"述而不作",没有自己的理论体系。概论性的教科书性的著作,用马克思主义观点写的有:沈志远的《新经济学大纲》(1934年),狄超白的《通俗经济学讲话》(1936年),等等。资产阶级学者的主要著作有:刘秉麟的《经济学》(1928年),李权时的

《经济学原理》(1928年),赵兰坪的《经济学》(1933年),马寅初的《经济学概论》(1943年),等等。以上这些书都是流行比较广,影响比较大的。

近代中国是一个穷国弱国,为了改变这种状况,不少革命者和进步学者,非常注意研究中国经济,并力图求出自己的答案和改造经济的方案。马克思主义者对中国经济的研究,早在1922年《中国共产党第二次全国大会宣言》中就提出了初步的正确观点。这方面比较系统的著作主要有:李达的《中国产业革命概观》(1929年),许涤新的《现代中国经济教程》(1947年),郭大力的《生产建设论》(1947年),其中最重要的是1946年出版的王亚南的《中国经济原论》(新中国成立后新版改名为《中国半封建半殖民地经济形态研究》),它是王亚南试图用马克思主义经济原理研究中国半封建半殖民地经济形态特征并揭示其运动规律的一部重要著作。其他有代表性的著作有:马寅初的《中国经济改造》(1935年),吴景超的《第四种国家的出路》(1936年),等等。在旧中国在经济上占支配地位的是国民政府的国家垄断资本和官僚资本,为这种资本做辩护的最重要的著作是蒋介石于1944年发表的小册子《中国经济学说》。

从20世纪20年代以来,中国农村土地问题受到政界和学术界的极大注意。不少人对中国农村进行调查和研究,写出了若干重要著作。其中陈翰笙的《广东的农村生产关系与生产力》(1934年)、薛暮桥的《中国农村经济常识》(1937年),是影响较大流行较广的书籍。费孝通的《江村经济》,1939年用英文在英国伦敦出版,是一部有国际影响的书。外国学者的著作中重要的有苏联学者马扎亚尔的《中国农村经济研究》、美国学者卜凯的《中国农家经济》(1930年)。后者是资产阶级学者关于中国农村经济的权威著作。

这一时期,出版的经济刊物约有140余种,其中出版时间较长影响较大的有《经济学季刊》《新经济》《中国农村》《中国经济》

《经济周报》《金融周刊》《财政评论》等。

这一时期的经济学术团体主要有：中国经济学社，它是1923年夏在上海成立的，由刘大钧和马寅初发起和主持。中国农村经济研究会，1933年成立，主要成员有陈翰笙、吴觉农、薛暮桥、钱俊瑞等。此外还有国民政府官方专门研究土地问题与土地政策的中国地政学会。

20世纪20年代初到40年代末这30年间，经济学作为一门科学，在中国广泛流行。各个西方经济学派的主要代表著作，差不多都有了汉文译本，马克思主义经济学说也在中国广泛传播。许多人以那些理论做指导，对中国经济问题做了探讨。经济学的分支各种应用经济学，在银行、财政、货币、贸易、人口、统计、会计等方面得到广泛应用。经济学在中国社会科学中是得到广泛发展的一门科学。

四、社会学

社会学作为一门科学和近代经济学一样，是从外国输入的。西方社会学传入中国，大约开始于1898年，这一年严复译斯宾塞《社会学研究》的一部分发表了。1902年章太炎翻译出版了日本人写的《社会学》一书。1903年严复译《社会学研究》全文以《群学肄言》书名出版。同时和稍后还有其他一些社会学书籍出版发行。社会学课程的设置，光绪末年京师大学堂开始开设这门学科。此后，圣约翰大学、沪江大学、清华大学相继开设了社会学课程。

"五四"以后，中国向西方学习的风气大盛，社会学也在中国广泛传播，关于社会学的翻译、著述、设置学习专业和开设课程、组织学术团体、进行社会调查等，都发展活跃起来。下面分别叙述：

翻译方面有赵作雄译爱尔乌特《社会学及现代社会问题》、吴旭初译黎鹏《群众心理》、伏庐译罗素《社会结构学》、瞿世英译鲍格达《社会学概论》、许德珩译涂尔干《社会学方法论》、黄凌霜译沙罗坚《当代社会学学说》、张世文译麦其维《社会学原理》、费孝通译马凌诺斯基《文化论》等。西方社会学主要学派的著作大部分有了中译本。

中国人关于社会学的著述主要有陶孟和的《社会问题》、常乃德的《社会学要旨》、朱亦松的《社会学原理》、吴景超的《社会组织》、孙本文的《社会学大纲》和《社会学原理》等。这些书大多是关于社会学的一般介绍，或转述西方某些学派的学说。中国学者对运用社会学观点考察中国实际问题是很注意的，人口问题是其中之一。中国社会贫穷、政治纷乱，许多社会学学者认为原因在于人口太多。他们从人口问题上给中国找出路。这方面的文章和著作很多，陈长蘅的《中国人口论》和《三民主义与人口政策》、许仕廉的《中国人口问题》、陈达的《人口问题》，是其中主要的几种。

关于专业和课程设置，1919年以来若干大学陆续成立社会学系，其中有厦门大学、燕京大学、复旦大学、中央大学等。起初许多大学的社会学系由外国人主持或授课。以后去外国学习社会学的中国人回国者日多，这种情况有所改变。国民政府为了推行所谓"社会建设"，设立了社会部，需要"社会事业"与"社会行政"方面的人员，因此，各校社会学系得到较大发展。

关于社会学的团体和刊物：1922年余天休发起成立中国社会学会。但因当时研究社会学的人很少，会务不久就陷于停顿状态。同年，余天休主编的《社会学杂志》创刊，这是中国最早的社会学期刊。随后因为研究社会学的人日多，1928年由孙本文、吴景超发起，联络东南各大学的社会学教师和学生，组织东南社会学会。该会的刊物《社会学刊》(季刊)于1929年创刊，孙本文任主编。东南社会学会于1930年2月改组为中国社会学社，成为全国性的组织；到1943年共有社员160人。该社于1930年至1937年共开年会6次。1931年2月在南京举行的第二届年会集中讨论了人口问题。1943年2月在重庆、成都、昆明同时举行第七届年会，集中讨论了"战后社会建设"问题。《社会学刊》因受战事影响一度停刊，1944年国民政府社会部与该社合作，共同创办《社会建设》

(月刊),以发表战时和战后"社会建设"与"社会行政"的文章为主。

注重联系实际,进行社会调查,是这门学科的一个重要特点。各大学社会学系、各社会学团体和社会学学者做了许多调查,其中有燕京大学的清河镇社会调查、中央大学的蒋庙村社会调查、金陵大学的各地农村调查、中山大学的樟林社会调查、云南大学的禄村农田调查和昆明劳工调查、中央研究院社会科学研究所的北平西郊64村社会调查、定县平民教育实验区的定县社会概况调查、苗族生活调查、西康社会调查等。这些调查提出了许多有益的解决社会问题的办法,提供了许多有用的资料,使中国人对中国社会的认识深入细致了一步。

五、自然科学

清朝末年,废科举兴学校,各类学校中开始开设有关自然科学的课程。小学有算术和格致课,中学有算学、博物、理化三个科目,大学有算学、星学、物理学、化学、动植物学、地质学等课程。民国初年中国出现了研究自然科学的机构和团体,如农商部的地质调查所和中国科学社。中国科学社是1915年中国留美学生赵元任、秉志、杨铨、任鸿隽等在美国成立的。1918年社址迁到国内,十年后社址定在上海。中国科学社的社员,大多数是在国内或国外从事科学研究与工程技术工作有成绩的人,其中不少人是中国近代自然科学中各学科的创建者带头人。该社进行的工作有:刊行《科学》杂志、《科学画报》,设立明复图书馆、博物馆、生物研究所,举办科学讲演和展览,召开学术讨论会等。《科学画报》刊载科学上的新发明、科学方面的新见闻、科学理论的阐释、科学小说等等,图文并重,印刷精美,在普及科学知识方面起了很大作用。中国科学社到1949年会员发展到3 776人。它对我国科学事业的发展起了重要作用。中国科学社的生物研究所(成立于1920年)、静生生物调查所(成立于1927年),在秉志、胡先骕等主持下,对动物学植物学的发展作出了贡献,在世界学术界有重要地位。

1927年5月国民政府决定设立中央研究院,次年6月正式成立,蔡元培为院长。中央研究院是当时的国家最高学术机关。它从1927年开始筹备到1930年初,共成立物理、化学、工程、地质、天文、气象、历史语言、心理、社会科学九个研究所和一个自然博物馆。这些研究所绝大部分是研究自然科学的。9个所共有专任、兼任、名誉、特约研究员91人,助理员64人,初步形成了一支有许多专家学者在内的科学研究队伍。到1949年研究所增加到12个。1929年9月北平研究院成立。全国各大学相继成立了不少研究所,到1947年共有157所,主要是理工科。自然科学刊物除一般性的期刊《科学》以外,重要的学术刊物有《中国地质学会会志》《中国科学社生物研究所丛刊》《中国生理学杂志》《中国物理学报》《气象学报》《中国化学会会志》等。

由于中国是一个半殖民地半封建的落后国家,在自然科学方面,知识水平低,人才不足,经费奇缺,加上政治上动荡不安,科学研究的开展和科学事业的兴办,受到极大限制。但是由于科学家和技术工作者的辛勤努力,自然科学的研究和发明创造,仍然取得了不少成绩,使我国的自然科学逐渐摆脱了单纯介绍外国科学成果的状况,有了自己的研究成果,其中有的达到了世界先进水平,并且培养了人才,积累了经验。自然科学知识在国民中得到一定程度的普及。我国主要的自然科学研究成果和工程技术方面的发明创造,可以举出以下这些:

数学方面,如陈建功对傅里叶级数的研究,苏步青对微分几何学的研究,华罗庚对解析数论的研究,都做出了重要贡献。地质学方面,地质调查所先后在丁文江、翁文灏、李四光的领导下,开展了野外调查和在实验室中的理论研究,推动了我国地质科学的进步。李四光的《东亚的几个特别构造型》一文,提出了地质力学的原理和方法。他对中国山岭区域冰川地质做了研究,提出了新见解。黄汲清提出从地台地槽和造山运动的关系划分中国地壳构造单位的见解。物理学方面,吴有训对康普顿效应的研究、钱三强对铀原子核的研究、钱学森对稀薄气体动力学理论的研究,都做出了贡献。地球物理学方面,竺可桢的《中国气流之运行》根据大量观测资料,找出中国四季气候变化的规律。涂长望的《大气运行与世界气温的关系》为我国长期大气预报研究奠定了基础。古人类学和古生物学方面,1929年裴文中在周口店发现北京猿人头骨和大量古生物化石,这是轰动世界的大事。北京猿人头骨的发现在人类学和中华民族起源问题的研究上,都有重大价值。地图编制方面,由丁文江、翁文灏、曾世英编纂的《中国新地图》和《中国分省新图》,1933年由《申报》馆出版发行。这种新地图集在地位的准确、高度的分明方面,超过了以往的地图。天文学方面,1934年中央研究院天文研究所在南京紫金山建立天文台,开始了中国人自己的天文观测工作。1941年9月21日日全食时,我国组织观测队到西北进行观测,记录下了难得的资料。考古学方面,1928年、1929年历史语言研究所开始在河南安阳小屯发掘殷墟。这是中国人用现代科学方法进行的第一次大规模地下考古发掘,发现了大量青铜器和甲骨。这次发掘是世界和中国考古学史上的一件大事。工业化学方面,侯德榜发明了新的制碱方法,这是中国人对工业化学的具有国际声誉的贡献。桥梁工程方面,在茅以升主持下修建了钱塘江大桥。从以上这些不完全的列举中,可以看出,这一时期中国人在自然科学和工程技术领域做出了可观的成绩。

六、文学

"五四"前后新文化运动的一个重要内容是文学革命。1917年1月《新青年》发表了胡适的《文学改良刍议》,它是由少数人酝酿发展到兴起新文学运动的标志。他主张以白话文为文学的"正宗",用来取代文言文。紧接着陈独秀发表《文学革命论》,反对贵族文学、古典文学、山林文学,主张国民文学、写实文学、社会文学。它"高张'文学革命军'大旗",是文学革命的正式宣言书。"五四"前后关于文学主张和文学观念发生了新的变化,具有新的内容,提出了人的文学、平民文学、实写主义文学、为人生的文学等主张。自1919年下半年起,白话文学创作和翻译作品、白话文刊物大量出现,从此白话文学成了文学的"正宗"。文学革命有力地促进了思想解放运动的开展,有效地配合了"五四"时期反帝反封建的斗争。它奠定了现代文学的思想理论基础,是中国文学和语言学发展史上一次真正伟大的革命。

"五四"以后纯文学社团雨后春笋般地涌现,并且出现了新的文学流派。据统计,从1921年到1925年出现的文学团体和刊物各有100多个,几乎遍布各大中城市,其中影响大成绩显著的是文学研究会和创造社。文学研究会是由郑振铎、沈雁冰、周作人、叶绍钧等人发起,于1921年1月在北京正式成立的。革新后的《小说月报》是该会的专门刊物。《文学研究会宣言》认为:"文学是一种工作,而且又是于人生很切要的一种工作。"文学要"为人生",要反映人生,指导人生。这是他们对文学的基本看法。这种文学属于现实主义流派。创造社是由在日本的留学生郭沫若、郁达夫、田汉、成仿吾等,于1921年7月成立的。它主张为艺术而艺术,属于浪漫主义流派。他们尊崇自我,认为文学是作家的自我表现;推崇天才,说"文艺是天才的创造物"。他们反对功利主义,认为"美的追求是艺术的核心"。但另一方面也重视文学"对于时代的使命"。他们的浪漫主义一般说来是具有叛逆精神的积极的浪漫主义。

"五四"时期兴起的文学革命运动,它的主流逐步向"革命文学"前进。这表现在:第一,共产主义文化思想对新文学运动的指导进一步加强。1923年6月改组后的《新青年》,中国共产党把它作为用马克思主义指导意识形态各个领域的"罗针",《新青年》的"新宣言"宣布要继承和发扬五四新文化运动的战斗传统,体现了共产党对新文学的有意识的指导。第二,文学主张中无产阶级思想因素在增加。1923年后,共产党人邓中夏、恽代英、萧楚女等发表文章,初步宣传了马克思主义的文学主张。1925年沈雁冰发表《论无产阶级艺术》,从性质、题材、内容、形式等方面对无产阶级文艺做了初步说明。次年郭沫若发表《革命与文学》,指出时代所要求的文学,"是表同情于无产阶级的社会主义的写实主义的文学"。这些表现了文学革命向"革命文学"的发展。

这个时期的文学创作取得了前所未有的成就,小说有鲁迅的《狂人日记》《祝福》《阿Q正传》等,新诗有郭沫若的《女神》等。鲁迅在《阿Q正传》中塑造了一个在封建势力压榨下的落后的农民形象。阿Q惯于用自尊自慰自卑自欺的"精神胜利法"来排解身受的痛苦,聊以满足一下反抗报复的心理,然而得到的是更大的屈辱。但是革命来临时,他也燃起了自发的革命热情,要求革命。但反革命势力不准他革命,并把他判处死刑。《阿Q正传》深刻地反映了辛亥革命前后中国的社会面貌和农村阶级关系,反映了革命波澜的影响和革命失败的原因,揭露了中国国民性中的劣点及其对中国历史前进的巨大的消极影响。《阿Q正传》的深刻的社会内容和高超的艺术价值,使它成为名闻世界的作品。这一时期出现的小说作家还有叶绍钧、王统照、郁达夫等。郭沫若的诗集《女神》充满了对黑暗的旧社会的叛逆精神,充满了对美好理想的热烈追求,充满了爱国主义的炽热感情,充满了革新和创造的磅礴气势。它喊出了"五四"时代精神的最强音。郭沫若的热情奔放的革命浪漫主义诗歌具有巨大的感人力量。《女神》所显示的鲜明的时代色彩,独创的艺术风格,澎湃的感人力量,开创了一代新的诗风。谢冰心、闻一多和徐志摩也是这一时期的著名诗人。谢冰心的富有哲理韵味的自由体小诗在当时和以后很有影响。闻一多的诗对祖国命运和民族前途充满激情,爱国的感情炽热而又深沉。他是新格律诗的倡导者和尝试者。他的一些诗篇结构严谨、形式整齐、音节和谐、比喻贴切。徐志摩的诗在艺术上有很高的成就。他的诗形象生动、语言精练、辞藻色彩绚丽、音调铿锵和谐,对新诗的发展作出了重要贡献。在这一时期的文学创作中,散文是很有成绩的一个部门。在这方面鲁迅以外,周作人是成就比较突出的一个。

1927年革命失败以后,一批直接从事革命工作的文化人,离开原来的岗位,聚集到文化战线上来,同时又有一批新的革命者加入文化战线,从而推动了革命文艺事业的发展。1928年1月创造社和太阳社发起革命文学运动。两个社团的成员力图创造一种"以无产阶级的阶级意识"为指导的、为完成无产阶级历史使命服务的斗争文学。中国文学发展史进入一个新阶段。但是革命文学运动中出现了"左"的错误,一度把斗争矛头指向鲁迅、茅盾等人,发生了关于革命文学的争论。这场争论到1929年上半年基本结束。这是一场革命文学内部的争论。经过争论双方的认识水平都得到提高;互相批评增进了团结。为了共同进行反对国民党文化"围剿"的斗争,推动革命文学事业的发展,1930年3月,在共产党领导下,中国左翼作家联盟在上海成立。沈端先、冯乃超、钱杏邨、鲁迅、田汉等为常务委员。在"左联"的领导下,左翼作家以大无畏的英勇气概,同国民党的文化"围剿"展开了顽强的斗争,对法西斯的"民族主义文艺"思想和资产阶级小资产阶级文艺思想进行了批判。在斗争中无产阶级的文艺事业不断得到发展。这是文化革命深入的一个重要表现。左翼作家自觉地把自己的文学创作活动服务于中国革命斗争,自觉地宣告文学是整个无产阶级革命事业的一部分。为此目的,他们辛勤地从事文学创作,写出了若干不可磨灭的作品。但有的革命文学作品中出现了标语口号化现象,产生了消极影响。革命现实主义是中国文坛上最重要的文学流派。在无产阶级革命文学以外,其他文学流派的具有不同风格的作家,不少人写出了很受欢迎的作品。有些作品产生了有世界意义的影响。这一时期的中国文坛是非常活跃的。

这个时期的文学创作取得了巨大成就。鲁迅在他一生的后十年,以写杂文为主。他的杂文所暴露和批判的政治社会现实是非常广泛的,涉及政治思想战线上的一系列斗争。他的杂文是文艺性的政论,具有锋利、泼辣、幽默的风格,具有深刻的思想性和艺术感染力。这一时期瞿秋白也写了精彩的杂文。小说方面的成就是很突出的,这主要表现在茅盾、巴金、老舍等在20世纪30年代发表了一批中国现代文学史上最优秀的长篇小说。茅盾写的长篇小说《子夜》和短篇小说《林家铺子》《春蚕》等是著名的佳作。《子夜》于1933年1月出版后震动了中国文坛。它形象、真实地反映了30年代中国社会现实和阶级矛盾,成功地塑造了买办资产阶级和民族资产阶级的典型人物;将繁杂的但是具有社会历史意义的生活现象通过艺术结构表现出来,从而展示了中国的社会面貌。这部小说是中国革命现实主义文学的重大成就。巴金最著名的长篇小说是《家》。它描写了"五四"以后一个官僚地主封建大家庭的没落。通过这个封建大家庭的分崩离析,反映了中国半封建半殖民地社会崩溃的现实。它揭露了封建社会的黑暗腐朽残暴,歌颂了青年知识分子的觉醒和反抗斗争。这部小说在青年知识分子中产生了很大的积极影响。《骆驼祥子》是老舍的优秀的长篇小说。它通过一个北平人力车夫祥子的悲剧,反映了城市贫民的悲惨生活。正直纯朴善良的祥子的正当生活追求,在黑暗的罪恶的旧社会最后都化为灰烬,他自己也堕落了下去。祥子的一生的悲剧是对黑暗社会的控诉。这部小说有广泛的社会意义。沈从文最著名的作品是中篇小说《边城》。小说以川湘边界一个小山城为背景,描写了一个老船夫和他的外孙女的生活和这个少女的爱情故事。作家对山城的自然风景、社会风习、人物性情作了生动细致的描绘。这个时期的重要小说家还有李劼人、张天翼、丁玲、萧军等。曹禺是这个时期出现的著名剧作家。他写的剧本《雷雨》《日出》《原野》在文学史上享有盛名。《雷雨》描写了一个带有浓厚封建性的资本家家庭的悲剧,展示了这个家庭的罪恶历史和现实,使人们看到了上层社会的腐朽。这个剧作具有强烈感人的艺术力量,是这一时期戏剧文学的最高成就。这一时期著名的剧作家还有田汉、洪深、夏衍等。

七七事变以后,大批文艺工作者投入轰轰烈烈的抗日斗争,用各种形式的文艺宣传直接为抗战服务。1938年3月在武汉成立了中华全国文艺界抗敌协会。协会号召文艺工作者"用我们的笔,来发动民众,捍卫祖国,粉碎敌寇,争取胜利"。同年4月国民政府军事委员会政治部第三厅成立,郭沫若任厅长。该厅积极开展文艺宣传工作。国民党为了把文艺运动纳入它片面抗战路线的轨道,提倡"三民主义的文艺",要以蒋介石的三民主义作为"作品的中心意识"。同时也出现了其他一些错误的文艺思想和主张,如反对"抗战八股"、反对"作家从政"之类的论调,以及战国策派的文艺观等。这些论调受到进步作家的批评。1940年前后文艺界开展了民族形式问题的讨论。民族形式问题的讨论是30年代前半期文艺大众化问题讨论的继续。抗日的战火激发起广大作家们的爱国行动和创作热情,一时间,鼓动抗战的和揭露阻碍抗战的消极现象的文艺作品大量涌现,文学创作出现蓬勃发展的局面。但是武汉失守以后,特别是皖南事变以后,由于国民党加紧推行文化专制主义,一度非常活跃的抗战文艺宣传运动归于沉寂。在这种情况下,许多作家把他们的主要精力转用于文学创作,从而出现了质量更高的文学作品。

抗战期间,出现了一批以历史题材为现实服务的剧本,其中最著名的是郭沫若的《屈原》。他在剧本中创造了一个热爱祖国、意志坚强、光明磊落、为正义献身的典型人物屈原。《屈原》表达了作者对国民党统治的愤恨,歌颂了不畏暴虐的斗争精神。这个剧本在当时的演出,收到了巨大的政治效果和艺术效果。夏衍的《法西斯细菌》也是一部优秀剧作。张天翼在抗战初期写的《华威先生》是一篇优秀的短篇小说。他以讽刺的笔调抨击了国民党官僚和国民党统治的黑暗腐败现象,在当时引起了广泛的注意。写得比较成功的长篇小说有茅盾的《腐蚀》和沙汀的《淘金记》等。这时出现的新诗人有艾青、田间等。叙事长诗《火把》是艾青著名的诗篇。《火把》写的是一位小资产阶级知识分子在人民大众的集体行动中受到教育,坚定了革命信念的故事。诗中燃烧着像火把一样的热情,非常激动人心。艾青在自由体诗方面的成就,使他成为中国现代文学史上最重要的诗人之一。

1942年5月,中国共产党在延安召开文艺座谈会。毛泽东在会上做了讲话。他阐述了文艺为工农兵服务的方向、作家必须深入群众熟习社会生活、普及与提高、小资产阶级的文艺工作者必须改造世界观等革命文学的基本问题。会后,解放区文艺界出现了崭新的面貌。它的影响扩大到全国。中国文学发展到一个新阶段。许多作家的作品,从所反映的内容、作品中含蕴的思想感情、人物形象,到语言艺术风格、表现手法,都有新的变化。此后到中华人民共和国成立,这个时期的文学创作有很大收获。赵树理的小说《小二黑结婚》《李有才板话》《李家庄的变迁》等深刻反映了中国农村的新变化,塑造了新型农民的形象。他的作品具有浓厚的中国气派和中国风格,深受广大农民群众的喜爱,对文学形式的民族化大众化作出了贡献。他的小说创作对以后发生了很大影响,形成了一个新的文学创作流派。孙犁的短篇小说《荷花淀》是一篇风格独特的作品。他的小说充满了诗情画意,颇具有写意画的特点。丁玲的《太阳照在桑干河上》、周立波的《暴风骤雨》是两部反映土改斗争的著名长篇小说。在解放区产生了一种新的文艺形式——新歌剧。最著名的新歌剧是《白毛女》,它反映的是中国农村的基本矛盾农民与地主的矛盾。它是在继承传统戏曲和学习新秧歌剧的基础上,借鉴西洋歌剧而创作出来的。它在思想性和艺术性上达到了很高的程度。李季的长篇叙事诗《王贵与李香香》是新诗创作的最重要的成果。他采取民歌形式和传统的比兴手法,表现了新的内容,做到了思想性和艺术性的和谐统一。阮章竞的《漳河水》是另一篇写得很成功的长诗。

1949年7月2日,中华全国文学艺术工作者代表大会在北平召开。过去由于国民党反动统治,中国的文艺工作者被分割成两支。这次大会的召开标志着两支队伍的胜利会师。至此,"五四"

以来的中国新文学的发展史告一段落。30 年的中国新文学不仅在当时取得了巨大成就,也在整个中国文学史上留下了不朽的篇章。

复习思考题

1. 简述抗战胜利后中国国民党、中国共产党、各民主党派的建国方针。概述国内斗争的实质和斗争焦点。
2. 试述政治协商会议召开的历史条件。简论五项协议的主要内容和基本精神。
3. 概述"中间路线"的基本主张和它的归趋。
4. 简论 1947 年"是一个历史的转折点"。
5. 简论战略决战的过程和意义。
6. 试析国民党反动统治迅速崩溃的原因。
7. 概述新政协召开的过程、会议内容和《共同纲领》的主要内容。
8. 试论中国新民主主义革命胜利的意义和基本经验。

学习参考书目

[1] 孙中山选集．北京:人民出版社,1981.

[2] 孙中山．三民主义(1924.1—8)//孙中山全集(第9卷)．北京:中华书局,1986.

[3] 李大钊全集(1—4卷)．石家庄:河北教育出版社,1999.

[4] 陈独秀文章选编(上、中、下)．北京:生活・读书・新知三联书店,1984.

[5] 毛泽东选集(1—4卷)．北京:人民出版社,1991.

[6] 毛泽东文集(1—5卷)．北京:人民出版社,1996.

[7] 刘少奇选集(上卷)．北京:人民出版社,1981.

[8] 周恩来选集(上卷)．北京:人民出版社,1980.

[9] 朱德选集．北京:人民出版社,1983.

[10] 任弼时选集．北京:人民出版社,1987.

[11] 张闻天选集．北京:人民出版社,1985.

[12] 五四运动文选．北京:生活・读书・新知三联书店,1959.

[13] 中共中央书记处．六大以前．北京:人民出版社,1980.

[14] 中共中央书记处．六大以来(上、下册)．北京:人民出版社,1981.

[15] 中央档案馆编．中共中央文件选集(全18册)．北京:中共中央党校出版社,1989—1992.

[16] 中共中央文献研究室、中央档案馆编.建党以来重要文献选编(1921—1949)(全26册),北京:中央文献出版社,2011年.

[17] 中央统战部,中央档案馆．中共中央抗日民族统一战线文

件选编(上、中、下).北京:档案出版社,1984—1986.

[18] 王桧林.中国现代史参考资料(上、下册).北京:北京师范大学出版社,1992.

[19] 章伯锋,李宗一.北洋军阀(共6册).武汉:武汉出版社,1990.

[20] 荣孟源.中国国民党历次代表大会及中央全会资料(上、下册).北京:光明日报出版社,1985.

[21] 辽宁省档案馆."九一八"事变档案史料精编.沈阳:辽宁人民出版社,1991.

[22] 中国第二历史档案馆.抗日战争正面战场(上、下册).南京:江苏古籍出版社,1987.

[23] 复旦大学历史系.中国近代对外关系史资料选辑(下卷).上海:上海人民出版社,1977.

[24] 复旦大学历史系.日本帝国主义对外侵略史料选编:1931—1945.上海:上海人民出版社,1983.

[25] 陈竹筠,陈起城.中国民主党派历史资料选辑(上、下册).上海:华东师范大学出版社,1985.

[26] 王铁崖.中外旧约章汇编(第三册).北京:生活·读书·新知三联书店,1982.

[27] 中共中央文献研究室.毛泽东年谱(1893—1949)(上、中、下).北京:中央文献出版社,1993.

[28] 中共中央文献研究室.毛泽东传(1893—1949).北京:中央文献出版社,1996.

[29] 中共中央文献研究室.周恩来年谱(1898—1949).北京:中央文献出版社、人民出版社,1989.

[30] 中共中央文献研究室.周恩来传(1898—1949).北京:人民出版社、中央文献出版社,1989.

[31] 李新,陈铁健,等.中国新民主主义革命史长编(12卷).上海:上海人民出版社,1991—1997.

[32] 李新. 中华民国史(全16册). 北京:中华书局,1982—2011.
[33] 中共中央党史研究室. 中国共产党历史(第一卷上下册1921—1949),北京:中共党史出版社,2002.
[34] 胡绳. 中国共产党的七十年. 北京:中共党史出版社,1991.
[35] 白寿彝. 中国通史,第十二卷近代后编(1919—1949)上、下册. 上海:上海人民出版社,1999.
[36] 王桧林. 中国现代史研究入门. 郑州:河南人民出版社,1994.
[37] 许涤新,吴承明. 中国资本主义发展史(第三卷)新民主主义革命时期的中国资本主义. 北京:人民出版社,1993.
[38] 军事科学院军事历史研究部. 中国人民解放军战史(1—3卷). 北京:军事科学出版社,1992.
[39] 军事科学院军事历史研究部. 中国抗日战争史(上、中、下卷). 北京:解放军出版社,2015.
[40] 编写组.中国抗日战争史简明读本.北京:人民出版社,2015.
[41] 彭明. 五四运动史. 北京:人民出版社,1984.
[42] 来新夏. 北洋军阀史稿. 武汉:湖北人民出版社,1983.
[43] 来新夏等.北洋军阀史(上下册).天津:南开大学出版社,2000.
[44] 胡乔木回忆毛泽东. 北京:人民出版社,1994.
[45] 金冲及.转折年代:中国的1947年.北京:生活·读书·新知三联书店,2002.
[46] 金冲及.一本书的历史:胡乔木、胡绳谈《中国共产党的七十年》.北京:中央文献出版社,2014.
[47] 《中国近代史》编写组. 中国近代史.北京:高等教育出版社、人民出版社,2012.
[48] 金冲及.二十世纪中国史纲(全四卷).北京:社会科学文献出版社,2009.

郑重声明

高等教育出版社依法对本书享有专有出版权。任何未经许可的复制、销售行为均违反《中华人民共和国著作权法》，其行为人将承担相应的民事责任和行政责任；构成犯罪的，将被依法追究刑事责任。为了维护市场秩序，保护读者的合法权益，避免读者误用盗版书造成不良后果，我社将配合行政执法部门和司法机关对违法犯罪的单位和个人进行严厉打击。社会各界人士如发现上述侵权行为，希望及时举报，我社将奖励举报有功人员。

反盗版举报电话　（010）58581897　58582371
反盗版举报邮箱　dd@hep.com.cn
通信地址　北京市西城区德外大街4号　高等教育出版社法律事务部
邮政编码　100120